[봉명의 시대읽기]

미래가 현재를 묻다

이준연 본격문화비평집

한국전자도서출판
Korea eBook Publishing Company

펴내는 말

우리의 현대사 1년이 지난 100년보다 더 변화의 진폭이 크다는 말은 전혀 이상하지 않다. 10년이 적어도 500년은 따라잡는 세월이 아닌가도 생각해본다. 필자에게는 초속을 넘어 광속이다.

늘 그날이 그날 같아도 지니고 쓰는 물건이 몇 달 못가 구식이 돼버린다. 5년 10년을 돌아보면 아득한 옛날이다. 50년은 갈 줄 알았던 PC가 10년 만에 삐삐를 건너뛴 휴대폰에 흔들리더니 그 10년 후 남녀노소 가릴 것 없이 온 국민 손에 들린 스마트폰에 비틀거린다.

100여개에 불과하던 언론매체가 인터넷 유튜브 등 수천 개에 달하고 1인 미디어가 기성언론을 넘보고 있다. 우리 초고속인터넷이 얼마나 빠른지는 외국에 나가보면 금방 안다. 그런데 이 모든 것이 오래된 것인 양 익숙함에 익숙하다. 쏟아지는 뉴스 홍수에 떠내려가지 않으려고 TV, 신문을 멀리했다. 가려 보는 것이 점점 벅찬 탓이다.

그러다가 블로그에 재미를 붙여 영역 부문 가리지 않고 우리사회의 주요 이슈를 나름의 눈으로 뽑아 올려 방문자들과 많은 소통을 하면서 귀촌산방생활에 활력이 생겼다. 생각이 다를수록 더욱 필요하다.

나눔과 교류는 인식의 지평을 넓혀주어 외골수로 굳어진 머리를 부드럽게 해준다. 상종하고 싶지 않은 이도 어느 곳에서 같은 하늘을 이고 같은 시·공간을 산다. 동시대인으로 함께 나누었던 우리사회의 아픔과 희망을 담은 지난 10년 이야기 150꼭지 중 50여 꼭지를 고르고 다듬어 책으로 엮는다. 어느 무명자의 '시대기록'으로 봐주길 바란다.

묵묵히 지켜봐준 박문숙 여사에게 또 고맙다!

2023년 5월 18일
현산봉명 이준연

차례

[봉명의 시대읽기] 미래가 현재를 묻다

1부 · 과거가 현재를 묻다 006

| 1장 | 현재 아닌 과거는 없다 006

| 2장 | 오래된 것의 향기 055

| 3장 | 역사전쟁의 시작과 끝 104

2부 · 현재가 현재를 묻다 181

| 1장 | 정치가 길을 묻다 181

[봉명의 시대읽기]

미래가 현재를 묻다

1부 · 과거가 현재를 묻다
| 1장 | 현재 아닌 과거는 없다

근대와 현대 사이

시대를 구분하는 개념은 역사학에만 있는 게 아니다. 정치학·경제학·과학·의학·문학·신학·예술·철학·교육 등 대부분의 학문 영역에서도 중요하게 다루어진다. 이를테면 정치사·경제사·과학사·의학사·문학사·종교사·미술사·철학사·교육사 등 '史'자 영역이 존재한다.

또한 그 안에서도 여러 갈래로 세분화 된다. 그런데 이 모든 학문 분야별 시대사를 아우르는 광의의 시대 개념이 역사학적 시대(구분) 개념이라고 볼 수 있다.

역사에 관련한 시대사적인 구분 개념은 위에 나열한 여타 학문에서 '史'자 돌림 학자들도 그러하지만 특히 역사학을 하는 사람에게 있어서는 그 출발점이자 자신이 선택하는 학문적 영역의 중요한 갈림길이다. 거기에 그의 역사관과 역사인식의 동기와 관심사가 그대로 녹아있기 때문이다.

그런데 그 구분이라는 것이 어느 개인의 치열한 연구 성과물일 수도 있겠으나 학문적 시각이나 이념을 공유하는 집단적 논의의 산물인 경우가 많은 게 사실로 보인다. 어쩌면 그게 현실적인지도 모를 일이다. 문제는 그런 현실이 학문권력 주도권(헤게모니)에 연관되어 진영 간 쟁투의 결과로 정설이 되고 대세가 되는 정파성이 개입되면 간단한 문제가 아니다.

말하자면 '정치 세계'에서나 있을 법한 파당 대립 암투 음모나 협력과 제거 등의 양태가 어쩌다 수면 위로 노출되는 경우를 두고 던지는 국외자의 의혹이다. 혹은 종교, 신념 집단에서 나타나는 갈등 이념투쟁의 작동기제가 섞여있는지도 모른다. 그 대열에서 이탈하거나 상충되는 학설 논리를 내면 '죽음'과도 같은 엄혹한 시련이 따라온다는 고백을 들은 일이 있다. 상고사에서 전도유망했던 신진사학자가 경험했던 고백이다.

사례는 많다. 삼국시대-통일신라냐, 4국 시대-후기신라냐가 대표적이다. 발해를 넣느냐 빼느냐가 핵심이다. 식민강단사학이 이제껏 전자의 사관으로 교과서권력을 주물러왔다. 말로는 발해사가 한국사라면서 실은 뺐다. 아무리 신라중심사관이라도 이는 지나(중국) 동북공정을 추종하는 자기모순에 빠진다. 어정쩡 스리슬쩍 괄호 병기 편법으로 넘어가고 있다.

이런 사례는 백제와 한사군의 영역을 두고도 똑같이 벌어졌다. 반도백제 설, 4차 지명이동 평양 낙랑 설을 고집해오던 친일강단사학은 지나 사서 도처의 명백한 기록을 재야사학이 들고 나오자 1980년 국회 청문회에서 한 발 물러섰다. 대신 대륙진출 론으로 권력유지에 급급하고 있다.

'봉건제' 또한 맑스의 사학적 개념 수용여부에 따라 한국사에서 존재여부가 갈리고, 이에 '중세시대' 존재 여하가 연동되어 충돌하기도 한다. 국가중심사관, 서력기원중심사관에 기대어 주입되어 온 기존의 '시대구분'이 최근에 크게 흔들리고 있는 것은 주목되는 변화다.

역사학의 지형변동에 큰 역할을 한 것은 '정보통신의 혁명'이 단단히 자리하고 있다. 지식독점과 이의 선택적 왜곡의 프레임(틀)이 산산이 깨졌다. 1990년대 이후의 현상이다. 인문, 사회과학이 자연과학과 다른 본원적인 한계인데 사실 '시대 구분' 자체가 다분히 힘의 논리가 전제된 작위적 개념이다. 그래서 객관적 과학적이지도 않고 오히려 아주 주관적, 일방적인 경우가 더 클 수 있다. 그게 문제다. 대중에게 끼치는 영향력이 더 크기 때문이다.

유일무이한 진리적 담론으로 포장한 그럴듯한 '몇 개의 시대'를 구획하고 知的상품으로 출시하여 이름을 내고 학계 권력을 쟁취하려는 야심가들이 학문세계라고 없는 게 아니다. 그건 명예뿐만 아니라 부와 세속의 출세가 따라온다. 그리고 망한다. '황우석' 박사를 보라!

이런 사람들은 자신의 우물가에 모아놓은 몇 드럼의 물통을 몇 개 물통 안에 나눠 우겨놓고 이건 황하 물, 저건 나일강물, 그건 대동강 물이라고 써 붙여 놓는다. 그렇게 만들어 낸 석기-철기(유럽엔 청동기 시대 개념이 없다. 강점기 관변사학과 조선식민사학이 만들어낸 신개념이다)시대, 또는 고대-중세-근세-근대-현대史다.

각각의 타이틀은 같은데 시기 구분은 학자마다 학파마다 들쑥날쑥이다. 시간이 흘러가면 인간도 자신이 서 있는 지점이 이동하기 마련이다. 위치가 달라지면 관점도 해석도 변할 수 있다. (물론 개인의 심리적 변심 변절과는 다른 영역이다.)

주제가 '근대와 현대 사이'인데 서설이 길었다. 본론이다.

요즘 참 재미있는 경우를 가끔씩 본다. 골동품 경매장에서다. 그곳에서 통용되는 '근대사와 현대사⋯'에 대한 개념이다. 물론 소더비 경매장 같은 그런 곳은 아니다. 중소도시외곽에 있기 마련인 널찍한 마당을 낀 서민 경매장이다. 말이 골동품 경매장이지 전통적 의미의 골동품뿐 아니라 갖가지 생활용품에 때로는 간식용 먹거리 등 별별 물건이 다 등장하는 만물 경매장이다. 경매에 부치는 게 일반 가게와 다른 것뿐이다. 필자도 산골살림에 필요한 공구나 잡동사니는 여기서 산다.

골동품이라고 하니 국내산을 생각하기 십상이다. 아니다. 중국산, 일제, 미제에 이태리, 독일, 영국제도 있고 간혹 아프리카, 중남미제 골동품도 등장한다. 그야말로 다국적이다. 잘은 몰라도 국내 전통골동이 개인 소장자들에게 한 번 들어가면 여간해서 시장에 되나오지 않는지라 물량이 달린다. 수입골동이 많이 들어오는 연유다.

값이 나가는 건, 시대 불문하고 일단 시대와 희귀성이다. 그 다음에는 땟물 좋은 보존 상태다. 현대보다는 근대 것을 더 쳐주기 마련이다. 고대 시대 것은 거의 보기 어렵다. 조선시대 물건도 고대 시대에 종속된다. 골동업계에서 중세, 근세 시대는 없다. 무슨 학문적 근거가 있어서가 아닌 것 같긴 한데 한국 사학계에서 중세시대 범위 설정에 인색하고 근세는 시대구분에서 아예 빠져있는 것과 흐름이 왠지 비슷하다.

그럴 만도 하다. 위에 언급한 바와 같이, 우리 역사에서는 실제 서양의 봉건제적 중세시대가 없었기 때문이다. 유럽에서는 그들 시대구분인 근세기에 절대왕정이 잠깐 반짝거린 데 비해 우리 역사는 상고시대부터 조선왕조까지 절대왕정으로 시종했다. 상고시대에 제후국이 있었어도 그들 또한 그 나라에서 절대 통치권을 행사하는 왕이었다. 서양의 영주가 아니다.

지방의 서민 골동업계에서 상고시대 '물건'이 희귀한 것뿐 아니라 가까운 시대의 희귀 물건도 접하기 어렵다. 복제품이 진품행세도 있다. 귀물진품이라며 간혹 나오는데 거래보다는 보여주기 용 의미가 크다. 몇 천에서 억도 부른다. 감정서도 없이 부르는 호가가 엄청나다.

이런 건 개인 소장가보다는 거래인(갤러리)들 간의 주고받기가 대부분이다. 그러다 임자 제대로 만나면 한몫 잡는다. 필자가 매기는 값이 10만원이라면 호가는 그 열 배, 스무 배를 불러 깜짝 놀란다.

감식안이 모자란 탓일 수도 있고, 출품자 과시용도 있다.

　문제는 희귀성과 연대가 적당히 섞인 그리 멀지 않은 시기의 '애매한' 물건들이다. 땟물 좋은 경매물은 한 눈에 보인다. 반면에 이런 물건은 땟물은 없지만 요즘 보기 어려운 사라진 것… 시기상으로는 그리 오래지 않은 연대다. 그렇다고 땟물(보관상태)이 아주 없지도 않은, 옥석을 가리기 모호한 것들이다. '근대사'와 '현대사'가 모호하니 시대 감정도 어렵다. 그래서 뭉뚱그려 '근현대사' 시기다.

　골동경매장에서 근대와 현대의 연대적 기준은 학계의 그것과 많이 다르다. 짧다. 이를테면, 구한말~대일 항쟁기 물건은 딱 집어 붙인 건 아니지만 대략 조선시대쯤으로 친다.

　8.15~6,70년대 시기의 기물을 근대사로 쳐주고, 2000년대 이후를 현대사 기물로 친다. 이런 기준은 경매물건의 실생활용도 폐기시기와 맞물려 작용하는 것 같다. 이 틈 사이에서 8~90년대 기물은 근대와 현대 사이를 왔다 갔다 한다.

　80년대에 생산됐거나 그 때 모델인 가전 주방 광학 통신류 제품은 그 쓰임새가 거의 사라진 데다 사용 내구기한도 한참 전에 지난 터라 '근대'에 가깝게 취급 받는다. 반도체 디지털 기술에 선명히 대비되는 아날로그 세대라 다른 생활용품과 달리 조선시대 대접이다.

　따라서 80년대 경매 기물은 대체로 6~70년대 근대시기 딱지가 붙는다. 겉늙는다. 반면에, 90년대 기물은 지금도 일부 사용되는 경우가 꽤 있어 '현대사'에 붙기도 하지만 완전히 포함시키지 않는다. 그래서 8~90년대 시기는 경매장에서 볼 때 여기도 저기도 끼지 못하는 일종의 연대기적 '점이지대'다. '근현대사' 경매물로 두루뭉술하게 넘어가는 연유다.

단순히 연대기적 기준으로 두부 모 자르듯 갈라지는 게 시대사 구분이 아니다. 경매장에서 벌어지는 이런 게 진짜 시대사적 개념이 아닌가 한다. 누구랄 것도 없이 자연스레 만들어지고 공감되어지며 유통되는 것이 진짜 시대 구분의 의미가 아닐까 생각된다.

그렇게 생성되고 통용되는 시대의 개념 속에 풀잎 민초들의 바람과 숨결이 오롯이 담겨있는 게 아닐까? 생각도 든다. 특정 집단의 배타적 헤게모니가 학문의 미명으로 만고의 진리인 양 변화를 거부하는 것은 위선이다. 가짜다. 정치권력은 지나가는 바람이지만 이런 권력은 자손만대다.

이게 문제되는 것은 우리사회의 왜곡되고 굴곡진 부정의한 현대사가 남다르기 때문이다. 여전히 바로 잡혀지지 못한 시대적 모순이 두껍게 자리 잡고 있기 때문이다. 역사학에서 시대사 구분 논쟁에 담긴 함의는 그 일부다. 경매장에서 만난 '근대와 현대 사이'다. ♣

박정희 시대가 빚어낸
스타 신성일의 그늘

1

1960~70년대를 풍미한 당대의 영화배우 신성일이 세상을 뜬 지 5년이 지났다. 1937년생이니 우리 나이로 여든 둘이다. 벌써 그리 됐나 싶기도 하고, 여태 그 나이였나? 싶기도 했다.

얼마 전 유튜브에서 우연히 접한 그의 2013년 출연작 '야관문, 욕망의 꽃'을 보고 문득 그가 생각났다. 검색을 해보니 그랬다. 이 영화는 관객 6천명을 기록하고 간판을 내렸다. 작품성은 말할 것도 없고 흥행에서도 대참패였다. 신성일이 완전히 은막을 떠나는 계기였다.

1960년 '로맨스 빠빠'로 시작해서 2013년 77세 출연작이 마지막이니 53년을 현역 영화배우로 살았다. 대단한 이력이다. 대단하다는 건 작품성과는 별개로 현역 경력이 최장기간이고 출연작이 524편이라는 다작인데다 그 중 507편이 주연배우라는 사실에서다. 범접할 수 없는 수치다.

최고의 다작 배우는 김지미로 800여 편이다. 남·녀 별로 봐도 그외 다작배우는 이들의 반 토막이다. 남우의 경우, 당대의 스타 신영균이 신성일과 같은 해 데뷔작 '과부' 이후 1979년 '화조'까지 20년간 300편이 그 뒤를 잇는다. 말 그대로 타의 추종을 불허한다.

이는 인기와 상품성에서 그만큼 독보적이었다는 반증이기도 하다. 더 놀라운 건 김지미가 전성기 때 연간 최대 출연작이 30여 편인데, 신성일의 공식 기록은 1967년 연간 51편으로 최다출연작을 기록했다. 이 해 전체 제작편수가 185편이다. 혼자서 28%를 해치웠다.

전무후무한 기록이다. 어쩌면 영원히 깨기 어려운 기록이라고 봐도 된다. 하루에 3, 4편 겹치기 출연이 예사였다. 그런 기록이 가능한 연유다. 그런데 실제로는 한 해 최대 80편이라고 했다. 그가 만년에 방송인터뷰에서 밝힌 얘기다. 미개봉작, 중도 제작중단, 다음해 이월작 등을 감안하면 틀린 말이 아닐 수 있다. 말하자면 4, 5일에 한 편씩 영화를 만들었다는 말이다.

세계 영화사에서도 두 번 다시없을 기록이다. 당시 할리우드 최고 인기배우 존 웨인이 연간 5, 6편이었던 것을 생각하면 초인적이랄까, 살인적이랄까 그쯤이라고 할 만하다. 작품성에 대한 평가는 독자의 생각에 맡긴다.

"필름을 마구 찍어냈다⋯."

업계 종사자들의 회고담이다. 사람은 가도 그의 영화 524편은 남았다.

1960~70년대는 한국영화 최전성기였다. 질적으로는 오늘날에 비할 바 못 되지만 제작편수나 관객 동원지수 등 물량적으로는 그랬다. 오늘날 글로벌 대열에 올라선 방화의 밑거름이 된 것은 부인할 수 없는 사실이다.

당시 영화 한 편에 2, 3천만 원이면 됐다. 비디오 영화 제작비 수준이었다. 제작기간도 한 달이 채 안 걸려 뚝딱 만들어졌다. 속칭 '뚝딱이 영화'였다. 제작비는 지방에 여러 개 극장을 소유한 소위 '지방흥행업자'들에게 의존했던 시절이다. 요즘으로 치면 이들이 지역단위 투자펀드를 만들고 제작비를 분담 조달하는 물주 노릇을 했다.

자본력이 취약해서 흥행과 빠른 자금회전을 동시에 원하는 이들의 주문을 제작자와 감독은 외면하기 어려웠다. 한정된 인기 배우와 이른바 '공기 단축'을 요구하는 제작환경 속에서 겹치기 출연은 불가피했다. 신성일이다. 1970년대 그의 분투사는 곧 1960-70년대 한국 영화사다. 스타에게 돈과 명예는 따라오는 덤이다. 그는 스타 의식에 꽉 찬 대중의 스타이자 정권의 가림막이었다.

'스타'는 죽음 자체도 화려한 주목을 받는다. 저 세상에서도 이승에 부와 명예를 창출한다. 그래서 스타다. 엘비스 프레슬리가 지금도 연간 700만불 이상의 수입을 올린다고 한다. 70년을 가는 출연판권, 인접권, 초상권, 인명사용권, 자서전·전기 저작권, 그 외 등등 수도 없이 널려있다.

"한국영화 생명력의 아이콘~", "영원한 청년~", "스타를 넘어 시대의 얼굴~"….

신성일의 죽음을 두고 일단의 영화평론가들이 그의 영전에 올린 극찬의 꽃다발이다. 한국영화사에 끼친 그의 긍정적인 영향과 기여는 작지 않음을 인정한다. 생전의 수많은 흠도 묻어주고 禮를 올려주는 것이 우리의 미덕이긴 하다.

그러나 그와 별개로 신성일의 연기인생이 과연 평론가들의 말처럼 모두 그런 것인가 하는 문제는 여전히 상존한다. 이 지점에서 필자는 그의 시대를 자기나라에서 만든 영화, 이른바 '방화(邦畵)적 관점'에 치우칠 수밖에 없는 영화평론가들의 시야를 좀 더 확장해서 당 시대의 정치, 사회 지형을 포괄하는 한국사회의 전체적 관점에서 총론적으로 비평해보고자 한다.

그의 위치가 한국영화사에서 과연 어떤 지점에 서 있는지, 칭송일색을 벗어나 그의 한계는 무엇이었는지를 객관적 시각에서 살펴보는 것은 세상사의 균형된 시각과 보편성의 원칙에서 볼 때 필요한 일이다.

대중에게 영향력이 컸던 인물일수록 더욱 그러하다. 지난시대 연예 스타를 재조명해보는 이유다. 문화 담론의 인문학적 풍부성에 일조한다는 유익도 기대한다.

2

신성일이 발군의 역량을 발휘하며 스타덤에 오르고 전성기를 누린 시대는 1960년대에서 1980년대 말까지다. 이 시기에 그의 전체 출연작 524편 중 506편이 몰려있다. 긴 세월이긴 하다. 1990년대 중반이후 한국영화계는 '산업'으로 인식되면서 재벌기업의 참여가 이루어지는 단계다.

대자본이 투입되고 CG 등 디지털 기술이 동원되는 블록버스터 '규모의 영화'가 등장하는 등 제작환경이 근본적으로 바뀐다. 업계가 본격 재편되고 감독과 배우의 세대교체 바람이 거세게 불었다. 종로에 몰려있던 대형극장들과 지방의 내노라 하던 극장들은 모두 사라지고 그들 지방 흥행업자가 쥐락펴락하던 자금조달 경로도 붕괴됐다.

물주도 상영관도 관객도 모두 바뀐 것뿐만 아니라 문민정부가 들어서며 민주화 바람을 타고 영화에서 표현의 자유 또한 대폭 확장됐다. 상전벽해다. 급변하는 조류에 배우들도 떠내려갔다. 이전의 연기 패턴으로는 성해나기 어려운 '세계화' 구조가 됐다. 구멍가게 필름배우와 주식회사 디지털 배우가 확연히 구분됐다.

배우 신성일의 시대가 1980년대 말까지인 까닭은 여기에 있다. 누구나 자신의 시대를 뛰어넘기는 어렵다. 개인적 재능이나 의지와 상관없이 주어진 거시적 시대한계를 사실 본인은 알기 어렵다.

신성일의 전성시대는 박정희 시대다. 그 여운을 전두환 시대에 마감한다. 본인이 알았든 몰랐든 그의 배우로서의 역할과 성격은 결과적으로 처음부터 그렇게 설정돼 있었다. 지나고 보니 그림이 선명해졌다. #박정희 시대 #박정희 #전두환 혹은 #7-80년대… 신성일의 열쇳말이자 해시태그다.

전후복구가 여전히 진행 중인 피폐한 6, 70년대였지만 대중의 인간적인 욕구마저 피폐한 것은 아니었다. 오히려 내면에 더 강렬한 에너지가 잠재돼 있었다. 이 당시 양산된 싸구려 영화는 별다른 오락거리 없는 답답한 대중의 입맛에 맞아떨어졌다.

장터 약장수나 어쩌다 보는 유랑극단, 곡마단 서커스와는 질적으로 다른 스크린 영상매체에 대중은 환호했다. 스토리는 아무래도 좋았다. 역동적인 화면 그 자체에 사람들은 몰입했다. 이것은 한국영화가 발전하는 데 든든한 밑돌이 됐다. 정치 환경도 한 몫 했다.

쿠데타로 정권을 잡은 박정희는 정통성 부재라는 정치적 열등감에 시달렸다. 집권 초기부터 무시로 터져 나오는 부패스캔들도 악재였다. 국민적 관심을 돌리는 장치가 절실했다. 대중적으로 광폭 흡수할 수 있는 현실적 방법은 영화였다. 외화를 수입하는 것은 적지 않은 달러가 소요됨으로 인해 쿼터제 등으로 제한을 가했다. 대신 국산영화를 적극 육성하는 정책을 썼다.

박정희 정권은 막대한 재정적자와 원조에 의지하는 형편에도 과감하게 예산을 썼다. 전국의 모든 군 단위에 최소 1곳 이상 영화상영을 할 수 있는 다용도 공회당을 지었다. 면 단위에는 공터에 군 공보실에서 월 1회 이동식 무료 영화를 상영할 수 있는 가설극장을 만들도록 했다. 시 단위에는 몇 술 더 떠 민간이 손쉽게 영화관을 지을 수 있도록 각종 세제 혜택을 주고 허가절차를 간소화했다. 더러는 터를 물색해주거나 공공지를 불하해주기도 했다. 그렇게 시내 곳곳에 극장들이 우후죽순 들어섰다.

극장이 활황을 타면서 다수의 스타가 동시다발적으로 나타나기 시작했다. 김진규·신영균·남궁원·장동휘·박노식·황해·김운하·이대엽 등 남성배우 중심으로 멜로스타, 액션스타가 등장했다. 박정희는 불편했다. 특히 3선 개헌을 추진하던 1967년 전후로 장기집권 플랜에 연착륙해야 했던 그는 정치적으로 '나홀로 영웅'이 필요했다.

박정희는 신성일 이외 남우 스타를 용납하지 않았다. 그는 신성일 하나를 남겨뒀다. 신성일 집안이 동향인데다 형이 공사출신 팬텀기 편대장으로 태평양을 건너온 엘리트 공군장교다. 박정희가 차기 총장감으로 점찍으며 신임했다는 말이 시중에 나돌았다.

박정희와 신성일 사이에는 박태준 포철회장이 있었다. TJ는 신성일 집안과 끈끈한 사이였다. 대신 고은아·남정임·윤정희·문희 여우 '4인방'이 스타의 공백을 메웠다. 전두환 정권 때도 남우 스타는 신성일 뿐이었다. 여우는 정윤희·유지인·장미희 등으로 물갈이 됐다. 스타는 여우들의 무대였다. 전두환에게 박정희는 여러모로 교본이었다. 컬러 TV가 대량 보급되면서 영화의 대중 장악력도 약해진 시기다.

1980년대, 40대의 신성일은 여전히 스타 여우들을 혼자 다 상대하는 총각 역을 벗어나지 못했다. '겨울여자' 김추련은 이후 두세 편 주연을 하다 사라졌고, 신성일이 아끼고 예명도 붙여준 신영일, 신일용도 맥을 못 썼다. 한창 청춘배우인 그들을 영화사들은 기피했다.

연기력을 따지면 솔직히 신성일이 그들에 나을 것도 없다는 게 충무로의 평가였다. 유망하다던 남우들은 몇 편 나오다 종적이 묘연하고, 그나마 쓸 만한 배우들은 TV탤런트로 돌아섰다.

신성일(강신영)이 박정희와 같은 대구 출신 동향이라는 건 행운이었다. 각계를 막론하고 우리 문화의 그늘진 인맥관리법이다. 신성일은 대구에서 특히 인기가 많았다. 그 시대 청춘스타로 유일무이하게 살아남은 이유이기도 하다. (그의 둘째 형은 박정희 정권에서 공군소장으로 전역했다.)

신성일-엄앵란 전성시대라고 해도 그들은 여전히 '을'이었다. 정권의 요구와 지방 물주들의 주문으로 꽉 찬 시나리오에 감독의 예술적 주견이 들어갈 틈은 없었다. '당대의 거장'이라는 유현목, 신상옥 감독도 '오발탄'이니 '장미와 들개'니 잘못 만들었다고 '중정'에 잡혀가서 모진 고초를 당하는 시대였다. 표현의 자유는 검열의 자유 앞에 산송장이었다. 청춘영화 아니면 반공영화가 극장에 걸렸다.

권력의 입김보다 자본의 흥행논리가 조금씩 세지는 것은 'IMF 사태' 이후다. 그러나 한국영화의 르네상스는 이마저 오래가지 못했다. 2008년 이후 9년 어간에 영화산업 생태계는 왜곡되고 허물어졌다. 제작업체 사장이 청와대 말 한 마디로 해외 도피하는 일이 생겼다. 예산 사업으로 이른바 '정책 영화'가 시장에 등장했다.

동원된 인력이 흥행관객으로 둔갑되는 일이 다반사로 벌어졌다. 입장객 반절은 입장권 배급으로 받은 공짜 구경꾼이었다. 1970년대 '신성일 시대'로 유턴했다. 순식간이었다. '연평해전', '국제시장' 등 다수의 국책영화가 유행처럼 등장했다.

박근혜 정부 내내 지속됐던 부산영화제 파행 사태는 한국영화의 자율성에 대한 의문을 세계 영화시장에 던졌다. 한국 영화는 다시 길을 잃었다. 영화 등 문화사업은 공공이 개입할 영역이 아니다. 그럼에도 베니스 영화제, 칸 영화제에서 감독상, 배우상을 받은 것은 역설에 가까운 사건이었다.

신성일은 정치에 관심이 많았다. 그는 절정기의 인기를 등에 업고 1981년 총선에 서울에서 출마했다. 그는 무소속으로 서슬 퍼런 집권당 민정당 후보에게 도전했다가 낙선했다. 이후 영화에 전념하겠다는 사인을 보내고 복귀한 그는 연기에 충실했다. 하지만 정치에 대한 꿈은 접지 않았다.

연예인이 정치판에 뛰어들어 그것도 지역구 총선에 도전한 것은 신성일이 처음이다. 그는 낙선의 고배를 마셨지만 많은 연예인들이 영입의 형식을 빌어 정치판에 나섰다. 신영균이 한나라당 전국구(비례대표) 국회의원 금배지를 연이어 달았다.

전두환 때 이낙훈 이후 두 번째 연예인 국회의원이었다. 신영균을 계기로 신성일의 정치적 야망은 다시 꿈틀댔다. '청춘스타'의 세대교체에 더해 전두환 정권의 연예 정책 기조 변화에 그도 어쩔 수 없이 지는 해가 된 것을 정계 진출로 만회하려고 했다.

정계 진출은 잃어버린 스타 권력의 보상을 받는 동아줄이었다. 스타 신성일이 이번에는 고향에서 무소속으로 두 번째 덤볐으나 결과는 또 실패였다. 연예인의 유명세와 선거는 달랐다. 그는 정당의 공천장이 필요함을 깨달았다. 마침내 이회창 한나라당 공천장을 받고 고향에서 무혈 입성했다.

한국의 영화판은 이때부터 정계입문의 통로가 됐다. 권력의 입김에 휘청거리던 연기자들이 그러면서 정치에 눈을 떴다. 이 당 저 당 가리지 않고 금배지를 다는 배우들이 줄줄이 나타났다. 최불암·이순재·정한용·강부자·김을동이 여의도에 진출하고 이대엽은 성남시장을 두 번 했다. 이주일, 최희준 등 코미디언 가수도 대열에 섰다. 낙선한 연예인도 부지기수였다.

신성일의 연이은 낙선과 불명예에도 그의 정치 신드롬은 여러 파장을 낳았다. 정치에 오염된 한국 영화판은 선거 때마다 나뉘고 갈등했다. 이런 현상은 현재진행형이다. 영화산업은 세계화되고 권위 있는 국제영화제에서 최정상의 수상이 이어졌지만 연기력을 갖춘 대형 배우 기근현상이 이어지는 것은 위의 현상과 무관치 않아 보인다.

배우 신성일은 평생을 청춘배우로 시종하다 끝났다. 성격배우로 올라서지 못했다. 제대로 된 연기를 펼 새도 없이 급조된 시나리오와 홍행업자에게 놀아나는 감독들에게 끌려 다니며 싸구려 영화를 찍기에 급급했다. 대가로 받은 막대한 수입은 정치바람에 대부분 날아갔다.

정략에 이용당하고 자신의 영혼을 혹사하면서 일궈냈던 한국영화의 전성기는 이제 가난한 시대가 만들어냈던 지나간 흑백영화의 스틸로 남았다. 최고의 청춘스타로 대중적 인기를 구가한 배우 신성일에게 남은 것은 화려한 추억에 묻어온 폐암과 회한이었다.

배우 신성일은 77세 그의 마지막 작품에서조차 에로물에 가까운 벌거벗은 청춘배우의 역을 반복하고 있었다. 그걸 요구한 제작진이나 응한 신성일이나 같았다. 시대 변화에 둔감한 무지한 영화에 대중은 실망을 넘어 모욕을 주었다. 그의 한계이자 영화계의 한계였다.

필자에게 있어 배우 신성일은 처음부터 끝까지 얼굴로 승부한 청춘 미남스타였다. 성격파 대배우로 일어서지 못한 것은 그의 안타까움이자 영화계의 큰 손실이었다. 한국판 안소니 퀸을 바라기에는 우리의 60~80년대 정치 사회적 환경이 너무 강퍅했다. 모자람을 탓하기는 쉬워도 함께 하는 것은 어려운 일이다. 인지상정이다.

그랬다. 배우 신성일은 대중의 스타이자 광대였다. 권력의 지배를 받으면서 권력의 달콤한 맛도 배운, 영화배우와 정치인 두 얼굴의 사내였다. 그런 그에게 시대적 한계를 넘어서길 바랐던 것은 버거운 주문이었을 것이다.

'박정희 시대가 빚어낸 스타 신성일의 그늘'이었다. ♣

친일파가 보수 행세하는 나라

한 톨 씨감자를 심으면 보통 10~15배의 감자를 거둔다. 땅콩은 그 백 배, 들깨는 천 배를 거둔다. 대한민국에서 활개를 치는 '친일파'들의 번식 행태가 그렇다. 참으로 기가 막힌 일들이 도처에서 마구 벌어지고 있다.

"독도는 일본 땅… 위안부는 돈 벌러 제 발로 간 성매매 여인들… 소녀상은 철거… 일본은 우리의 근대화 은인… 원수를 사랑하듯 일본도 사랑하라…!"

누가 들으면 일본인들이 떠드는 걸로 생각하기 십상이다. 한국인들이다. 그런데 이런 걸 잘한다고 박수 쳐대는 이들이 한 둘이 아니다. 극소수가 아니란 말이다. 이해난망을 넘어서 참으로 기괴한 현상이다. 인터넷에 들어가면 입이 딱 벌어지는 주장이 비일비재다.

남북관계에 관련해서도 이런 현상과 맥락은 동일하게 나타난다. 2017년 대선 때다. 노무현이 NLL을 포기하고 김정일에게 갖다 바친 증거라며 유세장에서 진짜인지 가짜인지, 믿거나말거나 국가기밀 문서를 마구 흔들어댔다. 거기에 열광하는 사람들 또한 무슨 잔치판에 온 것처럼 신바람이 났다. 그 세가 만만찮아 보였다.

야당에게 '빨강'은 금기색이다. 당장 빨갱이 종북 좌파 딱지다. 그런데 박근혜가 개명한 새누리당 때부터 지금 국힘당까지 당의 상징색이 시뻘건 색깔이다. 남한 사회에서 '붉은 색'은 공산당-소련-북한으로 자동 연결되는 무서운 색이다. 대중의 내면에 깊숙이 자리한 트라우마다. 이른바 '색깔론'이 뜰 때마다 경기가 일어나는 이념사회다.

노조깃발이 적색이라고 색깔론을 입히고, 책 표지 색을 이걸로 했다고 불온서적이라 낙인찍은 매카시즘 광란은 현재진행형이다. 두려운 영역이다. 그럼에도 박근혜는 아랑곳 하지 않고 새누리당으로 이름을 갈면서 빨강색을 당의 상징색깔로 썼다. '반공'으로 18년 우려먹은 독재자 박정희의 딸이 썼다. 파격이었다. 그 색깔이 지금도 국민의힘 당의 상징색깔이다. 상징은 본체를 의미하는 것이니 빨갱이당이다.

민주당은 겁이 나서 못 쓰는 색깔이다. 썼으면 국힘당이 어떻게 나올지 눈에 훤하다. 이 땅 극우의 자신감이다. 네가 쓰면 종북 좌파 빨갱이고, 내가 쓰면 따뜻한 보수 우파다. 극강의 '내로남불'이다. 유니폼도 시뻘건 옷을 걸치고 선거판을 휩쓸며 다닌다.

요즘 국힘당 최고위원이라는 태영호란 자가 뉴스 헤드라인을 탄다. 대통령실의 공천미끼 정치공작 녹취보도다. 그가 누구인가? 영국주재 북한공사로 있다고 처자식 데리고 탈북한 김정일 수하 아니었나?

그는 남한에 와서 국회의원 배지를 달고도 김일성 3대를 싸고도는 빨갱이 중 빨갱이다. 북한에서 배운 걸 그대로 떠든다. 누가 이 자를 공천했나? 민주당이 공천했으면 어땠을까? 그를 뽑은 강남갑이 한국 최고 부자 동네라는데 부자들은 나라를 팔아먹어도, 빨갱이도 제 똥꾸 빨아주면 찍어주는 모양이다. 민주주의의 허점이 너무 크다.

그럼에도 누가 거기에 시비를 거는 이들은 없다. 야당도 그걸 시비하면 역풍이 일까 두렵다. 북한 조선중앙방송과 남한 조선일보-TV조선방송은 같은 '조선'인데도, 우리 사회에서 [조선일보-조선방송] 이외의 '조선'이란 단어는 자기검열 용어다.

그렇게 색깔 하나로 세상을 편 가르기 한다. 이쯤 되면 나치 정권 선전상 '괴벨스'가 한 수 배우러 올 만도 하다. 안익태 교향악 공연을 친전한 히틀러의 감탄이 괜한 것이 아니었다.

대한민국의 자칭 보수우파는 국정교과서 역사부도에 제주도 울릉도 독도가 왜 열도와 똑같은 색깔로 칠해지고, 남한 땅이 단군조선 영역에서 비껴나 왜 열도와 비슷한 채색구분을 해놓은 것을 애써 모르쇠 한다. 너그럽다. 대신 소위 '식민지 근대화론'이라는 뉴라이트 깃발을 흔들어 댄다. 촛불집회의 맞불집회장에 나부끼는 태극기 깃발이 실은 태극기로 위장한 '일장기'에 다름 아니다.

이들이 뜬금없이 들고 나온 그 거대한 '성조기'도 본질적으로 '일장기'다. 대일 항쟁기, 친일파들이 조선 8도 방방골골을 누비면서 흔들어대던 그 일장기가 성조기로 바뀐 것뿐이다. 이들의 뿌리는 친일매국노다. 멀리 올라갈 것이 없다. 부모-조부모-중조부 代다.

그 일장기를 내걸고 조선에서 전방위적으로 수탈한 자원을 반출하는데 앞장선 이들이다. 그도 모자라 조선의 젊은이 300만 명을 징병 징용 정신대로 내모는 최선봉에 섰다. 왜 열도는 물론 동남아 남북태평양 사할린 지나 위구루 사막까지 조선 젊은이들을 총알받이로, 성노예로 제 동족을 내다 모는 안내자노릇을 했다.

주구(走狗)의 견마지로가 이런 것이다. 지금 그 자식들이다. 그렇다고 민족의 대역죄인 조상의 잘못을 이들에게 대신 물을 수는 없는 일이다. 그러나 회개와 반성 사죄는 이들이 해야 할 몫이다. 나라와 민족의 진운이 올바르게 나가기 위해 반드시 필요한 일이다.

그런데 전혀 아니다. 그 반대다. 참으로 안타깝고 슬픈 일이다. 사상이고 이념이랄 것도 없다. 애오라지 가족과 개인의 일신 영달이라는 계급적 기득권이 전부다. 그게 머릿속에 콰-악 박혔다. 국가나 민족은 그걸 지켜주는 보호막에 불과하다. 그 보호막이 제 구실을 못하면 다른 걸로 바꾸면 그만이다. 이들에게는 부귀영화 욕망이 이념이고 신념이다.

그래서 생태적으로 '권력지향'이다. 권력은 자신이 가진 모든 걸 지켜주는 체제적 '끈'이다. 이걸 놓치면 모든 걸 잃는다. 일반 국민에게는 추상적이고 체감이 어려운 병풍 속 떡이지만, 이들에겐 매우 구체적이고 실체적인 생존의 항등식이다. 그래서 매국노라는 개념 자체가 없는 것이다. 이해가 되시겠는가?

"조국과 민족을 머릿속에서 지운, 피도 눈물도 없는 인면수심…."

왜인 경부보다 더 잔혹했던 행태의 내면적 배경이 설명되어지는 말이다. 권력의 충직한 속성이기도 하다. 이들의 자손들이 보여주는 행태 또한 별반 다른 게 없다. 저변이 더 넓어졌다. 밥그릇이 커지니 이득을 함께 나누며 뇌동하는 추종집단도 커졌다. '현대 시민민주주의'에 끼치는 해악 또한 그에 못지않다. 이해관계로 똘똘 뭉친 카르텔은 결사적이다. 한 점 보탬 대신 그걸 막고자 애썼던 이들 치고는 누리는 자유로움이 부러울 지경이다. 청산되지 못한 민족모순에 더해 외세 분단체제에 기생하며 대를 이어온 기득체제를 정리하지 못한 우리사회의 그늘이고 해결해야 할 과업이다.

오늘의 대한민국 정치사회 상황은 결국 우리 사회가 안고 있는 내면적 비극의 반복이다. 지금 다시 벌어지고 있는 제2의 '촛불혁명 시국'과 반동복고 대치선은 향후 대한민국의 미래를 통합이냐 쇠멸이냐를 가름하는 분기점으로 규정짓는 결정적 시기로 본다. 정치가 내전의 양상으로 흘러가는 극한의 갈등구조의 밑변을 진중하게 살펴볼 일이다.

꽉 막힌 불통, 긴장을 쏟아내는 국내외적 위협에 녹아나는 현실을 답답하다 못해 다시 분노가 치민다는 지인들이 꽤 있다. 열혈남아도 아닌데 그런다. 사는 게 너무 팍팍해서 숨이 막힌다는 것이다. 굳이 경제만이 아니다. 그 위에 정치와 남북관계가 있다. 그러나 세상은 간단치 않다. 비가 오면 소금장사는 울지만 우산장사는 웃는다.

"지금 이대로~ 위하여! 위하여~!"

밤마다 축배의 잔을 치켜들며 건배하는 그들만의 만찬은 오늘도 이어진다. 다만 '김건희 특검' '50억 클럽'에 '청담동 게이트' '천공 농단게이트'가 신경 쓰이게 한다. 천정부지 올라가는 물가에 국밥 한 그릇 소주 한 잔 망설이는 이들은 국민이 아니다. 세금 물 쓰듯 펑펑 쓰면서 서민에게는 제 돈 나가는 양 곳간 닫는 '내 맘대로'가 사람을 더 지치게 한다.

북한주민의 삶은 당장 논외로 치고, 현재 우리 사회의 소득격차 사회격차는 실로 심각하다. 하위 20%는 '삶의 질' 측면에서 조선말 노비층과 별다른 차이 없는 사회 경제적 처지에 놓여 있다는 게 경제사학자들의 진단이다. 상위 10%(10분위)가 국가총소득(GDI)의 50%를 가졌다. 소득격차 지표인 '지니 계수'는 0.6에 달해 멕시코 등 중남미보다도 나쁘다. 부패한 친일 기득권 세력 미 청산이 불러온 정치. 사회적 후과는 곳곳에서 부딪친다.

'촛불 혁명'은 현대사적 맥락의 중심에 자리한 한국사회의 실체적 역사의 변곡점이다. 말이 나왔으니 말인데, 근대시민사회를 여는 시민혁명의 시작은 루이16세와 그의 아내 마리 앙투아네트의 단두대 처형이라고 볼 수 있다. 루이16세와 오스트리아제국 황손녀인 앙투아네트를 단두대로 처형한 혁명세력은 혁명이 성공하자 오래잖아 두 패로 갈라선다. 그리고 그들이 장악한 베르사유 왕궁을 가운데 두고 좌우에 각기 혁명본부를 둔다. 왼쪽은 '자코뱅(당)', 오른쪽은 '지롱드(당)'이 그것이다.

좌편 '공화정파', 우편 영국을 롤모델로 한 '입헌공화정파'다. 전자는 '급진(Radical)', 후자는 '온건'이라 했다. 시대가 그랬다. 이게 좌파 우파 시발이 됐다. 그러나 결과적으로는 지향하는 세상과 이념 방법론이 둘 다 같았다.

절대군주정을 거부하고 시민계급에 의한 공화민주주의 수립, 혁명투쟁론 등 목표 방식 경로가 동일한 동맹군이었다. 갈라진 것은 권력에 대한 세력분할의 합의 불발이 문제였다.

좌·우가 진보·보수로 전화한 건 맑스-레닌의 1848년 인터네셔널 콤뮤니즘 선언이후다. 사회주의(공산주의) 노선이 밝힌 노동자 중심의 자본주의 질서재편 요구와 잉여가치론, 유물론적 변증사관, 생산수단의 국유(공공)화와 생산잉여의 공동분배 등은 당시에 급진혁명의 깃발이었다.

이게 앞선 시대의 공화좌파를 '덮어쓰기'하면서, '진보좌파' 급진진보로, 상대적으로 부르주아 자본가계급은 '보수우파' 온건진보로 변환됐다. 어쨌거나 이렇듯 진화(?)한 신개념 진보 보수도 큰 틀에서는 동일한 출발선상에서 진전돼 온 쌍생아다.

역사적 과정과 그 함의를 생각한다면, 오늘날 한국사회에서 자칭하는 '보수'가 그 태생적 역사성이나 지향가치는 물론 정치 사회적 책무성이나 행태 등 어느 하나라도 '보수 가치'에 합당한 것인지 아니면 '맹목수구집단'으로 사회공동체 합목적 상식과 질서를 훼손하는 맹동세력인지 자문해 볼 일이다.

'보수'도 요즘은 갈래가 여럿이다. 수구보수 온건보수 중도보수 개혁보수 진보보수… '보수'를 갖다붙이면 다 보수다. '진보'도 별다르지 않다. 온건진보 중도진보 강경진보 급진진보가 늘어서 있다. 이런 양극단에 극우, 극좌로 불리는 정치이념형 극렬집단이 있다.

히틀러 나치와 현재의 일본자민당 정권이 극우라면, 스탈린 모택동은 극좌로 볼 수 있다. 일종의 종교원리주의 근본주의와 유사성을 띤다. 여전히 논란덩어리인 '일베'는 이념적 극우라기보다 극우정치집단을 추종하는 단순극렬집단으로 보는 게 맞을 것 같다.

그런데 '마오 코뮤니즘'에는 중화주의와 다민족 포섭주의가 섞여 있고, '김일성 주의'는 강한 민족주의가 내재된 복합적 성격을 띠고 있어 고전적 의미로 일도양단하기는 어렵다. 코뮤니즘은 수단으로 보인다.

사상, 이즘(~ism)을 정형화해서 규정짓기는 모호하다. 철학적 공론이나 담론보다는 정치적 쟁투의 강력한 수단으로 이용돼 오고 있는 것이 현실이다. 한국사회에서 '좌파'가 무엇인가? 극우관점의 가장 효과적인 정치선동 언어다. '빨갱이'와 동의어다. 북한의 '부르주아지'보다 더한 색깔론이다. 분단체제에서 민주진보는 있어도 극우수구의 프로파간다 좌파는 없다.

좌파든 우파든 그 층이나 스펙트럼은 매우 다양하다. 우리사회에서 정치적인 '좌파'의 의미는 아무리 좌로 잡아도 '적극적인 개혁', 성장과 분배균형에 방점을 둔 '복지강화', 사회정의와 미래지향을 추구하는 본래적 의미의 '진보'를 말한다. 또 다른 기준(아래에 언급)으로는 집권당 반대편에 서 있는 '야당'을 지칭하는 서구의 통상적 용어 '좌파'라 부를 수는 있다. 그 이상을 벗어나지 않는다.

결국 '보수'다. 더불어민주당이 딱 이 정도다. 미국 민주당~영국 보수당~독일 기민, 기사당의 비빔밥 수준이다. 기본적으로 보수적 기조에 기반 한 상대적 개혁진보다. 이걸 공산당 식 좌파라고 턱도 없는 색깔을 입히고 기득권을 지키려니 정치를 혐오로 끌고 가는 것이다.

한국 정의당 독일 사민당 브라질 룰라의 노동자당 모두 좌파라고 하지만 노동자성을 강조하고 그 계층을 주요 지지기반으로 한다는 점에서 이들은 '진보' 혹은 '보수좌파' 정도다. 해산당한 민노당의 경우, 자주민족통일을 통한 민족해방을 지향하는 정강노선을 추구했다는 점에서 좌우에 다 걸쳐있다. 우파는 자주도 민족통일도 거부하나?

강경좌파라고 하면 '민족'을 강조한 지점에서 본래적 사회주의 노선과 일정한 거리가 있다. 사회주의본류로 보기 어려운 이유다. 그런데 박근혜 정권과 헌법재판소는 사회주의 정당으로 몰았다. 정치적이다.

민노당 강제해산은 "한국 민주주의의 다면 다양성 허용범위에 대한 시험대였다"는 국제사회의 비판적 시각과 국내 찬반논란은 물론, 극우 정권에 의한 정치적 공안탄압과 '헌재'의 독립성에 대한 우려가 제기되는 가운데 사법적으로는 종결되었다.

그럼에도 지금 윤석열 정권까지 좌파 종북 소동은 여전하다. 객관적 역사적 학문적인 관점에서 현재 국회의석을 가진 대한민국 정치결사체에 정체성 불명 극우정당과 보수정당은 있어도 좌파정당은 커녕 혁신 정당도 존재하지 않는다. 이승만 때 조봉암 진보당으로 끝났다.

왜 여전히 색깔을 통한 '공안 정치'가 판을 치고, 선거철엔 어김없이 등장하고 약발이 먹힐까? 대체 어디서부터 시작됐을까?

이는 크게 세 가지 정도의 배경을 들 수 있을 것 같다. 첫째는, 친일-남로당 출신 박정희의 '레드 콤플렉스'가 혁명공약 1장에 넣은 "반공을 국시로 한다!"다. 이게 그의 18년 집권동안 정치권력을 유지하는 동력이 되고 사회전체의 내면화로 작용하는 결정적 요인이 됐다.

둘째는, 정부수립 후 박정희를 포함한 수십 년간 지속된 정통성 부재의 역대독재정권이 이를 자신의 정치적 목적을 달성하는 무기로 고비 고비마다 써먹었기 때문이다. 셋째는, 한국전쟁으로 입은 전쟁과 사상적 결벽에 대한 국민적 트라우마가 그 토양이 됐다는 점이다.

'빨갱이'라는 말은 한국 사회에서 가장 비열하고 치명적인 공격 수단이다. 근거도 없이 마녀사냥으로 덮어씌우는 '좌파 프레임'은 '저비용 고효율'의 가장 많이 남는 장사다.

"박정희는 남로당원으로 군에 침투하여 여순반란 사건주모자…!"

1963년 11월 군복을 벗고 윤보선과 6대 대선에서 맞붙은 박정희가 받은 가장 괴로운 공격이었다. 이 사건으로 그는 실제로 사형을 언도받았다. 이후 무기징역으로 감형 받았는데 한국전쟁 초반 혼란기에 과거 상관이었던 이용문에 의해 기적같이 소령계급장을 달고 복귀했다.

(후일 朴은 그 아들 이건개를 약관 35살에 서울시경국장-치안본부장 서울시장으로 은혜를 갚는다.)

윤보선이 이걸 문제삼은 것이다. 그러자 박정희는, "…지금 상대후보가 나를 '매카시'적 수법으로 마녀사냥을 하며 국민을 혼란시키고 있다…"며 야당 정치공세로 돌렸다. 그러던 그가 집권 내내 되써먹으며 공안통치로 권력을 연명하고 전두환-노태우가 그걸 따랐다.

그러나 불행한 과거청산, 적폐청산을 내세웠던 '문민~국민~참여~문재인 정부'도 끝내 이걸 해결하지 못했다. 지금 윤석열 정권에서도 색깔론이 여전히 기승을 부리고 있는 연유다.

헷갈리는 경우도 있다. 예를 들면, 옛 소련에서 스탈린은 보수우파, 트로츠키는 레닌시절 보수좌파로 불리다가 스탈린에 쫓겨난 후 진보좌파 또는 급진좌파로 불렸다. 중국도 그렇다. 모택동이 보수우파라면, 등소평은 진보좌파였다가 복권되고 권좌에 오르자 보수우파가 됐다.

둘 다 역사적 맥락에서 진보좌파다. 왜 그럴까?

보수-진보 개념의 또 다른 구분 기준이 권력자의 피아 어느 쪽이냐에 따라 권력은 우파, 그 반대편이면 좌파로도 불린 것이다. 이 기준으로 본다면, 박근혜는 우파, 이명박이나 김무성은 좌파 보수로 불릴 만하다. 고정불변이 아니란 말이다. 순전히 주관적인 상대적 개념

용어다. 따라서 사회과학적인 전문용어가 아니기 때문에 학술적인 용례로 사용하기에 적절치 않다.

그러나 우리 사회에서는 이걸로 죽기 살기 식 싸움판이다. 침 튀기면서 사상검증이니 어쩌니 삿대질 하던 정치인들이 어렵잖게 그 정당으로 옮겨가는 일도 다반사다. 정치 불신이 사회불안이다.

"나는 진보적 보수주의자다."

국내정치판에 뛰어든 반기문은 이 멋진 말 한 마디로 낙마했다. 무엇이 문제였나? 그건 역으로 우리사회가 보수 진보 개념이 명확하게 역사성을 획득하지 못한 채 분단의 논리에 지배당해 온 반증이다.

파행적 정치논리로 지배해 온 정치집단의 이분법 속임수가 불러온 집단적 국민의식 왜곡결과다. 회수 아래 감귤이 회수를 넘어서니 탱자가 됐다. 문제는 탱자가 귤 행세를 해 온 것이다. '친일파가 보수 행세를 하는 나라'의 백성이 겪는 혼란이자 비극이다.

국민은 겉으로 주권자이지 실상은 흑싸리 껍데기였다. 대중조작에 놀아나며 환호하는 열성적인 팬클럽이 있는가 하면, 침묵하는 다수로 여기저기 동원되고 아전인수로 해석당하는 피동적 존재가 대부분이었다.

심하게 말하면 민법상의 '물권적 객체' 쯤이라 해도 과한 비유가 아니다. 신성한 주권을 행사해서 선출한 대통령이 실은 장막 뒤에서 비공식라인에 놀아나며 국정이 농단 당했던 '박근혜 탄핵'이 그런 실상을 증명해주고 있다.

문제는 그 비극이 지금 반복되고 있는 건 아닌지 심각한 의구심에 국민이 마음을 졸이며 지켜보고 있다는 사실이다. 따지고 보면 누굴 탓할 일도 아니다. 알고도 그랬든지 속아서 그랬든지 뽑은 사람들이 있으니 뽑힌 사람이 있는 것이다. 찍은 손가락을 원망하랴, 부추긴

언론을 원망하랴! 찍은 사람은 말이 없고 뽑힌 사람은 호령한다.

오늘도 도돌이 투표를 반복할 착하고 선량한 유권자들은 여전히 늘어서 있다. 대한문 광장에서… 유튜브 공간에서 그들을 만나는 건 식은 죽 먹기다. 친일이 보수인 나라에서나 가능한 일이다.

"그래서 뭘 어쩌자는 말인가?"

묻는 당신에게 필자가 되묻고 싶은 말이다! ♣

장례식장에 핀 사무라이 칼꽃

장례식장에 조문하러 가는 사람들은 아는지 모르는지 별 생각 없이 꽃 한 송이를 망자의 제단에 올려놓는다. 그런데 이상하게도 그 꽃송이를 자신이 드리는 방향이 아닌 망자의 방향에서 자신에게 거꾸로 돌려놓는다. 말하자면 돌아가신 이에게 드리는 영면 안식의 작별 헌화 아닌 망자가 손에 쥐고 조문객을 향해 들이미는 모양새를 연출하는 것이다.

그런데 다들 그게 맞는 줄 알고 따라 한다. 처음에는 뭔가 이상한 느낌이 들거나 부자연스러운 모양새에 고개를 갸우뚱거렸을 텐데 장례식장 곳곳이 그러니 그런가보다 한다. 뭐라고 따져보는 것도 슬픔에 잠긴 상주와 유가족들에게 미안한 일이다. 그 아니라도 다수를 따라가는 것은 생존의 안위를 지키는 안전한 처신이란 사실 앞에 더 이상의 의문은 부질없다.

그러던 어느 날 기회가 되어 한 번 부딪쳐봤다. 아주 가까운 지인의 장례식장에서였다. 마침 일이 생겨 조문을 먼저 할 요량으로 부고장을 받자마자 장례식장에 갔는데 1호 조문객이었다. 막 차려진 제단 가운데에 장례지도사가 꽃 한 송이를 예의 그런 식으로 거꾸로 올려놓았다. 뒤에 오는 조문객들이 모두 이 방향으로 똑같이 올려놓을 것이었다.

유족들과도 평소 격의 없던 처지라 믿거라 하고 양해를 구한 뒤 문제점을 말해줬다. 그리고 꽃송이를 망자를 향한 방향으로 돌려놓았다. 드리는 것이지 받는 것이 아니라는 것이 유족들에게 보다 명확하게 인식되어졌다.

이후 조문객들이 어떻게 하는지 잠깐 지켜보기로 하고 한쪽 구석에 섰다. 잠시 후부터 하나 둘 씩 조문객들이 들어오기 시작했다. 아니나 다를까, 모두 필자가 돌려놓은 방향으로 그대로 따라 놓았다. 한 송이 꽃이 모든 꽃송이 헌화방향을 돌려세우는 결정력이었다.

국장이나 사회장 등 정부 단위의 공적 장례에서는 정상적인 헌화가 이뤄지는데 민간 장례식장에서는 왜 이런 되지도 않는 몰상식한 헌화가 횡행하는 것인지, 도대체 누구에게서 어디서부터 비롯됐는지 궁금해졌다. 제단 정비를 마무리하고 나가는 '장례지도사'라는 명찰을 단 직원을 빈소 밖에서 잠깐 불러 세웠다. 필자가 유족인 줄 아는 그는 친절히 답했다.

"저희가 지도사 자격을 딸 때 성균관에 가서 기본 교육을 받습니다. 거기서 그렇게 교육을 받았습니다…."

장례지도사 자격증을 '성균관'에서 교육받고 준다는 건 처음 듣는 얘기였다. 생각을 해보니 그럴 수 있겠다 싶었다. 성균관은 조선시대 이래 우리나라의 양반 전통의례를 가르치고 관장하는 최고 국가기관이었다. 지금이야 일개 민간사립대학의 산하 기구에 불과하지만 명의는 여전히 같은 이름이니 임의자격증이긴 해도 연관성이 있을 것이다.

그 장례지도사의 말이 사실이라면 대단히 충격적이다. 사실이겠지 그 사람이 없는 말을 하겠는가? 그렇다면 성균관이 대일 항쟁기, 일제가 심어놓은 일본 사무라이 의례유습을 그대로 따르고 가르쳐서 우리의 장례 헌화의례인 양 전국 방방곡곡에 퍼뜨리고 있다는 말이 된다. 정신이 있는 건지 없는 건지 자격증 장사도 하려면 제대로 해야 할 것 아닌가!

일제가 쫓겨 간 세월이 80년 돼 간다. 이 대명천지에 아직도 곳곳에서 캄캄한 그 세월 잔영을 붙잡고 더듬는 우리 사회의 현주소다. 식민근성과 분단의 체질화가 무섭다.

일본에서는 초상집 빈소에 가서 꽃송이를 올려놓을 때 지금도 위와 같은 식으로 하고 있다. 이는 제단에 올려놓는 꽃송이가 실은 그냥 꽃송이가 아니라 '사무라이의 칼'을 의미한다. 일본에서 사무라이는 자신의 주군인 쇼군을 위해 목숨을 바치고 그 대가로 높은 녹봉을 받고 사회적 지위를 누린다. 지배계급의 일부다.

그들의 무기는 글이나 학식이 아니라 칼이다. 잔혹한 용맹이다. 사무라이(호위무사)는 제 명대로 살다 죽는 이가 거의 없었다. 전쟁터에 나가 싸우다 죽든지 주군과 함께 죽든지 아니면 할복으로 자신의 생을 마감했다. 그게 가문의 명예와 기득권 지위를 지켜내는 방법이었다. 그에 상응하는 개념이 '복수'다.

일본사회는 역사적으로 그들의 천황 직접통치 시대가 막을 내린 11세기부터 2차 세계대전 종료시점까지 장장 1천여 년에 걸쳐 사무라이 '막부 통치'로 이어지는 군사 국가였다. 대륙과 달리 도망갈 곳, 숨을 곳 없는 섬나라에서 적과의 싸움은 더욱 격렬하고 잔혹하다. 상대가 일방적으로 항복하지 않으면 갈 데까지 간다. 씨를 말려야 전투가 끝난다.

끊임없는 전란으로 점철되는 전국(戰國)시대 지속으로 '칼'은 일본사회 최고 권력의 상징이자 모든 사회적 가치의 척도였다. 따라서 망자에게 칼을 헌사하는 것은 복수와 명예 그리고 권력의 사후적 영속을 기원하는 최대의 경의였다. 꽃을 바치는 것이 아니라 망자의 손에 칼을 다시 쥐어주는 의미다. 그걸 꽃으로 대신하는 것이다. 그래서 꽃송이를 제단에 거꾸로 놓는 것이다. 그걸 지금 한국 사람들이 그대로 따라 하고 있다. 그 본산이 성균관이라면 심각하다.

일본사회에서 지금도 일상적인 예의범절이나 망자에 대한 의례 등에 이런 문화양식이 그대로 온존하고, 저마다의 정치 사회적인 역할이나 직업이 누대를 이어가는 연유를 잘 살펴볼 이유가 있다. 그것은 이른바 '천황'의 존재와 함께 이런 무사국가의 계급적 토대가 여전히 작동하기 때문이다.

일본은 기실 '계층(계급) 상승'이 가능한 자유로운 민주주의 국가로 보기 어렵다. 겉만 민주주의이고 헌법에만 계급이 없다고 적어놨을 뿐, 봉건적 지배 구조는 그대로다. 그 맨 꼭대기에 '천황'이 있다. 그가 일본인들의 정신세계를 여전히 통치하고 있다.

이면으로는 전체주의적 쇼비니즘이 지배하는 '만세일계' 왕정 사무라이 국가다. 이른바 '평화헌법'을 만든 맥아더도 손을 못 댔다. 왕조의 종말과 동시에 시작된 피 식민지배, 그리고 분단과 전쟁에 따른 대혼란으로 인해 친일파 만 남고 봉건적 계급토대는 무너진 우리와 다른 이유다. 이 막 되먹은 조문 문화는 '대일 항쟁기'에 퍼뜨려졌다. 중추원 의원들인 친일파들이 자신들 일가가 죽을 때마다 흉내를 내며 그 앞장에 선 게 시초다.

어디 이것뿐이랴! 영문도 까닭도 모른 채 지금껏 횡행하는 망조 들린 단면 한 가지를 드는 것뿐이다. 몰라서는 그랬어도 알았으면 당장 고쳐 살아야 한다. 우리 사회에서 제대로 산다는 것, 소신껏 산다는 것이 쉬운 게 아니다. 무엇에 속고 사는지 도무지 알 길 없는 일이 많다. "한 세상 살아가는 게 왜 이리 힘이 드는가~"

문득 대중가요 노랫말 한 구절이 생각난다.♣

'편의대'… 5.18 때만 있었을까?

1

2019년 5월 13일 JTBC에 김용장이라는 사람이 나왔다. 그 분은 1980.5.18 당시 주한미군에 배속된 미 국방부 정보요원으로 있으면서 광주항쟁의 제반 정보를 현장 안팎을 드나들며 수집 정리 보고한 특수 '정보요원'이었다고 했다. 일종의 고급 '현지정보원'이다.

'편의공작대'… 약칭 '편의대'였다. 과거 중국 내전에서 써먹었던 고전적인 정보수집 방법이란 말은 들었다. 이걸 '5.18 광주항쟁'에서도 요긴하게 써먹었다는 건 이 사람으로부터 처음 들어 알게 된 사실이다. 낯선 이름이다. 어디 필자뿐이겠나!

'편의대'가 무엇인가? 군인이 민간복장으로 위장해서 적진에 침투하여 정보를 수집하고 민간을 사찰, 이간하는 작전을 벌이는 부대다. 그 때 주한미군이 그런 작전을 벌였다는 것이다.

"아, 그랬었구나! 그런 보대도 있구나~!"

국민 대부분이 그랬을 것이다. 그런데 이게 미군 정보부대에서 한국인 정보원들을 고용해 운용됐다는 것이다. 이 사람들이 같은 한국인들이니 광주시민들도 항쟁에 함께 참여하는 같은 시민인 줄 알았을 테다. 더구나 미국의 정보활동을 하는 이들이라는 건 상상할 수 없는 일이었을 것이다. 속아 넘어가지 않을 도리가 없다.

문제는 따로 있었다고 생각된다. 이들을 통해 미국은 5.18의 발단부터 도청 함락, 그리고 그 이후 상황과 내밀한 민심까지의 실상을 전두환 신군부보다 더 정확하게 파악하고 있었다. 그럼에도 미국은 대북침투특수부대와 전방부대의 광주 투입에 눈을 감았을 뿐만 아니라 전두환 군부정권을 승인해주고 레이건은 그를 백악관에 불러 왕관을 씌워주었다.

"한국인들은 쥐떼 근성이 있어서 지도자가 누가 되든 깃발을 들면 모두 따라간다….."

당시 주한미군 사령관 위컴이 내뱉은 유명한(?) 말이다. 모욕을 넘어 능욕이다. 그 때 활약한 미군 편의대의 정보공작 보고서는 백악관의 핵심 판단자료가 됐다.

'편의대'가 비단 당시 주한미군에만 있었을까? 정보정치, 정보 통치에 익숙한 무소불위 정보기관이 있고 신군부 보안사가 있는데 그들은 미군편의대만 바라보고 있었을까? 그때는 그랬을지라도 이후 벌어진 수많은 민주항쟁에 저마다 편의대를 편성해서 조직적으로 대응하지 않았을까? 상식적인 추측이다. 필자가 겪은 실체적 경험도 있다.

80년대 전두환-노태우 정권 내내 활약했던 이른바 '보안사끄나풀'로 불리던 다수의 '학원프락치' 조직, 민간 용역단 위장경찰인 '백골단', '사복 정보대'와 '사복 체포조'가 다 편의대의 일종이었다고 보면 된다.

김용장 씨는 호적은 한국인이지만 활동은 미국인이었다. 김용장씨 뿐이겠나! 그때 그 '편의공작부대'에서 활동한 수많은 한국인 정보원들이 있었을 텐데, 그 중 딱 한 사람 김용장 씨가 큰 용기를 내어 나타난 것이다. 그는 엄혹한 당시 시국에서도 자유롭게 활동했을 터였다. 신분상으로 그렇고 사고방식이나 가치지향성도 그럴 것이었다. 거기에서 부여된 직무도 미국의 국익 관점에서 수행하는 과업이었다.

한국인이라는 건 태생이 그렇다는 것일 뿐, 철저히 미국의 입장에서 사태를 바라보고 정보를 수집 보고하는 현장 요원이었던 것으로 볼 수 있다. 신분이나 직무가 그랬던 것처럼 거기에 몸담았던 기간이 오래일수록 사고방식이나 가치관 또한 미국의 울타리를 벗어나기 어려웠을 것이다. 먹고 살기위해 들어간 일터지만 사람도 바뀐다.

이런 점과 관련해서 필자의 숙부 이야기를 아니 할 수 없을 것 같아 조금 말해본다. 그래야 김용장이란 사람이 말하는 39년 만의 '5. 18' 증언이 그분 나름으로는 얼마나 어렵고 힘든 인생의 결단인지를 이해할 수 있을 듯해서다.

그 당시 이 분은 '광주항쟁'이 반정부 시민폭동이고 신군부의 무자비한 진압이 지나치긴 해도 불가피한 대처로 생각했을 수 있다.

따라서 자신의 활동도 정당한 과업수행으로 생각하고 임했을 수 있다. 시간이 흐르고 진실이 드러나고 그는 비로소 객관의 시각으로 돌아보게 됐다.

오랜 세월 고뇌 끝에 그는 결국 양심고백을 결심했다.

2

숙부(막내작은아버지)는 괌, 오키나와, 가데나와 함께 미국의 해외 4대 공군기지인 주한 미 공군사령부에서 문관으로 40년 가까이 근무하면서 미국인보다 더 미국적인 삶을 살다가 정년퇴직했다(세상을 뜬 지 10년이 넘었다). 거기서 수백 명 한국인 노무자들의 생사여탈권을 쥔 Genaral Manager로 일했다.

기지 내 각종 건물과 숙소 등 비군사 시설 영역의 전반적인 관리와 운영을 책임진 중요한 자리다. 미국 사람이나 다를 바 없는 투철한 직업의식으로 적지 않은 급여를 받으면서 미국의 국익에 충성을 다했다. 은퇴 후에도 生을 마칠 때까지 그런 삶의 연장이었다. 옆에서 평생을 지켜봐서 잘 안다. 친일파 같은 매국노와는 결이 크게 다르겠으나 신흥 외세파임은 분명해보였다.

직무뿐 아니라 생각하는 것이나 먹는 음식, 즐기는 여흥이 다 그랬다. 어울리는 사람들이 죄다 미군 장교들 그 중에서도 사령관을 포함한 최고위 장교들과 인사 실권을 쥔 주임 상사들이었다(미군의 위계서열을 보면 상사급 권한이 한국군 부사관에 비할 바 없이 세다).

제 나라 말보다 영어를 더 즐겨 하고 익숙했다. 한 마디로 동족인 한국 사람을 내려 보고 미군 간부들과는 보란 듯이 어울리는 삶이었다. '텅 빈 충만'이라고나 할까? 제 정체성은 비어있고 외제로 치장한 겉만 충만한… 속으로 생각뿐, 어른 생전에 입 꿈쩍 아니했다.

미국인이라고 다 영어를 잘하는 게 아니다. 거기가 원체 땅이 넓고 이민들로 채워진 나라여서 그런 것인지 몰라도 6~70%는 사투리 영어를 쓰는데 숙부는 미국 주류사회 표준 영어를 썼다. 태평양 미군사령관 표창장도 여러 개 받았고, 어느 해에는 전 세계 350여 개 미군 기지 중에서 넘버 1에 뽑혀 국방성에 초청받아 미 국방장관을 만난 일도 있다. 늘 TOP 10 안에 들었다. 그 프라이드가 어떠할지는 상상에 맡긴다.

1950~80년대 궁핍한 시절, 숙부 집에 가면 그 큰 자택 방이 거대한 웨스팅하우스 냉장고 두 개로 꽉 찼고 그 안에는 미제 쇠고기와 이름도 모를 각종 미군 PX 식료품이 철철 넘쳐났다. 일자리 부탁하는 사람들의 청탁성 인사와 계약 연장, 기지 내 건물 신축·보수공사 수주 등에 관련된 갖가지 사연으로 들어오는 인사치례였다.

이외에도 미 국방성으로부터 합법적으로 받는 보너스쿠폰 물량이 장난이 아니었다. 달러와 고용이 그 지역에 경제 사회적인 영향력이 컸다. 보이지 않는 실세 권력이었다. 숙모가 그 바닥 부인네들을 휘어잡는 무기이기도 했다.

숙부 가족은 같은 동네에 살아도 한국인 이웃을 거의 모르고 살았다. 어울리지 않았다고 보는 게 맞을 듯하다. 드나드는 사람은 전속 운전기사와 가정부 아주머니 외에는 일자리에 매여 맞장구 쳐주는 숙모 친구들과 몇몇 숙부 측근들이 전부였다. 출장은 미군 기지가 있는 일본 미국 독일 등지를 다니고, 휴가를 가도 주로 하와이나 괌 아니면 알래스카와 오끼나와의 미군전용 휴양지를 이용했다.

일상이 그러하니 어쩌다 들르는 필자가 숙부 얼굴 보기는 하늘의 별 따기였다. 설사 봐도 힐끗 돌아보곤 총총히 포드 세단에 몸을 싣고 "부~웅" 사라졌다. 가고 올 때 인사를 드릴 틈새도 없었다. 숙모는 입만 떼면 필자더러 "산골 촌놈"이라고 했다.

농담 반 진담 반이긴 한데, 후에는 "촌 선생"이라고 격상시켜줬다. 숙모도 우리말보다는 영어가 더 많이 섞였다. 골초인데 담배는 당연히 던힐 아니면 말보로였다. 양담배를 피우면 처벌을 받던 시대였다. 그러나 예외였다. 미군부대 고위직에 지역 유력인사인데다 미군영내 PX물품은 우리 정부도 별반 문제를 삼질 못했다. 지금 1950~90년대 초반의 이야기다.

조니워커 양주는 싸구려라며 여기저기 선심으로 죄다 풀고 시바스 리걸 같은 걸 마셨다. 같은 형제라도 행로가 다르니 필자 부친과는 생각이나 삶 자체가 많이 달랐다. 반골 강골 기질에 민족에 대한 역사의식을 물려받은 필자는 못마땅한 정도가 아니라 적대적 감정이 생길 때도 있었다.

사람의 속은 어떤 형태로든지 일부라도 겉으로 드러나게 돼 있다. 성인이 되고 사회생활을 시작할 무렵부터 필자와 숙부 숙모는 알게 모르게 불편한 사이가 됐다. 머리가 컸으니 열 번 듣다가 한 번 생각을 대꾸하면 그게 영 못마땅하셨다. 더 이상 시골촌놈이라고 무시 당하고 싶지 않았다. 필자의 눈에는 숙부 집 앞날이 대충 내다보였다.

당대를 호의호식하느라 앞날이 눈에 들어올 일이 없었다. 이대로 마냥 갈 것 같은 착시의 마(魔)가 끼는 걸 깨달을 때는 늦은 때다. 인간이 지닌 보편적인 한계다. 예견은 그대로 현실이 됐다. 부귀영화는 종말을 고하고 한 사람 한 사람 불치의 병을 얻어 불귀의 객이 됐다.

집안은 몰락하고 홀로 된 숙부는 결국 무시로 일관하던 필자의 집에서 5년을 함께 살다 세상을 떠났다. 지닌 권력으로 베푸는 건 받는 이도 진심으로 고맙지 않다. 보태주는 것 없이 잘 살던 사촌이 망하면 속으로 고소해 한다. 불감청고소원 격이다. 세상인심이 그렇다. 그걸 숙부는 알지 못했다. 사촌동생은 걸핏하면 손을 벌리고 동생과 숙모 말년의 병치레 비용은 필자부부가 대기 바빴다.

부귀는 일장춘몽이요 영화도 남가일몽이다. 어른 내외의 그 화려했던 세월은 속절없이 막을 내렸다. 그 상처받은 자존심을 어찌 말로 다할 수 있으랴!

어느 날 숙부가 건네주는 물건이 있었다. 자신이 적자라며 간수해왔던 집안 파보와 대동보 족보였다. 어른은 필자에게 넘겨주며 말했다.

"네가 이겼다. 너와 살면서 내가 한국 사람이란 걸 다시 배우고 깨달았다… 네가 진짜 우리 집안의 승리자다. 너희 형제들 어릴 적 느들 부모가 다 돌아가셨는데도 난 떵떵거리기만 하고 별 도움도 못준게 면목이 없다. 그런데도 너희 형제들이 다들 바른 삶을 살아가니 형님이 다시 보인다…"

누구는 평균을 근근이 사는데 숙부가족은 아주 높은 데서 살았다. 그 차이다. 그야말로 흠 잡을 데 없는 자수성가였다. 혼신의 열정을 담은 당신의 능력으로 일가를 이룬 것이었다. 필자가 존경하는 것은 거기까지였다. 산 정상을 오를 생각만 했다. 내려오는 건 일정에 없었다.

마구 굴러 떨어졌다. 흥망이 모두 극적이었다. 그만큼 상실감과 충격이 컸을 것이다. 그러면 뭣하나! 생각과 삶은 따로 논다.

"미국은 우리를 먹여 살리는 나라다. 박정희-전두환 대통령 같은 강력한 정부가 있어서 북괴 남침을 막고 한강의 기적도 낳은 거다. 네가 아무리 비판적인 생각이 있어도 그건 인정해야 한다."

이 지점에서 대화는 번번이 끊겼다. 벽이었다. 상대적이니 피차일반이었을 것이다.

2007년 12월 19일 밤이 기억에 남는다. 이명박이 17대 대통령 선거 개표 초반부터 야당 후보인 정동영과 군소 후보로 3수한 이회창을 크게 앞서나가자 숙부는 흥분을 감추지 못했다. 어깨가 들썩였다. 무슨 한이 풀리는지 분이 풀리는 건지 그랬다.

자정 무렵부터 '당선유력' 자막이 뜨자 만세를 부르면서 여기저기 서울의 지인들에게 전화를 걸기 시작했다. 기쁨을 나누기 위함이었다.

"만세~ 만세~ 명박이대통령 만세~!"

건건이 수화기너머로 선명히 울려오는 반응은 다들 똑같았다. 참 기이했다. 집안 망하고 홀로 조카에게 얹혀사는 비애도 일순 다 날려 보낸 듯 했다. 김대중-노무현 정권 10년이 숙부에게는 끝없는 고통의 시간이었던 듯하다. 누가 뭐라고 그런 것도 아니었다. 정권 어디에서 탄압이나 억압 또는 불이익을 당한 것도 없는데 그랬다.

숙부는 물론 기쁨을 나누는 숙부 친구들도 민주당정부 10년 동안 떵떵거리며 내로라하고 잘 사는 사장님 회장님 부자들이었다. 추측컨대, 미군부대에서 미국을 위해 평생을 보냈던 자신이 김대중-노무현 정권 아래에서 정체성을 부정당하는 것 같은 억하심정이 있었다.

말하자면 DJ는 남북화해 민족통일, 노무현은 국가 자주권, 전시 작전권, 자주국방을 내세우는 게 불편했다. 게다가 정주영이 판문점 소떼 통과다, 대통령 둘 다 평양에 가서 김정일을 만나고 '역사적인 남북정상회담'이다 뭐다 대서특필되면 TV와 신문을 멀리했다.

이명박이 대통령 되니 나라의 정통을 되찾았다고 환호작약하던 까닭이 그런 것이었다. 숙부는 뭐라고 설명할 길 없는 논리부재의 정신세계를 살고 있었다. '태극기 부대' 류가 아니었다. 필자는 그 이후로 묵묵했다. 그 3년 후 숙부는 세상을 떴다. 환호하던 친구 분들도 살아도 90대 중반이니 다들 세상을 떴을 테다. 이제 그분들은 말이 없다.

기지 **안**은 치외법권 완전한 미국이다. 활주로와 전투기, 레이더와 격납고만 있는 게 아니다. 그건 일부다. 그 안에 초·중·고등학교와 이름난 대학도 여러 개 있다. 분교이긴 해도 정규 4년제 대학으로 본토 본교와 똑같다. 미군 가족 아파트도 있고 수많은 장교 숙소와 관리동 건물이 있다. 그게 다 아니다. 호텔도 있고 종합병원도 있고 별별 시설도 많다.

한국을 컨트롤하는 미국의 현지 사령탑이 머무는 오래된 미국 영토다. 그걸 숙부 때 한국인 노무인력 400여 명이 감당했다. 지금은 어떤지 알 일 없다. 그 넓은 기지 내 모든 비 군사시설 관리뿐 아니라 외곽 보초도 모두 한국인이다. 급여는 모두 한국 정부 예산에서 나가는 돈이다. 그 땐 몰랐다. 모두 미국 정부가 먹여 살리는 달러인 줄로 알았다.

후일 숙부가 필자에게 내세우는 게 하나 있었다. 150명을 400명으로 늘려 일자리를 만든 걸로 자신도 대한민국에 충성했고, 달러벌이에 역할을 했다는 것이다. 그게 꼭 맞는 말인지 내막은 몰라도 절반만 사실인 듯하다. 미 국방부가 직접 고용한 숙부의 급여는 달러였고 그 외 모든 한국인 종사자들은 원화로 받았다. 한국의 국고은행에서 미군금고를 거쳐 나가는 한국정부의 돈이었다. 한국의 세금이다.

미군 부대에서 미국이 먹여 살린 그때 한국인은 400명중 숙부 외 극히 일부였다. 이건 후일 필자와 숙부의 관계에서 이미 기울어진 운동장이 돼버린 시점에 나온 숙부의 궁색한 항변이었다. 숙부는 글로벌 최우수 마스터매니저라고 해서 60세 정년을 특별히 2년 연장 받아 만 62세에 나왔다. 이례적이었다. 숙부는 미국인보다 더 미국에 충성했다. 단순히 직업윤리로 설명되기 어려웠다. 31년 전 얘기다.

미군은 세계 어느 나라에서나 자신들의 군사기지 관리운영 시스템이 비 군사시설에 대한 관리로 내어맡긴 영역은 그들이 뽑은 현지인 책임자에게 거의 전적으로 위임하는 관행이 있다. 그게 더 효율적이고 책임과 역할에 대한 경계가 상대적으로 명확하기 때문이다.

따라서 한국인 노무자들의 고용, 해고, 직무 배치 등 인사 권한도 전적으로 한국인에게 맡긴다. 숙부는 30년 근무 중 최고 책임자로 10년을 근무했다. 그러니 겉은 한국인인데 속은 미국인이었다. 그러니 충성을 다하는 대상도 미국이었다. 한국은 어떻게 보면 '모국'이었다. 필자의 주관적인 생각이긴 하다.

숙부의 국내 정치에 대한 관점도 명료했다. 자신의 일터를 잘 지켜주고 미국(미군부대)의 이익을 보장해주는 친미 종속의 정당을 늘 지지했다. 이승만-박정희-전두환에서 이명박-박근혜로 이어지는 정치세력에 대한 일편단심은 각별했다.

기득권 사수는 그걸 청산 해체하려는 의지보다 열배 백배 완강하다. 그걸 간과하다 매번 '청산'에 실패한다. 노무현, 문재인 정권이 매번 정권을 다시 뺏긴 이유다. 숙부와 그 주변 지인들을 겪으면서 알게 된 진실이다. '편의대' 이야기로 다시 돌아간다.

3

87년 '6월항쟁', 89년 '전교조 결성' 그리고 1991년 '강경대 열사 사망사건' 당시 겪었던 일들이 이른바 '편의공작대'의 정보작전부대에 의해 진행됐었다는 사실을 김용장 씨 증언을 보면서 새삼 확인했다.

1985년 정초 김영삼의 25일 단식투쟁과 체포를 무릅쓴 김대중의 귀국 강행은 2.12 총선 지형을 급변시켰다. '양 金'이 손을 잡고 내세운 '신민당'이 총선에서 개헌 저지선을 넘는 돌풍을 일으켰다. 전두환 신군부 정권에서 유일한 위성 야당이었던 유치송의 민한당을 제치고 단번에 100석이 넘는 의석을 휩쓸었다.

숨죽이던 민심의 대반격이었다. 정국은 파란을 일으키며 수면 아래 있던 '5.18 광주항쟁'이 다시 물 위로 떠오르고 재조명되기 시작했다.

그해 5월 광주에서 제한적이긴 했지만 처음으로 공개적인 5.18 기념행사가 열렸다. 한국 현대사에서 '4.19 혁명' 이래 '5.18'을 딛고 두 번째로 민주화 대투쟁을 다시 시작하는 큰 물줄기의 시작이었다.

학생들의 봄철 새 학기 학내투쟁이 다시 살아나고 여기저기서 청년. 시민들의 민주화 운동이 조직화되기 시작했다. 1987년 '6. 10 항쟁' 때 필자는 시내 한복판에서 벌어지는 대학생들의 시위 대열을 지켜보면서 인도의 시민들 틈에 섞여 있었다.

4차선 도로를 점거하고 연좌시위를 벌이던 6월 13일 밤 2백여 명 대학생 연합시위대의 앞뒤를 경찰 진압부대인 국가 깡패 '백골단'과 전경부대가 틀어막고 있었다. 차량 통행이 막혀 시내버스도 돌아가고 거리를 오가는 시민들은 뉴스에 촉각을 세우며 무슨 죄를 지은 사람처럼 경찰을 의식하며 조심조심 오가고 있었다.

"저벅 저벅… 쿵쿵 쿵쿵…."

지켜보던 진압부대도 집체위력의 몸짓으로 위협적인 접근을 시도했다. 이에 시위대가 모두 일어나 스크럼을 짜고 저항 움직임을 보이자 경찰 병력은 멈칫하며 대치선을 이어갔다.

"호·헌·철·폐! / 독·재·타·도! / 호·헌·철·폐! / 독·재·타·도!"

학생들은 '님을 위한 행진곡'을 부르고, '오월가'를 연이어 불렀다. 외치는 구호는 단순 명료했다. 전두환의 '4. 13 호헌 성명'에 대응하는 것이었다. 그 여덟 글자에 모든 것이 담겨있었다. 그런데 갑자기 백골단을 앞세운 전경대가 떼거리로 시위대를 향해 돌격해 왔다.

동시에 백골단 일부가 인도에 모여 있는 시민들을 향해서도 무섭게 돌진해 들어왔다. 허가 난 폭행이었다. 학생 시위대는 일순 흩어지고 시민들은 도망치기 시작했다. 비약이긴 한데 '조건'만 맞으면 지금도 조선인 고등계 경찰이 자행했던 그 악랄한 행태가 재연되고 남을 일이다. 그들은 경찰의 비호 아래 마음 놓고 시민들을 두들겨 팼다.

'조건'만 맞춰주면 살인 청부도 마다하지 않고 물불을 가리지 않는 정화조 밑바닥 같은 시궁창 시국이었다.

'편의대'가 군대에만 조직이 있었던 게 아님은 자명하다. 1980년 5.18 때만 있었던 게 아니라는 말이다. 박정희 유신정권 때도 있었다. '6월 항쟁' 때 필자가 겪은 실체적인 경험이다. 노태우~김영삼… 이명박~박근혜 때도 그랬다. 그게 맞는 말이다. 그게 김용장이란 사람의 입을 통해 이제서 드러난 것이다. '백골단'이라 불린 민간용역단, 프락치조직 '사복 정보대'도 결국 편의대였다.

공공연한 비밀이었던 것이 공식화 된 이름, '편의대'다. 야사 아닌 역사의 기록으로 새겨지는 변곡점이다. 그 많은 공안사건, 조작사건들이 그들 '편의대'의 공작에 잡혀가 고문 수사에 시달리고, 엉터리 재판을 받아 교도소에 갔던 것이다.

'독재 대 민주'가 사라진 자리에 '진보로 변장한 보수당'과 '보수로 위장한 극우수구당'이 국민들을 현혹시키고 분열정치로 나라를 오도했다. 어제 오늘 일이 아니다. 혐오정치로 혐오사회를 조장한다.

'검찰독재정권'이라는 말이 널리 회자되고 있다. 공안통치 권위주의 시대가 되돌아오는 것 같은 분위기다. 군인 통치시대에서 검찰 통치시대로 바뀌었을 뿐 무력에 의존하는 '위력정치' 본질은 다를 바가 없어 보인다. 정치인은 교체되는데 정치는 갈수록 기술적이고 수법화된다. 지금 정권이 부리는 정치 행태를 보면 복잡한 정략적 셈법도 필요 없고 거추장스러워하는 것 같다. 여야 협상도 타협도 없는데 무슨 협치인가! 나이로만 세대교체다.

2023년이다. 지금 시국에 또 어떤 '편의대'가 만들어져 나타날지 걱정이 절로 든다. 역사는 전진하지만 반복되기도 한다. 이런 따위의 반복은 끝내야 한다. 그 몫은 결국 민주시민사회 주인인 주권대중에게 있다. 권력자는 그 대상이다. ♣

구찌땅굴도 자본

'브랜드 베트남'

오랜만에 해외기행을 다녀왔다. 근 2년여 만이다. 사는 게 지루할라 치면 문득문득 자잘하게 여기저기 민초들 부대끼는 곳곳을 나돈다. 듣도 보도 못한 욕설도 배우고, 없는 놈들끼리 서로 업신여기며 멱살잡이에 이전투구 좌판난전도 재미있게 구경한다.

때로는 건달 술 얻어먹고 형님소릴 듣다가 뒤가 구려 도망치기도 하고… 포구선창가 도심뒷길 등지를 하릴없이 배회하기도 한다. 그러다 형편상 아주 가끔씩 멀리 "땅~" 친다. 산방살림 알뜰살뜰 모은 쌈짓돈 털어 큰 숨 들이키며 큰 짓 벌인다. 요 며칠 다녀온 베트남이다.

제일로 먼저 가보고 싶었는데 여의찮은 사정으로 어렵사리 다녀왔다. 연일 최저기온을 갈아치우는 영하 14~17도의 한국을 뒤로하고 다섯 시간을 날아 내린 호치민 탄손눗 공항에 내렸다. 공항 문을 나서자 후끈거리는 공기가 밀려왔다. 자정 시각에도 28도였다.

세상이 간단치 않음을 또 실감했다. 기후가 상충하면 그 속에서 살아가는 인간의 삶도 상충한다. 나라마다 지역마다 개인마다 가지가지로 달라지게 돼 있다. 문화가 다르고 경제적 이해관계도 다르고 세상을 보는 눈도 다르다. 한쪽의 불행이 다른 쪽에겐 기회가 된다.

그러니 분쟁을 해결하기도 쉽지 않고 해결방식도 그에 접근하는 생각도 다르다. 공생 공존이 말이 쉬운 거지 참 어렵다. 그래서 국제사회나 개인 간이나 분쟁과 사건 송사가 끊이지 않는다. 불과 몇 시간 간격으로 강추위만큼이나 무더운 열대야에 맞닥뜨린 양극단의 기후 충돌을 처음 겪는 필자의 머릿속은 철 지나 쏟아지는 스콜과 함께 짧은 순간 많은 상념에 휩싸였다.

베트남은 한반도의 1.5배 국토에 인구가 1억을 헤아린다. 결코 작은 나라가 아니다. 역사적으로도 외세 침탈에 끝까지 맞서 싸워 자주권을 지켜낸 강인한 민족성을 지금껏 견지해오고 있다. 불교적 관용과 유교적 예의… 강건한 정신력을 지닌 강한 나라다.

　　문제는 사회주의 국체를 지닌 국가이면서 80년대 중반 이른바 '도이모이'라는 자본주의식 개혁·개방정책을 도입하면서 파생된 격차의 심화다. 오랜 전란으로 피폐해진 경제는 살아났는데 반면에 깊어지는 빈부격차의 양상은 곳곳에서 발견할 수 있었다.

　　일반화된 낮과 밤 2중 직업과 지하경제의 큰 비중이 탈세와 격차의 양극화를 부추기며 부패의 온상이 될 수도 있겠다는 염려가 들었다. 이미 이런 경로는 지나(중국)에서 나타나는 현상이기도 하다. 얼핏 사회주의는 껍데기로 남고 본래 지향과는 거리가 있어보였다.

　　관치경제와 시장경제가 교묘하고 위태롭게 뒤섞인 베트남의 현실은 그럼에도 여전히 정부의 위력이 모든 걸 좌우할 수 있음도 느껴졌다. 비록 복지와 분배의 사회주의 시스템은 '도이모이' 이후 거반 무너졌지만, 굳건한 공산당 일당독재와 토지의 국가소유체제로 봐서는 정치적으로 사회주의 국가임에 틀림없었다.

　　베트남은 동남아시아 국가들이 다 그렇듯 아주 젊다. 40세 이하가 전체의 60%다. 넘치는 활력이 용의 기세다. 어딜 가나 거리에는 오토바이가 압도적이지만 자동차도 넘쳐 난다. 오토바이는 100% 일제 혼다이고, 승용차는 도요타가 대부분이다. 그 틈바구니에 현대 아반테와 SUV, 기아 모닝이 제법 눈에 띈다. 대신 대형버스는 현대차가 대부분이다.

　　이 나라 정부가 교통 정리한 것 같다. 곳곳에 한국 기업홍보간판과 입점 건물이 눈에 많이 들어왔다. 동남아 거점지역이 맞긴 한 것 같다. 호치민의 랜드마크라는 68층짜리 비텍스코 빌딩은 현대건설이 지었다는데 서울 63빌딩(250m)보다 높은 270여 미터라고 한다. 의미상으로는 제2롯데월드(123층, 555m)에 버금가는 상징성을 내세운다.

한국 주택업체들이 멋모르고 한국식 아파트를 지었다가 미분양 사태로 망했다는 얘기도 들었다. 베트남은 층간 높이가 최소 3.5미터 정도는 돼야 한다는데 2.5미터로 지었으니 답답해서 못산다는 것이다. 아파트 자체를 싫어한단다.

좁은 국토에 과밀인구가 조밀하게 사는 한국의 주거문화와 다르다. 그래도 50층짜리 고층아파트가 늘어섰다. 수요자가 누굴까? 투기바람에 놀아난 한국인 복부인들이 울고 있다는 풍문이 예사롭지 않게 들렸다. 이 나라의 산지는 70%에 이르고 울창한 아열대림과 암반동굴이 많아 험한 지형이다. 남부는 거대한 메콩강으로 흘러드는 거미줄 같은 밀림수로가 발달해서 수상 교통과 시장이 발달했는데, 이 또한 중북부 산악지대의 특성과 함께 게릴라전에 적합할 만도 하겠다 싶었다.

산지 대부분이 중북부에 몰려있고 남부는 야산 하나 없는 평야 개활지다. 필자는 그곳에서도 호치민(옛사이공)을 중심으로 해서 반경 70㎞ 이내인 미토-구찌-붕타우 등지를 다녔다. 베트남 최남단 지역이다. 3박5일 일정이었다. 그 중에서도 필자가 중요하게 생각하며 간 곳은 '구찌' 지역이었다.

이곳은 알다시피 [월남전] 당시, 북부 월맹군과 남부 베트콩(베트남 민족해방전선) 게릴라 군이 힘을 합쳐 미국에 최후의 승리를 거두고 통일을 이룰 수 있었던 결정적인 전술근거지였다. 그 핵심이 '구찌땅굴'이다. 파리협상이 한창 진행 중이던 1969년 정월 이른바 '테트(구정) 대공세'로 전세 대전환을 가져오고, 크나큰 심리적 열패감에 놓인 미국에 대해 협상 주도권을 틀어쥐는 계기를 마련한 주요 전투다.

미국은 적의 강고한 전투력과 '통일해방' 의지의 확고함을 새삼 확인했다. 1954년 식민 프랑스군이 디엔비에푸에서 처절한 패퇴를 당한 연유를 곱씹었다. 그 때 그 적장 '보구엔 지압'이 여전히 이끄는 적의 집요함은 넘기 어려운 '벽'이었다. 이 때 닉슨은 속으로 철군을 준비하기 시작했다.

'구찌'는 '사이공 강'으로 이어지는 지류를 끼고 있는 울창한 플렌테이션 고무나무 농업지대다. 여기에 '구찌땅굴'이 숨겨져 있었다. 사람으로 치면 사이공 월남정부의 목젖이다. 사이공은 울창한 수림 속 뱃길로 불과 백리 거리다. 시내 한복판의 미대사관, 미군사령부를 박살내고 감쪽같이 사라지는 총연장 250여㎞ 개미땅굴 요새지다.

그 안에 학교도 대장간도 광장도 만들어 놨다. 주민들은 월남정부의 회유 협박에도 결코 고향을 떠나지 않았다. 밤에 들에 나가 농사를 짓고 낮에는 공습을 피해 그곳에서 전투수행물자를 만들었다. 감쪽같이 위장된 폭 30㎝ 높이 70㎝ 입·출구는 주민들조차 웅크려 기어들어가야 한다. 발견도 어렵지만 덩치 큰 미군들에게는 난공불락이었다. 화염방사기도 물대포도 그 안을 파고들지 못했다. 종당에는 비행기로 고엽제를 살포했다.

다이아옥신 분말 한 바가지가 850만 명을 즉살시킨다는데 350톤을 뿌려댔다. 밀림은 말라 없었지만 구찌땅굴은 어쩌지 못했다. 박멸은 커녕 더욱 많은 미군들이 죽어나갔다.

"딱…콩…."

매번 30초 전투였다.

"베트콩은 안 보이는데 사방이 베트콩이다…."

미군 장교의 두려움 가득한 비명이다. 미군의 공포는 극에 달했다. 이게 전장의 승패를 가르는 동인이 됐다. 무기의 질량으로 벌이는 승부가 아니었다. 미국이 전쟁개입 명분으로 내세운 '공산적화 통일' 보다 '갈라진 민족의 통일'이 상위에 있었다.

이념전쟁 같지만 민중에 의한 민족해방… 통일전쟁이었다. 베트남인들의 지난한 전쟁수행 동력은 거기에서 나왔다. 이제는 명확해졌다. 당시 두 적장이던 로버트·맥나마라 국방장관과 보구엔 지압 장군이 1995년 하노이에서 극적으로 만났다. 노회한 은발 적장의 오만한 좌정 옆자리에 앉은 맥나마라의 어색한 웃음기가 담긴 두 손 제스처가 허허로웠다.

살아남기 위해 식민시절 이래 건곤일척 생사를 걸고 상상키 어려운 극한 작업으로 구축한 미로의 지하 요새는 외부자에게 경이로움을 넘어 가슴을 미어지게 만들기 충분했다. 거기에 지금 대를 이어 고엽제 고통에 시달리는 베트남 민중이 여전히 삶을 이어가고 있었다.

그 베트남으로 한국 사람들이 '관광'을 수도 없이 간다. 성자의 너그러움으로 대해주는 그 사람들이 그래서 존경스럽고 무서운 민족이라는 생각도 든다. 작은 상처도 평생 안고 살기 마련인데 광란의 무시무시한 전란을 겪어낸 사람들이야 어찌 말로 다 할 수 있겠는가?

필자는 사죄와 용서를 구하는 마음으로 언젠가는 꼭 다녀와야 할 곳을 이 해가 가기 전, 한 살이라도 더 먹기 전에 준비해서 다녀온 것이다. 이채로운 것은 미국인들이 아주 많았다는 점이다. 젊은이와 노부부, 남자와 여자, 연령대가 고루였다.

이들은 아주 진지하게 보고 듣고 체험하며 열심히 사진을 찍었다. 표정들이 하나같이 무거워 보였다. 그들도 알고 있는 것이다. 달리 보면, 월남전에서 미국이 패퇴한 것은 적에 의한 것이라기보다 내부적 요인이었다. 국론 분열이다. 당연했다.

당시 미국인들 대다수는 반전운동을 지지했다. 왜 자국 젊은이들이 월남에 가서 싸우고 죽어야 하는지… 왜 해마다 500억 달러(당시)씩 쏟아 부어야 하는지 의문을 가졌다. 미국정부는 냉전의 한복판에서 자본주의대 공산주의 진영 헤게모니 쟁탈전과 공산적화 '도미노' 논리에만 매달려 그 이상으로 국민을 설득해내지 못했다.

거대한 군산복합체의 요구와 그에 따라 시장에 떨어지는 경제적 '낙수 효과'를 대놓고 말하기는 곤란했다. 어느 해 문재인 대통령이 이 나라를 국빈방문 했었다. 그는 국내 수구보수를 의식해서인지 월남파병 명분이 부정당하는 오해를 줄 수 있는 용어를 피해갔다.

"마음의 짐이 무겁다…."

모든 의미가 녹아 있는 말이었다. 개인의 입장이라면 확실한 표현을 했을 것이다. 필자는 그랬다. 그런 심정으로 아껴 모은 돈 탈탈 털어 갔다. 베트남 정부는 묵묵히 듣기만 했다.

여행은 자기를 돌아보는 좋은 기회다. '역지사지'에 이만한 배움이 없다. 그렇다고 여행 자체에 빠져 살거나, 자신의 신념을 '제 논에 물 대기'식으로 확인받으려고 나도는 것도 경계할 일이다. 지식은 남의 얘길 듣거나, 학교 책방 서재에 꽂힌 책에서 배우고 알아낸 것으로는 한참 부족하다. 그 자체로도 부족하고 내용도 부실하다.

"버리고 떠나라!"

주입된 지식에 의존한 선입견을 지닌 채 세상을 백번 나들이해봐야 별 도움이 안 된다. '비우고 버리고' 떠나야 한다. 저승 가기 전 이 세상에서 그런 연습을 하는 것도 좋다. 그러면 있는 그대로 존재의 모습이 온전히 눈에 들어온다. 보는 것… 만나는 것… 먹는 것… 모두가 새롭고 재미도 있다.

느끼는 의미와 깨닫게 되는 교훈과 세상 이치가 매순간마다 머리에 알알이 들어와 박힌다. 이런 게 산지식이 된다. 듣고 읽고 배운 지식의 진위와 경중을 가려보는 눈이 생기고 진실의 문을 여는 힘이 생겨난다. 누구나 하나의 개체로서 주어진 '인과연기(因果緣起…인연)'에 매여 살다 보면 체득하는 경험이 제한적이다. 자신의 성격과 기질에 스스로 제한받고, 삶의 환경에도 제약을 받는다. 세상이 그게 다 아니라는 자각을 하기가 만만치가 않다.

여간해선 자각증상이 없다. 모른다. 필자는 늘 그걸 경계하며 돌아보고 또 돌아본다. 이거저거 가리지 않고 찾고 뒤진다. 그런데 매사에 끊임없이 의심이나 의문을 던지는 건 사실 편안한 삶에 방해물이다. 그걸 자각하고 삶의 지평을 넓혀 보려는 여간한 노력이 없이는 넘어서기 쉽지 않다.

기억의 저편을 끊임없이 추억하고 끄집어내는 것도… 지키고 누려야만 하는 일상의 안주가 뭔가 모를 자아의 불편함도 인간의 다중성 중 한 면이다. 그 오래된 기억의 우물 속에서 두고두고 길어 먹는 물의 내구성에 비례해서 암반에 이끼가 끼어든다는 불편한 사실을 애써 피하는 나는 누굴까?

둥실거리는 한 잎 낙엽에 바람결 흙먼지가 섞여들어 명경지수에 때가 얼룩진다. 귀찮고 괴로운 일이지만, 가끔씩은 그 깊고 컴컴한 심연의 굴속에 내려가서 닦아도 주고 걸러도 주어야 한다. 필자가 어쩌다 벌이는 만행(萬行)이 그런 여행이다. 자칫 빠지기 쉬운 나르시시즘(自己愛에 사로잡힌 자아 중심성)이라는 '종양'을 예방하는 정수기다.

"그대에게 여행은 무엇이냐?"

필자에겐 관점의 다변화와 해석의 다양화다. 역지사지다. 인식체계의 틀(프레임)을 깊고 넓게 해주는 건 덤이다. '업그레이드'는 전자기기에만 쓰는 게 아니다. 결국 여행은 思考와 인식의 균형을 통한 삶의 중심을 잡고 지키려는 노력의 일부다.

옛날 현인들이 죽림 강호에 운둔해 살며 관념만 먹고 살았던 게 아니다. 역마살 타고 세상 속인들 보다 더 많이 나다녔다. 저자의 밑바닥을 함께 살았다. 그냥 고요함이 아닌 靜과 動으로 살았다. 行이요 실천이다. 프락시스(Praxis)다.

"버리고 떠나기"다. 진실은 더 단단해지고 오류는 새로워졌다. 베트남이다. '구찌땅굴'이었다. 그런데 구찌땅굴은 지금 피압박민족의 찬란한 독립투쟁사의 공간으로 머물지 않고 있었다. 거대자본으로 탈바꿈했다. 베트남 남부지역(옛 월남)에서 가장 큰 세계적 관광지이자 한국인과 미국 등 서구인들에게는 일종의 순례코스가 됐다.

그들에게 정신게임도 시키고 돈도 벌고 일거양득이다. 말하자면 베트남의 대표적인 '역사상품'이다. 하롱베이나 사이공밤거리를 드는 이도 있겠으나, 먼저 떠오르는 건 '구찌땅굴'이 아니겠나… 한다. 거기서 싸우다 죽어간 선조들이 어떻게 바라보고 있을지 궁금하기도 하다.

인간사 새옹지마요 역사의 아이러니가 어디 그곳뿐이랴만, 그곳이 베트남의 상징적인 자본주의 관광브랜드가 된 것은 부인할 수 없는 현실이다. 여기에 어쩌니 저쩌니 토를 다는 건 그다지 생산적이지도 의미가 달라지는 것도 아니다.

구찌땅굴을 자본으로 써먹는 나라 '브랜드 베트남이다!'♣

| 2장 | 오래된 것의 향기

오래된 것의 향기
'골동'

예전에 필자(봉명)가 취미삼아 주워 모은… 지금은 별반 쓰임새가 없는 주변의 생활 소품과 흘러간 옛 기물을 블로그에 일부 올린 바 있다. 물건이든 사람이든 시간은 흘러가기 마련이다. 모든 생명체가 태어나는 순간 種의 보존과 함께 개체적으로는 소멸을 향한 긴 여정을 시작하듯, 그 인간이 만들어 낸 기물도 같은 길을 간다. 그게 운명이고 숙명이다.

만물은 천변 순환한다. 버려진 듯 굴러다니는 기물이나 방치된 듯 먼지 뒤집어쓰고 처박혀 있는 유행 지난 물건들을 보면 마음이 착잡해지고 자신을 돌아보는 마음도 불쑥불쑥 생겨난다. 그냥 지나치기 어렵다. 가까이 가서 찬찬히 살펴본다. 그리고 나름의 안목으로 찾아 가려낸 후 오물통에 빠진 병아리 새끼 건져내듯 조심조심 건져 올린다.

간송 전형필 선생처럼 민족의 얼과 혼이 담긴 문화재를 지켜낸다는 지고지순의 수집철학이 아닌 담에야, 돈다발 싸들고 몇날 며칠 방방골골 돌아치며 차떼기로 쓸어 담아오거나 경매장에 상주하다시피 수백 수천 혹은 수억 원을 쏟아붓는 사람들은 호사가 취미를 넘어 투자개념의 장사꾼이다. 그런 물건에서 풍기는 건 지린내다. 물론 수수하고 소시민적 생활 취미자도 많다.

욕망의 다른 표현이거나 재산의 증식 또는 보존이외 달리 이해가 안 되는 경우를 많이 봐왔다. 적절한 비교인지는 몰라도 '간송 미술관'과 '리움 미술관'의 차이 쯤 아닐까 소견된다. 수집품 보관창고에 불과했던 '리움'이 공공에 넘어간 이유다.

정성스레 씻고 닦아낸 기물을 앞에 두고 그윽한 마음으로 바라보노라면 경건한 마음도 들고 이 기물이 겪었을 지난사를 생각하게 한다.

어느 부잣집에서 대접받던 일도 있을 것이고 아이들한테 짓이겨져 망가진 모습으로 내 앞에 버려진 운명을 만났을 수도 있다. 유행이 지났다고… 쓰임새가 없어졌다고 멀쩡한 채 버림받은 것도 있을 것이다.

무엇 하나 사람의 노동과 자본 그리고 자연의 소재가 들어가지 않은 게 없다. 그러나 끊임없이 만들어내고 폐기시켜야 굴러가는 자본주의 관점에서 바라본다면 이런 생각이나 태도는 쓸모가 없거나 체제에 참 위험한 것으로 볼 수도 있다. 한편으론 이윤창출의 수단으로 만들어내는 경매시장의 존재는 역발상의 기업가 정신이 발현된 기회의 장인 점에서 아이러니다.

필자 소장 기물 99%는 다 그렇게 건져낸 것들이다. 냉장고 쇼파 식탁에서 컴퓨터 방석 양말 장갑… 심지어는 쌀 등 식량까지. 덩치 큰 건 버리느니 좋은 일 한다고 순순히 차로 날라다 주는 이들도 있다.

"이 멀쩡한 걸 왜 버리려 하느냐?"

여기에 대고 물을 수는 없는 말이다. 게다가 당장은 아니지만 머잖아 소위 '컬렉션' 급에 도달할 수 있는 기물도 있다. 소소한 기쁨이나 큰 기쁨이나 기쁨의 본질은 같다. 후일 이 물건들이 어느 손에서 손으로 넘어갈런지 아니면 쓰레기장에 버려질런지 나도 모른다.

필자가 안 버리고 줍고 얻고 받아 모아놓은 기물 일부를 보인다. 생긴 모습도 재미로 삼겠으나 거기에 담긴 사연을 알면 감상도 새롭다. '아는 것만큼 보인다' 그러더라!♣

▲1C전후 청동세발솥제기(1950년대. 실사용용도 재현품).

▲1C 전후 토기(1960년대 민간 재현품).
진품여부는 투자자의 눈이고, 감상자는 스토리다.

▲12C 청자주전자(재현품. 진품 국립중앙박물관 소장). 진품 재현품 모두 장인의 정성은 똑같다.

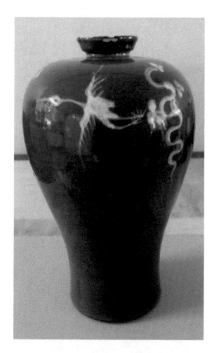

▲12C 고려절채흑매병(해평요 재현품. 진품 국립중앙박물관 소장). 전문가도 구분하지 못한다. 그러니 묻지도 따지지도 말고 그대의 눈으로 보는 그대로, 상상을 얹어 대화하고 감상하라!

▲고려청자국화문호(壺). 해림요, 창작품

▲고려청자상감운학문주병(해림요 재현품, 진품 국립중앙박물관 소장)

▲고려청자상감운학매병(초벌구이)

▲12C 고려청자상감국화문탁잔
(1960년대 재현품, 진품 국립중앙박물관 소장)

▲조선백자월하송학문달항아리(동석요) ▲▲조선백자달항아리, 높이 1미터 창작품(경매현장 캡쳐)

▲조선철화백자호(壺). 백석요, 재현품 (진품 중앙박물관 소장)

▲양구방산백자소호. 19~20C초(구한말). 19C중반 관요도, 방산요도 없어졌다. 이게 나왔다.

▲서민용 조선청화백자그릇. 1920~30년대(도예지불명) 이때는 안료가 서양식이 대세였다.

▲백자편. 좌하 편은 상태 온전한 철화백자로 고급안료에 名文 '죽수 청풍헌'이 선명하다.

▲1996. 山人이 방문했을 때 파기한 도자무덤에서 눈치 보며 몇 개 수습해 온 일부

▲호롱이라고 같은 게 아니다. 左는 방산도자기, 右는 사기. 그냥 보면 모른다. 바닥을 보면 안다. 값으로 비교하면 30배 차이! 양반네나 썼다. 뚜껑이 없어 아쉽다. 골동은 완전해야 제 값이다.

▲'부곡하와이' 동재떨이(1980년대)! 둘레에는 12지신상을 조각했다. 이게 그냥 재떨이가 아니다. 1979년 개업하여 선풍적인 인기몰이 영업장세를 몰아 이듬해인 1980년 '의장특허'를 낸 제품이다. 재떨이를 말이다. 희귀 성을 인정받는 이유다. 2017.5.28 완전 폐업했다. 그래서 더 귀하다.

▲동촛대, 동주전자. 주전자뚜껑 없어 반 토막이다. 1940~50년대!

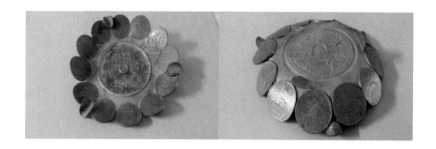

▲멕시코에서 건너온 멕시코재떨이. 멕시코동전을 이어붙이고 가운데에 앞뒤는 '마야 문양'이 정교하게 상감되어 있다. 이거다. 이색적이고 토착적이란 점에서 부곡하와이 재떨이와 닮았다. 우리나라에서 동전화폐를 이런 데 쓰면 화폐 손괴죄로 처벌받는데 그렇지 않는 나라도 많다.

▲1960년대 국산 KIADA(기아다) 미싱! 일명 앉은뱅이 가정용 미싱이다. 아이디얼 미싱, 부라더 미싱, 드레스 미싱은 귀에 익은 이름인데 기아다 미싱은 낯설 거다. 기아다가 국산으로는 제일 오래된 축이다. 후자들은 공업용 미싱이 주력이었다.

　왜 1960년대 제품이냐 하면, KS 마크가 찍힌 초기 모델인데, KS 마크 인증제도가 1963년 시행됐기 때문에 연대 추정이 가능한 것이다. 3벌 있다. 1950년대 의자용 재봉틀이 온전한 세트로 있다. 지인이 모친 사망 후 고물상에 거저 넘기려 하길래 그 고물상에 대포 값 찔러주고 산방집에 모셔왔다. 사연 없는 인간도 기물도 없다.

◀1960년대 山人 선친과 그 친구 일당(?)이 날이면 날마다 냉면 시켜먹으면서 밤 새워 놀던 마작! 모친 속 엄청 썩혔다. 몇 년 전, 인터넷을 뒤지며 독학했으나 상대가 없다. 셋은 되어야 한다.

◀1970년대 미색 다이알 전화기. 검정색보다는 좀 비쌌다.

◀1950년대 삼국지 조자룡단기구주 편. 속 표지만 그림이고 소설책이다. 세창서관, 세로형, 우→좌 편집이 시대 고증이다.

▲1951년판 성경책과 국어사전 책. 전쟁이 일전일퇴 치열한 양상 전개에
도 종이 한 장 없는 형편 마다않고 교회당은 원조물자로 열심히 성경책
을 찍어대고, 정부에서는 교과서를 펴냈다.

▲광개토태왕호태비 모형이다. 그러나 만주 집안에 있는 실물과 똑같다.
거기 안 가 봐도 의문이 절로 생긴다. 효자로 소문난 장수왕은 왜 고구
려의 휘광을 뽐냈던 父王의 일생을 기록으로 새긴 그 거대한 비문에 유
독 지붕을 안 씌우고 비를 맞게 했을까?

자손만대 길이길이 남길 목적으로 세운 큰 건축물에! 비가 오고 바람
이 불면 풍화가 더 심해지는 걸 알면서 말이다. 절집마당 부도에도 다
지붕을 씌우고, 석굴 안 불상위에도 지붕을 씌우는데 말이다. 분명히 씌
웠다. 비석상단 끝 면을 보라! 기와지붕 덮개가 얹어지기 딱 들어맞게
다듬어져 있다. 소재는 자연석이지만 정교하게 다듬은 거석이다.

그 자리가 원래 자리면 지붕덮개만 왜 떨어져나갈까? 왜 일인 학자들이 제 나라 뱃꾼들을 데리고 거기에서 최초(?) 발견했을까? 왜 그 얼마 후 관동군 정보장교 둘이 제 나라 석수쟁이들 데리고 거기 나타났을까?

왜 "…來渡海…"는 놔두고 '왜구대궤(倭寇大潰·왜구가 크게 궤멸됐다)'는 뜻어고쳤을까? 그게 '구(寇)'자를 '만(滿)'자로, '대(大)'자를 '왜(倭)'자로 각각 끌질로 고쳤다는 것이다. 내도해왜…붙이면 고구려가 양자강 건너 왜를 친 것이다. 일부를 조작해도 무대는 대륙본토 대만~광동성의 왜다.

왜만왜궤(倭滿倭潰, 성안에 왜인이 가득차 성을 무너뜨렸다), 내도해는 고구려가 아니고 왜가 했다(AD 391)는 것이다. 그 '海'는 황하~발해만 아닌 동해라는 것이다. 지금 서해가 그때 동해라는 사실을 모르고 떠든다. 한국강단사학도 그걸 전제로 일본과 비문조작이니… 해석이 맞느니 틀리니 짜고 치는 설전을 한다. 지나(중)는 말리는 척 대륙을 벗어난 논쟁에 쾌재를 부른다.

여기에 재미를 본 일본은 1913년, 이번엔 또 다른 비석을 요동반도에서 싣고 와 해주해변에 버려둔다. 그리고 '대 발견'을 매일신보에 선전한다. '점제현신사비'다. 볼 때마다 한심 답답하다.

맞으면 골병든다.

◀'벼락 맞은 대추나무'(1987년 양구해안)다. 지인이 아파트 좁다고 필자 산방에 준 것이다. 속질이 단단하기로 유명한 나무가 3가지 있다. 물푸레나무, 박달나무, 대추나무다. 물푸레나무는 서양에서 야구경기가 처음으로 정식 고안되어 시작할 당시에 야구방망이로 만들어 사용했다.

옛날 부모님이나 서당 훈장님이 아이들 버릇 고치거나 공부 더 열심히 하라고 매를 들 때 그런 나무로 회초리로 써먹었으니 얼마나 아팠을까? 박달나무는 경찰봉으로 썼다. 조선시대 관졸들의 육모방망이도 박달나무다.

그런데 '대추나무'…그것도 꼭 '벼락 맞은 대추나무' 강도는 다른 두 나무보다 더 강력하다고 한다. 강도가 가늠이 안 된다. 이 나무의 용도는 도장과 양반집 바둑판으로 사용됐다. 필자 옛날도장과 선친의 도장재질이 이 나무다. 방망이류와는 대접이 달랐던 셈이다. 이 나무를 얼마 전 아는 고물상에 팔았다. 그냥 넘겨주기 그래서 1만원 받고 넘겼다. 그 고물상은 분명히 경매장에 또 넘겼을 게다.

▲말만 들었던 호피석 괴목뿌리! 말 그대로 호랑이 가죽무늬 문양이다. 8순의 이웃 선배가 몇 년 전에 "이젠 슬림 라이프 해야겠어…." 라며 넘긴 것이다. 이 큰 괴물을 오랜 기간 좁은 아파트에 끼고 살았던 것인데 고향집에 홀로 사시던 고령의 노모를 모셔왔다.

어쩔 수 없이 고르고 골라 덩치 큰 것, 무거운 것, 어릴 적 썼던 찌그러진 탁자 등 여러 개를 내놨다. 이 양반도 기물 애호가인데 서운했을 것이다. 부인은 묵은 체증 뚫린 듯 춤을 췄다.

▲'술' 얘기다. '처음처럼'! 이름도 글씨도 심상찮다. 대중 주류상품 디자인으로 이만한 품격을 찾아보기가 사실 어렵다. 다들 싸구려 그림에 어디 굴러다니는 글자 주워 붙인 천박한 글씨체 아니면 인쇄체 기계글자다. 알고 보니 신영복 선생의 시집 제목이자 그가 시집 제목으로 직접 쓴 글씨다. 내막은 모르나 이걸 출시하는 술 이름으로 착안했던 당시 두산그룹 경영자나 이를 선뜻 받아준 신영복 선생도 참 대단한 사람이다.

경영자가 대중을 제대로 대접하는가 싶어 반가웠다. 신영복 선생은 저작권을 사양하고 무상 제공했다. 회사는 신 선생이 재직하던 성공회대에 장학금을 줬다고 한다. 얼마나 줬는지는 모른다. 이런 게 발상의 전환이다. 처음에는 '파격'으로 다가오지만 시간이 지나면 그럴 수도 있는, 별일 아닌 걸로 인식이 확산된다. '처음처럼'의 탄생 배경이다. 또 있다.

이 술은 2006년 2.7일 출시됐는데, 주정농도 마의 20도를 처음으로 무너뜨렸다. 19.8도였다. 거슬러 오르면 1930년대초 처음으로 대중酒로 판매된 진로소주가 35도였다. 거반 배갈 수준이었다. 이게 1950년대 말 30도→25도→20도→19.8도다. 지금은 16.5도까지 내려갔다. 여성용은 14도다. 예전에는 부실한 영양 탓도 있었겠으나, 1병 마시면 다들 비틀거렸다.

요즘은 두 병 마셔도 쌩쌩한 이들 많다. 그 상징적인 의미는 컸다. 모험이다. 혁신이다. 모델도 여성을 내세웠다. 부드러운 술의 이미지다. 주된 공략층도 여성이었다. 그런데 반응은 다른 데서 나왔다. 도시 샐러리맨 남성들이 더 좋아했다. 찌들린 음주회식 문화의 반작용이었다. 남편 걱정 부인네들도 그랬다. 도수 끌어내리기 경쟁이 시작됐다.

이 술이 그 도화선이었다. 소도시 강릉의 경월소주가 부동의 전국구 '술'로 업계 2위자리를 꿰찼다. 경월이 명함도 못 내밀던 태산같은 지방 酒 절대강자 대선 무학 보해 금복주 등을 제쳤다.

두산→롯데라는 든든한 재벌의 힘이 작용한 것도 크다. "수요는 창출 된다". 이런 걸 양수겸장이라고 할 만 하다. 투입되는 주정원료가 줄어드 니 원가 절감되고, 음주량이 늘어나니 매출은 늘어나고! "건강…" 운운은 그냥 하는 말이다. 술병입구부가 0.1밀리미터 넓어졌다는 말도 있었다. 그게 사실이라면, 매출 증대의 숨은 공신이자 '술꾀'다.

*위 술병 세트는 회사에서 출시 첫 기념증정품으로 만든 2006년 제품 이다. 술? 들어있다. 이 그룹 소유 계열사(레저 부문)에 다니던 동네 지 인이 선물로 山人에게 준 것이다. 그런데 그는 그룹의 모든 제품 판촉사 원 노릇을 했다. 계열사 구분이 무의미한 재벌사 사원 실상이다.

▲옛 가구로 둘러진 읍내 집의 필자 거처. 병풍은 단열효과가 크다. 先 代에서 물려받은 것들이다. 카셋(1990년産)으로 듣는 가요테잎 노래는 LP판 비슷한 향수를 준다. 지금의 스마트폰까지 사이에 PC-CD-CDROM -DVD…워크맨, USB 등 여러 단계를 거쳤다.

▲벽에 걸린 한국화 양화. 둘 다 옛 강촌 풍경이다. 각기 의암댐 이전과 이후다. 작가도 다른데 묘한 인연으로 만났다.

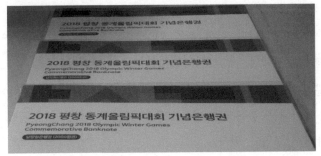

▲▼이건 2천원권이다. 없는 지폐다. 그걸 노린 듯하다. 예약주문도 수십 대 1이었다고 한다. 필자와 무관한 일이지만 거래가가 액면가 열 배 스무 배였다고 한다. 지금은? 이게 3장 굴러왔다.

[돌 이야기]
잡석이 보석을 감별한다!

돌을 찬찬히 뜯어보면 그야말로 그 모양과 성질이 천태만상을 넘어 참으로 신기하고 오묘해서 신비롭다는 생각이 절로 든다. 찬란한 대리석이나 섬섬옥수 조선옥돌은 기본이고, 철을 품은 갈철석 자철석 황철석에… 백색 투명의 수정석도 있다.

수정석 보다 몇 배 빛나는 魚眼石도 있다. 그 강한 진주빛 광택이 물고기 눈같이 빛난다 해서 붙인 이름이다. 인간의 탐욕 물욕이 바로 이런 돌에서 나온다. 황금에 다이아몬드다.

이 뿐이랴, 한 가지 돌에서 색깔별로 금강석에 루비 사파이어 에머럴드를 뽑아내는 강옥도 있다. 소금을 품은 암염에 耳石 곱돌 등 먹거리 돌에 연료석도 있다.

인류에게 보석이라는 개념을 처음으로 안겨준 마노석(Agate), 원석 속에 꽃이 피는(석화) 오케나아트석과 백운석, 서로 마찰을 하면 전기를 일으키는 전기석(Tournaline), 깊은 표면에 미세한 석영의 아름다움으로 거친 금속 피부를 코팅한 아연석에 휘불석(Stibite), 서로 눈만 마주치면 철석 철석 짝짓기에 덤벼드는 지남철석 등 '번쩍거리는' 돌도 많다.

어찌 보석 돌 만이랴, 돌 아닌 돌… 한 때는 움직이는 생명체로 지구를 누볐던 화석 돌도 있다. 기기묘묘한 삼라만상 형상의 온갖 돌이 지금도 필자 주변에서 끊임없이 호기심을 건드리고 있다.

대체 이 돌들은 어디서 왔을까? 어떻게 생겨났을까? 그 시원은 어디일까? 지구일까, 외계일까? 외계라면 소행성일까 혜성의 꼬리지느러미에 묻어온 것일까? 사념은 어느 새 우주 공간을 헤맨다. 아인슈

타인을 만나고 케플러도 만나고 고구려천상열차를 타고 우주천지를 돌아다니기도 한다. 돌 이야기다.

제일 흥미로운 돌은 '잡석'이다. 시간을 잴 수 없는 영겁의 지구별 시공간에서 바람과 물이 무상의 세월을 타넘으면서 모이고 깎고 붙어서 빚어낸 온갖 '물상(物象)'의 모습에서 생동하는 온 생명의 숨결을 접한다. 잡석에 관심이 가는 이유다.

흔히 머리가 나쁘다고 '돌'이라 하는데 멸시의 극한 표현이다. 돌에 대한 모욕이다. 사람도 죽으면 흙이 되고 화석도 된다. 흙은 돌에서 나온 것이다. 잡석이 화석인지 보석인지 감별을 한다.

추남 추녀가 있어 미남 미녀도 있다. 모든 게 상대성이다. 오리 세계에서는 백조가 미운 오리새끼다. 강물의 역동성은 잡석이다. 자연의 오묘함과 역동성을 느껴보려면 돌을 보라!

돌 중에 잡석이다. 잡석이 보석을 감별한다.♣

▲삼엽충화석/고생대표준 화석. 멸종한 데번기 절지동물. 약 10억 년!

▲암모나이트화석-중생대 백악기 약 1억 6천만 년!

▲상어이빨화석-신생대 에오세. 약 5천만 년!

▲잡석1-호수에 비친 그대

▲잡석2-강물에 비친 그대

▲잡석3- '어린 양'

▲잡석4- '모녀'

▲잡석5- '알'

▲잡석6- '얼굴들'

▲춘천연옥 원석

고물이 금이 되는
골동경매장

고철도 못되고 재활용도 안 되어 고물상도 마다하고 버리는 폐기물이 황금돼지가 된다면 믿겠는가? 그런데 사실이다. 골동경매의 세계다. 골동품이라니 뭐 대단한 고가의 고려청자 조선백자에 이름난 서화 병풍 서지류와 옛 동기 철제기물 그리고 일본인들이 환장한다는 다완 막사발을 생각하기 십상이다.

KBS '진품명품'으로 한껏 높아진 안목과 감별력을 스스로 지녔다고 자신하는 사람들이 많아졌다. 옥션 소더비 스미소니언 혹은 인사동을 떠올리며 특정계층의 전유물로 연상하기도 한다. 그러나 이들 기물류 문화재나 민속품들은 이미 검증을 철저히 거쳐 오르는 것들이라 으레 준비된 감탄사가 먼저 튀어나온다. 그게 다는 아니다. 그런 건 1990년대까지 일부 부유층이나 유한계층의 얘기다.

2000년대 들면서 중산서민층의 다양한 문화적 취미욕구에 맞추어 전국 각지에 이들에게 맞는 작은 규모의 상업적 '민속경매장'이 생겨나기 시작했다. 현재 전국에 대략 300~350여 곳 쯤 되는 것으로 추산된다. 주된 경매물건은 위의 전통적인 유형도 많지만, 지금은 쓸모 없어 죄다 버려지고 사라진 1980~90년대의 전자 통신 영상기기와 생활기물 금동기류 목공예품 등이 대세다. 수석은 지나 것이 대량으로 들어오면서 맛이 갔다.

특이한 것은 전통민예품류는 1960년대까지를 근대사류로 치는 반면, 전기 통신류 기물은 1990년대 후반까지를 근대사로 친다. 그만큼 정보통신의 진화속도가 엄청나게 빨라 환경이 급변하기 때문이다.

따라서 다종 다 디자인 다기능을 특징으로 하며 대량생산되고 곧

바로 대량 소실된 이들 전자기기류가 경매가격에서는 센 축이다. 이들 물건은 불과 20여년도 안되어 찾아보기 쉽지 않은데다 디테일한 연대기적 상징성이 크기 때문이다.

필자의 읍내 집 동네에 골동경매장이 2곳 있다. 예전에는 1주일에 두, 세 번을 열었는데 코로나19 이후 주 1회로 줄었다. 농사일 없는 겨울에는 두 곳에 출근도장을 찍다시피 했다. 그러다 한 번으로 줄다가 요즘은 발길이 뜸해졌다. 이런 곳에 드나든 지는 10년쯤 됐다.

가끔씩 전철로 혼자 서울 동묘~황학동, 장안평 창덕궁 앞 국악기거리를 나다닌다. 인사동은 여러 이유로 흥미를 잃었다. 용산박물관은 친일식민기념관이라서 발길을 끊은 지 오래다. 물론 여기나 거기나 사들이는 일은 거의 없다. 구경하는 즐거움이다.

돈을 주고 사들이는 것은 진짜 수집이 아니다. 그래서 눈요기다. 와서 봐주는 것만도 고마운 일이니까 공짜 구경한다고 부담스러워할 필요는 없다. 오래 다녀보면 눈이 절로 뜨인다. 서당 개도 3년에 풍월을 읊는다지 않는가?

요즘 민속경매장은 코로나19 직전부터 내리막길이더니 계속 북풍한설이다. 5만원이 2만원, 2만원이 만원으로 반 토막 났다. 그만큼 사람들의 살림살이가 팍팍해졌다는 반영이다. 장사하는 갤러리들도 말이 아니다. 이러다 아주 없어질까 되려 필자가 걱정을 한다.

본래 문화사업이 경체침체에 가장 취약하고 민감하다. 물론 경매장이라고 해서 엔틱(골동품)류의 이런 것들만 파는 게 아니다. 이것저것 값이 싸고 팔린다싶은 물건이면 다들 들고 나온다. 밥솥·TV·세탁기·냉장고·오디오·선풍기 온풍기 에어컨 등 가전생활용품부터 LED 전구류·의류·소품가구류·주방세척기·전자렌지·식기류, 심지어는 양주에 과자류까지 없는 것 없이 다양하다.

전에도 그랬지만 최근에는 이런 게 아주 비중이 커졌다. 봉명은 필요한 생활 잡물을 주로 이곳에서 구입했다. 거의 헐값 수준이다. 온풍기 선풍기 5천~1만원, 기계톱 2만5천원(사서 수리비 4만원 들여 35만 원짜리 새 것 됐다), 밥솥 2만원, 양주류 과자는 시중의 1/3~1/4 값이다. 제일 안 팔리는 게 그림 서책 서화류 병풍 등이다. 관심이 상대적으로 떨어지고 소수의 갤러리로 한정돼 있다. 너무 비싸 "유찰"이 많다. 물론 이당 천경자 박수근 것은 아니지만 그래도 중견급 작가 작품들도 있는데 그렇다.

"굶기지 않으려면 자식들 미대에 보내지 말아라"

경매사는 농담 삼아 대놓고 말한다. 경매장 손님 중 장사하시는 분들(갤러리)과 일반 개인(소장가) 비중은 대략 8:2 정도다. 경매장 성패는 이들 갤러리를 얼마나 많이 불러 모으느냐에 달렸다. 이들이 대부분 경매물건과 고가의 물건을 서로 사고팔기 때문이다. 그래야 경매장도 수수료 10%씩을 챙겨 운영비에 충당한다. 경매수수료로는 돈을 못 번다. 이를 매개로 여러 곳을 또 뛴다. 개인도 거의 붙박이 고정들이라 여기서 보고 저기서 또 만나니 서로 잘 아는 사이가 된다.

옛 것이고 진품이라고 다 비싼 것이 아니다. 수백 년 된 고려청자 대접이나 조선백자도 상태가 부실하면 2~3만원이다. 재현품이 싼 것도 아니다. 해강요 등 이름난 근·현대 도예가 의 작품은 진품보다 비싸게 거래되기도 한다. 도자기 보다 오래된 옹기가 더 나가는 경우도 있다. 실금이 가거나 이가 빠지거나 빛깔이 바래면 일단 비품이다.

평균적으로 다완 다듬이돌 등 오래된 시골생활기물이 값을 꾸준히 유지하는 듯하다. 서책류 중 가장 비싼 게 '선데이 서울'이다. 요즘은 거의 실종상태다. 1960~70년대 만화책도 고가에 거래되는데 이것도 귀하다. LP판은 장당 1천원 내외이나 1950~70년대 인기가수 판은 1만원 내외를 호가한다.

상태가 좋은 축음기와 진공관식 라디오(주로 독일제 미제가 대세다)도 가격이 만만찮다. 일본에서 나오는 물품들이 제일 인기 없고 거래가 잘 안 된다. 민속물류나 서화 등이 조잡스럽고 정서적인 요인도 크다. 전자제품도 그렇고 필름카메라 캠코더는 십여 대씩 묶음으로 1~2만원에도 안 팔린다. 왕년에 수백만 원 호가하던 '일제'다.

필자가 민속경매장에서 가장 비싼 것 본 기억으로는 Call 價(꼭 받아야 할 최저가격) 3천500만 원짜리였다. 영국제 고급대형 진공관오디오였다. 콜가 800만 원 벽난로도 나왔고, 2,300만원을 부르는 신라 금관 재현품도 봤다. 이건 1,500만까지 나왔다가 유찰됐다. 장식된 순금만 몇십 냥에 금 곡옥 값만 1,800만원 가격이 나왔다. 은퇴한 교수 집에서 소위 '가이다시(왜말, 원소유자에게서 구입한 것)'해온 것이라고 했다. 아들 사업실패로 부도를 막기 위해서 부득이 가보를 내놓은 거라는데 "틀림없는 진품"이라는 말이다.

이런 건 사실 갤러리 과시용이다. "구경시켜주려고 가져나온 것이다!" 이런 걸 직접 코앞에서 보고 만져보는 즐거움은 어두컴컴한 박물관 유리벽 속을 들여다보는 거나 TV화면으로 보는 것에 비할 수 없이 행복하다. 오늘은 무엇이 나왔을까? 하는 기대감이 발길을 끈다.

오늘 또 한 번 놀랄 일이 벌어졌다. 쓸모없어 오래전에 버려진 1990년산 아이 팔뚝만한 낡은 휴대전화기(삼성전자) 한 대가 경매대에 올라왔다. 경매사는 예의 1만원부터 시작했다.

몇 사람이 손을 들었다. 그런데 바로 내 뒷자리에 앉아있던 소장가가 느닷없이 "10만!" 했다. 흔치 않은 일이었다. 다들 돌아봤다. 경매사도 뜨악한 표정이 역력했다. 그런데 바로 같은 줄 가장자리에 앉은 이가 일어서더니 "50!"을 불렀다. 이 분은 아주 가끔씩 오는 갤러리였다. 다들 수군거리기 시작했다. 경매사도 눈이 휘둥그레졌다. 손에 들고 있는 그 휴대폰을 재삼 내려 보고는 기막혀 했다.

이 바닥에 몇 십 년이라고 자부심 강한 (이 사장님은 도자기 전문가) 그는 연신 허허 거렸다. 자신의 밑천이 들통난 듯 겸연쩍음도 느껴졌다. 그런데 이게 시작이었다. 소장가와 갤러리는 지지 않고 서로 따블로 올리기 시작했다. 이 쪽이 "80…"을 부르니 저쪽은 계속 선 채로 "100…아니 150"을 불렀다. 이쪽 "200…" 저쪽 "300"이 이어졌다.

터무니없어 하는 객석에서는 홀린 사람들 같았다. 둘은 서로 꼭 이기겠다며 양보 없는 전투력을 보였다. 경매장은 조용했다. 둘의 결투에 장내 긴장감은 더해갔다. 경매사 옆에 선 출품자는 굳은 얼굴로 주시하고 있었다. 이쪽이 "400!"을 불렀다. 다들 게임 끝인 줄 짐작했다.

그런데 이번에는 출품자가 고개를 저으며 ("아직 아니오!") 사인을 보냈다. 사람들은 또 놀랐다. 그러자 "500!"… 저쪽이었다. 둘은 서로 출품자 눈치를 살폈다. 이쯤에서 숨을 고를 때가 된 듯 했다. 아까부터 말을 잊은 채 진행하던 경매사가 둘을 끊고 출품자에게 고개를 돌렸다. 조 사장이 무겁게 입을 열었다.

"도대체 콜가가 얼마요?"

"700요! 충전기가 없어 이겁니다. 충전기 다 있으면 800, 900도 받는 겁니다. 지금 스마트폰으로 인터넷 검색 쳐보세요!"

다들 입이 딱 벌어졌다. 두 사람은 바로 알아본 것이었다.

"맞네…맞어."

곧바로 서너 사람 입에서 동시적으로 말이 나왔다. 필자도 들어가 봤다. 출품자 말 그대로였다. 치열하게 맞붙던 두 사람도 의기소침해졌다. 침묵도 잠시, 경매사가 이제 본격적으로 거간 역할을 하기 시작했다. 그가 출품자를 돌아보면서 말했다.

"580!"

둘 다 손을 들었다. 서로 곁눈질 하며지지 않으려고 했다. 오기가 작동하는 듯 했다.

"650…!"

둘은 약속이라도 한 듯 멈췄다. '600'이다. 거기까지였다.

100이 모자랐다. 출품자도 응찰자도 이 지점에서 교착됐다. 경매사는 양 측 모두 더 이상의 양보가 어렵다는 것을 눈치 챘다. 100이 아니라 자존심의 문제였기 때문이다. 누구 말로는 지금 남아있는 게 전국에 80여대 정도란다. 그래서 부르는 게 값이라는 것이다.

이 날 경매는 이걸로 사실상 파장이었다. 이후에 갤러리 한 분의 소량 저가경매물로 끝이 났다. 더 중요한 건 저 휴대폰과 동형을 필자의 박물창고에 둔 듯한 기억이다. '한국 현대통신역사' 주제로 1950년대~최근까지를 한두 점씩 전화기 타자기 PC 이동통신단말기 등을 모아놓은 게 있다. 그 중 한 점인 듯하다. 찾았다. 간발지차로 모델이 달랐다.

나오는 경로는 여러 가지다. 앞에 언급한 교수의 사례나, 소장자가 죽어서 유족들 손에 들려 나오는 경우도 많다. 비싸게 구입해 평생 아끼며 소장해온 것들을 사후에 자식들이 헐값에 땡 처리하는 것이다. 돌고 돌아 다시 제자리다. 돌고 도는 물레방아세상이다. 인생도 돌고 경매물도 돌고 이리 돌고 저리 돈다. 그러다 외나무다리에서 임자를 다시 만난다. '인간만사 새옹지마'다.

그런데 언젠가부터 국산이 점점 줄고 지나, 북한물품이 대량으로 돌기 시작했다. 돈 되는 국내기물들이 바닥이 났든지 서민경매장 수요층이 꾸준히 늘어난 탓인가 한다. 인도네시아 베트남 목기류와 독일 이태리 영국 산 인테리어 엔틱들이 나오기도 한다. 지나에서 흘러온 것들은 쓰임새나 모양새가 닮은꼴이라 국내품으로 알고 사는 이들도 꽤 있다. 도자기류는 조선 청·백자류 보다 더 값을 쳐준다.

세계단위에서도 그렇다. 북한산은 원형보존상태가 좋은 편이다. 반입물량은 남북한 관계 영향을 받는다. 북한산은 탈북이나 월경주민들 손에 들려 현지 브로커들에게 개별 수집된다고 했다. 지나 사천성에서 큰 지진이 발생하고 원주민들이 집단 이주했을 때 폐허가 된 마을마다 제일 먼저 들어가서 맨 마지막으로 나온 이들이 누구냐 하면, 버리고 파묻힌 물품들을 거두러 들어간 사람들이었다. 그들은 한국인 오너들에 고용된 사람들로 거둬들인 기물이 수백 개 컨테이너박스에 실려 들어왔다고 한다.

구경을 가는 것은 좋은데, 맘에 든다고 이거저거 조급하게 덤비지는 말라는 것이다. 적어도 6개월 내지 1년 정도 다니다 보면 저절로 눈이 뜨이고 듣고 보는 게 많아진다. 정보력에 비례해 안목도 높아진다.

물건은 수요가 있는 한 어디서든지 꼭 구해 온다. 재미삼아 소일삼아 느긋하게 즐기려는 마음가짐이 중요하다. 갤러리의 하는 일이 말하자면, '문화 사업'인지라 사업성이 예전 같질 않은데다 수집 판매 과정이 고단하다. 그럼에도 사라져가는 우리의 것들을 지키는 파수꾼 역할에 대한 자부심도 크다. 한국인의 무분별한 글로벌 의식에 정체성을 일깨워주는 가치 있는 일로 생각한다.

필자가 머무는 산방에 별 생각 없이 놀러온 지인들이 이런저런 기물을 접하고 뜻밖이라는 표정을 짓는다. 어린아이 소꿉놀이 수준이다. 점점 혼자 노는 일에 익숙해져가는 필자에게 이 기물들이 친구로 남았다. 오늘도 이들과 정겹게 대화를 나눈다.

　이제부터 경매 호가와 낙찰가 사례를 재미삼아 소개해 보겠다. 올해 1월 어느 날 풍경이다. 필자의 메모장에서 일부 발췌했다. 전체적으로 3~4년 전에 비해 모두 반 토막 가격대 수준으로 보면 된다. 지금 시점에서도 별 차이가 없다. 불황이 깊다.

　아래의 몇몇 사례는 일부의 경우 필자가 상상할 수 없는 물건과 가격이었다. 나머지도 비교적 고가의 경매물들이다. 필자는 1~2만 원대의 생활소품을 이따금씩 건진다. 가서 자리 채워주는 것도 보탬이 된다. (*아래 물건들은 소유자 동의를 받아 직접 촬영했다.)

　▲**문제의 휴대폰** ▲**석청화석:** Call價 3억. 4억5천만년 추정(고생대 초·중기무렵). 꿀벌 수십 마리가 박혀있는 석청 화석인데 살아있는 듯 꿈틀거림과 금방이라도 떼어먹고 싶은 생생함이 대단했다. 사진으로 본 옛 화석은 많은데 실물로 보니 달랐다. 의외로 허술한 포장에 또 한 번 놀랐다. 다들 구경 한 번 하는 걸로 끝났다.

▲**주칠 한 쌍육** : 조선시대 왕실과 양반들이 즐겨 놀던 '양반전용' 놀이기구다. 주사위 재료는 상아 혹은 백옥이다. 일반 백성들에겐 금지된 놀이다. 일반 良人들은 '장기'를 두며 놀고, 常民과 아이들은 작은 돌맹이와 맨땅에 판을 그려 즐기는 '고누놀이'로 노는데 왕실과 사대부 는 이 '쌍육'으로 놀았다. 엄격한 계급사회의 단면이다.

한 편 12개로 구성된 말과 판 규칙 등이 서양 '체스'와 흡사하다. 두 개의 짝으로 이뤄져 있어 쌍육이라고 불리며 놀이판이 장기판에도 사용가능하다. 체스가 바로 이 쌍육이 건너간 것이 아닌가 한다. 그 시원은 고대까지 거스르기 때문이다.

문제는 그냥 쌍육이 아니라 최고급 안료를 쓴 '주칠+흑칠한 쌍육'이다. 왕실에서만 사용할 수 있는 특별한 것이다. 그래서 귀하고 비싸다. 일반 사대부는 무채색 쌍육을 썼다고 한다. 이날 콜가는 300만 원인데 덤비는 사람이 없었다. 보존상태도 좋아 생각보다 고가라서 그런 것 같았다.

◀**청화백자 연적** : 조선 중후기 시대(광해대왕~정조 사이)에 널리 쓰였다는 기물로, 푸른 하늘색(코발트)이 아름다운 진품이었다. 질긴 줄다리기 끝에 한 법사님이 73만원에 낙찰을 받았다. 콜가 80만원을 고수하던 출품자가 구매자 말 한 마디에 졌다. "떼돈 벌려고 그래?"

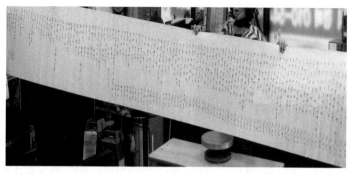

▲물목 : 콜가 22만원인데 20만원에 낙찰. 물목은 양반 댁 규수가 혼인할 때 시댁에 보내는 혼수품 목록이다. 이를테면 시어른용 머리핀 참빗 하나까지 빠짐없이 두루마리 한지에 세세히 기록했다. 경제력 있는 친정일수록 보내는 혼사품목이 많으니 그 물목 길이가 20 또는 30여 미터에 달하는 경우도 흔히 있었다.

집안 대대로 간수되어 고~증~조~시모까지 그 집안의 혼례사가 온전히 보존되었다. 가문이란 게 어느 날 자손 하나가 개천에 용 나듯 명문가 되는 것이 아니었다. 오랜 세월 가꾸어지고 관리되어 전승되는 가운데 가풍과 가문이 형성되는 것이다. 벼슬이 높아 양반은 아니었다. 사회귀감이 되고 미풍양속의 본이 됨을 제1의 가치로 여겼다.

이런 집안일수록 매사를 기록으로 남겼다. 안방 아녀자도 그랬다. 조선시대 이들이 남긴 규방문화 기록은 특히 의복과 음식 분야에서 활발하게 복원 전승되고 있다. '기록'의 본질적 의미는 "경계와 경고"다. 현대판 '노블리스 오블리제'의 뿌리다. 그래서 조선양민과 상노와 양반은 상호 일정한 선을 지키며 공생했다. 서양노예와 다른 점이다.

최상위 사대부는 대의와 명분을 다투는 정치를 통해 정권교체에 몰입하고 패하면 깨끗이 귀거래사를 고하며 낙향해 학문을 벗 삼아 운둔했다. 극악한 탐관오리들은 대체로 중하위 지배계급에서 권력을 뒷배삼아 백성들을 괴롭혔다. 그런 점에서 조정 권력을 틀어쥔 당대의 정치세력 또한 그 책임에서 피해갈 수 없다.

◀**성경책(신,구약)** : 100만원부터 경매가 시작됐다. '大'字 금속활자로 찍은 인쇄본 원판 책이다. 1860년대의 인쇄본이니 160년 됐다. 책 뒷면에 인쇄시기와 출판소가 찍혔다. 두께도 장난 아니게 두껍고 무게가 몇 킬로그램은 족히 될 듯 했다. 전체 분량의 절반 정도는 주요 성경구절 구절에 관련된 동판화가 삽입 인쇄됐다. 성경 반…동판화 반이다.

동판화 첫 장은, 카톨릭에 반기를 든 마틴·루터의 독자적인 첫 예배 모임 동판 그림이다. 이 경매물은 희귀성은 높은데 환금성 측면에서 수요자가 그리 많지 않을 것을 염려하는 갤러리들과 종교관련 물건에 관심 높지 않은 소장가들 공통인지 역시 응찰자가 없었다. 출발가를 너무 높이 잡은 탓으로 반응이 없는 걸로 생각한 경매사의 콜가 물음에 출품자는 끝내 응답을 않고 물건을 거둬 들였다. 유찰이다. 출품자가 한 마디 사족을 던졌다.

"1532년 최초의 同型 성경책(*마틴·루터 종교개혁운동 이후 로마카톨릭 라틴어 성경이 외부 언어 최초로 독일어로 번역 출판된 책)의 현재가격은 150억 원입니다!"

그러니까 이 성경책은 위 루터 최초의 번역 성경책을 '저본 또는 원본'으로 한 "몇 십 쇄" 쯤의 책이다. 귀물을 못 알아보는 무관심을 탓하며 볼멘 항변으로 들렸다.

필자가 나중에 자료를 굳이 찾아봤다. 루터의 최초 독일어 '9월성서(Septemberbible)'는 1522년 판인데 몇 십억 원 정도로 추정하고 있다. 150억 원에 경매된 책이 있기는 하다. 1640년 미국에서 출판된 '베이 시집'인데 2013년 11월 소더비경매장에서 그 가격에 팔렸다.

그 인간이 궁금하다. 돈이 얼마나 많은지 아니면 광신기독인인지 아무튼 경매와 인간 심리의 묘한 결합은 '가치와 가격'의 경제적 합리주의를 쉽게 허문다. '베이 시집'을 출판한 1640년 이 도서가 "미국 최초의 활판 인쇄물"이라는 것이 특이했다. 비싼 의미가 그것인가 했다. 그 이전에는 인쇄소 하나 없이 식민본국 영국에서 모든 인쇄물을 가져왔다. 파이어니어 우주선이 태양계 밖을 나다니는 미국의 역사가 이토록 일천하다니 '직지심경'이 울 만도 하다.

활판인쇄는 세계단위에서 1980~90년대에 사라졌다. 글자를 파서 새긴 자판에 잉크를 묻혀 찍는 시대는 갔다. 사진현상 하듯 글자를 쳐서 필름화 한 원판을 인쇄하는 '옵셋인쇄'로 바뀌었다. 우리나라는 1990년대에 정착됐다. 지금은 PC로 파일을 레이저로 읽어 인쇄하는 프린팅이 일반화 됐다. 글쎄 요즘 또 어떻게 변했는지 모르겠다.

▲수석 : "유찰 없이 던진다"는 출품자의 말에 한 개인 소장자가 바로 5만원을 불러 낙찰됐다. 오석 물형석이다. 물건이 괜찮기도 하지만 요즘 시세로는 잘 쳐 주고 받았다. 또 한 점은 콜가 9만원인데 7만원에 낙찰됐다. 이건 꽤 좋은 물건인데 10만원을 못 넘겼다. 예전의 반에 반토막이다. 좌대 값만 쳐도 목제는 2, 3만원이고 도자기에 금모래면 5, 6만원이다. 거저 주거나 끼워주는 일이 속출한다.

요즘 수석동호인들 전시회가 보기 힘들어졌다. 필자도 구경은 빠지지 않는 편이었는데 기억이 가물거린다. 요즘은 낚시꾼도 줄고 테니스 바둑 장기판도 예전 같지 않다고 하더라! 다들 어디로 몰려갔을까?

아, 골프다! 거기다. 남의 꼴을 못 본다. 카지노 인터넷게임 경마도 여전히 북적거린단다. 세월도 흐르고 강산도 인생도 흐른다!♣

고성산불 '양간지풍(襄杆之風)'

오해와 이해

2019년 4.4일 오후 7시 경 인제방향 미시령 터널입구 부근 전신주 변압기에서 생긴 스파크 현상으로 불똥이 튄 발화로 인해 또다시 상상할 수 없는 초대형 산불이 이 지역을 휩쓸었다. 주기적으로 일어나는 동해안 특유의 지형성 강풍 화재다. 이번엔 너무 컸다.

정부의 신속한 총력대응으로 인해 무시무시한 화마가 3,4일여 만에 완전진압된 것은 그나마 참 다행이다. 1명 사망 등 인적 피해는 크질 않았으나, 이재민이 1천200여 명에 크고 작은 주택과 건물 700여 채가 불에 탔다. 갖가지 농축산 시설과 가축, 중소 영세 상공인들의 설비와 공공기관의 살림살이 등도 피해가 컸다.

가장 직접적인 피해는 70여 ha에 달하는 삼림과 생태계의 파괴다. 금전적 계산으로 될 일이 아니다. 초속 30m에 달하는 태풍 급 위력을 지닌 강풍을 타고 해안으로 내리 꽂히는 화마 앞에서 속수무책으로 당할 수밖에 없는 이 같은 급속한 확산현상을 두고 언론은 '양간지풍'이 원인이라고 했다. 이 바람은 백두대간을 낀 남과 북 동해안 일대에서 공통적으로 불어 닥치는 일종의 계절풍인데 해마다 봄, 가을이다. '푄' 현상이라고도 부르기도 한다.

붙었다 하면 끝을 보는 바람풍 산불화재는 시가지를 덮고 바다를 만나야 끝을 낸다. 불이 났다 하면 동시다발이다. 인제 강릉옥계 삼척에서 앞서거니 뒤서거니 거의 동시 다발이었다. 멀리 거스를 것도 없다. 1996년… 2001년… 2005년…에도 낙산사 등 동해안 일대를 화마로 만든 기억이 생생할 것이다. 주기적 반복적이다. 이게 문제다.

'**양간지풍**(襄杆之風)'이다. 양양~간성 사이에 강하게 부는 강한 바람쯤으로 얼핏 생각하기 십상이다. 지명에 따른 지리적 오해가 큰 듯해서 몇 마디 거든다. 이 같은 부정확한 이해… 또는 오해의 이면에는 우리의 불행한 현대사가 깊게 드리워져 있다.

조선시대까지는 고성이 간성군… 간성읍이었다. 대부분 지역은 지금의 북고성~비무장지대~남고성 현내면 일대다. 이게 대일항쟁기 초반, 일제가 '고성군'으로 개칭하고 읍 소재지도 지금의 비무장지대 군사분계선 상에 위치한 고성리를 고성읍으로 고쳐 읍으로 삼았다. 해방~분단으로 모두 인공 치하가 됐어도 지역 자체는 온전했다.

'양간지풍'은 이 당시 지리개념에 맞추어 전해 내려온 날씨관련 격언이다. 지금의 간성이 아니다. 그런데 한국전쟁으로 대변전했다. 고성군 2/3 지역이 북한에, 1/3은 남한에 수복됐다. 이에 자유당정권은 양양군 토성면 전체와 같은 양양 도천면 일부(속초리 서북변)를 떼어 남쪽에 새로운 고성군을 만들고 옛 간성읍을 군청소재지로 삼았다.

대신 양양에는 원래 양양이었다가 명주군에 넘겼던 현남면을 다시 떼다 붙였고, 군사전략상의 필요로 속초리를 키워 1963년 속초시로 만들면서 남은 도천면 전부와 경찰서 교육청 및 유관기관을 모두 신생 속초시로 옮겨놓았다.

남과 북에는 두 개의 고성군이 생겨났다. 한반도 유일의 분단 '군' 탄생 연유다. 그 불똥이 양양군에 튀었다. 양양군은 땅과 인구가 한순간에 반 토막이 났다. 남과 북이 갈라진 고성도 그렇지만 수천 수백 년을 단일한 생활공동체, 문화공동체로 살아온 지역이 나라 안에서 외력에 의해 타의로 분단이 된 것이다.

상실감은 말할 것도 없고 행정 기구도 쪼그라들어 전국 유일의 경찰서 교육청 없는 자치단체가 됐다.

'**양간지풍**'은 지금의 양양~간성이 아님을 위에 언급했다. 양양~옛 간성군(북의 고성군지역까지 포함) 일대를 포괄하는 개념이다. 그러나 분단~수복의 변화된 정치적 지리. 지역적 상황이 반영된 듯 양간지풍을 안 쓰게 됐다. 또한 백두대간을 낀 공통된 기후적 특징으로나 발음상의 혼재성도 섞여 60년대 이후에는 '양강(양양~강릉)지풍'이란 말로 자연스레 대체됐다. 이게 현실적으로 맞는 말이다.

그렇지만 예나 지금이나 다수의 민초 민중이 쓰면 그게 정답이 된다. 지금 쓰는 양간지풍이 양양과 현재의 간성을 지칭하는 것이라면 그게 현재로는 맞는 말이다. 양강지풍도 동일한 맥락에서 맞는 말이 됐다. 같은 말이라도 시대와 사회에 따라 그리고 갖가지 필요성에 의해 자연스레 변화도 되기 마련이다.

지명이 제자리에서 스스로 변하기도 하고, 지게에 짊어져 여기저기 옮겨 다니며 이동한다는 사실도 본저 다른 꼭지에서 역사적 사례를 통해 논증한 바 있다. 그러니 둘 다 맞다.

'통고지설'도 '통간지설(통천~옛간성군)'인데 간성이 지명 이동되면서 자연스레 통고지설이 됐다. 역시 본래적으로는 현재의 지역지명과 다른 지리개념의 속언이라는 사실을 앞의 '양간지풍'에서 언급했다.♣

오색령이냐, 한계령이냐

한반도 등허리 백두대간을 두고 평안도 황해도 일대를 관서, 함경도 지역을 관북, 원산만부터 울진~삼척에 이르는 동해안을 관동이라고 했다. 분단되기 이전의 얘기다. 휴전 이후 현재의 국토지형이 되면서 위 명칭은 쓸모가 없어졌다. 남쪽 백두대간을 중심으로 영동, 영서로 명칭도 의미도 축소되고 바뀌었다. (울진이 아래쪽이지만 그렇게 불렀다. 한양을 중심으로 이천-여주인데도 여주-이천이라 한 것과 비슷하다. 그 연유는 논외로 한다.)

"영을 넘어온다…"는 말은 영서에서 영동으로, "영을 넘어간다…"는 말은 영동에서 영서로 간다는 말이다. 동해안 사람들 표현이다. 인제, 홍천, 평창 등 영서 주민들은 그 반대다. 지금도 대간 양쪽 주민들은 그렇게 쓰고 있다. 위치에 따라 상대적이다. 지명도 마찬가지다.

현재 백두대간에서 양쪽의 관문역할을 하는 영마루는 20여 개가 넘는다. 이제는 고속도로다 고속화 철도다 국도다 지방도다… 해서 쓰지 않는 옛 영마루가 많긴 하다. 그래도 여전히 대간을 중심으로 살고 있는 광범위한 주민 생활권이 형성돼 있어서 타 지역 영마루에 비할 바 없이 그 영향력이 크다.

영마루마다 전해오는 고유명사형 지명이 있다. 대부분 이 쪽 저쪽 동일한 지명을 쓴다. 그런데 오색령 한계령은 양쪽이 다르게 써서 외지인들이 헷갈릴 수 있다. 동해안 양양은 오색령, 인제는 한계령이라고 한다. 대간 정상에도 두 개 지명 표지판이 약간의 거리를 두고 함께 세워져 있다. 그게 무슨 문제될 것은 없다. 병용하는 사례는 많다.

다만, 그 지명이 어떤 역사적 유래와 주장근거의 사실성 그리고 지명이동에 의한 위치비정의 오류여부 등을 가려볼 필요는 있다는 소견이다. 학술적 가치도 있고, 정확한 고증을 통해 분분한 시비논쟁을 정리해보는 의미도 있다. 논쟁이 결말을 내고 어느 한쪽이 수용할지 말지, 행정지명이 다시 수정될지 어떨지는 별개의 문제다.

'한계령'의 지리 지형적 특징

한반도의 북단 끝없이 광활한 민족의 고향 만주벌판, 그 동쪽 끝자락에 벌떡 솟아올라 신들이 머문다던 영산(靈山)이 흰 소머리 산 백두산이다. 그 꼭지에서 대륙과 한반도를 잇는 시원(始原)이 되어 반도의 남북을 관통하는 등줄기를 장쾌하게 뻗어 내린 3천리 백두대간이다.

한계령은 바로 그 백두대간의 마루금 연봉들 중 사람의 척추 6번에 해당하는, 정확히 정 중간 지점에 위치한다. 북으로 1500 리 남으로 1500 리를 아우르고 연결하여 한반도 중심을 지탱해주는 큰 고개 영(嶺)이다.

한계령은 구룡령과 함께 또한 영북 지역의 중심인 양양과 영서 지역의 초입인 원통을 이어주는 보부상 교역 루트이자 동시에 땔감나무 약초 숯 목재 등을 내다팔고 영서지방을 통해 기호 지방의 문물을 들여오는 주요 통로였다. 동학군-의병-3.1만세운동주도자-독립군들의 은신처 구실을 했던 독특한 역사성을 지녔다는 점에서 다른 여러 嶺들과 그 의미가 남다르다.

백두대간이 민족의 지리적 일체성을 담보해주는 통합의 상징이라면, 한계령은 대관령과 더불어 지정학적으로 백두대간의 정중앙에서 이질적이기 쉬운 동-서 양쪽 주민동질성을 이어주는 중요한 가교 구실을 했다. 문제는 그 한계령이 지금의 한계령이냐, 오색령 대체지명이냐에 대한 오랜 논쟁이다.

백두대간의 마루금에서 사람이 넘나드는 여러 큰 고개 嶺 중 제일 높은 고개 마루 두 개가 모두 양양에 있는데 구룡령(1058m)이 으뜸이고 한계령이 1004m로 두 번째다. 대관령이 832m, 진부령 625m, 백복령 923m이다.

옛날 강릉에서는 대관령을 넘어 장 보러 갈 곳이 없고, 또한 영 너머에는 인적이 뜸하니 강릉에 내왕할 사람도 없는 고립산촌이 산재해 있었다. 중앙 관리와 지방관들의 이동통로가 중요한 역할이었다.

구룡령 또한 구배와 곡이 깊고 길어 양양에서 홍천 장 다녀오기가 사나흘 걸렸다. 반면에 지금 한계령이라 불리는 영마루는 부지런을 떨면 양양-원통 장을 당일 왕래가 가능했을 정도로 영동-영서를 잇는 중요한 내륙 통로구실을 했다. 관의 행정문을 수발 유통하는 보발이꾼과 민초백성 보부상들이 애용했던 애환 서린 길이었다.

지금 한계령은 오색령(五色嶺)이다

영마루 길은 이 땅에 사람이 살고 수렵 사냥 생활을 하면서부터 자연스럽게 난 길이었으니 오랜 옛적부터 사람들이 오가는 길로 이용되어 온 큰 고갯길이다. 무릇 많은 사람들이 이용하는 모든 사물이나 현상 자연물에는 출처 불상의 이름이 붙여지기 마련이다.

그 지역의 자연 지리 지형 또는 인문 역사적 특징이 그곳 민초들의 입에 쉬이 회자되거나 익숙한 것에서 자연스레 따오기 마련이다.

-흰 복령이 많이 난다 해서 백복령, 김부 대왕이 금강산 가는 길에 진을 치고 머물렀다고 진부(김부)령이다. 대륙신라가 반도 지명이동으로 만들어진 얘기는 다른 주제에서 논한다.

이런 관점에서 지금 한계령이라 불리는 영마루의 본래 이름인 [오색령]은 그 지명설정의 유래가 지극히 타당하다. 설악권 일대 현재지명 한계령의 양쪽 지역인 양양군 서면 오색리와 인제군 북면 한계리의 지명 중 그 비중이나 역사성에서 더 많이 알려지고 큰 지명은 당연히 '오색(五色)'이다.

오색이란 지명은 신라 중엽 즉 서기 500년대에 창건된 오색사(성국사)에서 시작되었다고 전해진다. 또한 조선 중엽인 서기 1,500년경 오색사에서 한 스님이 수도하던 중 과연 다섯 가지의 찬란한 빛과 향기를 발하는 꽃을 발견하여 그 꽃이 있는 곳을 파보니 독특한 물맛의 약수가 나왔는데 다섯 가지 맛이 난다고 해서 '오색약수'다.

그러나 '오색약수'는 이미 그 훨씬 옛적부터 1,500여 년 동안 하루같이 그 용출량이 매일 1,500리터씩 솟아나와 이 물로 많은 병약자를 치료하는 곳으로 유명했다. (*양양군지)

민초들의 입에서 입으로 널리 알려져 왕족들도 머물다 가곤 하였다고 한다. 신통한 약수가 조선 때 전국에 두 곳이 있었는데 그 첫째는 '오색약수'이고 둘째는 함경남도 안변군 삼방약수라고 전해진다.

오색에는 설악산 3대 폭포 중의 하나인 독주폭포가 있어 어떤 이들은 금강산 구룡폭포의 축소판으로 비견할 정도로 작지만 웅장한 멋이 널리 알려진 명소다. 주변에는 풍부한 산약초 등 산림 지대를 끼고 있어 오색약수 주변과 함께 인근에 일찍부터 마을이 형성되어 있었다. 그 위의 대간 영마루에 '오색령'이 붙은 연유다.

한계령이 오색령인 이유는 위에 열거한 것 외에도, '오색'마을은 한계령 정상에서 동쪽 아래 불과 4㎞… 시오리 거리에 위치한 반면, 한계령의 지명 원인이 된 '한계리'는 정상에서 서쪽 아래로 14㎞… 30~40리나 떨어진 원거리에 있다는 점이다. 따라서 이쪽이나 저쪽 어느 주민들도 '오색' '오색령'이라 썼다. 1천년을 이어온 지명이다.

'한계리'는 본시 이름도 마을도 없었는데 1914년 대일 항쟁기 초, 행정구역 통폐합 당시에 구 원통, 관벌, 재내, 쇄리, 자양밭 등을 합쳐 인근의 한계산 이름을 차용해 '한계리'라 붙인 것으로 고유의 역사성은 없는 지명이다.

'오색리'는 남설악 중심에 위치한 백두대간의 한 축인 오색령 바로 밑의 풍수상 포란형 위치에 자리한 반면, '한계리'는 지리 지형적으로 백두대간의 설악 마루금 권역 서쪽 끝자락의 그 바깥자리에 위치하여 영마루와 거리도 멀어 한계리 주민생활권이 아니다. 백두대간 설악국립공원 권역에도 속하지 아니한다.

'한계'의 유일한 역사 지명은 '한계사지'다. 이 절의 원래 이름은 비금사로 화천에 있던 절을 후기 신라 자장율사(서기 800년대)가 이전 창건하였다고 전해진다. 후에 인근 한계산 이름을 따 '한계사'로 개명하였으나 이절 또한 얼마 후 백담사로 옮겨가고 폐사됐다.

따라서 주춧돌 등 흔적은 남아있으나(강원도 기념물 50호) 폐사된 옛 절집 '한계사'를 기억하는 사람들은 오래전부터 드물었다. '한계'라는 이름도 설악권 서쪽 끝자락의 낮은 산지라 지명이 없었다고 한다.

'한계(寒溪)'라는 지명은 일설에 마의태자와 관련이 있다. 마의태자 김부가 신라 망국 후 가솔을 이끌고 시월에 서라벌을 떠나 금강산 쪽으로 향하던 중 지금의 한계리에 도착한 것이 12월경이다. 살을 에는 추위와 눈보라 심한 한겨울이라 이를 되새겨 머물던 계곡을 '한계'라고 이름 붙였다는 구전이 전해져온다.

김부가 서라벌에서 금강산까지 지나가는 곳곳에 그와 관련된 지명이 있다. 인제 김부리-한계(령)-진부령 등등이 그것이다. -대륙신라에 전해오는 이야기가 옮겨진 것임은 앞에 언급했다. 지금도 산동반도일대에 마의태자촌이 있고 후손들이 살고 있다. 여기서는 논외다.

오색령이 역사적으로나 인문, 지리학적으로 옳은 본래 지명이다. 오색령이 '한계령'이란 이름으로 뒤바뀐 연유는 명확하게 알려진 바없다. 과거 양양군과 인제군에서 지명다툼이 일어났다. 이때 인제군에서 1959년(?) 이승만 정부 당시 국무회의에서 지명개정의 건으로 상정된 의안에 한계령 이름이 들어있는 것을 증거로 내세웠던 것으로 알려졌다. 그런데 어떤 근거와 과정으로 그 지명이 상정됐는지에 대한 연유는 지금까지 들은 바도 아는 바도 없다. 없었다. 미스터리다.

결국 영마루 정상에 오색령과 한계령 표지를 함께 세우는 걸로 타협했다. 그러나 앞에 언급한 바, 역사적 인문·지리학적, 생활권역으로 한계령 지명은 오색령에 비해 근거 타당성을 찾기 어렵다 할 것이다.

더 중요한 자료가 있다. 조선시대 만들어진 다수의 고지도에 한계령 지명이 있는데 그 위치가 지금의 한계령, 즉 오색령이 아니라는 사실이다. 오색령과 진부령 사이에 존재하는 것으로 나타난다. 본고 후단에 언급한다.

嶺의 지명을 붙이는 일반적 양태

嶺도 그렇고 일반적으로 지명은 관이나 특정인이 자의로 작명해서 정해지는 게 아니다. 오랜 세월 지역 주민들에 의해 널리 불려진 이름이나 특별한 역사적 사건이 있었던 역사성 또는 지리 지형적 특성을 반영하여 자연발생적으로 형성되어 보편성을 획득한 이름이다.

첫째, 백두대간의 경우, 영동에서 영서 지역으로 넘어가는 쪽의 연관성이 더 큰 지명이 붙는 경우가 있는데 오색령과 대관령이 그 예다. 이는 상대적으로 사는 사람들이 많고 교역 물동량이 더 크며 물류 이동을 주도하는 지역의 영향이 더 크게 작용하는 결과다.

둘째, 고개 마루와 그 영역을 보다 많이 관할하는 지역의 영향이 보다 많이 반영된다는 것이다. 설악산 대청봉에서 남설악 정상 마루 고개(한계령)의 관할 구역은 정상 부근이 인제와 양양의 경계 지역이라 해도 오색령의 역사성이나 일반의 보편적 인식을 볼 때나 한계령이라는 이름에 불구하고 정서적 실제적으로 양양권역이라고 할 수 있다.

오색령 또는 한계령 정상에 서는 사람치고 영서 지방을 바라보는 사람은 없다. 열 명 중 열은 동해를 바라보며 저 멀리 바다를 조망하기 마련이다. 오색령(한계령) 정상에서 서쪽은 마을 한 점 없는 첩첩산중일 뿐이고, 동쪽은 탁 트인 바다를 원경에 두고 가까이는 오색동, 멀리는 양양읍내가 들어온다. 말하자면 영마루가 동해바다를 향하고 섰다.

셋째, 그 지역의 가장 직접적 대표성이나 상징적인 특산품, 전설 명소 자연 특성 등이 반영되는 특징이 있다. 앞에 든 백복령, 구룡령, 진부령이나 운두령, 문경 새재 등을 들 수 있겠다. 이런 점에서 오색약수, 오색동을 낀 영마루는 오색령이 자연스러운 지명으로 형성된 것이다. 한계령으로 대체지명이다. 연유가 궁금하다. 이동지명이 맞다. 원 자리를 찾아줘야 한다.

조선시대 이래 옛 지도 지명에 모두 '오색령'이다

1. 대표적인 지도 소개

서울대규장각 소장의 관찬 지도인 [해동지도(海東地圖)] 일명 '천하도' 8책(冊) 중 제3冊인 [관동전도(關東全圖)]에 실린 현재의 '강원전도'와 '양양부' 지도에 '오색령'으로 명확하게 표시되어 있다. 이 지도는 18세기 후반(1750년대초) 제작으로 추정된다. 강원도내 26개 관아를 모두 그려 나타낸 *채색도이다. (*채색도의 성격은 국가 공식성을 담은 正史적 지도 그림임을 나타낸다.)

이 지도에 표기된 오색령 위치는 양양부에 포함되어 있고, 백두대간 내 설악산 마루금선 상에 있으며, 한계산은 그 너머 서쪽에 따로 표기되어 있다. 이 지도에 보면 오색령-박달령-구룡령 명칭이 나타나는 바, 모두 '양양부' 경계지역 내에 표시되어 있다.

한편 '인제현' 지도에도 역시 오색령은 인제현 밖에 위치하고 있으며 *백두대간 밖의 지역에 표시되어 있다. (*지금의 설악산 국립공원 구역보다 더 넓은 지역 개념이다.)

2. 조선 후기 이중환이 지은 택리지

택리지에는 지도가 그려져 있다. 설악산과 '한계산'은 별개로 거리를 두고 표시되어 있어 설악산(남설악 오색) 본줄기와는 구분돼있음이 확인된다. 택리지의 중요성은 이 책이 지도서 아닌 '인문사회 지리기행서'라는 것이다.

지도는 지역문화권역과 그 생활상을 설명하는 보완자료로 보충하고 있다. 그 두 가지가 모두 오색령을 가리키고 있다. 오색은 옛 지명 자료에 보면, 五色'洞'으로 마을 즉 부락 동字 이름이 나오는 반면, 한계라는 이름은 한계산과 한계사라는 이름만 나온다. 즉 한계동이나 한계리라는 마을 자체가 존재하지 않음은 앞에서 말한 바다. 이로 미루어 당시의 지도 표기는 거의 모두 이 지도(해동지도)상의 표기 원칙을 따랐을 것으로 짐작된다.

이후 제작된 고산자 김정호 선생의 '대동여지도'도 '오색령'은 있고 한계령은 보이지 않는다. 그 오색령 또한 지금의 오색령(한계령)과 위치 지리지형이 동일하다. 필자에게 그 대동여지도 원본 1/4 축소 영인본이 있다. 아래에 더 언급한다! -1950~60년대 초 발행된 학교 지리부도에도 오색령으로 표시돼 있잖을까 생각된다.

'해동전도'에는 각 행정지역(도, 현)마다 지리정보 뿐 아니라 군 주둔병력 등도 자세히 기재되어 있다. 이는 민간이 함부로 담을 수 있거나 그럴 이유도 없는 국가 공식 정보지도이기 때문이다. [규장각]은 국가가 운영하는 요즘 말로 국립중앙도서관이다. 주된 소장 서책, 지도, 그림등이 국가 정보도서관청의 관찬자료라는 점에서 이 지도의 성격은 분명해진다.

3. 1995년 강원도가 발간한 江原道史(전5권) 중 [역사편]

이 책 앞부분 화보에 위 [해동전도] 지도 그림 중 '강원도 전도'와 26 관아 부분도가 그대로 실려 있다. 양양군청 문화관광과(?)에 보관되어 있을 것으로 생각된다. 향토사에 관심 있는 분은 직접 방문하여 열람하고 관련 지도 사진을 스캔하여 파일로 확보할 수 있을 것이다.

이 지도는 작자미상이다. 이는 화원이 그린 '관찬도'이기 때문이다. 도화서에 소속된 화원은 공무원 신분이라서 공적 그림을 그리는데 있어 개인(이름)과 낙관을 쓸 수 없다. 따라서 작자미상의 공적 지도와 국가 행사 등 의궤에 그려지는 모든 그림은 공식화 작자미상이다.

청구도-동여도-대동여지도에 나타나는 '오색령'

1. **오색령** 지명은 자명한 사실이라 찾아보지 않은 것인데, 예상대로 고산자 김정호의 [대동여지도]에도 역시 '오색령'으로 명확하게 표시되어 있다. 더 말을 붙일 이유가 없다.

2. **대동여지도**의 지명 표기와 대동여지도의 결정력에 관련하여 좀 더 자세히 설명한다. 고산자는 일찍이 1834년(순조34년) [청구도]라는 지도를 만든 바 있다. 이는 당시까지 전해오는 조선시대 지도 지지정보를 정리하면서 수도 없는 답사의 결과로 얻어진 고산자의 과학적 독창적인 지리 지형 정보 분류체계였다.

이 지도(청구도)는 백두산~지리산으로 이어지는 일관된 기맥을 1대간 14정맥으로 일별하고 매 10리마다 위치 표기한 方里 구현 방식을 입힌 혁신적인 지도 제작 방식이었다.

3. **청구도**를 진일보시켜 보다 정밀하게 만든 지도가 [동여도/동여지-地誌와 동여도-지리지]다. 대략 철종 당시인 1856~1861년 사이에 만든 것으로 추정된다. '동여도'는 그때까지 만들어진 수많은 조선시대 지도 중 가장 정밀하고 최신의 정보가 풍부하게 담긴 세계 최고 수준의 지리지도였다.

'동여도'에는 무려 19,000여 개에 이르는 지명이 담겨 있어 당시 조선 8도의 웬만한 지명은 모두 담았다고 할 수 있다.

4. **고산자**는 자신이 만든 이 동여도를 저본(底本)으로 하여 필생의 조선전도 대축적지도를 만들기로 결심하였다. 그리고 마침내 1861년

목판본 '대동여지도'가 만들어져 세상에 모습을 드러냈다. '대동여지도'는 축적이 약 1/12만이다.

당시 세계 어느 나라도 이만한 축적의 정밀한 전도를 만들어 낸 사례가 없었다. 그런데 이 대동여지도에는 동여도에 실렸던 지명 중 약 7천 개가 빠진 13,000여 개의 지명이 실려 있다. 이는 크게 두 가지 이유로 추정된다. 하나는 지명의 중요도와 비중을 가려 보다 선명하고 요약된 대중적인 지리정보를 백성들에게 알리려는 의도로 추측된다.

또 한 가지는 대축적 목판본 제작기술상 그 이상의 많은 지명 정보를 담아내기가 쉽지 않았으리라는 추정이다.

5. **대동여지도**는 당시 조정과 사대부지배층의 폐쇄적인 세계관에 따른 폄하와 무시를 받았다. 뿐만 아니라 고산자 자신이 많은 제한적 환경여건에 시달리면서 적지 않은 이설(異說)이 전해오기도 하는데, 결국은 조선정부의 공식적인 인정을 받게 된다.

대동여지도는 조선의 지도 제작 기술 결정판이자 조선정부의 국토 지리정보에 대한 공식성을 담지하고 있다. 청구도-동여도-대동여지도에 일관되게 표기된 '오색령'은 지명에 대한 지역민의 폭넓은 인지도와 일상성의 반영이다. 정부의 '공식적인 국토지명'이라는 상징성을 지녔다.

6. **해동전도**에 실린 '강원전도'와 양양부 지도에 실린 '오색령' 지명 표기는 '해동전도' 제작 시기가 1750년대, 즉 대동여지도 제작 100여 년 이전 시기인 바, 그 훨씬 이전시기부터 지명 사용이 있어오던 것을 국가 관찬지도서로 공식화 한 것임을 짐작할 수 있다.

'대동여지도'가 조선정부에서 공식성을 부여한 지도라는 점에서 '오색령'이 해동전도를 그대로 반영한 공식지명임을 알 수 있는 것이다.

'대동여지도'에 실린 '오색령' 관련 세부 정보

1. 동여도에는 '해동전도'와 달리 '한계령'과 '오색령'이 백두대간 마루금 선상에 설악산 바로 아래쪽으로 나란히 위아래 방향으로 표기되어 있어 잠시 의아하게 만든다. 별개로 있는 것도 처음 알고, 축적지도이긴 해도 나란히 병기돼 있는 것이 생경할 것이다.

그러나 자세한 지형과 방향 그리고 강과 인문 정보를 살펴보면 (현재 지명과 상이한 지명도 혼재) 오색령이 현재의 오색령(한계령) 자리 그대로다. 반면에 한계령 위치는 백담사~봉정암~비선대로 이어지는… 지금은 사라진 옛 험한 고개 산 준령에 위치해 있다.

오색령과 달리 길도 표시돼있지 않고 산새나 넘나드는 위치다. 옛날에 사람 한 둘은 넘나들었는지 모르겠다. 지명만 붙였다. 타 지도에 비해 동여도의 풍부한 정보량이 눈에 띈다.

'대동여지도'에 한계령은 사라지고 없다. 오색령 뿐이다. 앞에 언급한 바, 제한된 대축적지도에 모든 정보를 담기 어려운 한계로 정보적 가치가 없는 것은 삭제했기 때문으로 본다.

2. '해동전도'에는 오색령-박달령-조침령-구룡령-대관령이 표기되어 있는데 비해, 대동여지도의 저본인 '동여도'에는 진부령-흘리령-소파령-연수파령-한계령-오색령-필로령(지금의 필례약수 가는 산길)-구룡령-대관령이 표시되어 있다.

그런데 '대동여지도'에서는 이 중 '소파령'과 '한계령'이 제외되었다. 이유는 사람들이 오가는 길로 삼기에는 산세가 너무 가파르게 비탈지고 험하다. 교통로로서의 구실을 못하는 산봉우리 정도로 인식되어 민초들의 인지도가 낮아 정보적 가치가 미미함을 반영한 것임을 앞에 말했다.

3. 문제는 과연 한계령과 오색령이 오늘날의 어느 '령'이냐는 것이다.

대동여지도 **'오색령'**은 현재의 한계령과 지리지형이 일치한다. 현재의 지도를 중심으로 일별하면 서쪽 방향으로는, 현재의 한계령에서 인제 방향으로 내려가면서 인제 귀둔 쪽 입구인 덕적동(리)~덕산~합강정~인제읍내로 이어지는 지리가 대동여지도와 그대로 일치한다.

이 길이 본래 오색령 루트다. 그리고 저쪽 동쪽방향으로는, 정상의 嶺이 襄陽府내 '오색령'으로 표기되어 있다. 무엇보다도 대동여지도의 특징은 산의 기맥과 강 그리고 도로 3가지가 세밀하고도 정확하게 표시되어 있는 특징이 있다. 산과 강은 지형 그대로 그려진 반면, 도로는 일직선상으로 나타내어 이동로의 방향성을 명확히 찍고 있다.

그런데 오색령을 정점으로 한 양양~합강(정)~인제현을 일직선으로 표시한 교통로가 바로 지금 한계령으로 불리는 오색령 44번 국도와 정확히 일치하고 있는 것이다.

원통은 백담사와 용두(현재의 용대리)-봉정암-한계령으로 이어지는 길목의 초입에 위치하여 오색령의 서쪽출발지 길목과는 동떨어진 동북쪽 방향에 표기돼있다. 본래의 오색령 가는 길목이 아닌 것이다.

4. **대동여지도상의 오색령** 길은 양양~오색동(천)-오색령~~장수대~덕적동안(남)쪽~오색령덕적천~합강천~인제현으로 이어지는 길이다.

반면에 대동여지도에는 없으나 그 이전 동여도에 표기된 본래 한계령은, 진부령 또는 미시령(대동여지도상의 연수파령 추정)과 오색령 사이 중간에 위치하여 덕적천 지류와 한계산에서 연원하는 한계천이 합류하는 원통에서~용두~백담사~봉정암~한계령에 이르는 지형상에 표기되어 있어 오색령과는 명확하게 다르다.

-인제 쪽에서는 예전에 설악산을 '한계산'이라고 하기도 하고 또는 본래의 한계산을 설악산 자락으로 묶어 혼칭하기도 하는데, 관찬 관아별 읍 지도나 지방전도 그리고 택리지 등에는 백두대간 설악산 본류에서 서쪽으로 다소 떨어진 외간에 위치하는 것으로 나타난다.

5. **오색령**에서 시작하여 동쪽 방향 하천으로 전개되는 흐름도를 보면 현재의 남대천의 발원과 지류가 남설악 큰골의 오색천, 구령령 골찬에서 연원하는 갈천천, 그리고 오대산 골짜기에서 흘러내리는 어성천

등 세 지류가 상평천에서 합류하여 남대천으로 이어진다.

대동여지도에도 이 지리 지형이 세밀하게 똑같이 표시되어 있어 문외자의 눈에도 대뜸 알 수 있게 정확히 일치하고 있다. 그렇다면, 동여도에 표시된 '한계령'을 보자!

'동여도 한계령'은 앞에 말한 바, 동여도와 대동여지도 오색령 길이 인제현에서 동쪽 방향으로 향하다가 덕적동~장수대~오색령으로 이어지는 루트와는 달리, 동북쪽으로 올라가 원통~용두(용대)~백담사~봉정암~한계령~설악산,울산바위 남쪽(비선대)~양양부로 이어지고 있다.

'한계령'이라는 지명은 표시되어 있어도 길은 표시되어 있지 않다는 것은 말했다. 그렇다면 혹자는 동여도 한계령이 혹여 지금의 미시령 옛 지명이 아닌가 착각할 수도 있다. 그러나 지금의 미시령은 대동여지도상의 연수파령이다.

-미시령을 연수파령으로 보는 이유는 지명변화에 있다. 오랜 옛 이름은 미시파령이다. 이것이 연수파령-대간령-1950~60년대 미시령이다. 참고로 1990년도 발행 고등학교 지리부도에 보면 미시령의 당시 지명이 '대간령'으로 나오고 미시령해발 640m로 일치한다. 대관령이 860m이니 대간령이 대관령 오기도 아니다. 한계령도 1004m 아닌 960m로 돼있으니 지금의 한계령도 미시령도 아닌 것이다. '동여도' 한계령이다.

6. **대동여지도**에 연수파령(한계령은 없다)을 중심으로 해서 원통~미시령~설악산, 울산바위뒤쪽~신흥사~양양부로 이어지는 길이 일직선상으로 표기되어 있다. 대동여지도에는 아예 없고, 동여도에는 길 없이 지명만 나오는 '한계령'보다 더 알려진 영마루가 연수파령(미시령)인 셈이다. 동여도 한계령은 미시령과 오색령 중간에 위치되어 있다.

또한 오색령의 동여도상 지명 표기에는 '오색령'-古大路(옛큰길)가 附記되어 있다. 이는 오색령이 영북 지역 영동-영서를 잇는 주된 이동 통료였으며 동여도와 대동여지도의 오색령이 바로 지금 한계령으로 불리는 오색령임을 명확하게 보여주고 있는 것이다.

7. **이중환**은 택리지에서 강원도의 동과 서를 잇는 주요 고갯길로 여섯 개 영마루를 꼽았다. 그 첫째가 '오색령'이다. 조선시대 관동 백두대간 20여 개 영마루 지명 중 *이중환이 든 여섯 곳은 물론 스무 개영마루 안에 한계령은 끼어있지 않다. 물론 한계산과 용대~원통에 이르는 한계천 지명은 당시 지도에 보인다.

그러나 동여도의 북방 한계령이 대축적지도인 대동여지도에서 사라졌다가 100년도 더 지난 1970년대에 남쪽으로 이동하여 오색령 대체지명으로 다시 나타났다. -이중환은 숙종조때 남인출신으로 권력투쟁에서 밀려나 팔도를 유람하며 기행문과 인문, 풍수 지세를 논하여조선 최초의 인문지지 적 기록을 남겼다.

지명은 지역구전 지리지형 문헌 지지 지도 등 여러 자료를 교차검증하여 확인된 고증에 따라야 한다. 행정절차를 통해 확정한 지명이 절대적이거나 만능 아니다. 그와 별개로 역사성에 근거한 고유지명이 있고, 행정지명 오류도 흔한 사례다. 근거의 명확성 투명성이확보되지 않았다면 시정할 수도 있다.

현재 한계령 행정지명과 위치비정에 관한 결정에 있어서 움직일수 없는 어떤 고증이나 고찰적 성과를 반영한 확증자료에 근거하여결정했는지에 대해 필자로서는 지금시점에서 아는 바가 없다. 문득독도를 자기나라 '다케시마'라고 우겨대며 1905년 제국주의 영토병탄역사의식과 시각에서 한 치도 달라진 게 없는 일본이 생각난다.

나라 사이나 나라 안에서나 세상적 이치로 보면 분쟁과 다툼의 본질은 비슷하게 돌아가는 것 같다.♣

| 3장 | 역사전쟁의 시작과 끝

KBS특집에 감춰진

강단사학 코드

얼마 전에 유튜브에 떠 있는 KBS1-TV '한-중 수교 25주년 특집방송' 앞부분을 우연히 봤다. 예전에 본방송을 시청한 것이 생각났다. 불쾌한 프로그램이었다.

"시황의 진 나라!"

짠 짜라~! 무슨 영화 서막이 올라가듯 도입부부터 말을 탄 수천수만의 기병들이 대륙 천하를 누비고 짓밟는 정복 전투장면을 컴퓨터 그래픽으로 넣어 화면 가득히 채웠다. 누가 보면 '칭기스 칸'의 유라시아 대륙 정복과 똑같은 줄 알겠다. 당시 지금의 남한 땅 넓이만도 못한 시황 진나라의 천하 세계를 그런 식으로 말이다.

'사드'는 미국이 들여놓고 보복은 한국이 당하는데 아무리 약소국 비애라지만 가해자에게 바치는 헌사가 조공 중에 상 조공이라니 필자는 기가 막혔다. 시간이 630년 전으로 되돌아가서 조선 왕이 명의 책봉 윤허를 받는 그런 시대인 줄로 착각을 했다.

BC 3C, 진시황이 특집방송의 프롤로그였다. 지나 25사에서 '희대의 폭군' 평가도 받는 인물이 수많은 정복전쟁으로 인민을 끝없는 죽음의 수렁으로 몰아넣고 땅을 넓혔으면 '희대의 영웅'인가? 한 나라의 대표 언론이자 세계적인 공영방송에서 이 따위 논리로 인류의 양심과 양식을 짓밟아도 되는 것인가? 했다.

아부 아첨도 유분수지 아무리 '사드'로 사드 받는다고 지나가 내세우는 '25史'에서 하필 봉건제국주의 시초라는 '시의 진'을 첫 머리에

띠우다니! 습근평 중화제국주의 칭송가로 보였다. 그럴 만도 했다.

박근혜가 천안문광장에서 습근평과 나란히 인민해방군 사열도 받았다. 그 연장선이다. 말이 공영방송이고 언론이지 정권의 나팔수다.

1945년 광복 이후 한국인들은 *'지나' 역사에서 '진'이라고 하면, '만리장성', '천하통일'이다. 그 '천하'에 자신도 빨려 들어간다. 성계 이탄 조선이 모화(慕華)의 시작이다. 그는 고려조에 반역 모함을 받아 대륙 본토고려에서 반도 땅 분국에 망명했다.

원에서 천호-만호 사단장 급 호장으로 입신했던 그는 쇠락하는 원을 버리고 주원장과 손잡고 고려를 배반했다. 신생국 '明'을 받드는 모화사대 개국 조선이 그렇게 탄생했다. 지배층은 明을 세계의 중심 '중국'이라 부르고, "아버지 나라"라고 받들었지만 백성들은 明에서 덕을 본 것도, 아버지라고 부를 이유도 없었다.

조선은 조선이다. 이 나라가 명나라에 빌붙어 사는 더부 땅도 아니다. 조선이 망할 때까지도 민초의 자기 '얼'은 분명했다. 정신이 강건하고 멀쩡했다. 왕실과 조정지배층이 나라를 팔아먹은 것이지 민초백성이 어찌 한 것이 아니다. 민초는 그들의 방식으로 '얼'을 지켜왔다. 민족의 정체성과 영속성이 지탱되어온 힘이 근원이다.

그게 일제 피식민 백성으로 전락하면서부터 급격히 흔들렸다. 왕조 지배계급이 흩어지고 무너진 것은 역사의 진일보였다고 해도 이 땅 민초백성의 간난신고와 얼의 혼돈은 문제였다. 소위 '민족말살정책'이 그런 것이다. -1911년 신해혁명 이전까지 지나인들은 '중국'이란 개념이 없었다. 조선이 '명'을 아버지 나라라고 받들면서부터 "중국…중국…" 한 것이다. 오죽하면 일제가 대륙을 짓밟아도 소 닭 보듯 했을까?

다들 따로다. 54개 민족이다. 나라는 하나인데 본이 다 다르다.

삼국사기 고구려본기 태조 10년에 '요하 서쪽에 10성'을 세웠다. 거기가 지금의 북경(펴라…평양…낙랑)~서안이다. 지나(중국)의 수많은 인문 역사 지리학서와 유적 전설 구전이 말해준다. 국내 역사교과서 어디에도 그걸 적어놓은 게 없다. 식민강단사학이다.

이후 시대사 서술에도 지금의 요하 즉 서간도(간도는 화이:조선의 경계 뜻이다)가 본래 지명인 듯 묘사돼 있으나 그 때 요하는 '황하' 북변의 작은 지류다. 지명이동이다. 필자도 몰랐다. 오늘날 소위 '과학적 실증주의'자들의 그 뻔뻔한 학문적 무지를 탓해 무엇하랴!

그들은 이미 식민강단학계 주류가 됐다. 요하 지명이 지나의 '사세 확장'으로 세 번, 네 번 북동진한 걸 모른다. 혹 알아도 모른 체 마이동풍이다. 인정하면 퇴출이다. 그 폐해의 극심함은 오롯이 민중과 민중의 자식들이다.

지나 사서를 찾아다닐 것도 없다. 반쪽 삼국사기라도 제대로 해독하면 세상이 달라진다. 지금 국보라고 지정돼 있는 삼국사기조차도 고려시대 인쇄본은 아니다. 조선 중종 7년 정덕본이다. 그 때 또 손을 봤을 게 틀림없다.

정도전이 고려실록을 없애고 고려사를 재창조했다. 떡 주무르듯 다음엔 고려사절요를 만들어 온 사방에 돌렸다. 대륙의 본토고려 지명을 그 안에서 온통 반도 안으로 이동시켜놓고 반도영토사관을 만들어냈다. 그게 반도사관의 시작이다. 明의 검열도 받았다. 중종 때 김부식의 사기를 또 손 본 게 2차다. 그리고 일제 조선사편수회 식민사학이 결정타가 됐다.

대륙에서 설명 가능한 지리지형 사회 인구학적 서술 내용이 반도에 꿰맞춰지다보니 반절은 '넌센스 잡지책'이 됐다. 그걸 지금도 실증사학 교범으로 받든다. 오늘날 고도로 발전하고 있는 발굴고고학·고미술사·인류학·고문헌학·고지명학·유전자학·생물지리학 등 연계 학문성과를 받아들이는 데 주저하는 철밥통 반도사학의 억지궁색은 참담하다.

그 400년 사이에 그 기록 마디마디에 무슨 고변이 있었을지는 상상에 맡긴다. 그런 중에도 지우고 각색하기 어려운 사실은 어쩌지 못해 파편으로 남겨뒀다. 그걸 재야시민사학이 어둠속을 헤매면서 더듬더듬 찾아내고 조각조각 맞춰나가고 있다.

그 중에서도 '상고사' 부분이 심각함을 넘어 처참하게 부서졌다. 첫 단추를 2단추로 꿰어버리니 3단~4단~끝단추가 새 옷을 해진 적삼으로 만들어버렸다. 단군배달 이래 나라마다 목숨처럼 기록하고 보존해 온 실록 저본을 없애고 변조 각색했다. 그러나 지금은 인터넷정보화 시대다. 지나를 아무나 방문하고 그곳 대학이나 연구소에서 史書와 관련자료 원본을 직접 열람할 수 있고 곳곳의 유물유적지와 지역 현장을 가볼 수 있다.

그들이 해석을 아무리 아전인수 해도 있는 기록과 사실은 그대로다. 지나의 모든 기록물과 유물 현장이 증명을 해 주니 강단사학도 이제 더는 어째볼 도리가 없다. 수많은 자료와 영상이 인터넷에 개방돼있으니 정보 지식의 독점을 통한 우민화 작업도 밥그릇 지키기도 힘들어졌다.

삼국사기에 나오는 지명은 모두 대륙에 있다. 8대 주류 성씨(姓氏)들도 하나같이 지금 대륙본토 그 지명지역에 분포해 있다. 단군조선 이래 고구려 백제 신라 발해 고려의 지배계급 성씨들을 찾으려면 지나에 가면 된다. 그곳 후손들이 그대를 반갑게 맞을 것이다. 한반도에는 그런 성씨가 없다. 왕 씨가 지나 왕서방이 아니다. 고려 왕 씨 세족이 거기 다 살고 있다. 시안에 왕건 사당이 모셔져있는 연유다.

한반도 지명으로 얘기하면 내용이 아귀가 들어맞는 게 없다. 대륙에 대입하면 죄다 들어맞는다. 인구수나 지형 환경 지리가 다 그렇다. 한반도 지명은 '이동지명'이다. 삼국사~고려사에 나오는 지명이 거기다.

원본은 여전히 대륙에 고스란히 실존해 있다. 삼국사(記) 앞장에 '시라(유래, 실→누에실-비단-뽕밭 동서남북 2천리)'가 나온다. 태백-소백-낙동강이 둘러친 경상도 분지 땅이랴? 국사책에 신라가 진한 땅이라는데 지나 사서인 '위서동이전'에는 三韓땅이 사방 4천리라고 적었다. 동서남북 끝에서 끝이 아니다. 도읍지 수도를 중심으로 사방 4천리다. 옛날 방위 기준이 그렇다. 변한도 1천리가 넘는다.

그 땅을 물려받은 서라벌 경주가 월성중심 사방 50리 될까? 강단 사학은 이걸 빼고, '동서가 바다이고 남쪽에 왜와 접했다'는 걸 인용하여 한반도 남부로 우겨넣었다. '접했다'는 건 육지다. 한반도는 3면이 바다다. 여기서 '왜'는 지나 동남부해안의 왜다. 일본서기 왜는 후일 '왜' 란 용어를 이용해 그쪽 왜를 열도 왜로 끌어댄 것이다. 그때 열도는 조몽(즐문토기)시대를 벗어나지 못했다. 東바다는 지금 황해이고 西는 양자강중류와 동정호다. 기막힌 한국사로 입시, 고시 시험을 본다.

고구려는 삼국사기 기록 그 1천 년 전에 전기 고구리(고리)가 있었다. 周 문왕 무덤벽화에 나오고 사마천 사기 周史에 나온다. 주몽 고구리는 후고구리다. 주몽 고구려도 BC 37년은 누가 들어도 고개를 갸웃한다. 턱도 없는 말이다. 그 170~250년 앞이라는 고증이 줄을 선다. 몇 년이 문제가 아니라 훨씬 이전이라는 말이다. 그래야 문명사적으로나 신라 백제와의 역사성이 사실적으로 맞아 들어간다.

중 일연이 쓴 불교잡기 '삼국유사'에 [단군이야기]가 나온다. 거기에 주된 인용 자료로 *'삼국지위서동이전'을 든다. -현전하는 삼국지魏書

동이전은 청 건륭제 때 改復刊書로 일연이 본 당시의 위서와 달라 삼국유사의 인용근거와 원본이 맞지 않다.

강단사학자들도 자주 인용하는 사서대접 받는 문헌이다. 正史에 끼지 못하는 불교야사다. 삼성기 화랑세기 환단고기가 민간야사라고 하면서 유사는 정사 대접을 한다.

'위서동이전'은 西晉 때 진수가 쓴 서기 200년대 기록물이다. 30권 중 맨 마지막 30권에 東夷(단군조선과 72번국)에 관한 기록이 있다.

본인이 직접 가본 일도 없고 동이역사에 관한 기록은 다른 사서에서 취합해 옮긴 것이다. 그 외 동이조선의 풍속 생활상은 장산꾼들로부터 들은 이야기모음이 대부분이다. 동이전에 *단군 47대 관련 기록이 나온다. (*강재언, '단군조선의 실재') 이 기록이 환단고기 단군세기에도 상세히 실려 있다. 역사서도 정사도 아닌 삼국유사가 둘도 없는 사료로 받들어지는 건 국내 사서에서 '단군왕검'이 처음 나오기 때문이다. 그러면서도 같은 기록이 실린 환단고기는 위서라고 억지한다. 그러다 요새는 그 억지가 뜸해졌다. 1990년대초 사학계를 발칵 뒤집은 서울대 천문학과 박창범 교수의 증명 이후다.

역사나 사학과는 거리가 먼 천체물리학 교수인 그는 강단사학이 위서라고 우겨대는 환단고기와 삼국사기에 나오는 모든 천문기록을 빠짐없이 컴퓨터 시뮬레이션으로 추적했다. 결과는 90% 이상 일치했다. KBS방송 '책' 프로그램에 박 교수와 사학 교수 둘 등 셋이 나왔다. 학계 권위라는 강단사학자들은 서로 떠밀며 출연을 완강히 고사해서 꼬봉 후학 교수들이 마지못해 나왔다는 후일담이 있다.

이 방송에서 사학자들은 끽 소리도 못했다. 그들은 1980년 국회 역사청문회에 이어 또 다시 처참히 무너졌다. 밥그릇 모두 내놓고 국민 앞에 석고대죄한 후 '허위사실 유포' 죄로 경찰서에 잡혀가야 마땅한 일이었다. 환단고기 위서논쟁은 사실상 거기서 끝났다.

그런데도 그들 커넥션 집단은 여전히 강단 권력을 굳건히 장악하고 있다. 이승만 남한단정 이래 지속되어 온 권위주의정권 세력과의 동맹체제가 그 뒷배다. 그들은 왜곡된 현대사와 한국정치사의 논리창출 소굴이다. 이런 엉터리없는 적폐를 놔두고 문재인 정부는 헛발질 적폐청산을 외쳤다.

'지나' 正史로 치는 '25史' 4천년史에 시대를 달리하며 가장 많이 등장하는 나라 이름이 '진'이다. 진 진 전진 후진 북진 동진… 그들 앞 시대 중간쯤에 등장한 게 동이계열 시황의 진나라다. 오늘날의 위치는 낙양이다. 내륙 깊은 골짜기 반경 200㎞다. '요하 10성' 지역임은 앞에 말했다. 지금 요하가 아니다. 황하중상류 지류다.

문제는 '진 나라… 만리장성'이다. 황하(요하) 상류의 쑤욱 들어간 구석 들밭의 이른바 '오르도스' 지역이다. 도읍지 낙양 북방 50 리 밖의 길이 일백 리 방어성이다. '진장성'이다. "진나라 장성"이라는 말이다. 거기까지가 소위 華夷中華의 정치 군사적 경계다.

그게 1,700년 걸려 명나라 때 수도 북경 머리통을 지나 발해만 입구 갈석산 바로 아래 *'산해관'에 이르는 이른바 만리장성이다. -산해관도 논란중이다. 한국인들은 북경 북쪽 외곽에 뻗은 성벽에 관광을 가서 그게 "진시황의 만리장성"인 줄 안다. 고구려성의 특징인 치성이다. 이 성을 명이 수리하고 연결했다.

북경 코앞에 만리장성이라니! 華夷족은 그 위의 광대한 북방대륙을 감히 넘보지 못했다. 그곳은 민족도 문화도 다른 세계였다. 그곳에서 황하·용산문화를 키우고 서쪽으로 들어가 아리안화이족을 개명시켰다. 북방민족이 동이구족이다. 그 중 동이 중심이 환인환국7대-환웅 신시배달국17대-단군조선 47대다. 동이조선이다.

황하이남보다 더 넓은 북방은 예나 지금이나 '지나 땅'이 아니다. 민족이 다르고 언어와 문화가 다르다. 북방은 만주조선, 남방파밀 산악은 토번(티벳), 서쪽은 위글 땅이다. 나라는 일시 화이족에 뺏겼어도 민족은 어디 안 간다. 때 되면 되찾는다. 역사가 증명하는 이치다.

이걸 식민강단사학과 소위 '식민지 근대화론'자들이 소위 "종족민족주의… 국수주의…"라고 친일스피커를 자임한다. 이들이 자칭 보수의 일장기 집회 수원지다. 지나가 엉터리 한국교과서를 이용하여 북한지역이 당나라 500년 식민지라 하고, 남한을 임나일본부 옛땅이라 주장하는 일본과 짬짜미를 하고 있는 현실을 이들이 불러들이고 있다. 밥그릇 지키려고 동족과 나라를 팔고 역사와 진실을 판다. 안팎이 전쟁이다.

KBS가 그걸 '한중 수교 25주년'으로 특집방송 했다. 모르긴 몰라도 제작진들 의식과 역사지식 저변에 식민강단사학의 물이 깊게 스며있음을 알 수 있다. 현대판 명나라 조공 프로그램이다. 대국에 머리 조아리는 외세추종 잠재의식도 곳곳에서 이런 식으로 돌출한다.

자신들은 저널리즘으로 열심히 나라와 국민에게 충성한다고 하는 짓이 돌이킬 수 없는 못질을 골라가면서 한다. 어디 방송뿐이랴, 수구종이언론도 극우 유튜브를 뺨치기는 매한가지다. 한국 언론, 그중에서도 제도권 기성언론의 신뢰도는 땅바닥을 긴다. 세계 꼴찌다.

이들이 마침내 친일 정권마저 세웠다. 내 안의 전쟁이다. 내전인데 국제전이다. 러시아를 낀 지나, 미국을 낀 일본과 삼국대전이다. 남북겨레가 힘을 합쳐 싸워도 힘든데 최악이다. 서로 핵 공격… 보복 핵을 떠들어대고 있다. 지나 일본이 회심의 미소를 짓다 못해 내놓고 함박웃음이다. 아, 역사전쟁은 6.25 한국전쟁보다 더 질긴 싸움이다.

지금 장강을 건너고 있다. 저 건너에 한겨레가 손을 흔들고 있다.

♣

▲'삼족오'의 변용 '삼발이'… 필자가 일상적으로 쓰는 받침대다. 삼족오는 고대 북방동아시아에서 등장한 상상속의 靈物 세발 까마귀다. 그중 고구려의 강성한 기상을 상징하는 국조(國鳥)였다. 세 발은 天·地·人을 의미한다. 천부경과 태극3괘의 핵심이다. 또한 석 삼은 동이조선에서부터 현재까지 우리민족이 길한 수(數)로 치는데 알든 모르든 천·지·인이다!

先史가 역사인 이유
'홍산 문명'

지금의 지나, 발해만 북방~요동 중앙부에 위치한 홍산(붉은 뫼)을 중심으로 한 광대한 지역에서 인류사의 첫 문명이 발생했다. 그 문명권은 지금의 내몽골을 서북방으로 가로질러 *염수(鹽水)를 지나 카자흐스탄에 도달하고, 남으로는 *바다(海) 건너 황하 문명이라 불리는 '용산 문화'와 황하 중류의 '오르도스 앙소 문화'의 직접적인 始原이다.

*염수: 광개토대왕비문에 광개토제가 직접 다룬 그 염수다.

*바다: 고대~중세에는 조선이나 지나 모두 큰 강과 호수를 바다라고 했다. (사마천권2 본기4의 海의 集解에 "서광이 이르기를 바다海는 河의 의미로도 사용한다./서광왈해작하) 삼한, 광개토태왕비문의 來度海, 낙랑군 위치가 지나 사서에 나오는 바다 건너… 3면이 바다에 둘러싸인…" 황하 양자강 동정호 황해다. 한반도 론이 식민사학이다.

이게 후일 東夷九族인 돌궐-훈과 선비일부 등 북방민족들에 의해 투르크~동유럽(헝가리)~북유럽(핀란드)을 거쳐 바이킹을 통해 대서해양으로, 게르마니아를 통해 중남부 유럽으로 퍼져나간다. 동이조선의 다른 일파는 한반도 동해에서 고래 떼를 쫓아 북태평양을 질러가 알래스카와 멕시코서부(우리 쪽에선 동부)에 진출해 온돌문화와 동물토템을 남겼다.

2만 년 전 얼음바다 베링해협을 건너 아메리카 대륙에 진입한 몽골리안 이동 1만년 이후다. KBS역사스페셜에 현지답사와 전문가의 고증을 통한 방송이 된 바 있다(영상 필자소장). 모험심 가득한 또 다른 일파는 목숨을 걸고 망망대해 동태평양을 건너 멕시코 중부연안에 도달해 정착하고 태극오행 천문을 남겼다(KBS특집방송).

현지 토속 멕시칸들이 연원도 모르고 쓰는 문화적 흔적들의 연원이 속속 밝혀지고 양국의 일부 고고 민속학자들이 연구 교류를 하고 있다. 현재 드러나고 있는 바로는 이 東夷문명의 원단이 '홍산 문명'이다. 先史가 있어 역사가 있다. 역사는 기록이다. 문자 만 기록이 아니다. 유물, 유적이 모두 기록이다. 그게 훨씬 생생한 진실이다.

1

세계 5대문명이다. 4대문명은 '홍산 문명' 이전 시기 용어다. '인류 5대 문명'으로 바뀌었다. 시대사적으로 그 첫 머리에 '홍산 문명'이다. 이집트 문명이 最高 5,500~6,000년인데, 발굴 확인된 홍산 문명이 보여주는 유적 유물들은 짧게 잡아도 8천년에서 1만1천년까지의 문명적 지층을 가리키고 있다.

이집트 바빌론 문명에 비교할 수 없게 엄청난 발굴 유물이 쏟아지고 있다. 이게 지나의 '하·상·주 단대공정', '중화 탐원공정', '동북공정'을 기획하지 않을 수 없게 한 원인적 단초가 되었다. 앞의 두 공정은 시간적인 영토 확장론, 후자는 공간적인 영토 확장론이다.

종래에 지나는, 황하문명 이외에 그 실체인 앙소와 용산을 별개인 듯 '앙소문명'과 '용산 문명'이라고 별칭해서 화이(華夷, 하화夏華)족의 문명이 비슷한 시기에 동시다발적으로 찬란한 문명을 발생시킨 것처럼 왜곡 과대 포장했다. 남한 내 식민강단사학도 그대로 따르고 교과서에도 실어줬다.

그런데 황하 문명이 홍산 문명과 다른 특성이 있음에도 그 밑바닥 거푸집은 홍산 문명에서 내려왔다는 것이 연대기적, 지리·환경적, 고고학적으로 넘쳐나는 증명력에 의해 속속 확인됐다. 그러나 요즘은 슬그머니 앙소와 용산을 '문화'라고 병용해서 부른다. 이렇게 된 게 40여년 됐다. 1970년대 말 농부가 우연히 쇠스랑에 걸린 범상치 않은 토기 한 조각 신고로 뚜껑이 열린 것이다. -대개 농부 어부 광부 등 민초들이 발굴 문고리를 딴다. 그리고 지표조사 시굴조사 등을 거쳐 1981년부터 정부차원의 본격 발굴 작업이 시작됐다.

결과는 그들 의도와 정반대였다. '홍산 문명'이 그 선명한 실체를 드러냈다. 인류문명사의 시원을 다시 써야 할 어마어마한 문명사적 대 발견이었다. 지나의 학자들은 머리를 썼다. '우하량 유적'을 '우하량 문명'으로 격상시켜 홍산 문명과 분리시키는 전략이었다.

'홍산 문명'을 중화문명 始原으로 인정하게 되면 '만리장성이북 북방문명 부재론'이 무너지는 걸 인정하는 것이다. 그렇게 되면 지나 5천 년 역사를 모두 고쳐야 되는 사태를 만난다. 한쪽을 떼어 이쪽에 갖다 붙이는 수밖에 없었다. 그 중요한 근거는 홍산 유적에서는 '여신상'만 발굴되었는데 우하량 유적지에서 '남신상'이 처음으로 발굴되었고… 신전 유적의 넓이(5㎢)도 홍산 유적에 비해 거대하며 발굴유물의 특징이 다른 점이 많다는 것이었다.

그런데 '우하량 유적'이 시기적으로는 5,000~5,500년이라는 것이 이미 학계의 공인된 연대다. 따라서 '홍산 문명'의 후기 문화다. '우하량 남신 상'은 홍산 여신상과 동시대 또는 그와 동질적 동일성이 아니다. 발전과정에 있어서 홍산 문명 초기의 모계중심 여신제가 병존단계를 거쳐 남계중심 남신제로 바뀌었음을 추론하는 게 맞다.

이는 모계가 남계로 바뀌어가는 사회 구성체 전반의 변화를 보여주는 인류문화 보편적 흐름이다. 또한 유물의 특징에 있어 다른 부분이 있음은 당연한 일이다. 2천 년, 3천 년 시차를 둔 유적유물이 그 세월 지나도록 아무것도 변하지 않았다면 그게 이상하다. '문화변동'이다. 그러면서 진화 진보한다. 지나 학계의 이런 주장과 정부 발표를 뉴스로 접하는 많은 이들이 홍산 문명과 요하문명 그리고 우하량 문화를 헷갈려 한다. 그들의 다분히 의도된 혼란이다.

우하량은 발해만 연안과 '홍산'이 있는 대릉하의 딱 중간이다. 우하량 바로 위쪽 2~3백리 쯤이 '홍산'이다. 지리적으로 보자면 우하량은 대릉하~소릉하 사이의 발해만으로 흐르는 지류를 낀 들에 위치한다.

홍산은 그 위쪽에 있는데 큰 강을 마주 보고 너른 들을 낀 평지에 솟은 해발고도 600미터의 말하자면 평지 산이다. 이 산을 중심으로 사방 수백여 리 광활한 만주벌판과 많은 하천, 지류들이 퍼져 있다.

그 대릉하 옆 큰 하천이 지금의 요동과 요서를 가르는 요하遼河 (2~3차 지명 이동) 줄기다. 그래서 '홍산 문명'을 '요하 문명'이라고도 한다. 황하문명 시원 설 때 없던 문명이다. 華夷 관점에서의 북적(北 狄, 북쪽 오랑캐)에 진짜 시원문명이 존재했고 황하는 문명사적 자손 이라는 사실은 충격이었다.

홍산(문명)에서 지금 우리가 쓰는 말이 나오고 의식주가 나왔다. 환웅환국-신시-단군배달-아사달이다. 인류사적 시원문명은 모두 신석 기문명이다. 건국에는 흔히 신화가 따라붙는다. 공상으로 꾸며내는 게 아니다. 사실에 대한 정통성 장치일 뿐이다. 신화는 신화다.

어떤 이는 환인(桓因)이 환웅의 (하늘)아버지라고 하고, 또 어떤 이 는 불교의 제석천(옥황상제 격) 이름이라고 주장한다. 승려 일연이 쓴 책에 나오니 그렇게 해석한다. 삼국유사는 일부 사실적 기록도 있 지만 대부분이 구전돼 오는 불교 관련 설화와 야사를 모은 것이다.

환인 인(因)은 나라 國도 된다. 환국이다. 조선시대 재간한 삼국유사 본에는 환국이다. 환국은 夏나라 이전 시기 북방을 중심으로 한 광범 위한 동아시아국가로 오늘날 모든 국가의 부리 시원이 됐다. 그 영역 은 천륜산을 넘어 중앙아시아(오늘날 우즈벡, 카자흐)까지 포괄했다.

따라서 환인이 한 사람이 아님은 당연하다. 최근 발견된 仁東 張씨 세보(필사본) 관련기록에는 7대 환인이 기록돼있으며 삼성기 단군세기 등 환단고기와 동일한 부분과 상이한 부분이 함께 수록돼 있다.

이는 수많은 전란과 몰수에도 민간으로 전수돼온 사서기록이 여전히 존재했음을 증명하는 것이다. 환웅 17대 1995년 기록은 단군세기 2,100과 다소 차이가 있으나 상고시대임을 감안하면 거의 동일하다.

-최근 일본 동경대도서관에서 발견된 삼국유사 본에는 '대일 항쟁기' 총독부촉탁 관변학자인 이마니시가 國자를 囘자로 변조 가필한 흔적이 있는 것을 확인하여 발표된 기사가 있다.

'홍산인'들은 수렵뿐 아니라 농사도 짓고 바다에 나가 고기도 잡으면서 제일 높은 곳 제당에 女神을 모시고 풍년 풍어를 비는 제사를 올렸다. 동해바다에서 돌 그물추를 매단 '그물'로 대량의 물고기를 잡아들이고, 가락바퀴(방추차)로 직물을 짜서 옷을 해 입었다.

그때, 사람들은 망망대해를 넘나들며 신대륙에도 갔다. 마오리족은 카누를 타고 한 둘이 대양을 건넜지만, 이들은 큰 배를 만들어 무리가 건넜다. 큰 바다를 넘나들며 고래도 잡았다. 양양 오산리 유적지, 울산 반구대 암각화에 생생한 흔적으로 남아있다. 지금 생각보다 훨씬 앞선 문명을 지녔다는 사실은 공통된 정설이다.

오산리 유적은 환국시대초기(탄소연대측정치 8천년), 반구대는 그 후기다. 뭉뚱그려 신석기시대라고 하는 이유는 기존 학설보다 3,500~4,000년 앞섰기 때문이다. 턱없는 오류였음이 확인됐다.

신석기시대에 국가가 출현했음은 세계 학계에서 이론의 여지가 없다. 청동기 아니다. '청동기국가' 설은 일제 관학자들 억지였다. 일본 열도 국가출현에 꿰맞춘 강변이었다. 그쯤 되면 학문이 아니다.

'대일 항쟁기'때 만주~한반도에서 발견된 청동기는 기껏 요동 BC 3~4C였다. 동이조선 영역이었던 만주일대에서 지금 발굴되는 청동기 유물은 4,500~5,000년을 올라간다. 단군조선 개국당시는 신석기-청동기, 즉 금석병용을 사용하던 시기였다.

현재 발굴확인된 것이 그렇다는 말이다. 연대가 더 위로 올라갈 가능성도 많다, 상한은 추측으로 설정되는 게 아니다. 확인되고 고증된 자료다. 따라서 가변성은 늘 있기 마련이다. 환국의 모태 홍산 문명은 현재까지 확인된 청동기 상한연대와 그리 먼 것도 아니다.

일본은 그 때나 지금이나 AD 2~300년을 못 벗어난다. 지정학적으로나 문명사적 전파경로로 보나 대륙문명의 도래지이기 때문이다. 수천 년 이어온 죠몽(즐문) 토기 시대를 고구려가 끝내줬다. 왜 열도에 벼농사를 열어주고 청동기 제련을 가르쳤다.

이게 '야요이(고구려의 '려' 일본식발음전화) 문화'… 청동기 문화의 시작이다. 그 때 '왜'의 인종 구성은 70% 정도가 폴리네시안(남방계), 10% 내외가 시베리안(환단고기의 '사백력'), 고구려 및 한반도 남부의 대륙 도래인이 대략 20%로 추정한다. 대륙 도래인 즉 조선인이 왜의 문화를 개척하고 발전시켜온 것이다. '일본'은 백제가 패한 후 왕족유민인 응신이 건너가 나라를 새로 열면서 담로를 국가로 격상해 붙인 국명이다. 고구려-발해 계통의 명칭인데 그 시원은 아사달(아침 해가 처음으로 뜨는 땅)-아스-왜어 아사히다.

응신이 일본의 1대 왕 '응신천황'이다. 그가 제일 먼저 한 일이 역사책 '일본서기'를 짓는 일이었다. 모국 백제3서(백제기 백제신찬 백제본기) 중 본기를 모방했다. 일본 최초 正史다. 그 이전의 기록은 서사시가집 형식의 '古事記'가 유일하다. 정작 우리나라는 전란 등으로 소실되거나 실종돼 500년이나 늦은 12C 삼국사기가 가장 오래다. 서기 800년대 기록 화랑세기가 현전하는데 강단사학은 무시한다. 이들은 내용의 사실성과 일치성보다 출처 명확성을 먼저 따진다. 소위 실증사학 문헌고증학을 내세운 폐쇄성 특질이다.

응신은 일본서기에 자신이 세운 나라에 대해 그 시점에서 기술할 내용이 별반 없었다. 따라서 자신이 백제계인 만큼 많은 부분을 대륙의 백제 고구려 신라에 관련한 것들로 채웠다.

'응신천황'의 묘가 그 유명한 '전방후원분'이다. 백제왕들의 묘만 가능한 능묘구조다. 빼도 박도 못하는 일본역사와 문화는 고구려→신라→백제다. 1990년대 초 노태우가 일본을 방문했을 때, 일왕 아키히토가 "자신의 직계조상이 백제계"라고 공식석상에서 토설했다.

그럼에도 이들은 고구려의 청동기-철기 전파를 부인하는 모순을 범하는 이른바 '청동기 부재론'과 '한사군 대동강 평양설-낙랑철기 유입론'을 조작 유포하고 고조선을 부정하는 데 이용했다. 그리고 몇 발 더 나갔다.

"조선은 구석기도 청동기도 없고… 사방에서 흘러온 잡종… (대동강평양)낙랑군 때 철기시대로 직행했다. 조선은 한사군 식민지시대에 시작됐고, 삼국이 조선의 첫 고대국가"라고 부르댔다.

잡종은 앞에 언급한 남방계와 시베리아계(아이누) 대륙계가 섞인 일본 얘기다. '폴리네시안'도 더 들어가면 그 넓은 대양에 점점이 흩어져 사는 수백여 개 종족으로 나뉜다. 그들이 쪽배를 타고 왜 열도로 흘러 들어온 것이 현재 일본인 주류다. 일본이 잡종이다. 말 자체가 학문하는 이들로서는 있을 수 없는 인종주의적 망발이다.

그런데 지나 '역사 문물국' 소속 발굴단이 1980년대부터 만주 일대 환국-단군조선 영역에서 발굴 작업에 본격 들어가자 BC 3~4천년 청동기가 가을바람 낙엽 쏟아지듯 땅속에서 마구 쏟아져 나왔다. 이들은 말을 바꿨다.

"현재까지 확인된 기록만 역사다"(서울대 송** 교수)

'청동기 국가론' 주장을 통해 단군조선을 부정하고 건국관련 설화를 실체 없는 단순 '신화'로 돌리는 논리적 연장이었다. 그러나 단군조선은 이미 청동기 고대광역국가였음을 지나 문물국이 수많은 청동기 발굴유물의 탄소연대측정치로 증명해주었다.

많은 이들이 지금도 우리의 민족의식을 근대시기 *서구민족주의(*실은 국민주의 또는 국가주의가 옳다) 수입품이니 '~이즘, 사상'이니 운위하며 앵무새처럼 떠든다. '앵무지인언'이다. 스스로 '한국인'이라고 말하면서도 한민족의 실체는 부인한다.

한민족이 아니면 다민족인가? 그도 뭣하면 잡종한국인이라고 할 것인가? 민족이면 민족이지 거기에 '주의'를 붙이는 의도가 무엇인가? 불순하기 이를 데 없다. '~주의'를 붙이면 무슨 학문용어라도 되는 것인지 우습기도 하고 서글프기도 하다. 대체 어디, 어느 누구에게서 이런 형편없는 세례를 받았는지 궁금하다.

이 자들은 자신들의 주장을 인종민족주의니 부족민족주의니 없는 말을 마구 만들어낸다. 서양에서 쓰는 National State(국민국가)를 '민족국가'로 오역해 사용하고 교과서에도 올린다. 이런 걸 '논리의 합리성 조작'이라고 한다.

서양인들은 민족이란 개념이 없으니 '민족'에 딱 들어맞는 단어도 없다. 국민이다. Nation이다. National State… National People이다. 동남아 이주민이 '같은 국민'이지 '같은 민족'은 아니잖은가? 햄버거 피자가 국민 음식… 외래음식이지 민족음식은 아니다.

우리 민족은 백성을 한자로 民이라 썼다. 이 백성이 모이면 民衆이다. 장구한 세월, 일정한 영역에서 한 울타리 삶과 혈연의식을 지니고 살아온 생활공동체 구성원을 동족이라 하고, 말로는 '겨레'라고 했다. 같을(한 가지) 同, 겨레 族이다. 동족이다. 겨레다. 민족(民族)-민중(民衆)이 같은 말이다.

문자로는 '同'이고 말로는 "똑같다"다. 여기에 '~주의'를 붙이는 것은 불순한 장난이다. '떠나라!'는 이들을 두고 하는 말이다. 이들의 모국은 일본이나 미국인 것 같다. "애국"을 합창하는 태극기집회장에 성조기를 흔들고, 일본총리가 현충원에 오니 일장기를 들고 환영을 한다. 잠든 독립군들이 벌떡 일어날 일이다.

외모와 이름은 한국인인데 정신은 딴 나라다. 어떻게 이런 지경에 이르게 되었는지 개인적 삶의 경로가 의아스러운 것은 우리나라 선생님들이 학교에서 저렇게 가르쳤을 리는 없는데… 친일파가 아닌 담에야 그들 부모도 그렇고… 우리 현대사가 배설한 구조로 생각된다.

2

홍산 문명이 낳은 환국은 아사달(백악)-단군쥬신(조선)으로 이어졌다. 동이조선이다. 그리고 여타 8족이 북방을 중심으로 단군의 나라 사방 만 리에 분포해 살았다. '탱글-탱그리, 달굴-돌궐 등은 지역에 따른 어음변화일 뿐 단군이다. 우주백-카자흐-투루키에-헝가리-북구로 이어지는 북방민족 일파의 이동역사에서 언어 구전 전설 지명 민속에 보이는 공통점은 많다.

동이환국-단군조선은 기마유목과 농경정착이 혼재 공존하는 지리·환경적 구성요소를 최대한 국가체제에 적용했다. 현대인의 관념보다 훨씬 발달한 문명과 통치체제를 가졌던 것을 알아야 한다.

지역 방언을 '사투리'라고 한다. 고구려 신라 백제가 서로 말이 통했는지 안 통했는지… 아마 안 통했을 거라는 식의 생각을 하게끔 하는 교육을 우리는 받아오기도 했다. 그러나 같은 말을 썼다. 종족이 같고 의식주가 같고 같은 글을 썼는데 말이 다를 수 있나?

산은 산이고, 물은 물이라 했다. 옷은 옷이고 사투리는 사투리라고 했다. '사투리'는 인도-티벳이고 산스크릿어가 어원이라고 하는데 산스크릿어의 어원은 동이조선이 그 어원이다. 세계적인 고언어학자이자 영국왕실도서관이 인정한 강상원 박사의 '홍산 문명론'에서 나오는 설명이다. 문자도 같았다. 말이 같은데 문자라고 각기 달리 썼겠나? 한자에 단군조선이래 민중의 토착말인 가림토를 섞어 뜻글자 소리글자로 썼다.

"나는 학교에 간다" 문장 어순도 같았다. 지금 우리 말 어순이다.

"나는 간다 학교를!" 아리안 화이족 어순이다.

조선시대에 이두 식 표기는 사라지고 한문 문장어순이 완전히 명나라식이 됐다. 사대주의가 골수에 들었다. 아이가 한글 익히기 전에 영어학습에 시달리는 꼴이다. 조선은 이걸 '사대교린주의'라고 했다.

이두는 신라 설총이 독창한 게 아니다. 고구려 이두도 있고 백제는 그 이두를 같이 썼다. '서동요'가 그렇다. '국강상광개토평안호태왕' 비문도, 중원 장수왕 비문도 글이나 어순이 그렇다. 평범한 일상의 상식을 우리는 해괴하게 배웠다. 각기 다른 민족인 줄 알았다.

기자조선은 무엇이고 위만조선은 뭔지 많은 이들이 의아해한다. 둘 다 단군조선의 거솔국 남방 변방의 거솔국(제후국쯤)이다. 실존했다. 지금의 지나 하북~산서성 일부지역이다. 국내 강당사학은 지금도 기자조선을 부인한다. 사마천 사기에 나오고 위서동이전 등 지나 사서 곳곳에 나오는데도 그걸 고수한다. 이병도 식민사학 후예답다. 그런데 10여 년 전 하북 땅에서 '기자'가 새겨진 기와와 봉토 조각이 발견되고 당시의 유물이 함께 출토됐다.

'기자(箕子)'라는 인물이 존재했다는 사실은 명확하다. 기자와 위만의 공통점은 망명객이다. 기자(본명, 기후)는 상(은)나라 왕족(충신, 현인설도 있음)인데 나라가 망하자 周나라로 귀순했다. 오늘날의 하북성 箕州다. 그는 변방의 성주 자리에 불만을 품고 왕에게 입바른 소리를 하다가 숙청 위기에 조선으로 도망쳤다.

기자는 단군조선(상조선)에서 주나라와 완충지대의 지방성주로 책봉됐다. 요즘의 1개 군 만 한 땅이다. '기자조선'이다. 그의 47대 손인 준왕(기준)이 역시 연나라에서 도망쳐 온 위만에게 성을 내주고 패했다. 거기에 위만의 조선이 들어섰다. 그리고 위만은 영고의 백악 아사달 본국(막조선) 단군한배검으로부터 기솔국 추인을 받았다.

이 때 단군조선은 많은 거솔국 중 부여가 크게 일어섰다. 얼마 안 가 왕족 해모수의 북부여가 동부여 등을 통일하고 단군조선(막조선)을 이어받았다. 그리고 고구려가 북부여를 흡수통일한 이후 백제 실(신)라가 분국했다.

"후한제가 위만조선을 멸하고, 위만조선이 망하니 단군조선이 망했다…"

한나라는 단군조선을 멸했는데 왜 황하 이북을 넘어가지 못했을까? 한 사군은 왜 단군조선(고조선)의 중심부 아닌 변방에 세우고, 그 중심인 낙랑군은 무슨 이유로 한반도 대동강변에 설치했을까? 단군조선이 망했다는데 어디서 부여-고구려는 튀어나와 낙랑군을 멸했나!

새빨간 거짓말이다. 일본학자들은 기자조선을 부인했다. 대신 위만조선은 인정했다. 단군조선은 허구 신화이고, 중국계 조선인 위만조선이 한나라에 멸망하고 한사군… 이런 논리다.

일본은 왜 기자조선을 부인하고 국내강단학계가 이를 추종할까?

기자를 인정하면 조선의 역사가 천 년을 더 올라간다. 그러면 단군신화론-고조선부족국가론… BC 108년 고조선 멸망-고구려 BC 37년 성립론… 낙랑 평양론… 고구려-백제-신라 조선 고대국가론… 조선은 분열로 시작해서 분열로 망했다 론… 등등 일제의 조선지배논리가 모두 깨진다. 조작된 역사적 우월감이 지배정당성의 근거다.

국내 강단사학도 이걸 따른다. 기자조선은 꾸며낸 얘기라는 것이다. 기득권 이해관계에 따라 지나 사서인용이 자의적 선택적이다. 본토대륙에서 발굴, 발견되고 있는 수많은 고고학적 성과와 과학적 연구결과들에 침묵한다.

문제는 기자(箕子)가 가짜라는 사실이 그들의 실증사학 문헌 어디에도 없다. 지나의 무수한 사료와 조선의 실록정사, 야사에도 모두 나오는 얘기다. 지나 학자들이 공연히 많은 돈을 들여 기자의 존재를 찾아 발굴 작업을 한 게 아니다. 기록을 근거로 한 것이다.

"중국의 선진문물을 들여와 조선을 개화시킨 은인이다!"

조선시대 사대부와 유림들은 기자묘와 사당을 만들어 제사까지 올렸다. 中華가 골수에 뱄다. 그랬다. 그러든 말든, 중요한 것은 기자조선의 실체적 존재확인을 통해 당시 단군조선과의 관계, 강역과 현재적 위치, 일제와 식민강단사 주장의 허구성을 밝혀내는 것이다.

그런데 일제와 강단의 주장을 따른다면, 조선과 지나의 사서들에 나오는 '기자'는 다 가짜이고, 조선 500년 동안 사대부 유림들은 허깨비한테 제사를 올리고 받들었다는 얘기다. 기자가 여호와 하나님이라면 몰라도….

위만조선을 보자!

"위만조선이 한나라 무제 때 침공을 당했다."

무제에게 궁형(거세)을 당하는 치욕을 당하고 절치부심했던 사마천은 무슨 생각인지 26세 나이에 종군기자가 됐다. 그때 기록이다. 당시 그의 '사기'에 한4군 설치기록은 없다. '사기'는 그의 개인적 기록이기 때문에 正史 아닌 야사다. 체계적으로 기술한 가장 오래된 역사

기록이기 때문에 정사 대우를 받는다. 지나 판 헤로도토스… '역사의 아버지'라 칭한다.

그 때 위만조선 주변에는 단군의 거솔국인 조선 4군(또는 5군)이 둘러서 있었다. 이것 또한 사기에 나오는 기록이다. 그런데 다른 역사적 사실근거는 사마천 사기를 인용하면서 한사군 건은 이 기록을 외면한다. 기이하다. 일제사학-식민강단사학이다.

"한4군이 설치됐다"는 기록은 이후 한서지리지-신당서-구당서를 지나면서 오랜 시차를 두고 슬그머니 나타난다. 집요한 조작 날조는 일본이나 지나가 똑같다. 한 무제가 멸했다는 위만조선이 어디냐? 낙랑이다. 위치비정에 차이는 있어도 대체로 지금의 하북성 북방~북경 일대다. 진번 임둔은 그 예전부터 있었던 단군조선 지명이다. 현도에 대해선 논란이 많다.

북경은 이후에도 발해(혹은 고려초)까지 조선의 영역이었다. 원래 고구려 중기 낙랑(펴라…평양)이다. 최리의 낙랑국이다. 강단사학 일부는 지금의 청천강 일대라고 하는데 자신 있는 주장은 아니다.

이런 주관적 추측을 하다 보니 시기적으로나 위치적으로 자신들이 정설이라고 내세우는 한4군과 비슷하거나 겹친다. 고구려 호동 왕자가 낙랑공주와 사랑에 빠진 낙랑이 최리의 낙랑국인지, 한4군의 낙랑군인지 헷갈릴 지경이다. 조선이냐, 지나 냐 갈림길이다.

이들의 모든 조선역사는 한반도에서 이루어진다. 그래야만 하는 것이다. 결론을 내놓고 거기에 맞춘다. 최근 시민사학계에서 지나 고지도와 지명고, 북경의 옛 기록을 찾아 검토한 결과로는 북경(원 지명이 낙랑이다) 지역에서 발해만을 건너 분국이 이동해왔다는 주장이다.

그래야 호동왕자와 낙랑공주 로맨스가 맞다. 그 사건으로 낙랑공주는 자명고를 울려 제 나라보다 사랑을 택했다는 이야기인 바, 실제로 낙랑국은 고구려에 복속됐다. 미천왕이 멸했다는 낙랑군이 아니다.

홍산~우하량 계곡분지에는 단군조선의 왕족(단군) 무덤으로 추정되는 고분들이 많이 산재해 있다. 이 고분군에서 기원전 2천년 이상으로 측정된 청동기 제기들이 많이 출토되었다.

무덤내부 중앙에 삼족오(三足烏), 동서남북 중앙에 곰-용-호랑이-주작-현무 등 모형이 배치된 '四方 神' 구조다. 고구려 고분벽화의 원형질이다. 지나의 전국~진. 한 시대 전래설이 정설로 주장됐는데 홍산에서 거기로 흘러간 것이다. 시기상으로도 단군조선이 먼저다.

홍산 정상 중심에 배치된 신전에서 발견된 여신상이 누군지에 관심들이 많았다. 답이 나왔다. '웅녀 여신상'이다. 삼국유사와 유사가 인용한 지나의 여러 古記, '위서동이전' 기사에 나오는 단군왕검의 탄생설화 속 '곰' 토템이 바로 그녀다.

옥으로 만든 도장도 나왔다. 연대측정기록이 5천~6천500년을 찍는다. '유사'에 나오는 환인이 환웅에게 건넨 '천부인 3개'다. '인'은 지진다, 새긴다는 뜻이다. 도장이다. 하눌님(이를테면 환인천제)이 새겨준 3가지 도구를 들고 지상세계에 내려와 '다스린다'는 말이다.

옥은 쇠(강철)로 팔 수 있다(전각, 칼로 새김). 최소 날카로운 청동기 도구다. 옥 유물이 곧 청동기 상한연대다. 이게 1천년 후 지나 중원으로 흘러갔다. 발굴된 청동검을 보면 5枝-7枝-9枝로 발전된 게 나온다. 그게 후일 백제 신라의 일정 시기 出자 금관으로 이어진다.

백제 신라 또한 북방대륙 계열임을 알 수 있다. 이런 나뭇가지 또는 사슴뿔 형태의 동검과 왕관, 부족장들이 쓰는 관모 등은 모든 북방민족 공통이다. 북방신라(삼국사기 신라본기 실-시라)다. 단군조선 개국 시기는 청동기 시대임을 현재까지 출토된 강역 내 청동기 연대가 명확하게 보여주고 있다. 홍산 문명이다. 그 시기 지나 어느 곳에도 청동기는 없다.

따라서 단군조선 성립시기가 東夷 계열 '하(夏)'보다 800년 정도 앞선 것으로 밝혀지고 있다. 유물들이 증거하고 있다. 비교문화론 토론회에서 지나 학자들이 인정한 결론이다.

전체적으로, 홍산 문명 중층에서 발굴·출토되는 유물 편년이 단군조선 관련 문헌 기록과 거의 일치한다는 사실도 기록의 신뢰성을 높여주었다.

"황하 문명은 홍산 문명의 '지류'에 불과하다."

지금 '홍산'이 식민강단사학과 그들의 단군… 고조선 신화론을 깨끗이 대청소 해주고 있다. 황하문명은 화이중화민족의 위대한 문명이라며 갖가지 역사 '공정'을 진행하던 지나 정부와 학계는 주춤거리고 있다. 홍산 문명~단군~고구려 관련 유적지와 전시관을 모두 폐쇄하고 일부 유물 만 윤색하여 부분적으로 공개하고 있다. 무슨 골머리를 싸매는지 지켜본다.

국내 강단학계는 최근들어 도처에서 새롭게 나오는 고고발굴과 인문, 사회, 자연과학 등 인접학문 연계성의 고증기법 발전과 첨단 분석기술에 괴롭고 초조해하며 [홍산 문명]을 곁눈질하고 있다.

'중국이 자기네 지방문명일부에 불과하다고 좀 세게 나오면 좋겠다'

속으로 이런 바람을 가지고 있을지도 모른다. 그래야 가진 밥그릇을 지켜낼 수 있다. 지금 지나 당국은 내부적으로 북경 박물관부터 동북 3성, 내몽골 자치구까지 도처에 엄청난 예산을 들이며 박물관을 짓고 발굴된 홍산 유물들을 들여다 전시장을 꾸미고 있다.

"위대한 통일문명 중국!" 머잖아 새로운 논리를 완성한 후 대대적인 시위를 할 것이다.

'우하량'을 떼어내 종래 하화(夏華) 중심 史論을 '하'와 '화'를 분리해 바꾼 소위 '3대 중심 재편론'으로 이미 꾸미기 시작했다. 장성 북방은 우하량 문명, 東夷지역(하, 상 시대)인 산동반도~묘족 남부 일대의황해를 접한 동쪽 전역은 夏문명, 오르도스 내륙은 華문명으로 규정하고 이를 [영토사관]과 [다민족 통일국가론] 양대 축으로 귀결하려는 것이다.

3

지나와 일본 역사학자들 중 많은 이들이 국가 프로젝트에 자의 타의로 동원되고, 국책 사업에 복무하면서 심각한 역사왜곡… 국민적 가치관 일탈 조장에 큰 역할을 하고 있다. 이는 나찌 치하 등 극히 특수한 경우 외에는 서구 학계에서 보기 힘든 흔한 일이다. 반면, 국내 강단사학은 자신들의 기득권 밥그릇 지키는 것에 사활을 걸고 있다.

이들 공통점은 제도권… 관변이다. 권력과 정치 향배에 맞춤형이다. 곡학아세 치고는 그 행태가 도를 크게 넘어섰다. 강단사학은 그 휘하에 유~초~중~고~대 수직 계열화 된 일관 체계를 갖추고 있다. 그림 만화 등 아동용 역사책으로부터 교과서로 이어진다.

고입 대입수능 공무원시험 사시 기업채용시험 승진시험 각종 자격시험 등 모든 시험에 필수과목으로 나오니 온 국민이 어릴 적부터 이 그물에서 헤어 나오기 어렵다.

"우리는 다시 돌아온다…."

1945년 패전 후 쫓겨 가던 일제 총독 아베 노부유끼가 남긴 말이다. 지나 사학계가 동북공정을 자신 있게 밀어붙이는 배경의 하나다. 동북아역사재단이 그들의 믿음에 답을 줬다. 이 재단은 지나의 동북공정에 큰 기여를 했다. 친일강단사학은 지나 강단사학으로 연결된다.

동북공정에 대응하라고 준 예산 47억 원으로 동북공정의 지도를 대신 만들어주는 일을 하다 문제가 되자 국회 비상대응특위에 불려 나가 시민사학의 거센 지적에 두 손 들고 남은 10억 원 토해냈다.

2015년 일이다. 매국노가 분명하다. 맞으면 사죄할 일 없는 것 아 닌가? 일말의 학자적 양심이 기대난이다. 단군을 얘기하고 만주를 얘 기하면 "(자칭)위대한 민족론"… "비과학 비실증 비합리적 과대망상 론…" "위험한 극우적 역사관…"이라고 조롱 무시로 원천봉이 한다.

실증사학을 표방하는 '문헌실증학'과 방법론이 비과학 비실증적 극 우적이란 사실은 이미 여러 경로로 드러났다. 이들의 뿌리는 1925년 만들어진 총독부 조선사편수회다. 이마니시·류(금서룡)-이병도, 신석 호다. 이마니시는 동료 세끼노 다다시와 함께 1913년 그 유명한 '점 제현신사비' 발견을 만들어낸 국책관변사학자다. 그쯤 되면 말이 학 자이지 모사꾼이자 일왕의 충성스런 일등 전사다.

1980년 국회 역사청문회 사건 이전까지 무소불위의 강단사학 절대 권력자였던 이병도 역시 친일파 윤치영, 일제 중장출신 조성근을 사 돈과 장인으로 둔 둘째가라면 서러울 친일파다.

"**마지못해** 편수회에 참여했다… 조금이라도 우리 역사를 지켜내기 위해 노력했다…"

이병도가 해방된 뒤 늘어놓은 변명이다. 그는 마지못해 한 그 일을 8.15 직전까지 끈질긴 사명감으로 수천 쪽에 달하는 책 '조선의 역 사'를 펴냈다. 일제하 조선총독부 正史였다.

현재 한국강단사학의 출발선이다. 이들은 총독부 조선사편수회에서 20여 년 간 방대한 분량의 서적들을 수집 조작 왜곡 선별해서 가공 생산해 낸 자료에 지금도 여전히 근본적이고 많은 부분을 의지해 활동하고 있다. 이들은 민족의 역사를 연구하는 게 직업이라면서 반도를 벗어난 사료나 사실은 갖가지 구실과 변명으로 애써 깎아내리고 피하기에 바쁘다.

따라서 이들이 뒤지는 사료는 협소하고 제한적이다. 고착된 사관과 카테고리가 정해진 운둔적 徒弟학문을 벗어나지 못한다. 연구의 출발점인 문제제기가 결핍될 수밖에 없다. 요즘 강단후학 신진들이 한문 실력이나 인문학적 소양을 얼마나 지녔고, 인류학, 사회, 자연과학 등 인접 학문과 얼마나 수용성 있는 연계성 연구를 하는지 필자는 사실 알 길이 없다.

그들은 쓰고 내는 논문이나 발표물이 단지 그들의 스승에게 인정받으면 된다. 그 이상은 가능하면 좋고 아니면 할 수 없는 일이다. 이 사회와 기득권 카르텔이 그들의 권위를 계속 받아들이고 있는 한 무슨 탈이 있겠는가?♣

〈참고 자료〉

1. KBS [역사스페셜] : '요하 문명' 1~6부

2. KBS [역사스페셜] : '잃어버린 문명을 찾아서' 1~4부

3. KBS [역사스페셜] : '신석기인들 바다를 건너다'

4. KBS [공감] : '한반도에서 알래스카까지, 고래의 길을 가다' 1~4부

5. KBS [공감] : '멕시코의 한류, 천년의 흔적을 찾아'

6. 강상원 박사 '고대사' 관련 강의 다수(유튜브) 및 '언어(실담어, 東夷語
   -산스크릿어)를 통해 찾아가는 동이 상고사' 강의 다수 (편당 60~70
   분 120여 편)

7. 코리안 루트를 찾아서, 부제: 동이가 열었던 위대한 문명의 길/이형
   구, 이기환 著/성안당

8. 그 외 필자 소장 다수의 역사서 및 기사스크랩 자료

역사전쟁 1

"역사를 만들라!"

* **"한국**에는 구석기가 없다. 단군은 곰 신화다. 우리의 청동기는 올려 잡아도 BC 10C 신석기시대다… 단군조선은 상상할 수 없다." (*註: 이기동 동국대 교수, 이승휴연구논총 P138, 1994)

그러나 *1990년대 홍산 문명권 주구점에서 BC20~25C의 청동기가 다량 발굴됐다. 2천 년대에 들어서는 BC40C전후의 동기 발굴로 지나 학계에서는 夏-商(殷)-周를 공식적으로 역사에 편입했다. (*관련기사스크랩자료 및 김운회 '대쥬신을 찾아서1'/해냄, 2006)

* **"단군**은 1,028살에 황해도 구월산에 입산해서 산신령이 됐다." (*註: ~1980년대 중등역사교과서 인용/이병도 '한국고대사회와 그 문화' p63-1973)

이병도는 백악산 아사달을 황해도 구월산으로 비정하고 마치 한 사람이 천년을 살다 산신령이 됐다고 희화시켜 누가 봐도 단군조선이 가공의 神話인 것처럼 꾸몄다. 그는 한술 더 떠 한자 지명이 뜻이 아닌 음의 차용일 것(이두식 표기)을 알면서도 *"밝은 달 '檀'"을 애써 박달나무 檀으로 해석, 백두산 기슭 박달나무 서식지역을 神市로 비정하기도 했다. 그가 인용 자료로 차용한 제왕운기는 史書아닌 대몽저항敍詩집이다. (*註: 1973. '한국고대사회와 그 문화' 서문당)

'古記(단군세기)'에는 마지막 왕인 47세 단군고열가(高列加)가 왕위를 *해모수(*하백의 사위이면서 주몽의 아버지)에게 넘기고 본향 백악 아사달에 입산한다는 기록이 있다. 이곳은 현재지명 '요하'의 서북부 영고탑아사달, 송화강 최북단 백악산, 태항산(맥) 아래 신시 등 대륙 북부에서도 갈리는 부분은 있다.

이게 이병도 자신이 인정하는 실존 단군조선의 대체적인 강역과 지리지형, 현전하는 지명 등에도 맞다. 그가 말하는 구월산은 요하북부의 구월산이 아닌 황해도 구월산이다. 다른 지명도 그러하듯 특히 이름났거나 특별한 지명은 곳곳에 만든다. 낙랑, 아사달, 평양, 요하다.

아사달 지명도 여러 곳이긴 한데, 그가 황해도 구월산으로 비정하는 것은 "조선의 모든 역사는 반도여야 한다"는 일제의 반도사관이 배경이다. 그의 주특기는 古 지명 이두 말을 명확한 고증도 없이 비약하는 것과 여러 가지로 추론 가능한 '추정 형' 언사다.

이는 고증과 논증에 자신이 없어 빠져나갈 뒷문을 열어놓는 것으로 보인다. 그는 위만이 단군조선을 완전히 정복하고 계승한 것이라고 했다. *기자조선에 관해서는 모호했다. 없다고 하려니 있고, 있다고 하자니 주군인 이마니시 류의 반도사관을 부정하게 된다. 고려, 조선까지는 기자조선 인정이었다. 이걸 일제가 기자 부인설로 바꿨다.

(*註: 지금까지 논란이 많은 인물인 기자는 BC12~11c경 자신이 왕족인/충신, 또는 현인 등 지나 사서 기록도 다양하다/ 동이족 商(殷)이 망하자 周무왕에게 투항 귀순했다. 대우에 불만을 품은 그는 일파를 거느리고 조선 강역인 하북 기주 땅에 망명했다.

무왕은 그(기후)를 '기자'로 명명하고 달랬다. 후에 아사달 단제(檀帝)가 벼슬(번왕)을 주어 살게 했다. 학자에 따라서는 이 시기를 단군조선에서 '번조선'이라고 하기도 한다. 단제 신채호를 비롯해 여러 학자들이 단군조선 3천년을 단일 시기로 보지 않고 상조선-하조선-막조선, 상조선-번조선-후조선, 마한조선-번한조선-진조선 등으로 나누기도 한다.)

위만 역시 백악아사달의 단군한배검(檀帝)이 임명한 변방의 지방정부격인 番조선 왕이다. 위치 비정의 핵심인 '패수(浿水)'를 놓고 논란 많다. 문헌 및 역사지리학적으로 지금의 하북성 베이징~요하동쪽에서 난하~하남 성 제원지역으로 비정하는 고증이 있다.

패수에서 한 무제와 위만의 손자 우거 왕 사이에 전쟁이 일어났다. 한나라는 대패하여 출전 장수들이 모두 처형됐다. 후에 우거 왕 내부에 내분이 발생하여 우거 왕이 암살되는 사건이 발생했다. 말하자면 화친론 세력이 왕을 제거하고 한나라에 투항한 것이다.

사마천은 이를 다만 * "四郡이 있었다"고 적었을 뿐 한나라가 4군을 설치했다고 적지는 않았다. 없는 사실이니 적지 못한 것이다. 그 지역에는 조선의 5郡이 있었기 때문이다. 사기와 이후 사서에 많은 군 명칭이 나온다. (*註: 史記 조선열전)

현존하는 고구려 대표무덤벽화가 황해도 남포의 *덕흥리 고분이다. 벽화 중심에 유주자사인 국소대형 진의 생일잔치에 예하 13郡 태수의 하례 모습이 나온다. 그 중 하나가 낙랑태수다. (*註: 1995.조선중앙TV제작 다큐 '기마민족 고구려 3부작'/2006.9.14 연합뉴스)

낙랑은 *북경의 옛 이름이다. (*註: 명나라 북경향토지명고) 조선~고구려…고려조까지 이어온 조선의 통치지역이다. 이 곳은 북방과 황하의 경계지역이면서 기자-위만, 낙랑국, 조선5군의 요충지였다. 번조선, 고구려 지방郡縣의 하나인 것이다. 이런 위치는 명-청-현재의 수도로 이어진다.

분명한 것은, 4군 위치가 지금의 베이징/옛 낙랑현/포함 산서~하남 하북성 일대라는 공통점이다. 왜냐하면, 모든 지나 사서에 패수(浿水)는 東流한다고 했다. 난하와 요수는 南流하고 청천강, 대동강은 西流한다. 한반도에는 두만강 외에 동류하천이 없다. 따라서 패수는 한반도에 없다. 황하 하류(河水) 지류인 패강이다. 청천강을 살수니 패수니 반도사관 끼워 맞추기다. 역사는 소설이 아니다.

후일 이 곳은 백제로 재편된다. 주몽에 밀린 비류가 *미추홀(*註: 인천 미추홀은 추정일 뿐이다)로 이동해서 먼저 자리 잡은 동생 온조의 십제를 흡수하고 남만주~산동~광서·운남~왜를 아우르는 *대 해양 제국을 이룬다. (*註: KBS역사스페셜 백제22담로의 비밀)

동북공정 핵심은 '한사군 반도 존재설'과 북한 정변 시 군대를 투입하여 연변자치주와 합쳐 '朝鮮省'을 만드는 것이다. *만리장성을 청천강까지 연장하고 五星旗로 영토로 색칠해 놓은 이유가 그것이다. (*註: 지나정부 발행, [역사지도집] 전국시대 지도)

남쪽 변방의 번국 위만조선이 한 무제와의 전투에서 패하고 망했을 뿐 *단군조선은 건재했다. (*註: 이후 해모수는 조선을 북부여로 개창하고 아사달 한배검을 계승했다. 고구려가 동이조선… 우리민족의 적자인 연유다/심백강, 사고전서로 본 한사군 낙랑/2014. 바른역사 펴냄/한겨레 2014.7.17 기사인용)

조선이 아리안華夷와 다른 점 두 가지만 들겠다. 하나는 구들/온돌/난방이다. 또 하나는 '구들' 문화의 생활습관인 올방지/가부좌/앉음이다. 세계 유일하다. 몽골리안 아메리카인디언들은 수도 없이 얼어 죽었으나 거기보다 더 추운 겨울철 만주에서 동이민족은 살아남았다.

세계 어느 민족도 '올방지' 틀고 앉아 생활하는 예는 없다. 그리고 '紅山 문명'으로 인류 문명사의 첫 장을 열었다. 이집트, 메소포타미아문명보다 4~5천년 앞섰다.

"맞다… 맞어, 똑같다… 그래, 비슷하다."

지금은 땅도 말도 갈라져서 낯설지만 만나고 나누다 보면 동질성은 쉽게 찾아진다. 시간이 흐르고 세월이 지나면서 이것저것 조금씩 달라지고 점점 멀어진 것이다. 같은 숙신(후금:조선)끼리 싸우고, 삼국이 친했다 싸우다 하고, 최근에는 남과 북이 피터지게 싸우고 죽였다. 형제지간 골육상쟁이 그런 것이다.

금나라 시조 이름이 '애신각라(愛新覺羅)아골타'… 후금 시조가 '애신각라 누루하찌'다. 그 자손 왕들과 족친 姓이 모두 '애신각라'다. 청(후금)의 마지막 왕 '부의'가 마라 망하고 재판정에서 인적사항 답할 때 자신의 이름을 '애신각라 부의'라고 했다.

"임을 상기하라! 신라를 잊지 말라"… "어찌 형제를 핍박하느냐? 그래도 형제국이니 독립국으로 살려주노라"

아골타 유훈이고, 청 태종이 삼전도에서 인조를 무릎 꿇리고 혀를 차며 뱉은 말이다. 숙신여진이 금~청이다. 그 민족이 단군조선 같은 집안이다. 왕실은 신라 김 씨 자손이라고 했다. 몽골제국 쿠빌라이나 청나라 태종이 고려, 조선을 "핏줄을 나눈 형제의 나라"라며 왕조를 유지시켜준 이유다.

당시에도 고려인들의 의식은 단군조선~고구려~숙신여진과 맞닿아 있어 이주와 망명이 흔한 일이었고, 숙신여진 또한 신라망명객을 지도자로 거부감 없이 받아들인 것이다.

사마천 '사기'는 당대 및 그 이전 시기 조선의 漢王책봉과 중원지방 지배를 화이족으로 뒤집어 써놓았다. 동북공정이 고구려-발해를 지나의 지방사라고 우기면, 같은 논리로 한반도 남부에서 올라가 세운 중국 최대 강성국 금, 청은 조선의 역사가 된다.

숙신여진이 본래 조선말이고, 말갈 물길은 후에 지나 사서에서 조선 민중을 낮춰 지칭한 것이다. 북쪽의 읍루(아이누)도 방계 동족인데 연해주-사할린 북해도에 퍼져 살았다. *신라(*註: 실라-시라)는 북만~남만주가 본토다. 박혁거세 일족이 반도로 이주해 왔다면 믿겠는가?

김부식 사기에서 백제본기는 말할 것도 없고 신라본기의 지명이나 서술된 지리, 인구, 풍속, 성씨 등은 대륙에서 더 쉽게 찾아낼 수 있다. 금관이 순록의 뿔이라는 것도 그것이다.

정도전은 이탄 성계와 함께 조선을 세우면서 明을 아비나라로 받들고 소 중화라 자칭했다. 기자조선이 조선의 시작이라며 경국전에 그걸 써넣었다. 고려 불교 세도에 반사작용인지 아니면 정치 외교적 정략인지 모르겠으나 그랬다.

"유교가 우리 조선을 야만에서 구했다"

퇴계의 호언이다. 한술 더 얹었다. 그 퇴계가 지폐에 있다. 聖人의 반열이다. 사대주의가 학문을 넘어 정치적으로도 골수에 박힌 인물이다. 조선사대주의 정신의 정수리다.

일제총독부 촉탁학자 今西龍(이마니시 류)-이병도·신석호의 조선사편수회-진단학회의 '반도사관'은 지금도 강단사학으로 온전히 이어지고 있는 현재형이다.

▶今西龍은, 1913년 베이징 동쪽 바닷가 갈석산(지금의 산해관-만리장성 동쪽 끝)에 있던 '점제현신사비'를 배에 실어 한반도에 끌고 와(무거워서 내륙 10리밖 평남 온천에) 부려놓고 아이들 노는 것 배경삼아 사진을 찍었다. 그리고 지금 평양이 낙랑군이었다는 증거로 삼았다.

그 사진은 필자 때 교과서와 참고서에 실렸다. 점제현은 '낙랑군'의 속현(屬縣)이었고 단군조선의 경계 지금의 난하다. 이 비의 성분이 갈석산석과 일치하며 비문내용도 갈석산을 향한다고 한다. *평남온천은 당시 바닷물이 들어 살 수 없는 곳이었다. (*註: 손보기 /1990.1.1.17 한배달 신년호 대담 및 인터넷 자료)

*금서룡은 반도사관 핵심 근거로 단군조선 말살과 낙랑군 현재 평양 위치설을 작정했다. 그리고 정체불명의 소위 낙랑태수 봉니와 기와 다수를 그 주변 농민 손을 빌어 파묻고 발굴해서 증거로 내놓았다. (*註: 서희건著 '잃어버린 역사를 찾아서, 1986. 고려원/SBS스페셜 제239회-2013.3.1절 특집, "역사전쟁 금지된 장난, 일제 낙랑군 유물조작")

그게 교과서 정설이 됐다. 사람들은 낙랑국과 낙랑군을 뒤섞어놓은 잡설 난설에 몹시 혼란스러워한다. 낙란군은 알아도 낙랑국 존재 자체를 모르는 이들이 많다. 북한학계에선 낙랑군 평양 위치설을 원천 부정한다. 요즘엔 평양낙랑군 아닌 대륙이동 분국 낙랑국존재설을 남한학계도 부정 못한다. 낙랑국은 단군조선 말기 급변하는 대륙정세로 인해 이동해 온 渠帥國의 하나로 본다.

'낙랑국과 낙랑군'에 대해선 1970년대 후반 강원대 오강원 군이 학생 시절 발표하여 당시로선 작지 않은 충격과 큰 반응을 주었다. 그 신진학도 역시 지금은 학맥이나 직업으로 강단사학 일원일 것으로 본다.

금서룡이 지금도 우리와 관련 있는 예 하나가 있다. '북한산'이다. 그는 1917년 일제총독부 고적조사위원으로 '삼각산'을 측도한 보고서(국립중앙도서관 소장-인터넷서비스)에 지명을 임의로 바꿔 넣었다. 병자호란 때 삼학사가 잡혀가던 저항의 의미가 담긴 '삼각산'을 지운 것이다.

그런데 1983년 정부는 이걸 '북한산 국립공원'으로 공식 지정했다. 금서룡… 이미니시 류는 지금도 성역이다. 그가 작명한 이름을 강단사학은 손을 못 댄다. 지명은 역사다. 개념 없이 붙인 이름은 또 얼마나 많은가?

▶**이병도**는 죽기 직전 친구의 간곡한 권유로 결자해지(結者解之)한다며 단군은 신화가 아니라 우리의 국조라는 사실을 인정하는 반성문을 조선일보 1986년 10월 9일字에 논설 게재했다. 뿐만 아니라, 한사군의 대동강유역 위치 설을 철회하고 요동남단 베이징~난하 지역에 있었다고 고백하고 죽었다.

그런데 아이러니하게도 제자들의 시선은 싸늘했다. 이미 그 제자(김원룡 이기백 이기동 이우성 김정배 노태돈 등등)들은 자신들의 기득권을 포기할 수 없었다. 퇴출 대상이다. 국사교과서는 유신통치의 한복판인 1974년 마침내 '국정 교과서'가 된다. 명실공히 현대판 正史가 됐다. 이른바 '두계(이병도) 학파' 집단이다.

이들이 장악한 강단사학과 이들이 접수한 '국편', '한국정문연'이 합작하여 만들어낸 국사와 국민윤리 교과서는 지금 이 시점에서 수많은 중견시민들을 정신적 절름발이로 만들고 있다. 또한 국립박물관은 이들의 충실한 시각적 보조 하부기관이다. 지금의 검인정이 뭐가 다른지 모를 일이다. 친일교학사책이나 다른 거나 대동소이다.

확증된 진실인 양 포장된 교과서는 利害와 주도권이 뒤섞인 홍정물이 됐다. "허명에 넘어가지 말아라!"

▶1981년 **일본역사교과서 왜곡파동 때** 당시 국회에서 열린 '국사청문회'에 불려나온 국사편찬위 이만열 위원장은 "…단군은 실재하였다…"고 공식 인정했다. 그러나 안호상 박사 등 청문자들이 한사군 평양 존재설 근거를 대라고 다그치자 묵묵부답했다.

그 직후 국사교과서에서 정설로서의 평양 한사군 설은 슬그머니 사라졌다. 그러나 그 제자들의 강단사학은 계속 '통설'로 주장했고 내용적으론 실제로 달라진 게 아무 것도 없다.

이들은 대학 강단에서 교양-전공 가릴 것 없이 중·고교 연계선상에서 여전히 한사군 한반도 존재 설을 가르치며 밥줄을 이어가고 있다.

▶'**한사군'에 대한 정부의 공식 입장** : 2001.11.3일 국회교육위원회 한나라당 김정숙 의원이 '한사군의 위치'에 대한 정부의 공식 입장을 질의했다. 한완상 교육부장관은 다음과 같이 공식 답변을 내놨다.

"현행 학계에서 한사군의 영역을 한반도에 국한시켜 이해하는 견해는 거의 없으며, 한반도 한사군설은 중고등학교 국사교과서에는 전혀 반영되어 있지 않다."

그러나 답 따로 교과서 따로였다.

'이병도 반도사관(일제식민사관)'은 무너져 '한사군 반도설'도 그들의 홈구장 국립중앙박물관에나 남은 유물이 됐다. 시민(재야)사학의 功이 절대적이다. 특히나 상고사 관련 재야 전문가들의 한자실력이나 중국사서 섭렵 수준은 기존 강단사학보다 실력이 훨씬 앞선다. 기존 학설로부터 자유로운 이들의 폭넓은 사료섭렵과 다양한 관점 및 해석력에 강단은 대응할 역량이 없는 것이 현실이다.

이병도는 그것을 수용할 수밖에 없었다. 잘못된 강단사학을 무너뜨린 또 다른 강단사학이 있다. 소수파다. 손보기교수 윤내현 교수가 대표적인데 이들도 한 때는 그들로부터 이단취급을 받았다. 손 교수는 구석기부존재 설을 부수었고 윤 교수는 단군신화 설을 깼다.

▶'**단군신화설**', '한사군 설치설, 대동강 위치설', '일제 조선식민지근 대화론'은 역사조작 왜곡의 3대 핵심이다. '한사군…'은 직접종군자였던 사마천 '사기'에 없는 사실을 후대 *관학사서(*註: 후한서 이후 구 당서, 신당서 등 모든 지나史書가 따라감) 날조 기사다.

이걸 소위 *뉴라이트가 이명박 정권 때 뜸을 한껏 들인 후, 박근혜 정권 들어서자마자 떼창을 벌이며 식민강단사학과 연대하여 우리 고 대사와 근현대사를 교과서 개편 시기(매 5년마다 고시) 도래를 이용, 정치적 난동을 피웠다. '분열을 통한 기득권 사수' 고전이다.

(*註: 2004년경부터 시작된 자칭 운동권출신이라는 변절자들과 그 명분을 만든 '기독교 근대화기여론' 개신교계, 친일사학이 주도해서 만든 '반 복지, 경쟁주의, 신자유주의를 지향하는 조직이다. '뉴라이트 연합'을 거쳐 2006년 현대건설사장출신 이명박이 뜨자 그를 대통령 만들기 플랜으로 결집하여 '뉴라이트'를 창립했다.

박근혜 때는 이른바 '국정교과서 파동'을 일으켰다. 역사적 관점에서 보면 일종의 '복고'적 성격이다. 이는 한국사회의 오랜 기득권 유지에 따른 내부적 세대교체 갈등의 이해관계 그 이상도 이하도 아니다)

극우 황색언론이 쏟아내는 근현대사관련 뉴스도 잘 가려봐야 한다. '시민사학' 태반이 성향으로는 기실 수구 아닌 보수우익에 가깝다. 더러는 극우성향자도 있다. 이들이 상고사에 는 해박하고 지성적인데, 근·현대사에는 취약한 연유다. 양심과 성향은 때로 불일치한다. 이들을 이용해 수구정당과 '조.중.동' 극우언론이 정치장사를 한다.

"해방 프랑스는 당신들을 처단한다"는 수없는 경고에도 나치 5년

부역자들은 그랬다. 그 이상이었다. 그리고 80년대 미테랑 정권 때까지 색출 숙청은 이어졌다. 독일은 패전과 함께 人的, 정치적으로 청산이 됐지만 프랑스는 전후 청산을 끈질긴 노력으로 말끔히 정리했다.

"자유 프랑스! 정의의 프랑스!"

청산에 기득권도 관용도 발붙일 틈이 없었다. 오롯이 인류애적 양심과 시민국가의 자부심이 청산의 추동력이었다. 우리의 식민35년은? 물려받은 부·명예·지위를 보호받으며 3대 4대가 떵떵거리고 국가권력을 주름잡는다. 너그러운 인정이 모든 걸 덮어버린다.

'민족'의 이름으로 청산해야 할 과업은 현재진행형이다. 친일인명사전은 망명자유프랑스가 작성한 나치부역자 리스트다. "싹이 트기 시작했던 조선후기 민족자본"(김용섭 교수)도 노동자 계급도 대일 항쟁기~한국전쟁 전후로 모두 사라졌다. 남은 건 매판자본 빈민 농노떠돌이였다.

민족을 말한다고 계급이 없어지거나, 계급을 말한다고 민족이 사라지는 것은 아니다. 민족은 뿌리이고 지속성이다. 계급은 한시성이고 변동성이다. 자자손손 프롤레타리아 노동자로 사는 것 아니고, 후손 대대가 지배자로 사는 것 아니다. 민족 안에서 흥망도 돌고 돈다.

역사인식은 삶의 출발점이자 인생행로의 북극성이다. 사물의 '事實'과 역사의 '史實' 모두 도그마 된 이념이 씌워지면 사실보다는 가치에 기운다. 그리고 그걸 '사실'이라고 확신하며 내면화를 강화시킨다. 佛家에서 제 6識이라는 '대상 의식'을 맴돈다. 서로 겉돈다.

대화는 논전 아닌 싸움질이 된다.

"…우리나라는 신라 고구려 백제가 진짜 시작이다… 그 앞의 것이 없다고 부끄러울 것도, 모른다고 떳떳하지 못할 것도 없다…."

*김동길 교수가 2006년 7월 일본 역사교과서 왜곡논란 때 어느 대

학 강연 중 내뱉은 말이다. (*註: 2006. 인터넷뉴스자료 인용) 딱 뉴라이트 그것이었다. 1970년대 '유신'에 저항해서 감옥도 다녀오고 제법 인정받는 지식인 소릴 들은 사람인데 80년대부터 이상해졌다.

이념의 변화인지, 그게 본질이었는지 어쩐지 이 땅 지식인사회를 혼란시킨 원조였다. 종교적 도그마를 신념삼아 짓눌려 사는 지식인의 허상이다. 종당엔 갈 짓자 행보로 세인의 손가락질을 받으며 그 대척에 투항했다. 그를 본 따는 자들이 이후 줄을 섰다.

세상은 여전히 모르는 것도 감춰지는 것도 있지만, 감추고 속이고 모르던 것이 새로 드러나는 것도 많다. 그래서 자신의 무지를 자각한다. 물론 새로운 사실이 또 다른 사실에 되 무너지기도 한다. 사회도 역사도 인문도… 무슨 운동도 과학이다.

언제 나타날지 모를 움직일 수 없는 증명 앞에 주장을 열어 놓아야 한다. 자기 전공이나 관심분야뿐 아니라 인생사와 공동체에 관련되거나 영향이 있는 것이라면 두루 관심을 가지는 것이 아예 관심 없는 것보다 훨씬 낫다. 새로운 정보나 변화 진전에 궁금해야 한다.

그게 지식인의 도리다. 까딱 방심하면 고물 창고가 된다. 필자는 고착화되기 십상인 自意識을 늘 경계한다. '일신 우일신'은 삶을 마감할 때까지 계속되어야 한다. 새로운 '사실' 앞에서 생각도 삶의 이정표도 바뀌기 마련이기 때문이다. 천동설→지동설은 극적인 예다.

재야시민史學은 민족사학이다. 실사구시다. 단재 정인보 리지린 윤내현으로 이어지는 정통 현대 민족사학과 궤를 같이 한다. 식민사학의 이른바 '문헌실증주의'와 다르다. 그건 편벽한 선택적 실증주의다. '실증(實證)'이란 말로 민중을 무지렁이로 깔보고 혹세무민하는 밑바닥은 권력지향의 곡학아세다. 그게 아니라면 그렇게 할 수 없다. 소위 '사계(斯界)의 권위'라는 이들 중에 아주 많은 부류다.

요즘은 정밀인접과학이 받쳐주는 발굴유물이 요상한 문헌실증파를 단번에 뒤집는다. 새로운 발굴유물뿐 아니라 박물관 수장고에서 징역

살이 하던 유물들이 다시 햇빛을 보는 경우가 허다하다. 그러나 북한 땅을 중국의 식민지로 만들어버린 식민주류강단의 저항은 여전히 완강하다. '동북공정'에 맞선다는 '동북아역사재단'도 그 손아귀에 있다. 고양이 밥상이다.

'동북아재단'은 동북아공정 관련 미국 상원의 보고서 작성에 '낙랑 반도설'을 그대로 제출해서 지나를 오히려 거들었다. 이마니시-이병도·신석호 식민강단사학은 지나 습근평이 떠드는 '한반도 지나 속국론'을 받쳐주는 밑돌 구실도 하고 있다. 논리적 일관성이다. 학문에 국경은 없다는데 밥그릇 지키려니 그런 수렁의 모순에도 빠져든다.

정부의 공식에 한반도 존재설은 사라졌다. 그러나 모든 중고교 교과서와 참고서에는 지금도 3단 논법, 간접화법으로 그게 정답이라고 지시하고 있다. 그려는 지도에는 그대로다. 이게 문제다.

"우린 패배했지만 조선은 승리하지 않았다… 우린 식민지 교육을 심어놓았다. 조선의 찬란한 역사를 되찾는 데 100년은 걸릴 것이다. 그들은 지금 우리의 식민교육 아래 놓여있다. 나는 다시 돌아온다."

일제 마지막 조선총독 '아베 노부유키' 호언이다. 100년은커녕 불과 60년 만에 노부유키의 조선에서 우후죽순 자생 부류들이 대놓고 떠드는 지경이 됐다. 식민교육의 후과가 참으로 질기고 무섭다.

일본의 왜곡된 역사인식이나 그들이 깔아놓은 레일 위를 달리는 우리의 역사인식이 똑같다. 지금 [역사 전쟁] 중이다.

주인이냐, 노비냐!♣

1. 점제현 신사비: 총독부 관변학자이자 조선사편수회 밑돌을 놓은 세키노 다다시와 이마니시 류(금서룡)가 1913년 9월 베이징 옆 갈석산에서 배로 끌어와 평남 온천군(당시 용강군) 바닷가에 부려놓고 소위 '점제현

신사비'로 명명하고 공개했던 당시의 사진! 그는 비문 중 '점제의 장(점제현의 수장)'이라는 글귀로 그곳을 한사군 낙랑군이라고 단정하고 증명으로 찍은 이 사진을 공개했다.

그리고 그의 제자 이병도가 이를 받들어 국내학계 정설이 됐다. 갯벌 평야지대에 2천 년 간 서 있었는데 이를 이마니시와 그 스승 세키노가 단번에 발견한 것도 그렇고, 북한학계에서 이 화강석이 지나 갈석산 화강석이라는 사실을 밝혀냈다.

석재연대는 AD85년 추정 비석인데 당시 전각서체에서 유일무이한 이탈 서체인데다 앞면은 빽빽하고 뒷면은 허당인데다 내용도 대부분 맞지 않아 조작날조로 보고 있다.

강단사학은 거대한 비석이라 운반불가능이라 주장하는데, 그들이 총독부어용관학자라는 점에서 당국의 지원이 개입됐다고 보는 한편, 일본군부가 이미 그 30년 전에 이 비석의 두 배 반 넘는 청나라 비석을 도쿄로 운반해 일왕에게 바친 전례 등 많은 사례가 있음을 말한다. 현재 북한 역사박물관에서 국보급(유물자체 가치로 매긴 등급) 보관중이다.

〈출처: 조선고적도보/조선사편수회/인터넷커뮤니티이미지〉

2. 안악고분 기록 속 유주자사 위치: 단군조선이 BC3C 경 해모수의 북부여, 다시 추모(주몽)의 후기고구려인 가우리(가마구지…고구리…고구려)로 승계되면서 5군과 낙랑지역은 고구려의 남부지역인 유주로 통합되고 수장 '자사'가 통치한다. 홍해도 안악 고분벽화에 주인공의 지나온 이력이다. 정치적으로 단군조선 때 국가의 통치구조가 분권적 번왕체제였다

면 이 때는 중앙집권적 영향이 컸다고 사료된다.

따라서 무대가 지금의 요동이 아닌 북경을 포함한 산서-하남·북으로 추정이 가능하다. 요동 요서도 한나라 때까지는 '시안'을 중심으로 황하 동쪽을 요동이라 했으니 강역과 지명 모두 같은 게 아니다. 국내 강단사학은 한나라 이후의 지명 중심 고착된 관점에서 식민사관으로 반도론의 역사해석을 한 것이다. 이는 김부식의 소중화 유학적인 관점의 역사관을 그대로 이은 것이기도 하다.

한반도 부분은 중국 동북공정… 국내 식민강단사학 및 일본학계가 왜곡시킨 위치다. 북경 아래 하북성 북변 '기후'는 기자동래설의 기자조선 지역이다. 이곳 黃河의 산서성 하남성이 동이족 단군조선과 夏華 한족의 주된 접경지역이다. 한족 중국의 무대는 중원평야 낙양(지금 서안)에 한정돼 있다가 한 무제 때 동이족 영역인 산동반도에 처음 진출했다. 그게 기원 전후다.

3. 위 일부 재야사학 주장속의 낙랑(조선의 경계지역) 비정도를 확대해서 다른 설과 비교한 지도

◀'원래 한사군'은 한 무제와 위만의 전쟁당시 종군했던 사마천이 사기에 기록했던 "위만 조선 주위에 (단군)조선 4군(실제로는 5군)이 있다"라는 것을 말한다.

'시민사학 한사군'은 북경의 옛 이름인 낙랑을 착안하고, 후일 지나 사서들에 기술된 요하동편이라는 기록을 두고 비정한 지역으로 보인다. '낙랑'은 살기 좋은 아름다운 땅이란 뜻으로 형용사적 보통명사다. 그런 곳에 나라가 서고 도읍이 형성됐다. 역사적 고유명사가 된 연유다. 그 사례가 낙랑국이다. 그 지역을 중심으로 차명인 낙랑군이 작명됐다.

〈출처: 고대사인터넷커뮤니티이미지〉

◀이병도가 죽기 얼마 전 논문집(한국고대사론집)에 발표하면서 고백한 '한사군 위치 정정' 지도! 그렇다고 그의 죄가 없어지는 건 아니다. '인간은 가도 죄는 남는다' 는 이 자에게 딱 맞는 말이다.

〈출처: 1989.8 이병도 사망 관련기사〉

○ 현행 학계에서도 한사군의 영역을 한반도에 국한시켜 이해하는 견해는 거의 없으며, 특히 현도군이나 낙랑군의 경우 시기에 따른 이동설 등 다양한 견해가 제시되고 있음

○ 현행 중고등학교 국사교과서에는 "한제국 식민지로서의 한사군의 하나인 낙랑군이 한반도의 평안도에 설치된 한사군"이라는 이른 바 '한반도 한사군설'은 전혀 반영되어 있지 않음

▲2001년 당시 한완상 부총리가 국회에서 밝힌 한사군 관련 정부 공식 입장 발언록(국회속기록)

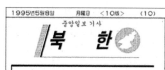

◀남한 학계의 논란에 대한 북한 학계의 입장. 북한은 자체 사료 뿐 아니라 남한 학계가 접근 어려운 중국사서 접근성 및 상고사의 무대 일부였던 연유로 고고발굴성과 집적이 풍부하다.

〈출처: 1995.5.8. 중앙일보 기사〉

4. 지나 공산당 정권의 인식

"요동은 원래 조선 땅입니다…."

"조선 사람 압록강변까지 내쫓겨"

김일성에 "역사서에 꼭 쓰라" 말하기도 /이종석 전 장관, 마오쩌둥 발언 확인. 중국 쪽 1차 사료 공개, 북-중 국경 획정 와중에 여러 번 밝혀! /저우언라이도 "중 속국설 터무니 없다"고 구려·발해 중 고대사 편입하려는 '동북공정' 근본부터 흔들리는 셈

북한과 중국이 국경 획정 협상을 하던 1950년대 말~1960년대 초 중국 최고지도자인 마오쩌둥 공산당 주석과 저우언라이 총리가 '요동 지방은 원래 조선 땅이었으나 고대왕조가 조선민족을 압록강변까지 내몰았다'는 취지의 발언을 한 사실이 중국 쪽 1차 사료로 27일 확인됐다. 이는 '고구려는 중국소수민족이 세운 지방정권'이라 주장해온 중국의 국가 차원 연구프로젝트인 '동북공정'의 근본을 흔드는 발언이다.

통일부 장관을 지낸 이종석 세종연구소 수석연구위원은 최근 펴낸 연구서 〈북한-중국 국경 획정에 관한 연구〉(세종연구소 펴냄)에서 마오 주석과 저우 총리가 김일성 수상 등 북한 대표단과 만나 이런 발언을 여러 차례 했다고 밝혔다.

마오 주석은 북-중 국경조약 체결 직후인 1964년 10월 베이징을 찾은 최용건 최고인민회의 상임위원장 등 북 대표단을 만나 "당신들의 경계는 요하 동쪽(요동)인데, 봉건주의가 조선 사람들을 압록강변으로 내몬 것이다"라고 말했다. 마오 주석의 이런 발언은 1964년 10월 중국 외교부가 펴낸 〈모택동접견외빈담화기록휘편〉 제11책에 실려 있다.

마오 주석은 이에 앞서 1958년 11월 베이징을 방문한 김일성 수상 등 북한 대표단과 만나서도 "당신들 선조는 당신들의 영토가 요하를 경계로 한다고 말했으며, 당신들은 현재 당신들의 압록강변까지 밀려서 쫓겨 왔다고 생각한다. 당신들이 역사를 기술할 때 이것을 써 넣어야 한다"고 말했다. 이 발언은 1958년11월 중국외교부가 펴낸 〈모택동접견외빈담화기록휘편〉 제4책에 실려 있다.

저우언라이(주은래) 총리의 발언은 좀더 직설적이다. 저우 총리는

1963년 6월28일 베이징을 찾은 북한의 조선과학원 대표단을 만나 "역사는 왜곡할 수 없다. 두만강, 압록강 서쪽은 역사 이래 중국 땅이었으며 예로부터 조선은 중국 속국이었다고 하는 것은 터무니없는 말이다"라고 밝혔다.

저우 총리의 이 발언은 1963년 6월28일 중국 외교부가 펴낸 〈외사공작통보〉에 실려 있다. 마오 주석이 요동 지방이 애초 고구려·발해 등 조선 선조들의 영토였으나 당 등 중국 봉건왕조의 침략으로 빼앗긴 것이라고 말한 사실이 중국 쪽 1차 사료로 확인되기는 이번이 처음이다.

이종석 연구위원은 연구서 및 〈한겨레〉와의 통화에서 "마오와 저우는 중화인민공화국의 건국자이자 1976년까지 통치한 최고지도자들"이라며 "이들이 고구려와 발해를 조선민족이 세운 고대국가로 인식했으며, 그 역사를 조선의 역사로 규정했다"고 짚었다. 이어 "두 (최고)지도자가 동일 주제를 언급하며 거의 같은 용어와 문구를 구사하는 것으로 보아 이것이 당시 중국 정부의 정리된 공식 방침이었으리라 추정된다"며 "두 중국 지도자의 발언은 중국의 동북공정을 반박할 중요한 역사적 사료가 될 것"이라고 말했다.

중국은 2000년대 들어 '동북공정'을 국가 차원의 연구 프로젝트로 격상시켜 '고구려는 우리나라(중국) 고대에 하나의 지방정권이었고, 국민은 주로 한족 이주민을 위주로 하였다'거나 '고구려는 우리나라(중국) 동북지역의 오래된 소수민족 중 하나에 기원을 두고 있다'고 주장하며 고구려·발해를 중국고대사의 일부로 편입시키려 애써왔다.

2000년 후진타오 중국국가부주석이 중국사회과학원의 '동북공정' 연구계획을 비준·승인했으며, 2002년2월 중국사회과학원과 랴오닝·지린·헤이룽장성 등 세 성이 공동으로 1500만위안(22억5000만원) 예산을 들여 '동북변경의 역사와 현상 연구공정'(동북공정)을 출범시켰다.

한편, 1964년 10월 마오 주석을 만난 북한의 박금철 당시 노동당 중앙위 부위원장은 마오 주석의 요동 영토 관련 발언을 듣고는 "양국 간 국경은 1962년에 이미 해결됐습니다. 주은래 총리가 아주 분명하게 백두산과 천지 문제를 모두 합리적으로 해결했습니다"라며 "현재의 국경선에 우리는 만족합니다"라는 반응을 보였다.

이는 고구려의 옛 영토를 두고 북한의 우선권을 주장하지 않겠다는 뜻이다. 북-중은 1962년 10월12일 압록강·두만강을 공동 이용하며 백두산 천지 영유권을 분할(북 54.5% 중 45.5%)하는 등 이전보다 북쪽에 유리하게 정리된 북-중 국경조약을 체결했으며, 그해 12월11일 이 조약 비준서를 교환했다.

〈출처: 2014.02.28 이제훈 기자 nomad@hani.co.kr〉

5. 백두산 위치 논쟁

◀백두산은 한국 민족 한반도 조선의 북쪽 끝 아닌 산동반도~황하북쪽 전 만주~한반도의 가운데 산… 말하자면 배꼽 산이다. 聖地 아닌 그냥 靈山이다. 진짜 '천지'는 곤륜(쿤룬)산맥 천산의 천지다. 백두산 천지의 10배다. 단군조선~고구려 영토인 지금의 중원 산서성 북쪽 백산에도 천지가 지명 그대로 남아있다. 여기가 백두산 천지이고 신시-아사달(조선)으로 추정된다.

〈출처: 2016년 필자 현지촬영〉

역사전쟁 2
"조선민족은 잡종이다"

'대일 항쟁기' 일인 어용(관학)사학자들은 소위 '만선(滿鮮) 사관(조선의 역사는 위만조선부터 시작)'을 만들고 조선민족이 퉁구스족 내지 몽고인과 만주인의 '잡종'이라고 하면서 독자적인 민족단위임을 부정했다. 그리고 학교에서 이를 조선 학생들에게 가르쳤다.

국어는 일본어, 일본 역사가 국사였다. 조선 역사는 남의 나라 역사인 양 그들에 필요한 부분만 주입시키는 변두리 동양사였다. 영혼마저 지배하려는 식민교육 식민통치였다. 조선백성은 그렇게 그들의 臣民으로 살았다. 아직도 유전자처럼 잠재의식 속에 작용한다.

광복 후에도 서구 근대민족 개념을 끌어오거나 열등한 민족자체에 대한 막연한 부정의식을 조장하는 식민사학의 연장 속에서 혼란은 이어져 왔다. 더러는 단일민족 개념에 대한 체질적 특성을 알거나 혹은 모르거나 외면하면서 마치 잡종민족이 과학적인 데이터인 것처럼 속였다. 주입되고 세뇌가 된 지식은 의식이 되어 뇌리 일부에 똬리 틀고 있는 것을 부인하지 못한다. 식민지 백성의 정신적 內傷과 청산되지 못한 친일 집단의 지배력이 너무 깊어 그런 뿌리의 작용임을 스스로 알 수 있는 '사회적 피드백'이 제대로 구축되지 못한 것이 문제의 본질이다.

한국인의 직계선조를 찾는 과제는 식민잔재 극복을 넘어서 우리 민족의 '족보'를 캐는 거창한 작업인 동시에 사실상 韓國史를 구성하는 선행조건이라고 할 수 있다. 1970년대 이후, 역사연구에 문화인류학적 성과와 여러 인접학문의 결합을 통해서 문헌사료의 한계와 빈 공간을 채워가는 과학적 방법론이 풍부해졌다.

폭넓은 심층 다면적 연구 결과로 입체적인 복원이 가능해진 것은 괄목할만한 진전이다. 국내학계의 경우 최근에(1980년대 이후) 이 방법론적 성과에 주목하기 시작했다.

우선 체질인류학 상으로는 시로코고로프-레번 등 러시아 학자와 일본 학자들의 연구… 나세진-장신엽 등의 업적을 꼽을 수 있다. 이들의 연구 성과는 현재까지 확인된 한국인의 형질상의 계측치로 한국인의 특징을 찾아낸 것이다.

기존의 계측치는 1930~50~60년대에 걸쳐 11,964명을 대상으로 한국인의 혈액형을 조사 연구한 것, 최근의 연구로는 이기준의 '한국인의 지문형 조사' 연구가 있다. 그 결과를 아래에 줄여 소개한다.

1) 한국인의 유전형 특질 중 눈에 속쌍꺼풀이 있다는 사실이 그 특징으로 확인됐다. 이런 특징은 몽고인 계통(몽골리안)에 공통적으로 나타나나 古아시아족에게는 나타나지 않는다고 한다. 2) 두드러진 광대뼈는 오랫동안 추위와 싸우며 감기 축농증 폐렴 같은 병을 이겨낸 사람들의 형질적인 특징으로 분석되고 있다. 3) 나세진 박사의 연구에 의하면, 한국인의 머리길이는 짧고 너비는 넓으나 그 높이는 세계 모든 인종 중에서 가장 높은 것이 뚜렷한 특징으로 나타나며, 따라서 한국인의 머리 부피는 가장 큰 쪽에 속하는 독특한 유전집단을 이루고 있다는 것이다.

손보기 교수는 각 인종의 두상(頭相)을 비교 분석한 야마구찌표를 인용, "한국인은 (현재의) *태국인과 북지나인, 일본의 깅끼(近機)인과 가까운 관계를 가지며 북미원주민 인도인 몽고인 퉁구스인과는 조금 거리가 있다"고 보고 있다. (*註: 태국인의 원 거주지(원향)는 역사적으로 지금의 지나 중서부 주변지역이며 정치 군사적 격변으로 남쪽 현재 지역으로 민족 대이동해 온 것이 몇 백 년 된다. **북지나인은**

동이족으로 대표되는 현재의 요하, 요동요서 및 발해만 일대를 끼는 북방계 민족이다. **깅끼인**은 대륙계 조선인들 및 열국시대(고구려 백제 가야 신라) 조선 도래인들이 구주(규슈)를 거쳐 들어간 본주(혼슈우) 중남부 지역이다.

일본의 식민지배 명분이었던 소위 '同根(源)論'과 국내 일부 학자의 同民論 근거다. 따라서 1990년대 이후 진전된 체질인류학적 연구와 조용진 교수의 얼굴 및 下肢 등 체질연구로 나타난 북방(만주)~한반도 지역의 동일한 체질적 동일체 분포도와 거의 일치된다고 할 수 있다./필자 註)

한반도 남부해안지방 중심으로 남방계통의 종족도 오랜 기간에 걸쳐 들어왔다. 가야는 남방종족 계통이며 지금의 일본인토착민들과 같다. 대륙백제는 수도를 한반도 *한강부근(풍납토성 일대 추정)으로 옮긴 것이다. (*註1: 삼국사기-윤내현 인용문 재인용//*註2: 필자는 본토 하남성 위례로 본다. 현재의 풍납~위례는 지명차용으로 본다. 삼국사기에 나오는 지명 거의가 대륙본토에도 있다. 현재 한반도내 오래된 지명 대부분은 고려시기 차명이다.)

*신라 또한 북방(만주 중남부/필자註) 지역의 고조선 거수국인 '시라(尸羅)'다. 단군조조선이 약화되고 고구려 백제가 강성해지자 이에 밀려 박혁거세를 우두머리로 한 나정 6촌 집단이 경주로 집단 이주해 '신라'로 개명 재건국한 것이다. (*註: 삼국사기-윤내현인용문 재인용//삼국사의 경주는 대륙본토 경주다. 지금도 그곳에 경주가 있고 도성 흔적과 신라촌이 곳곳에 있다. 필자 註)

신라는 대륙백제와 마찬가지로 동시에 황하변의 신라방 지역과 남만주 지역에 일정한 통치지역을 보유하고 있었다. 둘 다 황해를 내해로 둔 양안 국가였다. 이는 지중해를 내해삼은 로마제국이나 투루키에-이스탄불 등 사례는 동서고금에 많다. 남방계인 가야는 신라에 병합되면서 우리 민족의 주류인 북방계 조선민족에 흡수되어 민족적 동질성을 갖게 됐다.

한반도 인적구성 대부분은 북방계(한반도 자체가 대륙의 연장)로 해안가와 큰 강 주변에 집중 거주했으며 당연히 단군조선(진조선-마조선-번조선/진한-마한-변한)의 땅이었다. 마니산참성단, 다수의 곰 관련 지명, 구월산, 단군릉이 존재하는 연유다. 본토 문화와 동시대를 공유했으며 단군조선 중기까지 청동기병용 시기로 조선의 배후지였다.

체질인류학 연구결과로, 우리 민족은 문명사적 문화동일체성 뿐 아니라 독자적인 단일민족의 유전학적 동질성이 확인됐다. '잡종' 운운한 식민사학의 억지 학설은 일단락됐다. 그러나 아직 논란이 되고 있는 *고아시아족과의 관련성은 민족구성의 시기와 관점에서 계속 규명해야 할 과제다.

왜냐하면 古語와 地名의 연관성은 현재 시점에서도 많이 남아있고, 韓민족(=동이족/同語-범만주인)의 이동경로와 일치하는 지리적 특성이 있기 때문이다. 또한 인류학적 측면과 문명의 이동 관점에서도 유용한 과제다. (*註: 퉁구스족-바이칼호 서남쪽 지역… 지금의 카자흐-우즈백으로 광개토태왕이 정복했던 '鹽水-死海-'지역이다.)

현재 시점에서 큰 異論이 없는 종합적인 고고-문헌 연구결과와 필자의 견해로 볼 때, 우리 민족의 시원적 주체는 *2만년 경(*註: '소로리 탄화볍씨' 기준. 간석기 거의 전 시기) 지금의 지나 서북부 곤륜산맥 루트-바이칼호서북방-대흥안령 루트로 이동해온 수렵인들과 황하유역 하남~하북 일대의 초기농경 인들이 결합한 황하북부-만주전체-북연해주(하바로프스크 연접지역) 일대에 거주하던 수렵-농경 혼재 신석기(간석기)인들이다.

게르만 바이킹 훈족 또는 대륙 도래인이 정치 사회적 급변 상황으로 본토를 떠나 떼를 지어 이주-점령하여 문화를 이식하고 국가집단이 급조된 류와 궤가 다르다. 신라 백제가 영역 이동 과정의 측면에서 그런 류와 비슷한 점이 보이긴 한다.

우리 민족의 밑거름이자 인류 最古 문명인 *'홍산 문명'은 탄생~사회 분화~국가단계 발전 과정이 장구한 기간 집적된 토착 문명문화의 결정체다. 하루아침, 몇날 며칠에 이뤄진 게 아니다. 오랜 숙성기간을 거친 유전적 민족적 문화적인 동질적 특질을 지니고 있었다. 최근의 체질인류학적 연구결과가 뒷받침해준다는 사실은 앞에 말한 바다. (*註: '발해문명'의 다른 이름이다. 즉 발해만을 중심으로 한 산동지역~발해연안~요동요서~대릉하~내몽고~연해주 등 동북아 거의다.)

'紅山 유적'의 지속적인 발굴유물 분석에 따르면, 이후 *8천년 경부터는(*국내의 일부 재야사학은 9천년 주장! 거기서 거기다.) 사회적 분화와 계급 발생이 본격 진행된다. 이 시기가 환인환국~환웅배달국 시대에 해당한다. 지나 사서가 말하는 범 동이족이다.

지나 사서에 등장하는 *東夷 '예맥족'은 바로 이 시기부터를 일컫는 것이다. (*東夷는 존경 존칭 의미다. 논어 맹자에 "…발해에 東夷요 周에 文夷(문왕)로다…"라고 했다. 한나라 시기 북방민족과 빈번한 충돌과정에서 생겨난 '華夷의식'으로 사마천 사기에서 적대 개념의 오랑캐로 바뀐 것이다/*예맥(濊貊)은 사마천이 종군과정에서 생긴 북방민족에 대한 적대 의식반영으로, '조선'을 폄하하여 물 水변을 붙인 자의적 이름이다. 지나 지명에 물 수 삼수 변이 붙은 지역은 모두 동이조선~신라 백제로 보면 된다. 그들이 그렇게 구분해 표기했다.)

현재까지 확인된 바로는, *5,000~5,500 년 전부터는 더욱 진전되어 '청동기 시대'로 접어든다. (*註: 1987년 홍산문화권 고분부장품 및 인근 지역에서 연대측정 BC3000~3500년의 紅銅-純銅 등 초기 구리 편과 제련용 토기조각 및 1,500여 개의 슬러지/찌꺼기/가 출토됨-경향신문 코리안루트/뉴스메이커761호. 2008)

'단군조선' 개국은 대략 그 1천 년 후에 이루진다는 얘기다. 이미 청동기가 널리 사용되던 시기다. 대표적인 유물이 '비파형 동검'이다. 그리고 기원전 5~600년 경에는 *철기가 보급되기 시작했다. 그러나 국내 식민강단사학은 "한나라가 한사군을 통해 철기문명을 가지고 조선을 발전시킨 은인이다…"라며 우리의 철기시대를 4-500년 끌어내렸다. (*註: 서울대사학과 교수 김철준, 1981년 국회 국사청문회/ 그는 이병도 직계제자로 마피아 두목이라 불렸다. 서울대는 그 인적구성으로나 史觀으로나 지금도 식민강단사학의 '소굴'이나 다름없다. 여기서 길러진 이른바 '기간요원'들이 경향각지 대학으로 나가고, 그들을 통해 초·중·고등학교로 나가서 강단사학의 사관 학풍과 인맥을 계열화시키며 관리된다.)

줄여 얘기하면, 민족적으론 동이=예(맥)=조선이 의미상 同語다. 단군조선은 완전한 수준으로 청동기를 쓰는 청동기 국가였다. 세계 보편적인 국가형성단계와 동일하며 통치구조 및 율령 사회제도적으로 완전한 국가체제였다. 우리는 그걸 신화로 배웠고, 자식들은 씨족(부족)연합체의 초기단계쯤으로 배웠다.

일제는 조선에 대해 4천년 후인 서력기원전후에 들어섰다고 자신들이 연대기를 매긴 이른바 '삼국시대'가 고대국가의 출발이라고 했다. 세계사의 보편적인 문명사적 발전단계를 터무니없이 건너뛴 혹설이었다. 기원 600년 백제계 응신이 비로소 '일본' 국호를 쓰면서 '왜'에서 벗어난 열등감의 집요한 보복이자 식민통치 강변이었다.

고대국가 단군조선 영역은 오늘날 시민사학과 심지어는 이병도 만년의 반성논문에서 인정한 바, 대체적으로 황하 중~하류를 변계로 베이징~난하(당시의 요하)~만주~연해주~한반도에 이르는 광범위한 지역이다. 일파는 대흥안령 너머 오늘날의 우즈벡-카자흐까지 진출했다. 이런 사실은 그 지역에 내려오는 많은 구전과 관련 언어 및 유물유적이 말해준다.

단군조선은 72개 거수국(일종의 제후국)을 통한 간접통치방식이었다. 오랜 기간 국가유지의 비결이었다. 부여 고구려 백제 시라 낙랑 등은 바로 그 거수국들이다. '낙랑군'은 한사군 아닌 거수국의 아래단위 행정지역이다.

사마천은 '사기'에서 "…위만을 멸했는데 그곳에는 (이미) 4군이 있었다"라고 했다. 한나라 4군이 아니라는 말이다. 이후 사서에 등장한 '한4군' 중 3개는 중도에 사라졌고, 마지막 낙랑군이 한사군의 증명이라던 낙랑태수 봉인 찍힌 봉니(관청우편물)도 일제 세키노에 의해 조작됐다는 사실이 밝혀지면서 송두리째 날조된 역사임은 불문가지다.

우리 재야 시민사학은 그들 지나史書들을 심층 분석하고 대륙본토에서 지속적으로 발굴되는 고고유물 관련정보를 입수 분석하여 소위 한사군과 낙랑군이 고구려의 행정기구임을 논증했다. 이 부분은 계속해서 고대지명과 정치 사회적 변동에 관련된 지명 이동, 복수의 지명 존재, 지리적 관점 등으로 심층적 연구가 필요하다.

생활 습속 등 현재도 남아있는 풍속사와 당대의 물가 통화 등 미시 사료의 확대 발굴을 통한 당시대의 과학적 복원도 중요한 방법론이다. 초기 로마사를 거의 완전한 수준으로 복원한 사료는 당시의 통용화폐와 일부 곡식가격의 단편이었다.

이것을 단초로 거슬러 추적하고 좌우 외연을 확장 분석해나감으로써 가능했던 점은 깊이 참고할 부분이다. 고고학적 발굴 분석 등이 좀 더 이뤄지면 확실히 밝혀질 것으로 본다.

우리민족의 국가적 기원 또는 모체는 1950년대 중반이후 30여년에 걸쳐 집중적인 발굴 작업에 의해 새롭게 밝혀진 '홍산 문명'에서 비롯된다. 6,000~6,500년 전이다. 환웅 환국이다. 이는 황하 문명보다 800~1천년 앞섰다. 중국 고고학계가 보고하고 세계학계가 공인했다.

동이족의 직접 원류다. 오랜 세월 후 용산 주구점을 경유하며 흘러내린 홍산 문명의 젖줄을 받아먹은 황하문명이 태동했다. 따라서 지금의 한족 문명은 황하 최상류 오르도스(ㄷ자 형으로 들어간 굴곡지형) 남쪽지역 일부였다.

화이(한족)의 강역은 송나라 때까지 황하를 한 번도 넘어선 적이 없다. 명나라 때 남만주 일부가 잠시 통치권이 미쳤을 뿐 북쪽은 여전히 요-금 등 漢族에게는 금단의 땅이자 東夷 북방민족의 성역이었다.

발해 멸망으로 갈라진 우리민족 갈래 후금(청)이 중원을 되찾고 남지나해연안까지 천하를 통치한 사실은 동북아에서 동이조선과 화이중화 간 오랜 역사대결의 분기점이다. 현재시점에서 지나가 청의 영역과 문화를 승계한 통일성을 유지하고 있으나, 공산당 유일정권이라는 결정적 한계가 약점으로 작용하고 있다.

이 체제가 어느 시점에서 붕괴되면 구소련 붕괴와 동일한 분열적 사태가 일어나는 것은 필연적이다. 우리는 그 때를 항시 염두에 두고 동북아정세를 관리해나갈 필요가 있다. 본래 '한족'은 체질인류학적 유전성과 문화적 특질이 우리와 동일집단이거나 동일 문화권이 아니다.

그렇다면 漢族은 누구인가? 한족의 원류는 지나 서북부(황하상류) 그 서쪽에서 출발해 낙양(지금의 시안)을 중심으로 한 지역으로 이주해 살며 형성됐다. 그들의 뿌리는 서역에서 넘어온 아리안~인도~유럽인종 복합계통으로 보는 설이 유력하다.

언어적 유사성이 유럽어족과 비슷한 반면 우리의 북방계 알타이어 계통과는 다르다. 가장 가까운 위구르족이 한족의 외모적 원형이라는 일부 연구결과도 있다. 어법의 경우 주어-동사-목적어로 우리와 반대인 반면 유럽과 동일하다. 후에 세력이 확장되면서 동남아~인도에서 들어온 남방계열과 토착민등을 일컬어 華夷(후에 한나라 한족)이라고 부르게 된다.

그러면 하화족 신농복희 황제 염농 삼황오제니 하는 한족의 조상신들은 무엇인가? 그들은 黃帝를 뺀 나머지는 모두 산동지방 동이족의 전해져 오는 이야기를 한나라 때 사마천이 五帝를 史記에 끼워놓고… 당나라 때 사마천 후손 사마정이 여기에 三皇을 보태 '삼황오제'가 한족의 시작으로 차용된 것이다.

구약 창세기 시작을 바빌론 건국설화를 끌어다 붙인 것과 똑같다. 2020년 지나 정부 인구 통계에 따르면 한족이 13억5천만 전체인구의 약 90%를 차지한다. 단순계산으로 12억 명이다. 그런데 정작 제 민족 말(지나어)을 전혀 못하고 못 알아듣는 인구가 무려 4억에 이른다고 한다. 실제는 더 많다고 봐야 한다.

한족이 아닌 여러 민족들이 자신들의 정체성을 잃고 정치 사회적으로 통합된 삶을 산다는 말이다. 만주 숙신여진도 같은 처지다. 필자가 그곳을 방문했을 당시 물어보니 하나같이 스스로 한족이라고 하더라! 혹여 일제하 '조센징' 같은 열등감의 발로가 아닐까 했다.

그럼에도 그들 대다수는 일상에서 만주어를 쓴다. 청조개국이래 만주족과 한족이 서로 상대지역으로 이동해 살고, 섞여 산 세월이 길어서 말 또한 닮아갔을 수 있겠다싶다. 경기도말과 경상도 또는 제주방언 차이쯤 아닐까 한다. 中華族의 허상이다.

문제는 그들이 '영토사관'을 내세우며 다른 나라 역사와 타민족을 모두 *중화주의 한족으로 끌어들이는 확대전략을 쓰는데 반해, 우리는 자꾸 밀어내고 잘라내는 뺄셈의 사고를 하고 있다는 사실이다. 조선시대 소 중화사상과 대일 항쟁기 일제식민통치의 집요한 세뇌교육이 뿌리 깊은 영향으로 본다. (*註: 중국은 동북공정 류의 '공정' 프로젝트가 여럿이다)

*이쯤에서 한 가지 짚어볼 것이 있다. 혹자는 이런 의문을 가질 것이다. "우리 선조와 역사의 시작이 북방 기마민족이고 수렵 및 유목생활을 하며 추운 지방에서 살았다는데 어떻게 정착생활을 하고 농경민족이라고 할 수 있는가?"

-이에 관한 여러 가지 역사적 문화인류학적 근거와 설명이 있지만, 가장 결정적인 근거는 최근에 나타났다. 2000~2001년 충북 청원 '소로리'에 오송 과학산업단지 부지 발굴 작업을 위한 시굴조사에서 탄화된 볍씨 59개가 발굴 수습되었다. 탄화연대측정결과 중간결정치인 약 15,000년 전후로 나타났다. 황하유역서 발견된 볍씨보다 약 2천년 앞선 시대다. 이는 현전하는 세계 고고학계 발굴 볍씨 중 가장 오래된 最古의 탄화볍씨로 '세계 고고학회'에서 공인받았다.

이전까지 국내학계의 '우세적 통설'로 치부되었던 '남방(동남아 등海路) 유입설'과 '중국 황하 유입설'을 일거에 잠재웠다. 이와 함께 고인돌 거석문화 북상설도 함께 사그라졌다. 청동기시대의 대표적인 증표이자 당대 부족장 무덤으로 알려진(더러는 제사 상석용도 있음) 고인돌은 농경정착에 따른 다수 거주 인구 존재를 뜻하기 때문에 고창 화순 등 한반도 남부지역에 집중돼 있는 고인돌 존재를 근거로 남방 유입설 및 북상설을 주장한 것이었다.

이는 주관적인 정황추정일 뿐 고고학적인 근거는 되지 못했다. 황해 도래설도 마찬가지로 식민사관이 깔려있다. 기후 지리적, 문명사적으로 지나 황하~양자강이 먼저이지 한반도가 먼저일 리 없다는 선입견 고정관념의 추정일 뿐 증거 없는 '說'이었다.

그러나 소로리 볍씨는 그 것을 물증으로 보여주었다. 소로리가 어떤 곳인가? 주변에 고인돌도 없고 큰 강도 없다. 한반도 중부지방에 고립된 깊숙한 내륙지역이다. 그 아득한 신석기시대 초기에 농경민들이 굳이 배를 만들어 바다를 건너고, 굳이 그 깊은 내륙 골짜기로 떼를 지어 들어올 필요가 없는 곳이다.

그것보다는 북방 농경민들이 발해만 내륙 육로를 따라 보다 따뜻하고 농사짓기 좋은 곳을 찾아 한반도 깊숙한 곳까지 이동해 온 것이다. 따라서 이동경로를 생각하면 그 북쪽지역은 그 이전부터 벼농사가 시작된 것이다. 북방유입설이 사실적 정설로 공인받은 계기였다. 역사는 늘 현재진행형이다.

1964년 공주 석장리 땅속 돌들이 '구석기 한반도 부존재설'을 깨트리는 신호탄이었다면, 1970~80년대 전곡리 아슐리안 형 주먹도끼(찍개)와 2000년 위의 소로리 탄화볍씨 발굴은 세계의 역사 정설을 뒤바꿔놓은 일대 사건이었다. 이후 우리의 선사~상고 고대사는 수정이 불가피해졌다.

한국인의 역사인식도 갇힘에서 열림으로 나가게 되었으며, 의식 지평이 새로워졌다. 구석기 시대도 그렇지만, 우리가 흔히 말하는 신석기 시대는 현대인들의 생각과 상상을 훨씬 뛰어넘는 문명 수준을 지니고 있었다. 이들은 *큰 바다에 나가 고래를 잡고(*註: 울산 반구대 암각화), 지금의 모든 가축들을 이 때 길들여 놓았다.

이들이 바로 금속 제련기술을 창안해 청동기 시대를 탄생시켰다. 청동기인이 청동기를 만든 것이 아니다. 신석기인들이 바로 청동기를 만들어낸 것이다. 만든 이가 만들어진 걸 쓰는 이보다 우수한 두뇌와 창조력을 지녔음은 상식이다. 오랜 세월 더디게 혹은 빠르게 숙성돼 온 진보의 결과다. 오늘날 *현대 문명의 대부분 출발점은 이 시기에

시작된 것이다. (*註: KBS HD 역사스페셜 제2편 / '신석기인 바다를 건너다')

 -그렇다면 홍산 문명권(대릉하 중심지역) 또는 배달~단군시대 전체에서 기마 수렵 유목과 농경은 어떤 상관관계였을까? 필자 소견으론, 어떤 나라나 마찬가지이듯이 산골짜기에서는 화전과 수렵으로 먹고살고, 해안가는 어로를 생업 삼는다. 동서고금을 막론하고 인간이라면 그 생존방식은 같다. 발해만 연안 남부평야지대는 농사로 먹고 사는 지금과 마찬가지다. 이는 자연스럽게 사회 및 직업 계급의 분화로 연결되고 필요성의 상대적 긴요성으로 인해 사회집단의 결속력을 더욱 강하게 해준다.

 기마 수렵민은 군사적 자원으로, 농경은 국가와 사회 유지의 '물적 토대'가 된다. 하북~남만주 평원은 벼농사가 충분히 가능한 조건을 갖추었다. 당시 이 지역 기후도 지금보다 더 온난했다는 연구결과가 있다. 그 북쪽 지역은 두류 작물을 재배하고 더 북쪽은 수렵 유목 광물 모피 소금 등을 생산하여 전체적인 체제유지의 물적 토대가 되는 것이다.

 '홍산 문명'은 이러한 물적, 인적 조건을 구비한 토대 위에서 *세계 最古의 문명(*註: 최근들어 5대 문명 발상지로 칭함)을 만들어냈다. 배달조선은 같은 지역권에서 이후 신석기 후기 및 금석병용기 문화권을 발전시키고, 계승자 단군조선은 명실공히 청동기 중심의 동북아 고대국가체제를 만들어냈다.

 발해만은 만주~황하~한반도의 내해였다. '발해'는 발해국 개국 2천년 이전부터의 명칭이다. 동이조선의 또 다른 지칭대명사였다. '동쪽의 찬란하게 해 뜨는 나라'의 바다다.

 "머리는 똑똑한데 잘 따지고 분열을 좋아하며 간사하고 눈치가 심해 노예 근성이 있다… 제거해야 할 족속이다….”

제국주의 일본이 지어낸 멸시적 반도사관이자 정한론의 명분이었다. 지금도 겉으론 공손하고 예의심 바른 듯한 보통의 일본인들에게 주입된 내면적 인식체계다. 그렇게 배우고 길들여진 사람과 정치사회적 체험과 올바른 역사지식에 연유하는 인식의 체계의 차이는 크다.

일제 침략전쟁의 국민적 동의기반이자 사상적 무기가 그렇게 만들어졌다. 일본의 현재는 그 연장선이다. 우리는 그 상대성 관점에서 ‘은혜를 원수로 갚는 배은망덕한 일본인’으로 멸시한다. 거기서 끝나는 경향성이 크다. 일본인 특유의 치밀 집요함과 자기보존 단결력과의 차이점이다.

일본에서는 청산할 일이 원천적으로 존재하지 않는다. 소위 ‘만세일계 천황’ 중심체제가 온존하는 봉건적지배질서가 있는 것이다. 반면교사다. 피식민-해방분단-전란으로 청산하지 못한 반역 반칙이 횡행하고, 각자도생의 기묘한 조화가 질서를 위태롭게 유지하는 한국사회를 돌아보게 된다. 이와 관련해 국내 강단사학 원로로 행세한 이들의 주장을 좀 더 살펴본다.

이병도-김철준. 이기백의 후학 최몽룡(서울대 고고학)의 주장

“…*만약에 이러한(고고학적 역사학적) 관점에서 새로운 연구가 가능하다면, 전설 또는 신화 상의 단군조선은 우리나라 고고학 관련 상 신석기 시대에, 기자조선은 청동기 시대에, 그리고 위만조선은 초기 철기시대에 속하게 될 수 있겠다는 가능성도 전혀 배제할 수 없다… 우선 우리 문헌상에 보이는 우리나라 최초의 국가라 할 수 있는 위만조선의 기사는 주로 중국 측의 사기 조선열전…” (*註: 1986.8.30일자 조선일보 ‘한국사의 새 지평을 열자①’ 부분인용)

이 사람은 "단군조선은 신화다", "우리의 고대사는 한반도다", "위만조선은 대동강변이었고 한사군은 이 자리에 설치됐다", "따라서 국내 발굴 유물로 역사적 사실규정과 해석을 한다"라는 것을 전제로 하고 있음을 알 수 있다. 이 사람(들) 눈에는 단군은 안 보이고 위만만 보인다. (단군-기자존재불인정)

위만조선-삼국시대-신라(남부는 후에 임나일본부가 지배)-고려-조선으로 이어지는 일천하고 피침일변도의 한국사가 이렇게 만들어지는 것이다. 그래서 이들은 단군조선은 물론 부여-고구려-발해 등 우리의 본 무대인 만주의 고고학적 발굴 유적물을 원천적으로 배제하고 논리를 편다.

모택동 주은래도 공식석상에서 자인한 '요동에서 쫓겨 들어와 반도에 살게 된 만주의 주인'을 애써 무시한다. 이 주장의 배경은 바로 뒤이은 '한사군 대동강 평양 존재설'의 선행 요건이기 때문이다. 즉 고조선 강역과 한사군 위치문제는 동전의 양면이고 함께 묶인 패키지다.

고대사의 핵심 열쇠인 동시에 최 현대사까지 이어지게 되는 첫 단추다. 고조선은 신화라면서 강역논쟁을 벌인다. 고조선이 무너지면 한사군도 무너지고 삼국도 통일신라라는 시대구분도 죄다 무너지는 도미노다. 그러나 이런 도식적 시대구분은 이미 교과서에만 남아있을 뿐 사실상 무너졌다. 혼용 또는 병기하는 추세다.

*고조선-열국시대-사국시대-삼국시대-신라전기-신라후기=남북국시대다. 삼국사기, 고려실록의 진실도 다툼에 진입했다. (*註: 북한학계의 시대구분 근거와 실제성의 영향도 크다고 본다)

그(들)에게는 7~80년대 이후 국내 고고발굴만 아니라 8~90년대 수교로 열려진 중국 러시아의 대량의 고고유적유물로 드러나는 새로운 상황이 큰 위기다. 한반도를 사수하는 반도식민사학의 주장을 확인하는 기회로 접근하는 황당함이 조롱 받는다.

　이 주장은, 식민사학의 '위만조선 기원설' 그대로다. 조선에는 구석기시대 부존재-청동기시대 부존재… 신석기 시대에서 청동기 시대 건너뛰어 철기시대인 위만조선시대부터 조선의 역사가 시작되고… 신라 고구려 백제가 최초의 고대국가다… 그리고 일본보다 600년 늦다는 반복이다. 다만 지금은 국가기원과 별개로 구석기-청동기 대량 유물 발굴에 따른 객관적 사실은 부인 못하게 됐다.

　그런데 같은 계열의 김정배(고려대. 고대사)는 조금 달라졌다.

　"…한국사의 99%가 선사시대…"라고 일단 초를 쳐놓고는 다음과 같이 말한다. "…(조선 후기) 실학자들의 문헌연구 이래로 많은 연구가 이뤄지면서 수정내지는 보완되는 가운데 오늘날의 고대사가 새롭게 구성을 보게 됐다… (터부시하던) '규원사화' 등 자료도 검토하게 되고… 고조선에 관해서 많은 논란이 있으나 고조선이 존재하였다는 사실은 거의 동의를 하고 있다… 고고학의 성과에 힘입어 고조선의 중요 문화가 청동기문화였다는 사실을 알게 된 것도… 고조선의 경계가 어디인가를 고고학의 유물(만주~한반도 전역의 무문토기와 '비파형 동검' 분포도)로 해결하여 중국에서 그 위치를 찾게 된 것…."

　*김정배는 최몽룡의 주장 며칠 뒤 같은 지면에서 위와 같이 고백했다. 저희들끼리 자중지란이다. 후자가 좀 더 솔직하다. 이 사람은 이 시점에서 스스로 상당한 내면적 혼란을 겪고 있다. 두루뭉실한 논지가 그렇다. 2014년 시점에선 전술적으로 많이 자가 수정한 것으로 사료된다. (*註: 위 최몽룡 글 같은 신문 지면주제⑥ 부분인용)♣

▶[그 외 관련 및 인용 자료]

　1983.1.8일자 조선일보 한국사 재조명〈김정배 18회〉/ 같은 지면 쟁점 '한민족의 선조는 누구인가?'-김덕형 기자 기사인용/ 동 신문 1983.1.12일자 한국어의 기원추적〈이기문 19회〉/ 동 1.26일자 기자 조선의 정체〈이형구 20회〉/ 1986.8.30일자 '한국사의 새 지평'〈최몽룡 1회〉/ 동 3회 김광억 '신화 민속 무시하면 죽은 역사 된다'/ 동 6회 김정배 '한국사의 새 지평' 문헌만으로…/ 조용진 한국인의 얼굴 등 관련 자료 재인용/ 윤내현 '고대사 신론', '고조선 연구' 조선일보 1986.9. 날짜미상 '한국사의 새 지평 - 고조선은 대륙국가' 4회/동 신문 1986.11.5일자 민족의 고향 고조선을 가다/ 경향신문 '코리안루트를 가다 1만킬로미터 대장정' 연재 1~18회, 뉴스메이커/인터넷 브리태니커 사전-'한국 상고사' 부분/인터넷 게시 공개 학술자료 3편 등

추기 1

　잡종민족을 얘기하니 더 확실한 사실을 알아야 한다. 최근 유전자학을 통한 인류와 문명이동 추적이 거의 100% 수준의 확실성을 유전과학이 담보하고 있다. 이에 의하면, 모계유전 추적은 '미토콘드리아' 유전자 조사로, 부계유전은 'Y 염색체' 유전자 조사로 파악된다고 한다. 유전자학회 통설에 따르면, 지금으로부터 *6만 년 전 200명이 아프리카를 떠났다.

　(*유전자학으로 에렉투스, 네안델탈인 등 유럽 통설 '다기원설'은 폐기됐다) 이동경로는 크게 남방 해안루트와 북방 대륙루트로 갈라졌다. *1만8천 년 전 마지막빙하기(제4간빙기)까지가 주된 시기다. (*註: 최근 학계에선 구석기~신석기 연결설이 설득력을 얻고 있다/경향신문-뉴스메이커 코리안루트 3회. 2009. 이형구. 선문대)

　북방계 일부는 빙하기가 끝나는 1만5천 년 전에 시베리아를 거쳐 미대륙으로 건너간다. 그런데 Y염색체 유전형을 보면 북방루트로 온 사람(특히 남성)이 동아시아인의 주체란 것을 쉽게 알 수 있다. 동아시아의

거의 모든 사람은 O형 Y염색체를 가지고 있다.

이 O형은 유럽 중앙아시아에 많은 N*의 후손 유전형으로, 호주~태평양~일본의 아시아태평양 해안 사람들 유전형인 C, D형과는 촌수가 멀다는 것이다. 아메리카 인디언들의 Q형은 O형과 사촌지간이다. 따라서 O형은 북방계 중앙아시아가 그 기원지다.

과학적인 유전자 분석의 결론은 무엇인가? *동이조선민족(한국인~숙신 조선계 만주인)과 일본 종족은 유전자 자체가 다르다는 것이다. (*註: 이 지점에서 김윤회 교수의 한.일 同源論은 재론을 요한다)

한 가지 사실은 앞의 "조선민족은 잡종이다" 꼭지에서 체질분석학적 내용을 일부 언급한 바 있는데, 유전자형 조사결과도 지문-얼굴 분석 결과와 거의 일치한다는 것이다. 앞쪽 인용결과에서는 우리 민족의 약 20%가 남방계로 후에 주류인 북방계에 흡수됐다는 사실을 밝힌 바 있다.

이번 *세계단위 대상의 유전자 조사결과 밝혀진 바로도 한국인의 약 1/4은 남방형의 C, D를 가지고 있는데, 그래서 3/4은 북방계라는 사실이다. (*註: 경향신문-뉴스메이커, 코리안루트… 이홍규: 서울대의대교수 내과)

한반도에서 이주해간 도래인 외의 토착 일본인 대부분은 C, D형인 것이다. 우리는 O형 단일 유전자가 대부분(75%)인데 반해 일본인은 C, D 혼합형이다. 결국은 그들이 '잡종'인 셈이다.

"학문은 학문에 맡기라" (*김원룡 서울대교수/1981.11.26.국회국사청문회서 청문위원들 잇단 질문에 답변 궁색해지자 한 말)

전문가를 자칭하며 중구잡설을 떠벌리며 학계의 권위로 군림해온 식민 강단사학의 패륜적 亡學이 그 끝을 보여주었다. 그런데 아무도 대드는 사람이 없었다. 그러려니 했다. 이제 세상은 또 달라졌다. 자신있게 대들어도 된다. 그대 뒤에 중무장한 시민사학이 있다. 지나 유적발굴단이 본의 아니게 거들고, 국내외 고인류학 체질유전학 고지리학 고생물학 등이 받쳐주고 있다.♣

-국내 강단사학의 폐쇄성과 배타성에 관한 경향신문 `1999년 2월 4일자 14면을 요약한다.

영어권국가의 첫 일본미술사 박사이자 16권의 관련저술로 일본문화훈장을 받은 존 코벨(1910~96)여사의 [한국문화의 뿌리를 찾아]는 두 가지 메시지를 전하는 듯하다. 일본문화의 뿌리는 한국이라는 것과 한국의 일부 고고·미술사학계가 부패된 시신처럼 썩은 냄새를 풍긴다는 것이다.

저자는 한·일의 유물에 담긴 미적 성취와 연대기를 비교하는 방식으로 한·일문화의 영향관계를 증명한다. 역사책은 때때로 왜곡·조작되지만 예술사는 인간이 어떤 생각과 감정을 지녔는지를 속이지 않기 때문이다.

가야토기는 보잘것없는 일본 하지키(土師器)토기를 밀어내고 그곳 궁중토기로 쓰였다. 가야 기마족이 369년 배를 타고 일본을 정벌한 사실을 알리는 유물이 널려있는 것이다. 또 70년대에 발굴된 나라(奈良) 다카마쓰 고분(高松塚)은 8세기에 사망한 일본 제42대 문무(文武)왕의 비빈 또는 후궁의 묘이지만 현무·청룡·백호가 그려진 「100% 고구려무덤」이다. 8세기 일본은 한국 세력을 흡수하고 당나라 영향권에 있었다」라고 주장한 일본의 견해를 뒤집은 셈이다.

시베리아 무속도 한반도를 거쳐 일본에서 신토(神道)라는 이름으로 오늘에 이르렀다. 고구려·신라 고분벽화에 나오는 신성한 백마 숭배사상이 대표적 사례다. 1945년 8월15일 일왕은 자신이 타고다니던 백마를 맥아더에게 넘기는 것으로 항복을 표현했다.

저자는 그러나 한국 학자들이 스승의 이론을 뒤집는 유물이 나오면 발표를 하지 않거나 재 매장시키는 경우가 있다고 비판한다. 1978~86년 한국에 머물며 한국미술사를 연구한 그는 『경북대박물관에 소장된 한 미공개 금관은 가야가 신라보다 앞선 문화를 지닌 사실을 나타낸 유물』이라면서 『신라가 모든 면에서 가야보다 앞선다고 주장하는 원로가 죽거나 은퇴해야 사실이 밝혀지리라』고 극언했다.

또 호암미술관 소장 가야금관(국보 제138호)은 방사성 탄소나 열형광에 의한 과학적 연대측정의 절차 없이 3~6세기 유물이라는 「안전한 꼬리표」를 단 채 전시된다. 가야금관이 신라금관보다 시대적으로 앞서면 문제가 되기 때문에 일부러 신라보다 뒤늦도록 연대 매김을 한다는 설명이다.

역사는 진실을 전해서 후세에 교훈을 주어야 한다. 史5적이라는 소리를 듣고 싶지 않다면 자신들이 이뤄놓은 업적이 거짓으로 포장되었을지라도 그것을 비호하고 진실을 호도한다면 후손들에게 자신이 평가받을 미래는 전혀 염두에 두지 않았던 독재자나 폭군과 다름 아니고 무엇이겠는가?

다수가 옳다고 주장한다고 해서 무조건 진실은 아닌 것이다. 불행하게 현재의 역사는 강단사학자들에 의한 독단적이고 철의 장벽보다 더 두터운 폐쇄성 속에서 썩어가는 시체다.♣

동북공정이 감춘 내부공정
"조선은 중국 속국? 터무니없는 말"

◀1963년, 조:중 국경선 협상체결 전 해인 6.28일 북한 협상대표단 맞은 접견장에서 주은래의 발언이다. 이런 게 1차 사료다. '공정'의 가공사료를 제압하는 거다. 그는 "요동은 원래 조선 땅… 역사는 왜곡할 수도 없다"라고도 하며 조선의 고대사를 대체로 인정했다. 요서~베이징~중원일대설을 막아내려는 '선제적 전략'이었다고도 할 수 있다. 사진은 1960년대 중반 국경선 획정협정 체결 후 김일성이 베이징에 방문하여 주은래와 '조어대'에서의 회담 장면 사진이다.

〈발언출처: 1963. 6. 28. '외사공작통보. 중국 외교부 / 영상출처: KBS역사특집방송〉

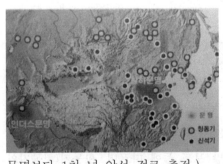

◀청동기문화는 황하 아닌 요하 **'홍산문명'(*지나가 1957년 대량의 세계最古 독자문화 유적 발굴시작/세계5대문명의 첫 문명 시작지역으로 고고발굴 과정에서 붙인 이름/ 황하문명보다 1천 년 앞선 걸로 측정.)

〈지도 출처: 변태섭 외, 문교부 검정 [사회과부도] 역사圖-금성출판사, 1984, p13〉

그간 우리의 古기록물과 지나 사서의 간접기록, 유전자학 등 인접

학문 성과와 본토대륙 발굴 유적·유물 등을 근거로 재야 시민사학은 환산력 BC 3898년경 환웅 배달국 시작 설을 지속적으로 주장해왔다.

그런데 단군세기 택백일사 삼성기 등 환단고기에 실린 古기록의 사실들이 이 '홍산 문명' 문화유적발굴로 그 실제적 사실성을 한 층 더 밑받침해주고 있다. 단군조선의 동일지역 선행시기인 홍산 문명의 토대 가능성이 점차 설득력을 주고 있다.

〈자료출처: 환단고기 규원사화 다음블로그 Nuclearpig 안수길 외〉

홍산에서 시작된 문명이 황하주변 및 서역(슈메르 철기문명의 시원)으로 전파되어갔다고 보는 것이 문명 전파사적 경로로 볼 때 타당성을 더하고 있다. 黃河 이남~長江 유역은 같은 시기 신석기 유물만 발견 분포되고 있어, 한반도 남단 및 일본 시코쿠 관서지방 보다도 늦음을 위 지도에서 알 수 있다.

◀*단군조선 강역과 일치하는 북방 '홍산 문명(화)권' 청동기 및 1980~90년대 집중 발굴된 BC 25c 전후의 청동기지역(*註: 반도론자들은 이 시기 한반도 청동기부재를 내세워 고조선부존재설 증거로 주장한다.) *청동기유적·유물집중지역 (*註: 정수일, 2001, p123재구성)/ 네이버 블로그 2008jsl)으로 이어지는 황하강 하류유역과 산동반도 지역은 중국사서들이 이르는 '東夷族' 영역으로 이 곳이 상고 東夷의 夏 商(殷) 周의 무대다. 최근 중국발 보도 등에 따르면, 황동기(청동기의 원류) 발견이 잇따르면서 夏를 역사시대로 편입하려 한다.

〈지도·자료 출처: 김운회 동양대 교수 '대쥬신을 찾아서' 2006, 해냄〉

▶비파형동검 집중지역으로 본 고조선 영역

고조선 영역

비파형동검 집중지역

비파형동검
세형동검

중심지역

▶요나라 영역

◀북방 동이족의 대표적인 청동기 *'비파형동검' 집중발굴 지역으로 알 수 있는 조선 영역. (*註: 요즘 강단사학 일부가 비파형동검이 꼭 단군조선 강역의 상징으로 볼 수는 없다는 말로 지기모순을 걸고 넘어지고 있다) 독자의 생각에 맡긴다.

윤내현 교수는 최근 남해안 여러 곳에서 발굴되는 사실과 관련, 종래의 *만주-한반도북부설(*註: 한국고대사신론/1986. 푸른역사)을 수정하여, *한반도 전체로 조선의 영역을 확대하였다.(*註: 윤내현 '고조선 연구' 2004, 일지사)

*북한학계에서는 고조선을 전(상)조선 후조선 만조선으로 나누며, 단군조선(전조선)의 개국 시기를 BC 30C(기원전 2,900년 전)로 본다. 그래야 중국 및 고려 이래의 우리 사서들의 기록(무진년설)과 일치한다는 것이다.

또한 초대 단군(왕검)묘-고구려 장수왕이 현재의 평양에 이전 조성한 단군릉을 조선말엽까지 제사묘로 유지, 1980년대 대규모로 改建하고 유골 자기공명MRI 측정결과 +-평균치 산출연대가 근거다.

〈자료출처: 남북학자들이 함께 쓴 단군과 고조선 연구, 2005, 지식산업사〉

위의 좌하단 지도는 고려시대 요(東夷거란)와의 영역지도다. 여기에도 동간도~북간도 등 북만주 일대는 여전히 고려 영토로 표시돼 있다.

자료 출처: 김운회 교수 '대쥬신을 찾아서' 2006, 해냄

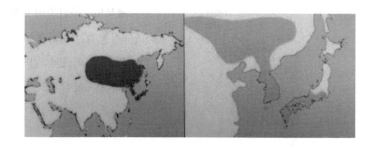

▲* '조선무다리(좌)와 체질 분포(우) 자료'/앞서 올린 자료(속이는 역사…"역사를 만들라")에서의 옛(전)조선 영역과 일치한다. 실제로는 더 넓은 지역에 분포했으나, 한족 및 여러 종족들의 이주와 혼혈로 인해, 현 시기 조 교수의 체질인류학적 연구시점에서는 크게 축소되었음을 고려해야 한다.(*註: 조용진 서울교대교수, 1999, p85)

〈지도 출처: 김운회 교수 '대쥬신을 찾아서' 2006, 해냄〉

* '무다리'는 짧은 다리로 추운 땅에 중심을 잡고 가느다란 눈매는 역시 추위를 이겨내는 북방민족의 체질적 특징이다. 혹자는 이걸 두고 무다리는 중심을 잘 잡아 춤을 잘 추고… 가는 눈매는 멀리 정확히 보는 시야를 가져 활을 잘 쏘는 민족적 특질이 여기서 유래한다고 한다. 골프나 양궁 종목의 뛰어남이 그 예라고도 한다.

이런 *체질적인 특징은 일본 구주지방 및 혼슈 일부까지 나타나는 것으로 보아 일본 기마민족 도래설을 뒷받침해준다고 볼 수 있다. 일부에서는 조선-일본인 한 뿌리론의 근거로 주장하기도 한다.(*註: 김운회 '한·일 민족의 기원') 왕실 등 지배계급에서다.

그러나 동일 민족설까지는 과학적인 다각도 연구 성과를 지켜볼 일이다. 최근 일본 동경대연구팀의 '농경집단과 언어 관계' 자료는 2200년 전쯤 이주한 농경집단 *야요이족'이 한반도에서 온 것으로 밝혀냈다.(*註: '야요이'는 우리 민족의 뿌리인 '예맥'의 '예'의 발음轉化로 생각된다. 왜냐하면, 예濊의 우리 발음은 '어아이'이고 남쪽에서는

'오에(아)이'로 불리는데 이것이 후에 백제왕 호칭 '어라하'로… '왜'로 됐다는 언어학적 주장이 있다. / 조선상고사 단군문화지 daangoon. pe.kr)

따라서 '야요이' 역시 '예濊→어아이'의 전화로 소견된다. 이는 단군 조선말~고구려초기 列島이주 및 야요이문명 전파론과 일치한다. 또한 당나라군 백제 침탈로 '반도백제'권 유이민 대량 이주 등 선주민이 던 수렵채취 집단인 '조몬족'을 대체한 북방계민족의 열도 지배론은 역사 고고 언어학적으로 증명되고 있기는 하다.

하지만 같은 논문의 다수 연구자들은 민족 기원 연구들이 한·일 두 민족의 현재 관계를 직접 보여주지는 않는다며 확대 해석을 경계한다.

위 동경대연구팀 논문 제1저자 선리는 "한국어가 *일본어의 뿌리라고 말할 순 없다… 두 언어는 한국어도 일본어도 아닌 공통조상의 언어에서 각각 유래해 다른 진화의 길을 걸은 것"이라고 말한다.

(*註: 뿌리론에 상관없이 현대 일본어의 상당수가 여전히 우리의 언어로 구성되어 있음은 인구이동과 문명 전파론의 증거일 수밖에 없다.)

〈출처: 2011.5.25. 한겨레 기사인용〉

조용진 교수의 '한국인의 체질 및 외모 연구'는 우리민족의 구성이 북방계와 남방계가 80:20 정도이고 이들이 하나의 민족적 특징을 형성했다고 한다. 일본의 경우, 지리 지정학적 특성으로 남방계가 주류 원주민이고 북방계 도래인이 지배계층을 구성한 복합성이 큰 것으로 본다. 이 분야 연구가 아직 많지 않은데, 김산호 '대쥬신' 上권 등 몇몇 저작물이 있다.

따라서 김운회 교수 주장의 사료 근거는, 지배계급인 북방계 조선 도래인 '상부구조' 관점에서 한·일 同根論을 주장하는 것으로 생각될 소지는 있다. 또한 일제 강점통치 명분이었던 소위 '同祖同根論'을 연상시켜 자칫 친일 매국사관 오해 여지도 크다. 식민강단사학의 면피용 덮어씌우기에 악용당하는 우는 경계할 일이다.

깊고 엄밀한 과학적 고증이 필요한 주제다. 설사 액면 그대로 인정한다고 해도 일본의 조선정벌론, 백제왕실 고토회복론 등 침략역사관의 합리화에 다리를 놔주는 명분이거나 근거로 비약할 일이 전혀 아님은 췌언의 여지가 없다. 우리가 만주 땅뿐 아니라 중원지역을 우리 옛 땅이니 내놓으라 하면 되겠는가 말이다. 오늘날 개명시대에는 경제 문화적 주권 개념으로 회복할 방법이 많다.

일본은 역사적으로 '은혜를 원수로 갚는' 대륙 컴플렉스의 고립된 섬 근성이 강하게 작용한다. 섬 국가 특유의 독자성을 오랜 기간 형성해 온 점과 함께 동북아 침략전쟁을 수없이 저질러 온 역사성에 비추어 볼 때 일반화하기 어려운 특이성을 가지고 있다 할 것이다.

이 시점에서 우리가 해야 할 일은 무엇보다 漢族이라며 민족 정체성을 잃고 말과 글과 역사를 잃고 사는 숙신여진을 조속히 되찾아주어야 한다. 고토회복의 영토적 의지를 떠나 총체적으로 함께 가야 할 이웃 동족이다. 현재 조선족은 그 징검다리다.

청(숙신여진) 붕괴 불과 수십 년 만에 잃어버린 그들의 정체성 복원이야말로 우리 역사 광복에 절대적인 선행 조건이다. 바른 역사를 찾고자 함은 자신과 자신의 공동체 뿌리 및 연원과 그 역사성을 올바로 인식하여 정당한 정체성과 역사 사회적 정의를 확보함이다.

부당한 침탈과 압제에 대응하여 자신의 공동체와 존엄한 주권적 권리를 지키려 함이다. 동북아와 세계 평화를… 인류적 양심에 기초한 공존의 발전적 미래를 추구하기 때문이다.

*몽골은 내몽고가 현재 중국 자치주로 되어있으나 외몽고가 독립국가로 있으면서 고대 예맥-동호-북위의 인종 및 체질론적 역사적 同祖 계통을 자신의 역사로 인식 보존하고 있다. (*註: 칭기스칸~쿠빌라이 칸 당시 무자비한 학살과 통치로 세계지배하면서도, 고려왕실을 살려

주고 고려의 국체를 보존시킨 것도 그런 그들의 역사적 뿌리의식의 반영이라고 몽골역사학자들은 보고 있다)

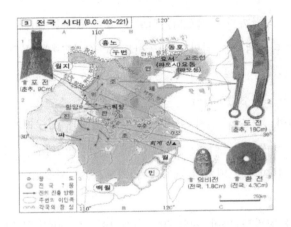

▲지나 전국시대 동화폐 주조 및 유통지역에서 문제가 되는 것은 '명도전'이다. 명도전이 과연 연나라 것이냐는 의문인데, 강단사학이 그걸 전제로 그 출토지 일대를 지나 영역으로 주장하는 것이다. 만주 및 북한 평북지역 등에서 발굴된 것을 근거로 고조선의 한반도지역 연나라 강역설 또는 그 영향권설을 주장하고 교과서에 싣는 것이다. 그냥 주장이 아니다.

그러나 중고교 역사부도를 보면, 당시대 여러 나라의 다양한 동화폐 관련 발굴유물이 연 조 제 진 한 초 등 여러 나라에서 함께 유통되고 있음을 알 수 있다. 그 중요한 이유는 꼭 자기나라 돈이거나 유통화폐이기 때문 보다는 화폐가치 이전에 쇠(동) 자체가 그 이상의 '고귀한' 물건이기 때문이었다. 따라서 당시, 지배계층과 부자들은 궤짝으로 구입 보관하며 재산 보전과 재테크의 주요 수단으로 활용하였다. 땅속 옹기단지에 켜켜이 쌓여 발굴되는 것이 그런 이유라고 한다. 억설도 손발이 맞아야 한다.

〈지도 출처: 1970~2010년대 중·고교 역사부도〉

열국 시대(대륙-한반도삼국·가야)를 보자!

고구려는 서북으로 몽골을 넘어 바이칼호 근처 알타이 북코샤크 지역 '염수', 동으로는 연해주 하바로푸스크~사할린~일본 북해도, 남으로 북경 이남까지 아울렀다. 열도 야요이 문화는 이때 고구려가 전해준 것이다. 백제는 남만주~산동반도~구주(규슈우)일부와 혼슈우 대부분을, 신라는 본토동남부와 일본 혼슈 북동 해안지방을, 가야는 구주의 대부분을 경영하였다.

말하자면, 열도의 원시 조몽(즐문토기)시대를 고구려가 야요이 문명시대로 바꾸었다. 이후 가야가 건너고 신라는 백제 진출에 다리가 됐다. 후에 일본은 백제의 제후국이 되고 백제 왕실이 일본왕실을 이어갔다.

*발해만~한반도~가야 지역 '왜' 존재설이 낯설기는 하지만 이를 인정하면 그동안 아귀가 맞지 않았던 부분으로 여겨지던 지나와 한국 史書(삼국사)에 나오는 왜의 존재위치와 출신~위치 등이 어렵잖게 풀어진다. '왜'는 역사적으로 일본을 지칭하는 고유명사형이 아닌 작고 비천하고 살기 어려운 지역 또는 부류를 일컫는 보통명사형이었음을 생각하면 그렇다.

이런 맥락에서 볼 때, 일본군영에 의한 비문조작설이 아니라도 광개토태왕 비문의 논란부분이 어느 정도 실마리가 잡힌다. '왜도해'가 오늘날 몇 백 톤에 해당하는 수백 척 배를 만들고 수만 명 대군을 싣고 바다 건너 신라를 침공하고, 그 일단이 남부지역에 소위 '임나일본부'를 설치해 직할 식민지로 삼았다는 가당찮은 얘기는 '왜'를 잘못 인식한 조작해석이다.

비문의 일부가 설사 사실이라고 할지라도 그렇다. 반도 남단의 무시되던 토착 왜가 바다를 돌아 내륙으로 쳐 올라갈 수도, 서해를 북상하여 상륙할 수도 있고, 바다 같은 우기철 낙동강하류를 건너 내륙 북부를 쳐 올라갈 수도 있는 등 상황은 여러 가지로 있을 수 있는 것이다. 임나일본부 반도(신라)지배설의 무리한 주장도 정리될 수 있다. '왜'가 누구냐? 다.

김산호 이덕일 등은 신라 지배지역인 열도내의 본주(혼슈우)~구주해안 다도해 일부 섬이 이른바 '임나일본'으로 비정한다. 반란을 일으킨 원주민을 당시 신라계 지배자였던 열도 본영 '신공황후'가 평정한 사실을 기록한 것이라고도 한다. 태왕비문조작설에 상관없이 태왕비 전체맥락과 맞아떨어지는 것이다.

〈자료 출처: KBS역사스페셜 '광개토태왕의 영토-비문 속 鹽水는 어디인가?' / '영산강 유역의 옹관묘 왜는 누구인가?' / '백제22담로의 비밀 / 김산호 '대쥬신' 상(1)권-열국~4국시대편 / 그 외 다수 書誌 및 인터넷 논문자료 참조〉

독일 등 서양학자들의 동아시아 연구 자료에도 현재지명 요하를 중심으로 요동 요서지역이 모두 조선의 영토로 지도에 표기되어 있다.

'코리아'는 고려가 아닌 고구려의 본래 이름 가(까)우리-高璃에 연원한다. 서양사에 동해는 일본해, 독도는 다케시마로 표기된 고지도가 상대적으로 많은데 비해 만주일대 서양 옛 지도는 그 반대다.

-서양인 연구학자들의 연구결과에도 백두산을 중심으로 북간도~서간도 일대가 17C 당시에도 여전히 조선의 땅임을 증명하고 있다.

이후 1712년(숙종82) 청의 목극등에 의해 일방적으로 정계비가 세워졌으나 고종 때까지 백두산을 발원으로 하는 '토문강'(송화강 상류)의 영역을 놓고 계속 분쟁을 벌였다.

1907년 중:일 밀약으로 청에 넘어가 흐지부지 되다가 일제 식민지로 국권이 넘어간 상태가 대한민국 지금에도 그대로다. 북한은 지나와의 특수 관계로 인해 역사적 사실을 중심으로 주장을 할 뿐 대체적으로 휴전상태인 것으로 보인다.

-일본 일부학자가 과거 화산 분출지역과 지질지형 중심으로 표시한 동북아시아 지도에서 추정한 조선(발해)의 강역은, 우리(남·북한) 학

계 및 중국 사서기록보다는 만주일대를 많이 축소시킨 한계가 있음에도 지금의 동북러시아~사할린~대마도가 포함돼 있다.

대체로 우리가 일반적으로 생각하는 영역이고 민족사학 일부에서 고증하는 내용과 일치부분도 많다. 북만주너머 오늘날의 사할린을 포함한 연해주 전체와 시베리아(사백력)남부 일대까지 비정한다. 이는 생각 이상으로 우리가 (동)북방계 민족임을 알 수 있다.

▲남포 덕흥리 고분벽화 속 유주(지금의 베이징~산서~하남·북 일대) 자사 '진'에게 하례하는 13郡 태수들! 이 속에 낙랑 현도 대방 태수도 있다. 삼국사기에는 서기313년 고구려에 병합된 낙랑군(나라가 아니었으니 멸망이랄 게 없다)과 그 훨씬 전에 사라졌다는 현도 대방군 태수들이 영락제 광개토태왕 시기(390년대)에도 버젓이 고구려 통치지역으로 존재하고 있다.

〈사진 출처: 중·고교 국사교과서/역사부도〉

변함없는 일본의 독도(한반도) 침탈 야욕과 지나의 공정프로젝트 역사장난으로 인해 분단체제에 더해 민족의 위기가 지속됨에도 친일 분단사관의 기득권 사수에 빠져 소극대응으로 일관하는 이 땅 강단 학계와 수구집권 집단의 행태를 보면 기가 막힌다.

1907년 일제의 만주철도부설권 똥값으로 淸에 불법강탈당한 북간도 서간도 일대의 국토회복을 국제법적으로 제기할 때가 왔다. 계급론에 몰두하는 일부의 부실한 역사인식도 변해야 한다. 또한 만주~연해주는 우리의 경제 및 한류 문화 영토로 광복시켜야 한다.

남한이 북한에 선제적으로 화해협력조치를 취하고 경제문제를 고리로 연대 공존하면서, 적어도 민족 문제만큼은 공동 대응해야 한다. 외세추종, 사대주의를 벗어나지 못하면 민족문제해결도 동북아 평화도 한 걸음 뗄 수가 없다. 우리 민족이 주도해야 가능하다.

경제적으로도, 현재 지나에 있는 엄청난 한국의 생산설비를 그 반에 반만 북한에 옮겨 놓아도 그 생산성과 부가가치는 중국에 있는 것보다 5배 이상 높아진다는 연구결과가 있다.

실리와 명분, 민족화해와 동질성 회복은 덤이다. 일반 국민 눈에도 그 게 보인다. 전체 우리민족과 그 구성원들의 경제적 삶이 훨씬 달라지고 공생 공영의 터전이 되며 통일의 군건한 기반이 될 수 있다. 그걸 서로 외면하고 각자 남의 나라에 나가서 따로 놀며 혼자 외신 기자들 앞에서 제 말만 떠들어대니 말이 꼴이 아니다.

세계인들은 모두 한국인 북한(조선)인 가리지 않고 그냥 코리아, 코리안이라고 부른다. 그러면 우리는 "나는 한국인" 북한은 "우린 조선민주주의인민공화국 어쩌구" 서로 장황한 토를 달 건가? 영국인한테 "브리티쉬?" 하면 당장 얼굴 붉어져서 "아니요, 난 잉글랜드 사람…", "난 스코틀랜드 사람…" 한다. 닮은꼴이다. 이보다 딱한 일이 어디 있나!

그들은 속으로 웃으며 손가락질한다. 인류현대사에 유일한 분단국가임을 뼈저리게 느끼며 사는 한국인들이 오늘날 과연 얼마나 되는지 모르겠다.

"지금 먹고 살만한데 뭘…" 또는 "당장 먹고 살기도 힘든데…" 아닌가 싶다. 퍼주기 논쟁에 종북 빨갱이 타령으로 물고 늘어지는 일에 골몰하는 분열의 일상화는 그만해야 한다. 정치가 그 불쏘시개 노릇을 하고 불길을 확산시키는 패당 질은 그만둬야 한다.

북한 내 자원이 지나 정부와 민간에 헐값에 팔려나가는 현실뿐 아니라, 급변 시 지나 인민해방군에 점령당하는 것을 막기 위한 실효성 있는 전략도 긴요하다. 그 전제는 평화다. 평화로 합의된 통일에는 지나가 아니라 어느 외세도 끼어들 여지가 없다. 선택의 여지가 없다.

미국 소련이 두 토막 내고, 일본이 독도, 지나가 이어도를 말아먹기 위해 무시로 방공식별구역이라는 사실상의 영공을 제집 안방 건너 방 드나들 듯 나대는 것은 심각한 도발이다.

설마… 설마… 하다가 설마가 사람 잡는다!

조선의 국권이 일제에 넘어가는 걸 눈 뜨고 보면서 당했다. 역사는 반복된다. 시대는 달라도 인간사 돌아가는 것은 개인이나 국가나 똑같다. 힘이 약하면 순식간에 해치운다. 때가 익으면 결행은 전광석화다.

역사는 나라와 민족을 규정하고 개인의 삶을 직간접 제한한다. 우리의 역사광복은 시민사학이 각개약진에서 연대와 단합을 거치면서 2000년대 들어 겨우 시작단계다.

민족 정기와 역사광복 운동을 국수주의 운운하는 자들은 대체로 친일파와 그 후손들, 그리고 기득권 당파성에 젖은 정치교수들과 과 정치·사회경제적 기득권집단이다. 면피에 급급하다.

역사광복의 그날까지 독립군으로 살아간다는 강호의 학문고수들이 본격적으로 민중의 곁으로 다가가고 있다. 유튜브로, 출판으로, 북콘서트로 연대의 조직화로 진정한 광복의 희망을 쏘아올리고 있다!♣

2부 · 현재가 현재를 묻다

| 1장 | 정치가 길을 묻다

박근혜 탄핵 '유신의 종언'

1970년 가을 미 국무장관 헨리 키신저와 지나 수상 주은래가 북경에서 만났다. 세상 어느 누구도, 모든 국가정보기관들도… 소련 KGB도 전혀 눈치를 채지 못했다. 닉슨-키신저, 모택동-주은래 4자 도박이었다. 그 둘의 비밀협상이 1971년 4월 이른바 '핑퐁 외교'다.

이어 다음해인 1972년 2월 닉슨이 키신저를 대동하고 직접 천안문 조어대를 찾아가서 모택동과 짜장면을 먹는 역사적인 대사건으로 이어지는 때다. 사건이 아니라 '사태'였다. 냉전의 한가운데에서 미국이 그 중심축의 또 다른 당사자인 지나와 정상회담을 하고 수교를 맺는다는 사실 앞에 온 세계가 깜짝 놀랐다.

저마다 앞으로 어떤 대변동이 닥칠지 주판알을 튕기기에 바빴다. 한반도 체제에 미치는 영향도 지대할 수밖에 없었다. 위기를 느낀 박정희와 김일성은 각기 이를 자신의 권력기반을 강화하는 반전의 기회로 삼고자 했다. 3선 개헌만으로는 불안했던 박정희였다.

박정희와 김일성은 이후락 박성철 등 심복들을 특사로 하는 서울~평양 왕래 극비회동을 급히 성사시켰다. 그리고 닉슨의 북경 방문 불과 4개월 22일 후인 그 해(1972) 7월 '7.4 남북공동 성명서'를 발표하는 깜짝쇼를 벌인다. 이는 민족의 화해와 통일을 여는 역사적인 새 시대 출발이 아닌, 박정희 유신체제와 김일성 주석체제로 내달리는 절대 권력의 출발점이었다.

박정희 치하 18년 평가는 극단으로 갈리지만 분명한 사실은, 정치 사회적으로 공화당 일당독주와 정보기관의 정보·공작 정치 개입 및 국민의 헌법상 기본적 인권과 민주적 기본권리에 대한 극단적인 탄압으로 시종하였던 시기다. '민주주의 암흑기'였다.

경제적으로는 18년 내내 무역 적자, 경상수지 적자, 재정 적자를 일컫는 '트리플 적자'로 일관됐다. 미국 AID 원조차관, 일본의 청구권 차관 외에 독일 광부 간호사 파견 및 중동 건설노동인력 파견, 월남전 파병 병사들의 전투수당 국고전입 등 국민들의 피땀 어린 외화벌이로 근근이 메워갔다.

맛없는 밥이라도 쌀밥을 먹기 시작한 것은 1974년 필리핀-일본을 거쳐 들어온 IR667 통일볍씨 시험재배가 성공한 이후인 1976년 쯤부터였다. 통일벼 자급은 1962년부터 박정희 재임기간 진행된 이른바 3차에 걸친 '경제개발 5개년 계획'에도 없던 것이었다.

1970년대 초 필리핀에 출장을 간 농무조사관의 착안과 노력에 의해 기적같이 이루어진 것이다. 쌀 막걸리가 나온 게 1977년이다. 그 2년 후 박정희가 피살되었으니 박정희 시대 내내 국민들 삶이 질적으로 자유당 때보다 크게 달라진 것은 없었다. 다만, 단기적 고성장 전략을 추구하기 위한 재벌육성과 그들을 중심으로 한 수출 지향적 산업구조 재편에 따른 저임금 장시간 노동을 특징으로 하는 후진국형 일자리 증가 등 낙수효과가 일정부분 있었던 건 사실이다.

'박정희=한강의 기적'이라는 등식은 독일을 방문한 박정희와 그 얼마 후 한국을 답방한 뤼브케 대통령의 교환 방문에 맞춰, 당시 독일의 한 잡지언론이 '라인강의 기적'을 배우자는 한국 군부정권의 구호에 화답하듯 '한강의 기적'이라는 제목을 뽑았다.

이 기사를 입수한 정권은 대대적으로 국내에 언론플레이를 하면서 정치적 이득을 극대화했다. 경제적 실상과는 거리가 먼 대중 조작이었다. 히틀러가 치적으로 내세운 아우토반 프로파간다의 벤치마킹 비슷했다.

1970년대의 대부분인 1972~1979년이 소위 '박정희 유신시대'다. 말은 '유신'인데 이때가 해외 이민사태가 봇물을 이루던 시기다. 엄혹한 정치사회적 숨 막힘에서 자유로워지고 싶은 지식층 인텔리겐챠 그룹과 그 와중에 경제적으로 나름의 理財에 성공해서 먹고 살만해신 중산층이 제 나라를 떠나가기 시작했다.

해마다 2~3만 명씩 무슨 유행병처럼 떼를 지어 미국 캐나다 구주 등으로 떠나갔다. 국민들은 부러운 눈으로 그들을 쳐다봤다. 남겨진 자의 서글픔을 느낀다는 이들도 적지 않았다. 이른바 '두뇌 유출'과 '국부 유출'이 언론에 회자되기 시작했다. 국가장학금으로 혹은 정책적으로 유학을 보낸 젊은 인재와 엘리트공무원이 귀국을 기피하는 일이 다반사였다. 중산층 이민은 국부 유출을 동반하는 '재산해외도피' 사범으로 몰아갔다. 실제 유출사범도 적지 않았던 게 사실이다.

그러나 대다수는 저마다 그 나라에 자리를 잡고 오늘날의 한류문화와 한국제품 수출의 근거지가 됐음을 부인하기 어렵다. 당시 미국으로 향하는 이민인구가 재일교포 수를 넘어서며 오늘날의 재미 교포사회를 형성하던 시기이기도 하다. '유신시대'의 실상이다.

아이러니한 것은 박정희 시대, 가장 착취당하고 목숨 바쳐가며 희생당한 사람들이 지금 그 시대를 그리워한다. 이들은 현재로 이어지는 수구극우 정권의 핵심지지집단이면서 박정희의 딸 박근혜를 대통령으로 옹위하는 핵심층이었다.

그런데 박근혜를 잡아들인 윤석열을 그토록 격렬하게 비토하던 그들이 윤석열을 대통령으로 만드는 데 또한 일등공신 노릇을 했다. 모순이 또 다른 모순을 낳는다. '박정희 역설'은 세대를 이어가면서 지속되고 있다. 일단의 식자층이 겪는 정치적 상실감은 한국정치의 비애다.

소위 노인태극기부대나 자생적 친일세대의 극우편향이 수구 지배기득권에 깊숙이 이용당하는 동원세력으로 기능당하고 있다는 사실을 깨닫지 못하는 것인지, 가치동일체로 자발성에 기초하는 것인지 국외자는 반반으로 본다. 그러나 이 땅의 친일 지배기득권은 박근혜를 끝까지 놓아두지 않을 것임은 자명한 사실이다.

박근혜는 '최순실 국정농단' 사태로 2016년 12월 9일 국회에서 탄핵당하고, 이듬해인 2017년 3월 10일 헌재에서 파면됐다. 그리고 특검 수사 18일 만인 3월 28일 구속됐다. 그녀에게는 '최초'라는 수식이 몇 개 붙었다. 대한민국 최초의 여성 대통령, 최초의 부녀 동반 대통령, 최초의 구속대통령이다.

그녀는 1,2심에서 18가지 죄목으로 25~30년 형을 구형받았다. 대법원에서 3개 죄목(국정농단, 뇌물수수, 국정원특활비 상납) 20년형에 벌금 180억 원, 추징금 35억 원을 최종 확정 받았다. 앞선 새누리당 총선개입 확정판결 2년을 더하면 22년형이다.

만기출소 때 그녀 나이 87세, 우리나이 88세 米壽다. 그녀는 끝났다. 그녀 뿐 아니라 집권세력도 정치적 사망선고를 받는 건 마찬가지였다. 그게 순리다. 이로써 그녀에게까지 이어온 박정희 시대… '유신시대'가 비로소 진정한 종언을 고했다.

다들 그렇게 생각했다. 그러나 이 땅 수구세력의 뿌리가 그렇게 생각대로 쉽게 뽑혀질 일은 아니었다. 그녀는 감옥 안팎을 들락거리며 반은 의료휴양으로 시간을 보내다 3년9개월 만에 석방되고 그 얼마 후 그녀의 정치반대세력 후임 대통령으로부터 사면까지 받았다.

그리고 다시 국가권력은 그들에게 되돌아갔다. 얼굴마담 돌려막기다. 그녀를 감옥에 잡아넣었던 지금 대통령은 슬금슬금 그녀에게 눈치를 보더니 얼마 전부터는 한 술 더 떠 손을 내민다. 구원요청을 하는 게 정치에 아둔한 사람들 눈에도 보인다.

그녀가 다시 꿈틀거린다. 지금은 집안에서 몸 관리에 열심이겠지만 본격 등판이 머잖아보인다. 70대 초반이면 정치적으로 한창나이다. 정상에서 쫓겨나기는 했어도 정치적 영향력이 살아나면 정치권력도 부활한다. 그녀의 정치귀소본능은 강렬하다.

박근혜가 20대 초에 포스트 육영수를 꿰차고 권력의 꿀맛을 본 것도 제 아비에 연유한 것이고, 본격적으로 정치판에 뛰어들어 권력정상을 꿈꾼 목적도 제 아비 박정희의 부활을 위한 것이었다. 그 외는 달리 설명할 것이 없다.

그녀가 이제 자신의 정치적 영향력을 되찾으려 할 것은 명확하다. 자신의 추락이 아비의 추락이었다. 자신의 부활이 곧 아버지의 부활임을 굳게 믿는 그녀다. 박정희 시대… 유신의 종말은 아직 온전히 끝나지 않았다.♣

대선, 정치공학과 선거비즈니스

1

시민의 투표, 신민(臣民)의 투표

20대 대선 공식 경주가 2022년 3월9일 결승선을 끊었다. 2월15일 00시부터 3월 8일 23시 59분까지 22일 간이었다. 한 나라의 명운이 걸린 일대 사생결단의 총성 없는 전쟁이나 다름없는 게 대선 판이다. 대통령중심제 단임제라서 더 그렇다.

그러나 그런 건 겉으로 내뱉는 정치적 수사이고 일반 국민들에게는 아주 추상적이다. 그런 추상성이나 모호성은 관념적 영역에 속한다. 당사자인 현실 정치인과 그 집단 또는 이념형 운동 투사들에게나와 닿는다.

"일상의 삶이 모두 정치다"…

이 말은 여전히 보통의 일반 유권자들에게 정치적 관심과 참여의식을 환기시켜주는 현대 민주주의 교범의 정치학적 슬로건이다. 그럼에도 대중에게는 여전히 심리적으로 먼발치 그 언저리다. 의회 민주주의, 대의 정치로 대변되는 현대 간접민주정치 체제의 한계점이다.

말이 주권자이지, 주권자인 유권자 국민들이 뽑아놓고 권력을 위임했다고 해서 주인 된 대접을 받는 것도 딱히 아니다. 우리나라에서 유권대중(민중)은 '주권자'와 '피치자'라는 2중의 성격을 동시에 지닌다.

독재정권 시절, 전자는 쇼윈도에 소중히 모셔진 장부상의 주권자였다. 지금은 반반이라지만 아직도 민중의 뇌리에 각인된 그 때의 공포어린 트라우마 탓인지 아니면 그 세월 길들여진 머슴근성인지, 적잖은 이들이 자신의 손으로 뽑은 권력자를 황제나 여왕 모시듯 자발적으로 부복하고 종노릇을 자처한다.

이들에게 자신의 위치는 '피치자' 臣民… 그 자리다. 혹자는 이들이 민주주의에 일점 보탠 것 없이 들은 것도 아는 바도 없고 의지도 부재한, 말하자면 상금 없는 복권을 거저 움켜쥔 부류로 폄하하며 농반 진반 '차등 선거'… '제한 선거'를 술안주 삼는다.

그렇지만 한편으론 식민속국 시대에 나고 자라나서, 전쟁의 광란과 야만의 시대에 애오라지 생존에 골몰하며 일가식솔 굶기지 않으려고 죽어라 험한 삶에 등골 휜 이들에게 그냥 '불학무식'으로 무시하기에는 애달프게 껴안아야 할 우리의 아픈 현대사다.

어쨌거나 山人 생각에는, 민중에 의해 뽑혀 올라앉은 이른바 엘리트 정치권력자의 대체적인 의식세계도 그렇고, 민중은 말하면 무엇이랴! 어느 쪽이나 아직은 '피치자' 의식이 더 크게 자리하고 있는 듯 보인다. 일천한 민주국가의 반증이다. 선거와 투표는 정치의 핵심이자 꽃이다. 이걸 공학적으로 접근하고 비즈니스 사업 운운하는 배경이다.

대통령 권력을 비롯한 지방의원 지자체장 등 선출직 代議者들이 과연 자신을 뽑아준 민중들의 뜻을 있는 그대로 충실히 대표하고 대변한다는 보장이 없는 게 문제다. 실제로도 그렇질 못한 경우가 훨씬 더 많다. 공복(公僕) 정신보다는 자신이 속한 정파적 이해나 개인의 주견을 더 반영한 행동을 하는 일이 많은 게 사실이고 현실이다.

정치적 배임이다. 그럼에도 한국전쟁 이후 70여 년간 이어져 온 현재적 정치격변과 항쟁을 통해 이룩한 민주주의 발전과정은 민중의 각성되고 고양된 정치에너지를 통해 앞에 언급한 정치적 슬로건을 "나와 내가 속한 공동체의 실제적인 삶의 문제"로 끌어내리면서 정치에 대한 대중적 인식 지평을 괄목상대하게 높여낸 것도 무시할 수 없는 성과다. 그런데도 20대 대선은 발전됐다는 정치의식이 무색하게 파워게임 당사자와 정치집단의 구태의연함에 휘둘리는 모습이 수시로 노출됐다.

어느 당 유력후보는 TV토론회에서 대놓고 '선거는 비즈니스 아닙니까?'라고 상대후보에게 되물었다. 차라리 솔직하다. 세대와 지역의 편향적 몰표행태는 아직도 한국사회의 대중민주주의가 갈 길이 멀다는 것을 또렷하게 확인시켜주었다.

그래도 선거를 통해 일자리, 보육, 사회 안전망, 입시교육, 재벌개혁을 통한 귀속적 세습지위 타파 요구, 계층상승 통로의 다변화 등 다양하고 상충하는 국민적 의제가 실체적 결과여하와 별개로 분출되고 수렴되는 정치메커니즘 최상단 작동기제는 대안 없는 결정력이다.

이를 통한 균등한 기회보장과 삶의 질 확대 등 아주 구체적이고 다기한 삶의 문제들을 관철하려는 정치 사회적인 욕구가 선거 전략상의 정치 어젠다로 부각되고 '정책결정력(policy decision making)' 최고단위의 경로로 유효한 정치과정임은 부인할 수 없는 긍정성이다.

이런 사실은, 다수의 여론조사기관이 실시하는 투표참여 예측조사에서도 나타나고 있다. 이제까지 제일 낮은 투표 참여율을 보여 온 2~30대, 도시 여성, 워킹맘, 학생, 자영업 등 상대적으로 삶의 여건이 열악하고 일상에 쫓기는 세대와 계층에서 '적극적 투표 의사'가 점차 높아진 것으로도 알 수 있다.

이는 장기간 지속된 '촛불 집회'에 참여한 주도 계층으로서 그 성공적인 결말을 가져온 자신감에 연유하는 바 크다. 거슬러 올라가면 '이명박 정부 광우병' 사태 당시 촛불의 위력… 세월호 참사 때 보여준 시민사회의 힘 등이 누적된 학습화의 결과이기도 하다. 이들은 자신들에게 닥친 어려움을 자신들이 뽑은 대표자들이 대변해주길 기대하기 어렵다는 현실을 실체적으로 확인하는 과정이 반복되면서 문제해결의 최종 방법론적 패러다임을 고민하기 시작했다.

이들의 고민과 결론은 '주권자'의 성격을 헌법상의 선거권 행사라는 소극적 권리에서 벗어나, 스스로의 문제를 인터넷 매체와 SNS 등 유용한 디지털 사회 네트워크를 통하여 집단적 여론의 힘으로 조직하고, 온라인+오프라인을 결합한 압력단체(Pressure Group)으로 적극적인 변환을 시도하는 것으로 나타났다.

이 힘을 바탕으로 '사회적 의제'를 만들어내는 동시에 중대한 '사회문제'로 밀어 올리는 경로와 경험에 익숙해지기 시작했다. 이런 문제 해결 매커니즘의 최종적 혹은 근본적인 과정의 맨 위에 '선거'가 있다는 사실도 명징하게 확인했다.

민주주의에서 갈등 해결이나 문제 해결의 정통성은 '결과의 정의(正義)' 아닌 '절차적 정의(正義)'에서 찾아지며 바로 그 지점에서 갈등 해결의 정당성에 대한 시비가 원천 차단된다. 입법-시행은 따라오는 하위적 집행단위다. 민주주의에 눈을 떴다.

이 지점에서부터 단계적으로 '유권자 연대'… '유권자 연합'… '유권자 동맹'으로 진화한다. 이 과정에서 계급 계층 세대 직업 등 보다 다양한 스펙트럼의 분화된 '유권자 연합'이나 '유권자 동맹'으로 나타날 수 있다. 이러한 양태는 '노조'의 정치운동과 달리 보다 광범위한 유권자 대중을 묶어낼 수 있다는 점에서 그 파급력이 광의적이고 폭넓은 정치적 영향을 일으킨다. 이 지점에서 정치권에 대한 압력도 강하게 나타난다고 볼 수 있다.

현재 미국이 AFL-CIO(全美노조총동맹) 등 노조조직과 흑·백·히스패닉·아시안 인종 중심 등 크게 두어 갈래의 유권자 동맹군 형태가 강하다면, EU 여러 나라들은 대체로 전자가 더 크게 나타난다고 소견된다. 우리의 최근 대선 국면에서 나타나고 있는 양상을 보면, 암묵적이든 일부 조직적이든 2~30대와 4~50대에서 유권자 연대→연합 정도가 나타나고 있는 것으로 보인다.

선거 과정에서 공약의 의제화나 선거운동의 흐름을 보면 쌍방향 소통 매커니즘의 고도화도 그렇고, 아래로부터 집약된 어젠다의 상향적 압박 강도가 예전과 비교할 수 없이 세어졌다. 실체적 주도권이 유권대중에게 넘어오는 단계가 지금 19~20 대선의 진화 양상이 아닌가 생각된다.

어쨌거나 유권대중들이 사이버 네트워크든 조직된 시민단체든 발달된 각종 커뮤니케이션 도구들을 유효한 무기로 활용하여 기성 제도언론들에 버금가는 '힘'의 결집으로, 공론을 일으키고 정치·사회적 담론을 창출 선점하며 '선거 공약화'를 주도-이행강제-매니페스토 실행감시 등 선거정치의 전 과정에 대한 주도권을 가져오려는 흐름은 한국 민주주의 발전과정에서 대단히 고무적인 요소로 작용할 것이다.

헌법전(典)에 껌딱지처럼 늘어붙어 있는 '장부상의 주권자'를 광장으로 끌어내어 직접민주정을 행사하는 정치적 주체로 자리매김한다는 것은, '적폐 청산', '국가 대개혁', '서민 대통령' 등 정치적 구호나 선거 득표용 수단으로 용두사미 되기 십상인 '공약'을 '엄중한 서약'으로 전화시키는 포승줄이 된다.

주권자인 유권대중이 선거를 통해 자신들의 요구와 의지를 관철하고 해결해낼 수 있다는 가능성을 실제적 결과물로 가져오는 성과가 차곡차곡 쌓여갈 때 우리는 비로소 국가권력기관, 족벌·재벌 언론, 친일기득권 그리고 이들과 연계된 극우 커넥션 집단 등에 의한 선거 개입의 상수적 변수를 완벽히 차단하고 그야말로 민주주의 '축제의 선거마당'을 맛볼 수 있게 될 것이다.

국민통합 정치개혁 경제민주화 안보·복지는 이에 따라오는 것이니, 결국은 주권자인 대중들이 선거를 통해 이끌어내는 것이다. 요즘 山人은 총체적으로 20대 대선에 관련하여 망국적 행태가 여전히 상존한다는 사실에 실망스러움을 안고 있지만, 한편으로는 축적되어가는 시민정신의 역량을 지켜보면서 氣와 삶의 활력을 얻는다는 사람들도 많다.

힘들고 어려운 일이 생길 때일수록 똘똘 뭉쳐 함께 해내는 '두레' 정신의 펄펄함을 본다.

2

선거 투표 공학

이 글 서두에서 "선거는 사생결단의 총성 없는 전쟁판이나 다름없다. 그러나 그런 건 겉으로 내뱉는 정치적 수사이고 일반 국민들에게는 추상적이다…" 라고 언급한 것을 이어보고자 한다.

사람은 보통 '명분과 실리' 두 가지를 담아두고 움직인다. '명분'은 지식과 관점… 당위와 定意다. 대상이 관념이다. 머리로 궁리하고 입으로 행한다. 이에 반해, '실리'는 그 대상이 물건이든 용역이든 이권이든 구체적으로 획득하려는 객체가 있다. 본질적으로 이기적인 인간에게 욕망의 감정을 불러일으켜 호환하고 몸을 충동질 하여 행동을 옮기게 하는 실제적 동기다. 따라서 자발성에 기초한 액션을 유발하는 목표물이 명확히 존재한다. 사람을 움직이는 힘이다.

'선거'의 승패는 크게는 권력과 지위 명예를, 작게는 금전적 이권이나 용역을 획득할 수 있는 합법적(더러는 편법적) 기회를 가져다주기도 하고 빼앗기기도 한다. 권력과 그 전리품은 나누기 어려운 것이다.

이원집정부제와 의원내각제를 떠들어도 그 안에서 여전히 위·아래 서열의 절대성은 존재한다. 참여자들은 농공행상 부스러기를 받는다.

선거를 통해 획득한 '권력의 성격'을 굳이 민법적으로 비유하자면, 일정기간 주어진 '임대권'이 아니라 '질권'이다. 일정기간 보장된 '소유권' 수준이다. 뽑힌 권력이라지만 아주 강력하다. 절대주의 시절 또는 봉건왕조의 권력에 비교해도 그 본질적인 성격은 별반 다르지 않다. 그래서 불가불 승자독식이 십상이다. 승패의 결과가 양 극단으로 갈라질 수밖에 없는 배경이다.

그러므로 선거에 걸린 정치적 개인적 이해관계와 떨어져 있는 유권대중은 주권자임에도 그 엄중한 책무감이 희석된 관전자 위치에 서서 바라보기 마련인 데 비해, 선출권력을 향해 출진하는 각 진영은 출전 대표선수부터 발끝 조력자까지 저마다 이루고자 하는 명확한 성취목표가 있다.

그래서 천인단애 건곤일척의 결기를 다지면서 역동적으로 돌진한 다. 인간을 일으켜 세우고 죽을 힘을 다해 싸움을 붙이게 하는 비장 한 다빈치 코드가 선거판에 숨겨져 있다. 물론 일당독재 계급독재 세 습왕조와 같은 권력 승계체제에서는 성립하기 어렵고 상상하기 힘든 민주주의 체제의 강점이고 정통성의 힘이다.

길든 짧든 승부의 단판 일합에 연습은 없다. 모든 것을 걸고 싸운 다. 전쟁이다. 두뇌 전쟁이고, 독기 독설로 무장한 끈기와 맷집의 싸 움판이다. '쩐(錢)의 전쟁'이다. 스포츠는 보는 이의 즐거움으로 끝나 지만 선거판은 흥미어린 관심은 있어도 즐거운 그런 게임류 구경거 리가 아니다. 환호와 비통함이 동시적이다.

경쟁이 다자화 되고 다투는 합이 일진일퇴 치열할수록 사생결단의 가쁜 호흡에 관전자의 열기도 뜨거워진다. 로마의 검투사에 비교하긴 그렇고, 무하마드 알리와 조지 포먼의 권투경기와 다를 바 없다. 게 임 본성이 인간의 본능이라면, 도박 못지않게 선거도 인간의 내면 깊 숙한 투쟁본능의 욕망을 끌어내는 마약 같은 게임 본성에 비교된다.

게임의 최상위 잭팟은 '권력'이다. 인간을 무소불위 복종시키고 부 려먹을 수 있는 힘이다. 그래서 배우자 빼고 동원 가능한 모든 자원 을 쏟아 붓는 풀 배팅이다. 집단적 전략 전술이 충돌하는 세력 게임 이라 승리를 위한 기만과 술책으로 때론 피아의 구분이 흐릿해진다.

오월동주 아닌 동지와 간신, 배신과 간계가 판을 치는 적나라함은 영화 드라마를 넘어서 미학적이다. 심판과 규칙은 게임의 '최소한'이 다. 피를 볼수록 관전자의 혈압은 더욱 올라간다. 세상에 중립적인 관전자는 없다. 어느 편… 하다못해 심판 편이라도 든다.

그런데 상대가 피차 빡세고 대등할수록… 예측불가한 슈퍼매치일수록 중계료 광고스폰 선수개런티에 입장료까지 천정부지다. 비용은 입장객뿐 아니라 경기장 밖 길을 가는 시민들 호주머니도 털어간다.

지저분한 경기내용에 관객은 지불한 돈이 아깝지만 길거리 서민들은 제 호주머니 털리는 줄 모른 채 털린다. 이긴 자는 말할 것 없고, 진 선수도 먹다 남은 전리품을 챙긴다. 모든 대가의 지불은 온전히 주권자 국민의 몫이다. 유권대중이 선거에 진지해질 이유다.

"일상적 삶의 총합이 정치다…."

삶의 근거가 사회적 존재에서 오는 것이라면, 그것을 가능케 하는 근대 사회계약론자의 첨언은 지금도 유효하다. 그가 살던 당시에는 민중에게 '헌법제정 권력' 자체가 없었으니 합법적인 권력의 창출 또는 교체는 언감생심이었다. 피를 부르는 '혁명' 뿐이었다. 따라서 권력에 대한 '보통 평등 직접 비밀'의 절대적 원칙과 등가주의(等價主義)에 근거한 선거도 없었다.

그런데 말이다. 글로벌 선진국을 자임하던 한국사회가 2022년 대선 판을 지나면서 이 백주대낮에 어느 부분 막론하고 진전과 통합은 커녕 봉합도 되지 못한 채 퇴보와 갈등의 골짜기만 더욱 깊어가고 있다. 이 쪽 저 쪽 말은 같은데 서로를 향해 핏발 선 눈알을 부라린다.

누가, 어떤 집단들이 조장하고 회심의 미소를 흘리는지 아는 건 어려운 일이 아니다. 代를 이어 부동의 기득권을 지켜가는 커넥션 카르텔이다. 근대 계약론자들이 부르짖던 정치계몽주의 시대, 그 때 그 언어가 이 땅에서 지금도 숨을 쉬어야 할 이유가 무엇인지 생각해본다.

정치의 꽃이 선거이고, 선거 전략과 전술 또한 공학적 테크닉이 불가피한 머리싸움에 선전선동의 프로파간다라면 정치인들의 합종연횡 이합집산의 선거공학만 살펴봐야 될 일이 아니다. 이에 조응하는 주권대중의 투표 공학적 양태도 천착해 볼 대상이다. 여기서는 유권자의 투표 양태에 관한 심리적 성향을 놓고 몇 몇 사례를 생각해 본다.

1) **이념형 투표** : 지지하는 입후보자의 당락 여부나 자신의 투표지가 사표(死票)가 될 가능성 고려 없이 일관되게 일정한 이념적 관점을 가지고 투표를 한다. 이는 인물 중심 아닌 지지정당 또는 후보자의 정강정책을 중심에 놓고 선택하는 결과다. 이런 유권자는 지지 정당이나 입후보자와의 관계가 동질적이고 정서적인 연대감이 긴밀하다.

당장의 당선이나 집권이외에 다의적인 정치적 목적달성을 포석한다. 따라서 투표 참여율과 충성도가 제일 강하다. 진보적 정치성향을 띤다. 현재의 정치 지형에서 볼 때 정의당과 소속 후보에 대한 지지로 나타난다.

2) **계급 투표** : 이른바 서울 강남3구의 기존 집권여당(공화당~국힘당)에 대한 몰표로 나타난다. 계급적 이해관계가 선택의 중심이다. 대기업인, 자산가, 정치사회적 고위직, 쁘띠부르좌적 중산층 등이 몰려 사는 거주지역이다. 이들은 대부분의 주변 지역과 보이지 않는 울타리로 경계가 지어진 일종의 '도시의 섬'으로 나타난다. 이들의 성향은 전통적으로 매우 보수 수구적이다.

이해관계에 민감하고 따라서 투표행태가 조직적 전략적이면서 네트워크가 유기적으로 연계돼 있는 점이 특징이다. 정치지형적으로 국힘당-윤석열. 안철수 지지가 압도적이다.

3) **동조 투표** : 말하자면 친구 따라 강남 가서 투표하는 '부화뇌동형' 투표 행태다. 위에 든 이념형 또는 계급 투표와 같은 뚜렷한 정

치지향이나 이해관계 없이 일종의 몰려가기 식의 '대세 추종형'이다. 이들은 소외 왕따 배제 낙오등에 대한 정서적인 두려움이 크다. 또한 여론 조작이나 선동 지역감정 등 정치적 쇠뇌에 취약하다. 화려한 이력이나 높은 인지도 등 소위 명망가 의존형이다. 잘잘못이나 정치행로와 지향성향 등의 문제점에 관대하다.

따라서 이른바 '대위 만족형' 투표 성향을 지녔다. 이념이나 정책 공약 등에 별 관심이 없고 외향적 이미지와 대망론에 쉽게 흔들린다. 저학력 빈곤 노년 부녀자 층 등이 이에 속한다고 볼 수있는데 대체로 기득권에 휩쓸리는 경향성이 크다. 투표율과 집단적 계층적 가변성이 모두 높아 당락의 유동성이 클 경우 결정력이 크다.

4) 나홀로 투표 : 정치적으로 낭인유권자 또는 독립군 축에 속한다. 정치에 대한 관심이 상대적으로 덜하거나 냉소적이다. 친화적이거나 고정된 지지 정당 또는 입후보자가 없고 특별한 정치적 요구나 관철의사가 약하다. 따라서 대체로 부동층으로 떠돌거나 기권이 많아 투표율도 낮다.

개인적 이해관계나 주관에 기초한 시각 보다는 사회 문제에 대한 추상적 관심이 높다. 그러나 광우병 세월호 최순실 국정농단 등 정치 사회적 돌발 상황에 대한 반응력이 강하며 이럴 때 급속히 부동층에서 이탈하여 특정한 지지로 옮겨 간다.

박빙의 승부처에서 이들이 결집할 경우 그 위력이 나타난다. 학생 샐러리맨 등 화이트칼라 도시서민 중소기업 임금노동자 등이 이에 가까운 층으로 소견된다. 대체로 야당 성향이 높다고 볼 수 있으나 응집력이 약해서 지지 대상이 분산된다.

5) 시민 투표 : 이들은 광장 민주주의 중심 개념인 '시민' 의식이 높은 사람들이다. 정치적으로 각성된 주권자로서 오늘날 정치 사회적인 중심을 잡아 주고 보편의 양식과 상식을 지닌 건강한 선거 주력군이다. 이들이 있어, 소위 태극기노인, 엄마부대, 일베, 메이저 수구

매체 등 정치·사회적 극우집단으로 지탄받는 세력을 제어하고 왜곡된 역사 청산이나 사회 적폐를 정리하고 재구조화하는 실질적인 추동력이다.

이들 주권시민들이 뭉친 개미군단 민중의 위력이 거대 이익 집단들의 불공정 반공동체 배타적 독과점행태를 막아내는 시장의 방파제 역할을 한다. 현재와 같은 정치적 혼란과 국정의 표류 상태에서 정치·사회적 안정을 담보하는 안정화 세력의 중심축이라 할 수 있다.

이들에게 있어 선거는 기본적으로 '심판'이다. 선거를 통해 정권을 평가 심판하여 도태시키거나 재신임을 주고, 새로운 선량을 신임하여 내세운다. 말 그대로 주권자로서의 최종적 주도권을 확실히 틀어쥐고 행사한다. 이들 '시민사회' 세력은 대체로 정치적으로 온건진보 성향을 띠면서 계급·계층적으로는 민주사회의 정치질서와 시장의 감시자 역할을 담보하는 균형적 중산층이다.

이들 '시민 투표' 대중 중에서도 도시 임금 중산층, 교수 교사 언론인 중 비판적 지식인을 견지하는 이들, 슘페터나 혹은 피터 드러커의 기업가 정신에 충실한 중견 중소 CEO 등이 큰 역할을 한다. 이들의 질적 여론 전파력은 기성언론 못지않게 대세를 가름하는 중요한 요소로 작용하기 때문이다.

2022년 대선은 끝났다. 그럼에도 정국의 향방은 안정성 대신 오리무중이다. 22대 총선이 저만치다, 정치도 문화이고 굳어지면 습관이 된다. 그대가 지향하는 정치문화는 무엇인가?♣

최순실 위에 김건희!

역사를 살펴보면 전혀 알지도, 예상도, 상상도 할 수 없었던 인물이 느닷없이 나타나 경천동지를 일으키고 세상을 혼돈으로 몰아가는 사례가 등장하는 경우가 종종 있다. 멀리 갈 것도 없다. 어느 날 갑자기 전두환이라는 군인이 튀어나왔다.

아무 것도 알려진 바 없는 사납게 생긴 육군 소장을 그대는 알았는가? 박정희가 병사했다면 그는 나올 수가 없었다. 피살됐으니 가능했다. 그래야 연관성이 구성된다. 뭔가 불길한 징조가 느껴졌다. 어떤 이에게는 일생의 기회였다. 그리고 1979년 박근혜가 제 아비 사후 종적을 감추더니 17년이 지난 1996년 대구 달성구에 느닷없이 신한국당 국회의원 후보로 돌출했다.

지지자들에게는 그야말로 박정희의 환생에 비견됐다. 그 기간이 정치적으론 아주 적절한 타이밍이었다. 그리고 그녀는 전국 최다득표 차이로 당선됐다. 그때 많은 이들이 그녀를 머지않은 미래권력으로 알아봤다. 필자도 당시 그렇게 예상했다. 소득은 높아지고 사회 구조는 변했어도 유권대중의 정치의식은 그에 못 따른다. 그대로다. 일종의 정치적 '문화지체'다. 한 인물이 세상에 배태되고 어떤 존재로 형상화되어 마침내 어느 날 어떤 계기를 고리로 삼아 수면 위로 자신을 드러내며 뿜어내는 스펙트럼은 실로 많은 이들에게 알지 못할 기대를 심어주기도 하고 뭔가 모를 근심이나 공포감을 안겨주기도 한다.

'김건희'다. 2022.3.9. 「20대 대통령 선거」를 앞에 둔 지난해 초여름, 검찰총장 자리를 내던지고 대선 출사표를 던진 윤석열의 적은 다름 아닌 자신을 임명해준 대통령이었다. 그를 대통령 출마명분 도구로 삼았다. 이게 패륜적 정치도의 실종의 서막이었다.

동시에 그의 부인 '김건희'라는 한 여인이 남편의 등에 올라타고 본격적으로 세상에 등장했다. 대중에 알려진 출발점은 경제사범 연루자였지만, 제1야당 대선후보 부인이라는 상표가 붙으면서 베일에 가려진 한 여인에 대한 의문 섞인 궁금증은 좋든 싫든 급속히 커져갔다. 인지도와 호기심도 이에 비례했다. 이미 반절의 전략적 성공이었다.

그럼에도 뭔가 석연치 않은 찜찜함은 그 모녀가 곳곳에 가지가지로 벌여놓은 부동산 사업 관련 범죄적 행태와 사법적 송사라는 반사회적 문제 때문만은 아니었다. 그녀가 처음으로 대중의 시야에 나난 2019년 5월, 남편 윤석열의 검찰총장 임명장 수여식에 함께 참석차 청와대에 갔을 당시 모습과 그 풍기는 이미지(냄새)에 연유하는 바가 컸다.

이를테면 장례식장에 조문을 갈 때나 입을 법한 검정색 전신 의상에다 긴 머리카락이 흘러내려 이마와 양 볼짝을 가린 치렁치렁 두발이며, 뭔가 미스터리가 잔뜩 고여 있는 진한 눈썹 밑에 적당히 감춘 큰 눈은 비단 짙은 마스카라와 칠해진 검정라인 때문만은 아니었다.

게다가 알콜 중독자 특유의 연붉은 눈두덩이 기름살이 늘어진 늙스그레한 남편에 대비되는 젊고 세련된 외모는 기품 없는 미모에 드리워진 음습함과 얇은 교양이 스며나는 개운찮은 인상이었다. 그래도 겉 인상만으로 알 수 없는 사람 속이 있는 것이라 그러려니 했다.

그녀에 대한 제대로 된 정보나 보도도 별반 접해보질 못했으니 함부로 예단하거나 생각할 수도 없는 일이었다. 물론 배우자 윤석열도 어떤 됨됨이 인물인지 제대로 아는 게 없긴 마찬가지였다. 모녀가 피의자가 되고 그녀의 어미가 재판을 받고 실형을 언도받아 감옥에 들어갔을 때도 필자는 그녀가 제 어미를 잘못 만나 어미 손아귀에 끌려 다니는 가녀린 딸쯤으로 보였다. 필자만 그런 생각을 했겠나 싶다.

그런데 그게 아니었다. '김건희'다! 김명신이 이건희 이름을 차용한 개명이라는 말이 돌았다. 사실이 그랬다. 하고많은 이름 중에 하필이면 이건희의 건희다. 여자 이건희가 그의 담대한 꿈이었다. 그때 예사로운 그녀가 아니라는 생각이 들었다.

그녀는 대단한 욕망을 가진 심각한 문제적 인물이라는 사실이 지금 점차 드러나고 있다. 기자를 피한다며 젊은 남자 비서의 손아귀에 목덜미를 잡힌 채 얼굴을 가리고 방으로 뛰어 들어가는 화면에서 많은 이들이 범죄자의 모습을 보았다. 한 지상파 방송에서는 어느 기자와 주고받는 짧은 인터뷰 육성에서 걸걸한 목소리에 거침없고 뻔뻔한 입심을 들었다. 외모와는 딴판이었다.

양 아무개 전직검사 모친이 털어놓은 자신의 옛 며느리였던 것 같은 그녀의 과거사 인터뷰나 노회한 조 아무개 토건회장과의 스토리 기사를 통해서 그녀의 권력의지와 방편삼은 남성편력을 감지했다. 술 좋아하는 그녀의 배우자나 밤마다 룸싸롱을 전전하며 스폰서 향응이 다반사인 무소불위 검사문화다. 윤석열이 그녀에게 홀린 미모와 이상한 거래가 얽힌 혼인 밑바닥이 스멀스멀 기어 나왔다. 이건 순전히 개인의 경험적 판단이다.

오늘 시점에서 그녀를 보다 확실하게 드러낸 건 '서울의 소리' 이명수 기자와 지난 해 7~12월 어간에 무려 53회(?)에 걸친 7시간 45분(?) 통화다. 사담이든 공담이든, 이렇게 퍼질 줄 알았든 몰랐든 이런 건 전혀 중요한 것도 시비다툼을 벌일 사단도 아니다. 장기간 대화에서 가감 없이 내뱉은 내용이 중요하다. 더러는 부풀리고 혹은 뻥을 치고 그런 것도 없진 않겠으나 그 또한 숨길 수 없는 자신의 내면적 진실이자 부분이다. 예쁘장하고 가녀린 외모로 가려진 그녀의 뱃심과 뻔뻔함도 유용한 자산임을 알게 됐다.

수단 가리지 않는 마당발 기획부동산으로 理財의 귀재인 그녀 어머니 최 아무개 씨 또한 자신이 물려준 딸 김건희의 유전적 인성과 체험적 사회화의 모태다. 유력한 검찰 권력을 알아보고 연줄을 맺는 차원 높은 청출어람을 키워낸 功을 인정할 수밖에 없다. 20대 대통령 유력 후보배우자 반열에 오르게 한 모성은 모성애 귀감이다. 비꼬는 게 아니다.

사기꾼의 필수학점이 있다. 크게 보아 '어르기'와 '삑치기'다. 세분해 보면 전자는 달래고 꾀이고 나누고 먹이기다. 후자는 부풀리고 뻥치고 윽박지르고 덮어씌우기다. 김건희 모녀의 경우, 현재 드러난 보도 사실과 그간에 벌어졌던 각종 의혹 및 수사·재판에서 확인된 여러 범죄적 사안 행태를 보면 A학점쯤으로 평가된다.

입만 떼면 아무렇지도 않게 진짜 같은 거짓말이 술술 나온다. 과장 과시와 은근한 겁박으로 상대의 목줄을 채는 언변도 섞여 나온다. 그것도 아주 자연스러워서 상대도 자신도 진짜가 돼버린다. 이런 걸 '뇌피셜'인지 '반복성 자기 확신'인지 그렇다더라!

배우자이자 사위인 윤석열은 이 모녀의 아바타 또는 이들의 시나리오와 계획된 플랜에 쥐어 잡힌 껍데기… 혹은 그리메(그림자) 언저리에 자리한 겉물로 보인다. 지금 봐서는 윤석열 후보가 대통령이 되면 그녀는 국가권력을 단단히 움켜쥘 태세다. 눈에 보인다. 아~!

MBC에 '스트레이트'가 있는 줄 처음 알았다. 하도 시끄럽길래 작정하고 보았다. 태산명동에 서일필이었다. 주어진 40분을 모두 해도 모자랄 판에 겨우 20분 후다닥 내보내고 곧장 다른 꼭지로 돌렸다. 의아했다. 법원 주문서와 국힘당 협박에 쫄았나?

아니면 보이지 않는 손에 알아서 기었나? 그도 아니면 권력 새판짜기에 줄 서기 시작했나? 그래도 어디선가 결국은 모두 털려나올 걸로 생각을 했다. 이런 걸 그냥 두고 넘어가기에는 너무도 아까운 대박 특종이었다. '서울의 소리', '열린공감TV'라고 했다.

여기에서 법원 판결문이 정해준 제한에 상관없이 모두 보도하겠다고 했다. 라디오 시사방송에서 알려주었다. 이런 채널이 있다는 걸!

퍼뜩 떠오른 건 어쩌면 이다지도 최순실을 빼다 박았는가? 였다. 필자뿐이랴! 그녀는 '최순실을 빼다 박았다'로 모자란다. 몇 수 위다. 최순실보다 훨씬 젊으니 벌이는 행태도 더 세게 놀 법했다. 여러모로 그렇게 보였다. 최순실도 김건희도 공통점은 이름을 개명했다는 점이다. 오방색이나 도사, 법사도 비슷하고 공과 사 개념이 뒤섞인 것도 닮았다.

목소리에 기가 강하게 들어있고 입심도 세다. 머리는 그다지 좋을 것 같지 않은데 두뇌회전은 빨라 계산이 바로바로 서고 사람을 능란하게 다루는 모양새도 닮은 것 같았다. 한 나라 최고 지도자이자 국가원수인 대통령을 수하로 둔 듯한 것도 어슷비슷했다.

그런데 닮은 듯 다른 것도 있다. 이게 중요하다. 최순실은 박근혜와 남남 사이다. 김건희와 윤석열, 그 둘은 부부 사이다. 최순실은 선대로부터 물려받은 박근혜와의 오랜 작위적 인연으로 엮은 데 반해, 김건희는 매일 밤 살을 섞고 배갯머리 송사를 수시로 벌일 수 있는 그야말로 일심동체 부부다. 그러니 김이 훨씬 심각한 문제성을 안고 있다.

비교조차 될 일도 아니지만, 김건희를 보면서 떠오르는 역사적 인물들이 있다. 제정 러시아 마지막 왕인 니콜라이 2세 부부를 갖고 논 라스푸틴은 남자이니 그렇다 치고… 조선왕조에선 우선 어우동이 눈에 띄긴 한다. 그녀는 사대부 딸로 태어나 양반녀 교육도 충실히 받은 총명한 교양인이었다. 그게 문제였다.

엄혹한 유교원리주의 치하 남녀상열지사, 서얼 차별의 숨 막히는 질식감은 탈레반 지배의 아프간 현실과 별반 다를 게 없었다. 좌절과

절망의 벼랑에 선 철학적 총명함은 모 아니면 도 양 극단으로 자아를 불사른다. 시대의 위선을 조롱하는 방편삼아 계급을 가리지 않는 정치. 사회적 일탈로 生을 끝낸 재인 어우동이 가짜 허위 학력·경력으로 가득한 김건희에 비하랴!

문정왕후도 떠오른다. 그녀는 중종의 계비로 들어가 남편과 얼마 함께 살지도 못하고 과부가 되었다. 대신 인종과 명종 어린 두 아들을 연이어 왕위에 올려놓고 섭정을 하면서 조정을 들었다 놨다 쥐락펴락 정치권력을 휘둘렀다. 그녀 손에 황천객이 된 조정대신이 그녀가 죽을 때까지 200명이 넘었다. 승려 가득한 내전불당에서 무속의 힘으로 정적들을 다스린 그녀의 통치술은 결국 4색 당쟁의 편 가르기 정치사와 왜란의 불씨를 던졌다.

어쩌다 한 번 보는 서걱서걱한 남편의 사랑을 기다리기에는 왕이 거느린 비, 빈, 후궁들이 너무 많다. 그 보다는 정치권력에 맛을 들이면 이게 훨씬 좋다. 마약에 중독된다. 선거 때만 되면 엉덩이 들썩이는 이들 심리가 다 그런 것이다. 정치권력의 마약중독성이다.

또 떠오르는 인물이 있다. 청나라 말기 세 명의 황제를 쥐고 흔들다 죽기 직전에는 네 번째 황제를 점찍어놓고 세상을 뜬 서태후다. 물론 서태후는 그래도 그 권력에 맞게 제왕학의 기초는 배우고 터득하며 갖출 만큼 갖췄다. 천하를 40년 넘게 호령한 밑천이다.

그녀가 함풍제 계비로 간택된 게 얼굴이 예뻐서가 아니었다. 풍부한 지식과 재기에 더해 열심히 공부하며 기회를 잡기 위해 처절한 노력을 한 내공이 있었기에 가능했다. 젊은 나이에 독수공방 과부가 된 그녀 또한 조선의 문정왕후와 비슷한 행로를 걸어갔다.

그녀는 정치권력 전면에 나서면서 자신의 허허로움을 달래고 권력의 욕망을 채우면서 세상을 호령했다. 그녀는 동치제·광서제·선통제(부의) 등 하나같이 3~5세에 불과한 조카들을 황제로 내세우고 갈아

치웠다. 그리고 불꽃같이 화려무비한 권세를 누리면서 나라를 멸망의 길로 몰아갔다. 마침내 그녀가 죽고 불과 3년 후 그녀의 제국은 종말을 고했다.

경박하고 교양머리 있어 보이질 않는 내면의 빈곤이 번드르르 외모로 가려지긴 어렵다. 김건희를 어찌 서태후에 비유할 수 있겠냐만은 그 행로와 예견되는 말로가 그와 비슷해지지 않을까 염려되기도 한다. 역사의 교훈을 곱씹는 시국이다. 어찌 필자만의 근심일까!

인간의 심연에 내재된 맹동적 통제 불망의 욕망은 참으로 무서운 결과를 초래한다. 김건희⋯ 그녀의 言과 行, 수많은 허위 이력, 경력의 위·변조로 점철된 가짜 행로 어간에서 발원되고 불어오는 '나비효과'는 어느 정치인 말대로 '퍼팩트 스톰'을 불러들이고 있는지도 모른다.

그녀가 몰고 오는 바람풍을 훈풍이라고 하는 이들도 있을 것이다. 모든 건 상대성이 있기 때문이다. 훈풍일지 북서풍일지 태풍 허리케인이 될는지 두고 볼 일이다. 강 건너 불 보듯 구경삼아 보자는 게 아니다. 여인천하가 될는지 검찰공화국이 될는지 어느 쪽이 되도 위기를 불러들이는 건 마찬가지다. 피하기 어려워 보인다. 광장 민주주의 신호탄이다. 최순실 위에 김건희가 있다. 그녀는 지금 한 나라를 떡 주무르듯 할 만반의 태세다.♣

> *이 글을 쓰고 딱 한 달 보름 후인 2022년 3월 9일 본명 김명신⋯ 이건희를 본 따 개명했다는 김건희라는 여인은 정말 대통령 부인이 됐다. 그 이후는 지금 보시는 바와 같다!

검사와 검객 사이

예전 어느 날, 길바닥에서 주워든 신문지 한 면에 실린 고위검사 인사프로필이 눈에 들어왔다. 신임 검찰총장이었다. '조선제일검'이라는 품평을 곁들였다. 의아했다. 검字가 '칼 검'이긴 해도 무사가 아니잖은가? 하물며 무인, 군인은 더욱 아니다. 검사가 '무사… 무인'?

사람 잡는 검객이라! 국민의 공복이면서 동시에 모든 국민을 잠재적 범죄예비자로 상정하고 복무하는 직업의 특수성을 감안해도 이런 표현은 문제가 크다. 과거 일제강점기 무단통치시대를 연상케 하는 억압의 언어다. 해방과 정부수립이후에도 계속 이어진 독재정권의 권위주의적 통치문화의 단면이었다.

그런데 한동훈이라는 검사가 법무장관에 임명되자 이런 표현이 일부 SNS는 물론이고 도하 일간지 여기저기에 쓰여졌다. 다시 그 옛날로 돌아간 것 같은 착각이 들었다. 언어는 인간사에서 모든 소통의 수단이다. 하물며 언론과 대중적 매체에서는 유일무이한 절대 무기다. 따라서 이주 신중하게 가려 써야 한다. 바른 역사인식과 시대정신과 소양이다.

민주주의 국체를 가진 나라에서 검찰과 검사는 경찰 국정원 등 수사, 정보기관에 의해 국민의 기본권이나 인권이 침해받을 때 기소권을 통해 이를 견제하고 바로잡아 법적 보호를 담보하는 인권보호 파수꾼 역할이 본질적인 책무다. 그런데 검사가 무인이고, 검객이다. 그도 모자라 조선제일검이다…? 참람하다. 소 잡는 칼로 생사람 잡는 백정이 무인이고 검객이라고 자신의 정체성을 인식하고 있다면 얼마나 무서운 일인가! 생각 없이 관성적으로 내갈기는 기자나 데스크가 '기레기' 소릴 듣는 이유다.

저항력도 물리적 강제력도 없는 불특정 私人들을 범죄적 음모(예비) 대열에 올려놓고 의심의 잣대를 들이대는 행위는 일단 아무 것이나 쿡쿡 찔러보고 아니면 말고가 아니다. 투철한 민주의식과 고도로 성숙한 양심과 양식이 없으면 마치 어린아이에게 칼을 쥐어주는 꼴이다. 검찰의 어두운 과거사가 그런 위험성을 말해준다.

立身을 향한 실적지상의 성과주의와 정치적 복선이 깔린 선별적 인지수사나 고발사주 등의 방법으로 국가공권을 일방적으로 행사하는 그런 칼은 망나니 칼이다. 진짜 검객이 운다. 그때 길바닥에 나뒹굴던 그 신문쪼가리를 보면서 그런 생각을 했다.

불행히도 우리의 검찰은 '우리'라는 말을 붙이기조차 부끄러운 공안, 정치검찰의 민낯을 조금도 변화된 모습 없이 온몸으로 보여주고 있다. 축소된 법적 수사·기소권을 시행령으로 부활시키는 월권을 자행하고 마구 폭주하는 현재의 모습은 비정상이다. 헌재 기각이 무색하다. '검찰독재'라는 말에 별 저항감이 없는 지경이다.

경제뿐 아니라 민주주의도 선진국 동열이라는 말을 들은 게 얼마 전이었다. 그렇게 사라진 줄 알았던 말이 요즘 되살아나고 있는 것이다. 최근 인터넷에서 본 ㄷ일보(1.5)의 한 아무개 법무장관 지칭 칼럼 제목이다. '조선제일검'이란다.

무인이니 무사니 무속이니… '무' 字가 판을 치는 세상이 돌아온 듯하다. 민주주의 대한민국에서 검사들을 이렇게 대놓고 올려붙이는 언칭이 은유적 비아냥인지 아니면 아부성 칭송인지 헷갈린다. 장삼이사 범부 필녀 상식으로는 후자인 것 같다.

왕조시대나 지금이나 전장터에서 싸우는 이들은 군인이다. 장졸과 장군이다. 장군이나 장교쯤 되는 직업군인들을 일컬어 '무인'이라고 부른다. '무사'는 서양이나 일본의 경우, 자신을 전인적으로 지배하며 부리는 주군을 지근거리에서 계호하며 위해를 예방하여 신상의 안전을 지켜주는, 말하자면 호위무사… 요즘으로 치면 경호원이다. 그 대가로 지위를 얻는다.

우리나라는 역사적으로 절대왕조였다. 분권적 봉건영주는 존재하지 않았다. 개국 또는 정변 성공으로 공신에게 왕이 내려주는 대규모 토지소유자는 더러 있었어도 독자적인 장원경제는 애초에 성립할 수 없었다. 조선시대, '서반'이라는 군대조직의 '무인'계급은 있어도 '무사'라는 계급적 지위는 없었다. 암암리 무사는 됐어도 私兵조직은 개국 초에 끝났다.

무인과 무사는 존재이유에 따른 역할과 성격도 다르다. 군의 장교인 무인은 국가, 민족과 국민(백성)의 주권과 안위를 지켜내는 군사조직의 지휘관이다. 따라서 전적으로 공적 역할을 수행하고 세금이 재원인 국가재정에서 공적 급여를 받는다. 국가에 대한 공적 충성과 균형 잡힌 공적 정의감이 중요하다.

반면에 무사는 고위권력자 개인의 사적 신변 안위를 방어하는 자다. 자신이 받드는 주인의 호주머니에서 급여가 나온다. 私兵이다. 무사는 자신이 섬기는 주군에 대한 개인적 충성심과 사적인 의리가 중요한 덕목이다. 상식, 정의감, 균형심 등은 배반의 위험요소다. 생각이 없어야 한다. 오직 맹종이다.

따라서 가치지향과 존재이유, 존재방식과 역할성격이 다르다. 무사는 전장터에서도 주군 곁이다. 출진을 해도 주군 개인을 보위하는 '저격수'다. 몰역사 시대정신이 실종된 이들이 무인과 무사를 뒤섞는다. 지식인이 아니라 지적 문맹인이다. 이런 이를 무지렁이라고 한다.

둘의 공통점도 있다. 똑같이 살생 무기로 무장한 상대와 대등한 상황에서 피를 튀기며 쟁투를 벌이고 이겨야 한다. 서로 총·칼을 들고 마주한 싸움터다. 팽팽한 힘의 균형 속에서 死 즉 生이다. 적과 적이다. 하나뿐인 자신의 생명을 건다. 상대를 쓰러뜨리려고 백척간두 벌이는 죽음을 결한 사생결투다.

죽이지 못하면 나도 죽고 국가 또는 섬기는 주군도 죽을 수 있다. 목을 내놓았다. '내놓은 목숨'이다. 무인 또는 무사의 직업적 본령이다. 이들이 대접받는 당위다. 무장 없는 피의자를 컴컴한 독방에 가둬놓고 일방적으로 조사하고 기소하는 일이 죽음을 결한 사 즉 생이고 무인검객인가? 상식이 있는 자에게는 이해난망 넌센스다.

"그런 건 나도 한다…."

대통령, 왕 등 공권력체를 지키는 건 경호부대 또는 군대다. 검찰이 하는 일이 아니다. 그런데 요즘 보면 국가의 녹을 먹는 공무원인 검사가 꼭 윤 정권의 호위무사나 私兵집단 같다. '정치검찰' 소릴 듣는 연유다. 다만 힘을 좀 쓰는 일반직 법무 관료다.

민주화가 진전되고 문민헌정질서가 이어지면서 군사독재정권 시대를 풍미했던 군과 정보기관 검찰조직에 대한 무인, 무사 류의 내재적 인식은 이제 국민일반에서 약화되고 사라졌다. 그런데 일부 수구언론은 아직도 그 시대에 머물러 있다. 아직도 이런 용어를 아무렇지도 않게 쓰는 걸 보면서 언론이 맞나 싶다. 신뢰도 세계 꼴찌에는 이유가 있다.

'표현의 자유'는 '표현에 대한 책임'이다. 어제 오늘 일은 아니지만 이 땅에서 가장 불신 받는 정파언론과 정치검찰의 본류동색 찰떡궁합이 이렇게 질긴 동맹이라는 사실 앞에 주권대중과 시민사회는 인내의 한계를 시험 당한다.

군 장성인사 프로필에 쓰는 건 억지라도 받아줄지 몰라도, 검찰조직이나 검사를 두고 '무인'이니 '제일검'이니 하는 건 쓰지 말아야 할 구태다. 망발도 유분수다. 21C 대명천지 문민사회를 우롱하지 않길 바란다. 말과 글은 쓸 곳에 써야 한다!

"검사는 무인이다"… "누가 '조선제일검'이라 하더라!"

검사가 상대하는 이들이 누군가? 범죄적 의심이나 범죄의혹을 받는 일반 국민이다. 국가권력이라는 완력으로 아무런 방어력을 갖추지 못한 개인을 일방적인 물리력을 행사하여 체포하고 소환하고 압수수색을 한다. 법원 영장 발부는 요식행위에 불과하다.

그렇게 붙잡아오고 불러내서 컴컴한 밀방에 몰아넣는다. 쥐 한 마리를 두고 검사와 수사관 여럿이 달려들어 '불 때까지' 갖가지 방법으로 진을 빼고 공포심을 극대화한다. 축적된 심리전 노하우로 돌아가면서 어르고 윽박지르고 취조한다. 누군들 성하게 남아나겠나?

검사가 무슨 자기 목숨을 걸고 피의자와 다투고 싸우나? 상대방이 총을 가졌나, 칼을 들었나! 아니면 육법전서에 달통한 식견이 있나? 변호사를 선임해도 증명하는 일은 본인이 모두 준비해야 한다. 변호도 받은 금액만큼 해준다고 보면 된다. 없으면 있으나마나 국선변호인이다. 그저 당하면 당해야 할 처지의 약자다.

검사와 변호사는 같은 법조 식구다. 재조, 재야 옷 색깔만 다른 동업자다. 학맥, 지연, 연수원 선·후배로 엮여있다. 그렇다 해도 특별한 관계 아니면, 수사과정에 변호사가 입회하든, 법정에서 변론을 하든 현실적으로 검찰 위세가 압도적이다. 갑과 을이다. 처분을 기다리는 건 피의자나 변호사나 같은 처지다. 수사권 폐지, 기소권 분산이 맞다.

대통령도 국회의원도 재벌총수도 나가떨어지는데 일반 백성들이 말해서 무엇 하랴! 바람에 흔들리는 잎새에 장칼 마구 휘두르는 자를 그대는 검객이라 하는가, 망나니 칼춤이라 하겠는가? 할 말, 못할 말

가림 없는 당당한 대통령의 검사시절 직설이다.

"…설사 대법원 가서 무죄판결을 받아도 (긴 세월 고생으로 인해) 그 인생은 절단난다."

재판 3년에 집안 기둥뿌리 뽑힌다는 가계파탄뿐 아니라 개인도 그 집안도 거덜 난다는 걸 대놓고 언설했다. 그러니 조심조심하고 고분고분 좋은 말로 할 때 잘 들으라는 협박으로 들린다. 이런 사람이 최고 권력자가 됐다. 5년은 결코 짧은 세월이 아니다.

검사가 기소하고 공소장을 내서 재판을 걸었는데 무죄 판결을 받는 건 무사가 검투에서 진 것이다. 진다는 건 죽음이다. 전장터에서 죽음은 명예일 수 있다. 이기면 좋고 져도 그만인 '땅 짚고 헤엄치는' 이런 검객이 있나? 취조실에 홀로 된 피의자를 국가공권력 절대보검으로 휘둘렀는데 졌다면 검사는 마땅히 옷을 벗는 정도가 아니라 죽어야 한다. 하다못해 제 목을 찌르는 흉내라도 내야 한다.

그런 검사는 없다. '지면 말고'다. 평점 감점은 얼마든지 만회할 방법이 또 있다. 한동훈 검사가 자신의 휴대폰을 두고 압수하려는 수사검사와 다투다 넘어진 걸 독직폭행죄로 고소해서 대법까지 갔으나 패소했다. 그 검사는 3년 가까이 재판정을 들락거리며 폭행범으로 시달리다 무죄판결을 받았다.

한동훈 법무장관은 소위 '검수완박'이라는 수사권 축소 형사소송법 개정법을 위헌이라며 헌재에 위헌심판청구를 했지만 결과는 자격 없는 자의 청구로 '각하'당하고, 내용은 '기각'됐다. 그가 그 검사에게 사죄했다든지 도의적으로 무슨 배상을 했다는 보도를 못 봤다.

이른바 '청담동 의혹'을 거론한 국회의원에게 "직을 걸자!"던 호언은 사라지고, 헌재의 엄중한 판결에는 책임지고 '직'을 그만두겠다는 말이 없다. '아니면 말고' 전형이다. 기소, 공소에 무죄… 재심무죄가 얼마나 많았나! 검찰의 흑역사다. 과거사위원회가 뭔 소용이랴!

"5년짜리 대통령"… "니가 눈에 뵈는 게 없냐!"… "신청하면 내 주는 자동발급 영장"……

언제 어디서부터 공권력이 무소불위 사조직화 되고, 사법부가 검찰 뒷수발을 하는 장마당이 됐냐는 국민적 불신이 하늘을 찌른다. 국민이 맡긴 수사, 기소권으로 권력을 행사하듯 국민에게 칼을 마구 휘두르는 행태는 중단해야 한다. 스스로 되기는 어려워 보인다.

내리막길 브레이크 파열에 여신이 들고 있는 '공정과 정의' 두 개 저울추가 길바닥에 나뒹굴고 있다. 진짜 자신의 하나뿐인 생명을 걸고 결투를 벌여야 무사든 무인이든 칼잡이든 애시당초 혼자 무당칼춤을 추면서 말도 안 되는 일방폭주다. 상대가 비슷하고 대등해야 붙어도 싸움이 되는 것이다. 대포, 미사일로 중무장 한 집단위력으로 소총 하나 없는 비무장 개인을 데리고 노는데 무슨 '조선제일검'인가?

"나는 무인이다… 칼잽이 무사다"라고 자신의 직업적 정체성이나 직무 특수성을 과대 망상하는 검사들이 적지 않다는 말을 듣는다. 칼도 칼 나름이다. 사람 잡는 칼이 있고, 사람을 살리는 칼이 있다. 제 손으로 사과는 한 번 깎아 봤는지 모르겠다.

이름 석 자 대면 세상이 다 알법한 유명한 특수부검사출신 국회의원이었던 사람이 있다. 시골에서 보기 드문 뛰어난 수재로 귀하게 자라며 한양유학으로 'S법대'에 졸업하고 3수를 거쳐 연수원수석졸업이후 엘리트코스였다. 흘린 땀은 많았을 것이다.

고향사람들은 인재 났다고 부모를 칭송했다. 물 한 방울 묻히지 않을 것 같은 고운 피부에 책상물림 순한 인상인 그의 검사실에 한 번 불려 가면 두 발로 들어갔다가 나올 땐 네 발로 기어 나온다는 말이 자자했다. 믿기지 않았다. 성장과정에서 형성된 개성인지, 제도가 문제인지 또는 '검사 동일체' 문화가 문제인 건지 생각이 많아졌다. 우리 사회공동체와 나라의 미래가 더는 살벌해지고 악화하지 않길 바라는 마음으로 염려한다.

무인이든 무사든 검객이든 사람을 잡는 직업적 속성은 까딱 잘못 쓰면 주인을 물어뜯고 지나가는 행인도 물어대는 정신 나간 광견이 된다. 자신과 자신이 속한 집단에 관대하고 너그러우면서 타인과 공동체 구성원 전체를 이질적으로 응시하는 비뚤어진 엘리트는 민주주의와 시민사회의 안정성과 예측 가능한 미래를 위해한다.

흉기다. 위험하고 조심스러운 물건이다. 개줄 매듯 단단히 매어 통제를 잘 해야 한다. 꿩이 떨어지면 개줄을 꼭 잡고 가서 그것 만 물어 바치도록 해야 한다. 이들의 주군, 주인은 주권국민이다. 민주주의 대명천지에 누가 봐도 정적이나 때려잡고 묻지마 탈탈 털이로 권력자 주구노릇에 견마지로를 다한다는 세간의 평판을 산골잽이 필자도 들어 안다.

턱도 없는 '조선제일검객'이라니! 기대난이긴 해도 대오 각성해야 한다. 이런 정치검사가 자기를 쳐도 '조선제일검'이라고 계속 프로필링을 해줄 건가? 그 이빨이 언제 그대를 향할지 모른다. 유비무환이라 단지 대비해야 할 일이다. ♣

권력자가 책임자
'이태원 참사'

2022년 10월 29일 밤이었다. 이날은 2014년 4월 26일 세월호 때와 닮은꼴 국민대참사가 벌어졌던 날이다. 이태원이다. 휘황찬란한 수도서울의 도심지 한복판에서 일어났다. 느닷없는 경천동지에 입이 딱 벌어졌다.

'이태원 참사' 명칭이 이태원 주민들 경제활동에 큰 어려움을 준다고 해서 '10.29 참사'로 바꾸었다. 이름이 바뀐다고 사건이 바뀌는 것은 아니다. 그런데 사건 실체는 지금껏 아무 것도 밝혀진 것도, 밝혀낸 것도 없이 유족의 울부짖음만 깊어갈 뿐 제자리다.

세월호 유족의 응어리와 공동체의 생채기가 10년이 다 되도록 진하게 남아있는 걸 생각하면 이태원 참사가 또 얼마나 시간을 질질 끌고 가면서 소모적인 갈등이 지속될지 걱정하는 국민이 대다수다. 한다고 벌이는 일마다 구렁이 담 넘듯 시늉만 내어 사람들 속을 뒤집어 놓는 형국이니 그럴 만도 하다.

긴밀하게 연결된 커넥션에 작은 구멍이라도 뚫리면 호미로 막을 일 가래로도 못 막는 우환이 생길까봐 그러는 것 아니겠느냐는 합리적인 의심을 하는 식자들이 많다. 심증은 가지만 물증은 없는 식이다. 그간에 누적된 우리 사회의 경험칙에 연유하는 타당한 의혹이다.

'이태원 연가'라는 노랫말 속 그 곳에서 황당한 대참사 사변이 일어났다. 세월호 참사가 얼마나 지났다고! 운수가 운명을 좌우하는 21세기 대한민국 수도 한복판이라니 '무속 정권'이 거저 생긴 말은 아닌가 한다. 그리고 보면 김영삼 때 육해공 대형 인명사건과 IMF 사태, 이명박 때 광우병 파동과 제2 연평도 포격사태와 제2차 북핵 위기,

박근혜 때 세월호 참사와 사드, 국정농단 등 하나같이 현재 집권당에서 일어난 초대형 사건들이다. 이 일로 사회가 흔들리고 안보가 위태로웠다.

YS정부에서 발생한 성수대교. 삼풍백화점 붕괴, 괌 비행장 여객기 추락, 위도 여객선 침몰 사건 등 잇단 수백 명 단위의 떼죽음… 소위 '육·해·공' 대형 재난 사태는 정권 몰락을 가속화했다. 여기에 최후의 비수를 꽂은 게 'IMF 사태'다. 그는 두 달을 식물대통령으로 산송장이 돼서 쫓겨나다시피 청와대를 나왔다. 역대 최악의 형편없는 전직 대통령으로 남았다. 그래도 YS는 수구3당 연합체라는 명확한 한계에 정치셈법이야 어쨌든 하나회 철퇴, 금융실명제, 전-노 심판을 했다.

5.18 진실규명은 질질 끌었지만 민주화의 혁혁한 투쟁사가 있고 '문민정부' 라는 한국 현대정치사의 역사적 타이틀은 붙잡았다. "머리는 빌리면 된다"는 그의 말은 자신의 한계를 인정한 명언으로 '솔직한 정치 지도자'라는 말도 들었다. 공과가 적잖이 뒤섞여 관점과 분야에 따라 평가가 다층적인 인물이다.

이명박, 박근혜는 평가를 언급하기 민망하다. 공과를 논하는 것 자체가 독자들의 심기를 불편하게 할 것 같다. BBK로 대통령을 시작해서 퇴임 후 BBK로 감옥에 간 그나, 최태민으로 대통령을 시작해서 그 최태민 그림자로 중도 파면된 그녀 우리의 불행한 자화상이다.

이게 과연 우연일까, 아니면 재수가 없으면 뒤로 자빠져도 코가 깨지는 것이었을까? 필자 소견인데, 그건 순전히 권력 그 자체만 집착했지 정권을 잡아서 무엇을 어떻게 하겠다는 국정철학도, 그 밑그림도, 정책의 구상도 실제적으로 아무런 게 없었기 때문이다.

답은 의외로 단순하다. 기득권자가 기득권을 되찾기 때문이다. 권력 탈환이 순정한 목표다. 이념이나 신념에 근거한 국정철학과 정책으로 표를 얻기보다, 기득권 동맹커넥션과 조직, 선대 후광과 선동적 이미지 조작 전략이다.

　권력이 본래 내 것인데 잠시 빼앗긴 권력기득권을 되돌려받는 것이다. 거기에 무슨 나라의 미래상이나 철학적 국정담론이 있을 게 있나? 내건 공약과 정책에 얼마나 심도있는 집단지성과 고민이 담겨있는지 믿기도 어렵고 알 길도 없다. '선거는 포장이다!'

　잃어버린 정권을 탈환한 것으로 목표는 달성됐다. 국리민복은 부차적 수단이다. 변화는 보수의 가치이지 수구의 지향이 아니다. 구분은 모호하지만 그 차이는 크다. 초대형 사고와 국가위기가 이 정치집단이 정권을 잡을 때마다 일어나는 이유는 그런 '수구성' 때문이다.

　기득권자에게 권력은 사유권이고 예산 지출은 내 주머니에서 나가는 돈 같다. '외집단'인 서민대중에게 쓰는 돈이 아까운 이유다. 이들의 '개혁'은 빼앗긴 걸 다시 제자리에 돌려놓는 것을 의미한다. '개혁'이라는 말에 솔깃하면 자칫 위장된 함정에 빠지는 것이다. 투표장의 표심은 순간이지만 그 결과는 좋든 나쁘든 오랫동안 후과를 미친다.

　주권자도 제대로 알고 신중하게 붓두껍을 눌러야 한다. 개인과 가정, 사회와 나라의 운명이 그대의 한 표로 왔다 갔다 한다. '이태원 참사'가 현 정부에서 이번 한 번으로 멈출 가능성은 없어 보인다. 피할 수 없는 태생적 관성은 제어하기 어렵다. 애초 부존재 할 사람이 느닷없이 튀어나온 결과를 놓고 따따부따 하기에는 처한 현실이 계속 엄중하게 돌아가는 긴장의 연속이다.

　개인사나 사적인 일도 그러하지만, 공적 행위와 공직의 직무는 그 영향력과 결과가 대단히 크다. 공동체 전체에 끼치는 결정력이 막중하다. 그래서 그 중대한 직을 제대로 수행할 수 있도록 하기 위해 법적인 큰 권한을 준다. 당연하게 그 권한만큼 묻는 책임도 크다.

　따라서 공이든 과든 결과에 대한 책임도 권한에 비례한다. 상급직

위로 올라갈수록 권한이 권력화 되기 마련인데 동시에 그에 상응하는 책무성과 책임 또한 그만큼 크다. 삼권분립의 민주주의 국가여도 국민과 국가안위에 대한 최고 최후의 책임자는 대통령이다.

권력 최상위자가 책임도 최상위자다. 최고 권력자가 최고 책임자다. '권한에는 책임이 따른다'는 건 민주주의 국체의 당연한 이치이자 법언이다. 여러 말이 필요 없다.

'이태원 참사'… 권력자가 책임자다! 대통령이다. 그가 하루빨리 유족들 앞에 나와 무릎을 꿇고 진심어린 사죄의 눈물을 흘려야 한다. 책임지는 모습을 확실하게 보여야 아랫단위에도 책임을 제대로 물을 수 있다. 대통령은 말할 것도 없고 고위직에 앉은 자들은 한시라도 미련 없이 자리에서 떠날 마음의 준비를 지니고 그 직무를 다해야 한다.

정해준 임기는 맥시멈이다. 국민이 나가라면 나가야 하는 법이다. 특히나 고위직과 정무직 '공복'에 무슨 임기가 있나?♣

도전과 응전의 알고리즘
촛불혁명!

2007년 7.20일 주한미부대사 스탠턴은 본국(국무성)에 전문 하나를 보낸다. 최태민에 대한 보고서다. 당시 새누리당 대선 경선 후보인 이명박과 박근혜에 대한 세세한 정보가 담긴 이 보고서에서 특히 관심을 보인 부분은 박근혜와 최태민의 관계였다.

그는 보고서에서 박근혜가 당내 경선에서 그녀의 반대세력들로부터 최태민과의 관계에 대한 설명을 요구받고 있다고 했다. 그러면서 그 보고서는 최태민을 한국의 라스푸틴에 견주어 비교했다. 라스푸틴 (1869~1916)은 제정 러시아 말엽 니콜라이 2세의 장자이자 황태자인 니콜라이 주니어의 병을 고쳐주겠다고 황실에 접근하여 황후 알렉산드라를 현혹시켰다.

이후 라스푸틴은 황후의 내밀한 후견인 노릇을 하며 황제의 그림자 권력이 되어 제정러시아 멸망을 앞당기는 역할을 하게 되는 인물이다. 그가 죽은 1년 후 1917년 볼세비키 혁명이 일어나 세 차례에 걸친 혁명의 시대는 끝이 나고 황제 일족은 총살형을 당해 비참한 최후를 맞는다.

미 대사관의 보고 전문에는 최태민과 그의 여러 부인 그리고 그의 여러 자녀들 이름이 등장한다. 그 속에 문제의 최순실도 있다. 최순실은 여러 자녀들 중 유력한 이름으로 나온다. 1974년 육영수가 죽은 이후 본격적으로 밀접한 인연을 맺은 최태민 일가와의 관계가 2007년 그 시점까지 33년 동안 계속 이면에서 이어져오고 있음도 들어있다.

말하자면 미국은 박근혜가 정권을 잡았을 경우, 그녀의 통치방식에 어떤 형태로든 최 씨 일가의 영향력이 개입될 가능성이 높다고 보았다는 사실이다. 그렇다면 친일경찰 출신으로 실패한 사이비종교 교주인 최태민이 죽은 지 13년이 지난 그 시점에서 미국이 여전히 최 씨 일가의 영향력을 언급한 배경은 무엇일까?

그의 후처 임선이와 그녀의 딸들이다. 그 중에서도 최순득과 최순실이다. 그런데 언니는 동생과의 알력에서 스스로 손을 먼저 떼고 박근혜와 등거리를 유지했다. 문제는 최순실이다. 한국판 라스푸틴은 여전히 박근혜 알렉산드라에 붙어 살아있었다는 것이다.

이를 진전시키면, 미국정부는 박근혜가 정권을 잡았을 경우에 권력의 종말도 어느 정도 예측하고 있었다고 추측이 가능한 대목이다. 위 보고서 내용은 위키리스크에서 공개한 것들이다. 그런데 그 9년 후 미국의 예측은 정확히 맞아들어 갔다.

"박근혜는 2016년 12.9일 한국의 국회에서 탄핵소추안이 찬성 234 반대 56 기권 2 무효 7표로 가결되었다. 그녀는 바로 '직무정지'에 들어갔고, 이듬해 3월 10일 헌법재판소에서 탄핵에 대하여 '파면' 결정을 내렸다. 그녀는 즉시 대통령 직을 상실하고 추방되었다···."

미 대사관의 후속 보고 전문이다.

2016년 시월···! 그러니까 7월부터 흘러나오던 미르재단, K스포츠에 관한 익명성 비리 보도는 가을로 접어들면서 '최순실'이라는 실명이 등장한 이후 쏟아지기 시작했다. 그리고 10월 24일 JTBC의 이른바 '태블릿 PC' 청와대문건 보도가 이른바 '스모킹 건'이 되어 온 민중의 분노를 격발시켰다. 그리고 '촛불혁명'이 시작됐다.

10월 29일 토요일이다! 관상쟁이 아니래도 최순실이 한 눈에 들어왔다. 한국 사람이면 대충 느껴지는 그런 것이 있었다. 박덕하고 욕심 가득해 보이는 이미지였다. 그녀의 머리 또한 그다지 명석해 보이지는 않았다. 속사포 같은 입심이 낯설었다.

그녀의 강한 氣에서 그녀의 아비 최태민이 닦아놓은 박근혜에 대한 정신적 지배력이 살아있음이 보였다.

"아, 이 여인이 바로 라스푸틴이구나!"

경악했다. 시민의 구호는 자연스레 "이게 나라냐?" 였다.

기온이 나날이 기울어 가고 있는 시월의 끝자락이었다. 그맘때면 언젠가부터 가수 이용의 "시월의 마지막 밤~"이 흘러나온다. '잊혀진 계절♪'이다. 멜로디도 그렇지만 가사는 계절의 정서를 담고 대중의 심금을 울린다. 우울한 노래다. 그런데 지금도 그때 못지않게 음울한 공기가 짙은 그림자를 이어가고 있다.

박근혜-최순실의 국정농단 드라마를 통해 대중은 정치와 권력 이면에서 벌어지고 나타날 수 있는 기괴한 일이 일반적 상상을 넘어 광범위하다는 사실을 알게 됐다. 곰팡이 가득 핀 음습한 안가 골방에서 벌어지던 권위주의 공작정치 폐해는 여전히 현재형이다.

촛불혁명은 박근혜 국정농단 세력을 쫓아냈다. 시민무혈혁명이었다. 세계사에 찾기 힘든 직접민주주의 교본이었다. 과학에서만 '작용, 반작용의 법칙'이 작동하는 줄 알았다. 세상사 어느 것에도 과학적 원리가 정밀하게 작동될 수 있다는 걸 많은 이들이 그때 깨달았다.

정치경제학이나 행동심리학 언론학이 그저 주관의 객관화나 확률에 의존하는 인문학인 줄 알았다. 세계 학계가 그게 자연과학적 연구대상일 수 있다는 사실을 한국사회의 여러 현상을 통해서 증명을 받아갔다. 그 맨 꼭대기에 대한민국 정치판이 있다.

한국 현대정치사에서 국민과 민주주의는 치장일 뿐, 독재와 학살로 얼룩진 반세기 억압의 사슬은 모든 분야에서 숨을 죽여 놓았다. 사회 정의는 질식하고 사법 권력은 권력에 종속됐다. 의로운 정치인은 쥐도 새도 모르게 끌려가 두들겨 맞고 은퇴를 강요당했다.

인위적 정계 개편은 상수였다. 1987년 '6월 혁명' 체제도 청산에 역부족이었다. 비겁을 능란한 처세로, 줄서기는 지혜로운 선택 또는 뛰어난 정치 감각으로 치부했다. 내면화 돼버린 가치의 전도가 세상을 휘어잡았다. 헌법적 권리와 기본인권은 공권의 주먹질 앞에 무력했다.

누가 누구에게 손가락질하는 게 쉽지 않은 세상이 됐다. 얽히고설킨 갖가지 연고에 엮여 누구나 '공범의 카테고리'에 취약해졌다. 기회와 여건이 주어진다면 누구나 그 고리에 기꺼이 뛰어들 채비가 돼있는 건 아닌지 양심 찾기가 의인 찾기만큼 힘겨워졌다.

"죄지은 일 없는 자가 먼저 저 여인을 돌로 쳐라!"

박근혜 탄핵정국에서 집권당 노 정객이 성경문구를 인용해 내뱉은 궤변이다. 끌어다 쓸 말을 가리지 않고 대중의 입을 다물리는 그 뱃심이 대담했다. 그 말에 슬금슬금 모두 다 가버렸다는 것 아닌가! 먹고사는 일상의 보존이 급한 사람들은 갑자기 의기소침해진다.

깨끗함의 차이는 본질이 아니다. 더러운 건 더러운 것이다. 세탁기에 들어가긴 매한가지다. 무결점 인간은 없다. 그걸 노린 노회한 정치노객의 노림수인가 했다.

"뻐꾸기는 온몸으로 울었다!"

유신 때 박정희가 安家에서 즐겁게 본 정윤희 주연의 에로영화다. 그는 농민들과 막걸리를 마시는 장면을 연출하고 밤에는 여성 연예인들을 앉혀놓고 시바스리걸 양주 마시며 음주가무를 즐겼다. 절제와 통제를 잃은 권력의 밤은 오늘도 향연이다. '지킬과 하이드' 정치다.

촛불이 다시 타오르고 있다. 희대의 독재자 아비의 후광을 등에 업고 그 추종세력의 옹위로 대통령 자리를 꿰찼던 세상물정 어두운 철부지 여인의 인생은 온 국민의 불행이었다. 그녀를 쫓아내고 촛불정권이 들어서며 모두들 온전한 일상회복에 시간이 필요했다. 정치의 그늘이다.

침몰해 가라앉은 줄 알았던 그들은 난파선을 부여잡고 하나 둘 기어오르더니 헤진 깃발 세우고 다시 노를 젓기 시작했다. 임자 없는 나룻배에 자신들을 몰아쳤던 검찰총장을 대장으로 삼고 올려 태우더니 5년 만에 정권을 되찾는 저력은 대단했다.

며칠 전에 검찰총장 명패 던지고 1년도 안되어 대통령에 뽑혀 올라간 사람이 대통령취임하고 1년이 됐다. 바람같이 지나갔다. 말이 바람이지 강풍이었다. 어떤 이들에게는 따스한 봄바람이겠지만 여론의 추이를 보면 국민 열 명 중 일곱 여덟은 10년 백년 같은 시간이었고 '폭풍의 세월'이었다.

사는 게 점점 힘들고, 나라가 불안 불안 위태위태하다고 한다. 남은 4년이 너무 아득하다고 한다. 분노를 못 참고 거리에 나서는 시민들이 점점 늘어나고, 폭풍이 태풍이 되는지 지진해일이 되는지 암울하다고 한다. 버는 것 없이 일본 미국에 퍼주고 까먹으며 보낸 세월에 나라 살림도 개인의 살림살이도 급변했다.

취임 첫 달부터 시작된 13개월 연속 무역적자다. 지나 러시아 시장을 잃고 전임정부의 '신남방 정책'은 단숨에 폐기됐다. 물가는 어느 것 하나 없이 천정부지로 올라 중산 서민층 살림이 아우성이다.

'IMF' 사태가 어른거린다. 그때 캉드쉬는 총재 아닌 총독이었다. 경제주권을 갖다 바치고 예산 지출을 그의 사인을 받아 집행했다. 식민지 재발이었다. 지금 그 치욕의 그림자가 재림하려고 한다. 한 번 깨지면 순식간에 '밑 빠진 독'이 된다. 미국과 맺은 이른바 '스와프 동맹'으로 몇 백억 달러 급히 빌려온들 언 발에 오줌이다. 그 때는 400억불이었지만 지금은 5천억 불이다. 민주주의가 퇴행하니 경제도 따라간다. 동전의 양면이고 손바닥 여반장이다.

이들에게 유일한 탈출구는 '안보'다. 쿠데타 본산 기무사를 안보지원사로 바꾼 걸 1950년대 자유당독재의 서막이 된 김창룡 방첩대로 되돌렸다. 그리고 대통령이 직접 찾아갔다. 박정희 전두환도 청와대로 불러 보고를 받았지 찾아간 일은 없었다. 사건이다. 정치는 단절되고 안보는 강대국의 총알받이 놀이터가 돼간다는 우려가 전문가 그룹 곳곳에서 터져 나온다.

난데없는 간첩이 요즘 곳곳에서 출몰하는 모양이다. 간첩인지 뭔지 재판 결과도 난 게 없는데 대통령은 "민주노총에 간첩이 있다"는 말을 했다고 한다. 지난 3월 26일인가 유튜브에서 봤다. KBS인가 MBC인가 방송시사프로그램에서 어느 출연자가 한 말이다. 뉴스에 보도됐던 것인가 보다. 이것 역시 그 자체로 심각성을 내재하고 있다.

'분단 기득권'이다. "역사는 똑같이 반복되지 않지만 비슷하게 반복된다"는 말이 틀린 말 아니다. 긁어모은 선물보따리 들고 訪日하여 대통령 대신 씨(氏) 字 호칭으로 일 언론에 도배질 되며 조롱받은 그의 빈손이 안에서는 주먹을 잔뜩 움켜잡고 눈을 부릅뜬다.

대개 허약하고 부실한 정권이 공안통치로 시종한다. 소수여당의 어려움은 불편함 정도로 여기고 부딪칠 일은 안 만들려고 한다. 야당 입법은 자당 법사위원장이 차단하고, 그게 여의치 않으면 안건 조정위로 발목을 잡는다. 가해자의 논리인 양비론으로 피해자 흉내를 낸다.

정치 코스프레다. 여론을 이간시켜 정치적 이득을 보는 고전적 생존비법이다. 과반미달 집권당이라고 특별히 아쉬울 것이 없다. '혐오

정치'는 풍요한 거름 밭이다. 국민이 정치를 걱정한다. 촛불이 다시 활활 타오르는 연유다.

정치가 다시 온전한 겸손함으로 물어야 하는 시간이 왔다. 주인에게 두 손 모아 공손하게 물어야 한다. 국민에게 '정치가 가야 할 길'을 물어야 한다. 민주주의 불변의 진리다!♣

2장

경제로 정치를 한다

'최저임금'의 어떤 함정

1

4년 전 일이다. 청와대에서 자영업자 자영업소상공인대표 160명이 대통령의 초대를 받아 점심을 함께 먹으면서 '간담회'를 했다. 여러 가지 의견 교환과 건의가 있었을 텐데 가장 시급한 게 최저임금 문제였지 않나 싶다. 그 외 카드 수수료 인하 문제와 수수료 없는 대체 결제수단의 활성화, 제1금융권 대출요건 완화 문제도 나왔을 것이다.

의무보험인 4대 보험(고용 국민연금 산재 건보)에 대한 고용주 50% 부담 분, 부가세와 소득세 인정과세 확대 등 세금 관련 건, 건물주와의 임대료 분쟁 건과 이와 맞물린 권리금 보호 문제, 사실상의 '근로자성' 인정에 연동된 연금보험료, 건보지역가입자 조건완화 등등 준비해 간 얘기도 많았을 것이다.

오가는 얘기의 중심은 결국 그날 초대받은 자영업·소상공인 처지에서 '경영 악화'의 고충 토로와 함께 정부의 시원한 해결의지를 대통령한테서 직접 듣고 싶은 것이었을 게다. 문제의 원인진단은 여러 가지이나, 그 여럿을 꿰는 당장의 현안은 '최저임금'이다.

그것을 포함해서 여타 애로사항과 건의 요체는 결국 조금 더 여유롭고 안정된 경제활동을 영위할 수 있도록 제도적인 경영여건 개선을 바라는 것이라고 생각된다. 그 주요 현안 중 하나가 '최저임금'이고 그 문제 해결에 여타 사안이 긴밀히 연계돼 있다.

당시와 현재 상황은 본질적으로 달라진 게 없다. 문재인 정부 때 최저임금의 연차적인 인상 로드맵이 지금까지 큰 변동 없이 그대로 이어지고 있다. 다만 문재인 정부 임기 마지막 해 시급 잠정목표치 1만원을 공약했는데, 급격한 인상률이라는 사용자 측 반대로 인해 노사정위원회가 몇 백 원 모자란 9,200원대로 결정한 것이 노동계의 아쉬움이었다. 현 정부가 주 노동 52시간을 69시간으로 대폭 늘이려는 등 전임정부 노·사 정책 대부분을 뒤집으려고 하는 와중에 최저임금 정책이 그런대로 굴러가는 것은 그 파급력이 노동, 복지, 연금 등 전반에 연계성이 크기 때문이다. 속내는 아주 못마땅할 것이다.

어쨌든 당시 청와대의 노동·임금정책 시각이 현 정부에 비해 훨씬 온건하고 합리적이었음에도 허점이 많았다. 그럼에도 현재의 최저임금, 자영업 관련 중소 상공인 정책의 문제점과 현 정부당국의 관련인식을 점검해보는 차원에서, 당시 청와대 '대통령과 자영업소상공인 최저임금 관련 정책간담회'를 현재 상황으로 가정하여 한 번 논해보려고 한다.

대통령과 정해진 만남의 틈은 짧다. 천재일우의 기회인지라 흘러가는 그날 그 시간이 몹시 아쉬웠을 것이다. 대통령의 보통 하루 공식일과가 아침 7시에 시작해 저녁 7시까지로 본다면 (*관저에 들어가서 보는 비공식 업무도 적잖을 것이나 이건 뺀다) 12시간쯤이다.

지금 대통령이 9시 출근(그것도 번번이 지각) 18시 퇴근은 아주 이례적이다. 한 가지 일정에 1시간 정도 소요된다고 치면, 그 전후로 자잘하게 부서지는 시간을 감안해도 1일 최소 8~10개 내외 일정으로 빡빡하다. 박근혜가 매주 수요일은 출근도 않고 관저에 틀어박혀 '침대 봉사'로 시간을 보낸 게 이해불가 아닌 연유다.

그런데 대통령은 자영업·소상공인 사장들과 청와대 만남에 3시간을 썼다. 말이 오찬이지 어디 대뜸 밥만 먹겠는가? 참석인원이 인원인

만큼 대표로 열 명만 마이크를 잡고, 대통령이 인사말과 질의·건의 현안을 뭉뚱그려 답변해도 합쳐 최소 1시간은 넘게 걸린다.

갔다 온 사람들 말을 전해들은 것도 조금 있다. 경내 산책삼아 소요(逍遙) 담화도 했다고 하니 최소 3시간 정도는 공을 들인 것으로 소견된다. 말하자면 하루 중 3~4개 일정 소요 시간을 여기에 할애했다.

위에 비본질적인 서설을 늘어놓은 것은 경제 현안의 일상적인 문제가 서민경제에 몰려있고 그 논란과 갈등의 중심에 '최저임금'이 걸려있어 당시 문 대통령과 정부의 최저임금 정책에 대한 인식의 중요도를 통해 이 정책의 추이를 좀 더 깊이 있게 살펴보려는 것이다.

대통령이 대규모로 서민 경제주체들을 권부 한 가운데로 불러들이고, 많은 시간과 프로그램을 투입한 것 자체가 정부의 당면 현안에 대한 인식을 보여주는 반증이다. 건의든 읍소든 대안 제시든 여러 얘기들이 오갔을 테지만 최저임금과 여타 사안들은 밀접히 연관된 한 묶음이라는 점에서 '최저임금'을 단편적으로나마 논해보려 한다고 앞에 언급했다.

후술하는 각종 소득, 임금 통계가 위 2019년 2월 청와대간담회 시점 전후의 것이라는 점을 감안하길 바란다. 그러나 2018~2021년 물가상승률이 평균 1.5%안팎 저물가였음을 고려하면 2021년 말까지는 큰 차이가 없었다고 볼 수 있다.

문제는 최저임금 및 각종 산정 근거가 되는 물가상승률이 현 정부 출범 이후인 2022년 5.1%로 12년 만의 최고점을 기록한 것과 이후 금년 3월말 기준 물가상승률이 지난 해 연간상승률을 넘어서는 가파른 상승세를 보이고 있다는 것이다. 이는 2023~24년 임금협상과 각종 산정 근거에 큰 변수가 될 것이라는 점 또한 참고해야 할 것이다.

2

'**최저임금**'은 말 그대로 '최소한의 임금'이다. '적정임금'과는 그 금액이나 임금수준의 질적 측면에서 괴리가 크다. 생활임금 아닌 생존에 필요한 그야말로 최소한의 금액이다. '인간의 품격'을 지켜주는 임금이 아니다. 험하게 말하자면, 최소한의 노동력은 유지할 수 있을 만큼을 지불하는 급여다. 따라서 정당하거나 대등한 노동의 대가로 보기 어렵다.

최저임금의 이러한 기본적 성격을 감안할 때, 급여자인 사용자와 피급여 노동자가 함께 가는 '동반자 관계'가 설 자리는 좁거나 없어 보인다. 말하자면 최저임금은 임금노동자가 인간으로서 기본적인 삶의 조건을 통해 노동력을 재생산 유지할 수 있는 최소한의 '생존비용' 개념으로 설정된 정책이다. 이 정도를 받지 아니하고서는 '인간'으로서의 최소한적 삶을 꾸려가기 어렵다는 말이다. 설사 이를 모두 받는다고 해도 현실의 '최저생활비'에는 여전히 미치지 못한다. 이 '최저임금'도 1987년 '6월 항쟁'… '7~8월 노동자 대투쟁'으로 쟁취한 소중한 역사적 성취물이다.

이 임금 정책이 현실에서 최저 가이드라인 아닌 적정 가이드라인으로 작동하여 "이것만 주면 된다"는 식으로 변질된 풍조가 문제다. 호박이 수박 행세를 하는 괴물이 됐다. 문제는 그 자리에 자영소상공업 사장님들은 많이도 불렀는데, 정작 이들의 사업성과 경영환경을 좌지우지하는 모기업, 프랜차이즈 본사 등은 빠졌다는 것이다. 사업 성패를 좌우하는 실질적 당사자 한 축이 빠진 채 정부와 소상공인들이 직접 부딪치는 모양새였다.

뭔가 정부의 인식과 기획에 문제가 있어보였다. 현장, 현실에 취약한 탁상행정관료 특유의 허점이다. 경제에 있어 정부는 법과 정책으로 접근하고 시장 감시와 균형을 담보해주는 것이지 직접 사기업 영역의 경제, 경영 제반문제를 대신 해주거나 개입하는 건 아니다.

따라서 자영소상공업자만 부르는 것이 아닌, 거기에서 일하는 이른바 알바 노동자 등 피고용 대표와 위에 말한 사업 본점, 프랜차이즈 등 사업의 실질 동반자인 본사기업대표들도 함께 불렀어야 했다. 그래야 논의와 간담의 균형을 잡아줌으로써 실제적인 협의 효과를 거둘 수 있기 때문이다.

어느 한쪽 당사자만 다수 불러서 얘기를 하고 듣고 한들 자칫 또 다른 갈등 구조와 비용을 만들어낼 수 있다는 점에서 그날의 청와대 간담회는 비효율적이었다고 본다. 의제를 기획하고 문제 해결을 하려면 치밀하고 집요해야 한다. 1백 수십 명이 떼거리로 모여 밥도 같이 먹고 산보도 함께 하면서 벌이는 행사가 그것도 어느 일방만 초대한 모임이라면 보여주기 식으로 끝나고 사실상 남는 게 별반 없다.

칼은 쉽게 뽑는 게 아니다. 뽑았으면 확실하게 손을 봐야 한다. 이벤트성 요식은 행정구태다. 정부가 발표 시행하는 최저임금은 한은, 통계청, 여러 국책연구기관, 민간연구소 등에서 조사한 각종 자료들을 기초 베이스로 하여 노·사·정 '최저임금위원회'에서 극심한 진통을 거쳐 (대체적으로는 공익위원들이 도출한) 타협안이 채택된다.

대통령이 일정한 정책적 영향력을 끼치는 것을 부정할 순 없으나, 특정한 권력기관 독단으로 국민전체의 삶에 직결되는 사안을 결정할 수는 없는 것이다. 객관적인 통계적 사실에 기초한 논의를 축으로 각각의 집단적 이해관계가 개입 관철되는 힘겨루기 판이다.

문제는 '이해관계'라는 것이 저마다 지극히 주관적이라는 것이다. 효용성이나 이득 획득의 자기중심적 기제가 우선하기 마련이다. 말은 그럴 듯해도 '공유지의 비극'도 문제이고, '사유 목초지 비극'도 크다. 둘 다 종국적으로 황폐화되는 결과는 똑같다.

진정성을 담은 신뢰관계 구축이 제대로 이뤄져야 양보도 협상도 된다. 가진 자, 힘이 있는 자의 손에 달렸다. 결국은 사용자와 정부다. 우리나라는 현저히 힘의 균형이 기울어져 있는 게 현실이다. 약자의 저항을 과대 포장하는 기득권의 엄살은 과하다.

3

우리 집은 한 달에 얼마 정도를 벌어야 그럭저럭 살아갈 수가 있을까? 부자와 빈곤층을 뺀 중간층 기준이다. 다소 다르긴 하지만 대략 중간소득 또는 평균 소득 그리고 최소한의 생존비용을 말하는 '적정생활비(수입 또는 임금)'와 '최저생활비'다.

2018년 12월 통계청이 발표한 은퇴 후 노부부의 월 '적정생활비'는 283만 원이고, '최저생활비'는 197만 원이었다. 역시 같은 달 국민연금연구원의 '중.고령자의 경제생활 및 노후준비 실태' 보고서(송현주·임란·황승현·이은영)를 보면, 2017년 기준으로 노후에 평범한 생활을 유지하려면 부부는 월 243만4천원, 개인은 월 153만7천원이 필요한 것으로 나타났다.

금융권이나 일부 은퇴연구소의 연구 조사결과를 보면, 똑같지는 않지만 노후 부부(2인 가구)의 월 '적정생활비'는 2014년 경우 260~300만 원, '최저생활비'는 180~240만 원 수준이다. 이게 2018년에는 각각 300~350만 원, 220~280만 원으로 올랐다. 세전(稅前) 명목소득이 아니다. 내 호주머니 속에 들어오는 가처분 소득금액 기준이다.

기준을 어느 계층에 둘 것이냐가 문제이긴 한데, 각기 성격상 정부 또는 국책기관의 주된 통계 대상은 중산층을 중심으로 10분위 중 4~6분위, 민간 기관은 5~7분위(中上層)를 의미하는 것으로 보인다. 그런데 통계에 나타나지 않는 비수치적 의미를 생각해야 한다. 여기서 '노후 부부'는 소득행위를 하지 않고 소비만 하는 오롯이 '소비경제'자를 말한다.

부양해야 할 자식도 없고 따라서 둘 이외 생활비도 교육비도 지출이 없다. 내야 할 직접세도 거의 없고, 4대 보험료도 모두 종료하고 결과를 수령한다. 따라서 '적정' 또는 '최저생활비' 산출기준이 현직 생산경제활동자의 적정 또는 최저생활비의 60~80%로 계상 산출된다.

국민연금은 60% 정도, 통계청은 70%, 대기업. 금융권 연구기관은 80% 식이다. 그렇다면 통계청 기준으로 20~50대 전체를 평균한 현직 '경제활동인구'의 적정 또는 '최저생활비'를 어렵잖게 산출해낼 수가 있다. 2인 가구 기준 각각 월 400만 원, 280만 원쯤이다.

그런데 같은 시기 통계청이 발표한 기초생활수급자 '최저생계비' 산출 근거가 되는 현재 경제활동 가구(노후 은퇴가구 아님)의 2019년 실제 '기준중위소득' 고시를 보면, 1인 가구가 170만7천 원(2018:167만 원), 2인 가구 290만6천 원(2018:285만 원)이다.

2018년 임노동자의 딱 중간(50번째/100명) 월급이 250만 원이다. 생각보다 높지 않은데 놀라실 것이다. 가장이 번 250만 원으로 정부 가구 기준 3식구가 한 달을 산다. 이를 다시 위의 통계청 발표 2인 가구 생활비에 대입해 보면, '적정생활비'는 어림도 없고 '최저생활비' 소득 수준이다. 우리나라 중간수준 가계 근로소득이 이 수준이라는 것이다.

이것을 뭉뚱그려 전체를 '1인 가처분소득 중간 값'으로 환산한 2016년 말 통계를 보면 198만 원이다. 통계청의 노후부부 '최저생활비' 197만 원과 같다. 이것을 중심으로 위아래 50% 범위를 이른바 '중산층'으로 잡는다. 여기에서 1인 가구 99만 원 이하, 2인 가구 142만 원 이하이면 '빈곤층'으로… 기준중위소득' 대비 30% 이하이면 '절대빈곤층'으로 잡아 재산 및 소득 부양가족 여부 등을 심사하여 부족분 차액을 기초생활비로 국가가 채워준다. '기초연금'이다.

작년 말 '1인당 GNI 연 3만 불(3,300만 원)' 클럽에 가입했다고 하는데, 평균이 그렇다는 것이다. '평균의 함정'이다. 실제로는 1인 가구

연 3,300만 원… 2인 가구 6,600만 원을 넘는 가구는 15~20% 이내다. 상위 10%가 전체 부의 42~45%를 가져간다.

여기에서도 문제가 되는 것은 불평등 정도(지니 계수)다. 한국 부자는 세계 최고 부자다. 역시 서울역 쪽방 독거노인의 빈곤도 세계 최저. 집집마다 자가용 휴대폰 1인 1대다. 그걸 유지하려니 헉헉거리며 못 살겠다 아우성이다. '못 살겠다'는 의미가 1950~70년대와 다르다. GNI가 높은 것이 마냥 좋은 것은 아니다. 높아진 단위에서 현상 유지는 더욱 쪼들린다.

4

노후부부세대와 현재 경제활동 가구의 소득금액을 단순 비교하는 건 큰 의미가 없다. 미국 서구 등 소위 선진국에서 가구 지출의 적정성 여부에는 노후대비 저축률과 각종 복지 관련 납입금 등을 포함해서 계층성을 따진다.

반면에 한국사회에서 이런 걸 모두 산입해서 가계 적정성이나 생활수준을 따지면, 중산층은 당장 서구 기준 빈곤층에 떨어질 것이다. 서구 가정에서는 꿈도 꾸질 않는 '사교육비'… 직장·사회 활동비(교제비)… 각종 연고에 얽힌 경조비 등이 노후 준비금 계정을 모두 까먹는 '덮어쓰기'를 하는 것이다.

가정마다 당장에 이것저것 나가는 항목도… 써야 할 비용도 가지가지로 많다. 결혼을 하고 자식을 낳기 시작하는 30대부터 치면, 아이든 대학생이든 비용 지출에 별 차이가 없다. 양육하고 공부시켜야 할 자식들이 있고, 이른바 '낀 세대'는 노부모 부양은 못하더라도 기본적인 용돈성 생활비를 다만 얼마라도 매월 부담하기 마련이다.

보수노동단체 한국노총의 통계를 보면, 2018년 노동자 가장이 벌어서 꾸려가야 하는 4인 가구 월 적정생활비는 579만 원이다. 정부 통계자료보다 훨씬 많이 든다. 정부는 실제보다 낮게 잡는다. 노동조합은 매년 갱신되는 최저임금의 기초 자료 근거가 되기 때문에 정부보다 높게 산출한다. 민주노총은 한노총보다 더 높게 나온다.

참고로 한노총의 2019년 최저임금 확정을 위해 2019.1.3에 발표한 노동자 월 적정생활비 산출 내용을 보자!

한국노총에 따르면 가구주, 배우자, 초등학생 자녀 2명을 가정한 노동자 4인 가구 한 달 평균생활비는 579만4279원이다. '식료품 및 비주류 음료비'가 138만8162원으로 가장 비중이 컸다. '주택·수도·전기·연료비'(78만2988원)와 '교육비'(60만9093원)도 많았다.

한국노총은 5년마다 조합원실태조사를 토대로 모형을 만들고 이를 통해 산출한 노동자 표준 생계비를 발표한다. 4인 가구 자녀 2명을 고등학생과 중학생으로 가정하면 한 달 평균 생계비는 684만1105원으로 증가했고, 자녀 2명을 대학생과 고등학생으로 잡으면 706만4835원으로 늘었다.

3인가구 한 달 평균 생계비는 464만9593원이었고, 2인 가구 생계비는 394만6115원이었다. 단신 남성 가구와 단신 여성 가구의 월평균 생계비는 각각 229만5557원, 221만8865원으로 산출됐다. 노동자 표준생계비는 노동계가 최저임금위원회에서 다음 해 최저임금 인상 수준을 요구하는 기본 자료로 쓰인다.

경영계는 최저임금 인상속도가 빠르다고 반발한다. 노동계는 현재 최저임금 수준도 노동자 생계비에 크게 못 미친다는 주장이다. *2019년 최저임금 8350원을 월 209시간을 적용해 환산하면 174만5150원이다. 1인가구 생계비보다 적다. <*2019.1.3 일간지 다수 기사>

그런데 2018년 7월, 최저임금이 시간당 7,530원으로 전년 대비 16.4%(월 209시간 기준 157.3만원) 인상되자 수구언론, 자영·소상공업계에서 난리가 났다. 2017년 6,470원 7.3%(135만 원)에 비교해 인상률이 두 배 오른 데 대한 저항감이 컸다.

문재인 정부는 2019년 8,350원 10.9%(174.5만 원)로 예년대비 낮췄다. 이 지점에서 문재인 대통령이 선거막판에 수정 공약했던 2020년 시급 1만원 목표는 물 건너갔다. 대통령도 이미 '최저 임금위' 파행 때 '임기 내(2022년) 달성'으로 물러섰다.

이는 현재 인상률 수준과 물가상승률이 비슷하면 절로 이뤄진다. 따라서 로드맵 5년 중 추중반기 3년에 정책 목표는 사실상 달성된 것에 진배없다. 다만 물가 상승률이 그 이하면 2022년으로 연장된다. 그러나 저물가로 연장 상쇄효과가 발생하니 그게 그거다.

보건복지부가 기초생활자 생계지원금(중위소득액의 30%) 지급을 위한 기준통계가 '중위소득'이다. 2018년 1인 가구 167만, 2인 가구 285만, 3인 가구 368만, 4인 가구 452만 원이다. 2019년 다소 많이 올라 3인 가구 기초생활 지원 최저생계비가 190만 원이다.

2019년 최저임금 시급 8,350원 월 175만 원이면 2인 가구 기초생활자 최저생계비 150만 원 조금 넘는 수준이다. 노동력 상실에 병고에 시달리며 거주여건 열악한 주택에서 '최저한'의 생활을 하는데도 그 정도 비용이 소요된다는 것을 생각해야 한다.

일터에 나가는 정상적인 경제활동을 하는 사람의 지출구조를 비교할 수 없음을 감안해야 한다. 그 최저임금을 두고 아우성인 분들 자신과 가족은 그 돈으로 한 달을 나며 살 수 있는지 생각해 볼 일이다.

결국은 중산이하 임금노동자들은 어떤 형태로든 부부 맞벌이를 해야 기본적인 가계를 꾸려갈 수 있다는 말이 된다. 자녀를 낳기가 두렵다는 말도… 혼인을 포기하느니 만혼이라도 하면 다행이느니 하는 사회 현상이 간단찮은 구조적 문제임을 여기서도 확인하게 된다. 가정이 없거나 만성 실직자는 혼자 사는 경우가 아주 많다.

핵가족 아닌 1인 가구 시대다. '혼밥'… '쉐어 동거(동성끼리 방 나뉘 쓰기)' 등 신풍속도 배경이다. 특정 정권의 정책 문제나 경기변동으로는 설명이 부족하다. 그게 다가 아니다. AI정보 인공지능 등 혁명적 진보가 초래한 글로벌화, 대변동의 한 가운데 서 있다.

국내외 경제·사회 '틀의 대변화'라는 거시적 관점에서 살펴봐야 자신의 위치가 보인다. 가계-최저임금-중소상공인-기업-재벌의 거시경제가 어떻게 맞물려 돌아가는지… 정치판이 왜 이리 제자리 뛰기에 머물러 있는지가 보인다.

5

도시에서 최소 기본생활비(기초생활자 '최저생계비' 아님)는 얼마나 들까? 2018년 서울을 기준으로 들어보자.

1인 가구 월 135만 원, 2인 가족 230만 원, 3인 가족 355만 원, 4인 가족 440여만 원이 든다. 아주 짜고 맵게 산출된 것이다. 혼자 살아도 140만 원 이상 든다. 서울역 쪽방살림은 아니겠지만, 반지하나 옥탑방 또는 단칸방… 조금 여유 있으면 대출받아 여섯 평 원룸에서 사는 경우다. 필자 경험이기도 하다.

그대가 지금(2023년) 최저임금 시급 9,620원짜리 주6일 월209시간 201만원으로 부부살림이든지 자식 하나 낳고 살아보시라! 가능한 일이 아님을 곧 알게 된다. 선택은 두 가지쯤일 듯하다. 영원히 혼밥 독거하든지, 아니면 혼인 맞벌이다. 문제는 최저임금의 종착지가 '알바'라는 것이다.

최저임금이 지금은 취업의 일반적인 형태가 돼버렸다. '알바노조'도 생겨났다. 그런데 최저임금으로 고용한 업주 처지에선 임금인상에 대한 자발적인 의사나 의지가 현실적인 문제다. 말이 업주이고 "사장님!"이지 자기 품 팔아서 먹고사는 유사 노동자다. 명목상 '사업자 등록증'을 가진 사업체다. 노동 품으로 사는데 '사업자'다.

소상공인 대다수는 한두 명 최저임금 주기에도 벅차다. 알바 처지에서는 정부 임금인상 가이드가 곧 최저임금 인상률이다. 그게 없으면 3년 이고 5년 10년이고 제자리다. 이쪽 저쪽 다 불만이다. 왜 그럴까? 맨 앞에 언급한 본사, 원청이 빠졌다. 큰 이득자는 거기다.

문제의 본질에 접근해보려 한다. 영세기업·자영업·소상공 업주와 알바급 노동자 사이의 문제가 아니라는 점이 위 논지에서 도출됨을 독자는 이해할 것이다. 거시경제 기본 틀(frame)안에서 순환을 이어가는 개별 경제주체 사이에 나타나는 모순 충돌 갈등은 개별 주체나 경제요소 상호 간으로 끝나는 게 아니라는 것이다. 그들 사이에 생겨나는 문제의 상위 고리는 보다 복잡하고 광범위하게 서로 얽혀있다.

따라서 현상적으로는 그들 개별 경제주체 또는 객체(요소) 사이에서 생겨나는 문제로 보이지만, 실제로는 그들끼리 해결할 수 없는 지배적 자본구조가 있다. 공식적 시장논리에 잡히지 않는 이면의 지배적 실세 경영구조다. 이를테면 예로, 통닭집, 음식점 등 체인점과 영세 건설재하청업체가 대표적이다. 모두 영세자영소상공건설업종이다.

극히 일부분 사례를 들었다. 실상은 대단히 광범위하다. 여기에 고용된 노동자가 사실상 '최저임금' 정책 대상이다. 이런 정부정책도 기실 시장경제 개입이다. 그러나 시장경제를 유지하기 위한 최소한이다. 선거철마다 '시장경제', '자유민주주의'를 떠들어도 그냥 내버려두는 정권은 없다. 그건 방임 방치를 넘어 자칫 자본주의 시장경제 자체를 깨버릴 위험이 있는 것이다.

표를 얻기 위한 색깔론에 불과한 것을 대중은 알고 있다. 그렇다하더라도 정부의 정책 대응은 한계가 있다. 일시적 중재 무마는 될지 몰라도 속으로 곪는 양상은 더 깊어진다.

경제는 기본적으로 '민간 영역'이기 때문이다. 정부 산하 공기업도 본질은 이윤을 추구하는 사기업이다. 이윤을 포기할 것이면 '한전공사' 아닌 '전력관리공단'으로 바꿔 정부예산으로 운영하면 된다. 자본주의 체제 아래서 사적 소유와 사적 이윤추구의 절대적인 가치가 조정되지 않는 한 그렇다는 말이다. 이제부터 그 얘길 해보려 한다.

주지하는 바, 전통적인 자본주의 경제학에서 말하는 생산요소(객체)는 흔히 '토지, 자본, 노동에 경영'을 더해 4가지를 든다. '생산 4대 요소'다. 여기에서 지대, 이자, 임금, 이윤이 산출된다.

'계급'은 이들 경제 요소를 다루는 사람(주체)의 역할과 사회적 지위의 다른 표현이다. 산출된 결과물을 전일적으로 공유하면 공산주의이고, 사유하면 자본주의다. 그런데 오늘날 공산주의는 이름만 남았다.

대신 유럽 대부분 국가에서 '사회민주주의(사민주의)'가 자리 잡았다. 그런 정강을 내세운 정당이 집권하는 나라가 대부분이다. 오늘날 지구상에 오리지널 자본주의 국가도 역시 존재하지 않는다. 미국에서 주기적으로 발생하는 금융위기 사태가 정부와 연준에 의해 수습되고 회생하는 월가 자본가들의 현실이 잘 보여주고 있다. 우리나라도 예외가 없다. 말이 '자유 시장경제'다. 정부가 받쳐주지 않으면 다들 쓰러지게 돼있다. 공기업이 생산 경제의 40%를 점하고 있다.

삼성 현대 LG도 세금으로 도로를 내주고 철도를 깔아준다. 그도 모자라 반값 전기를 넣어주고, 각종 세금감면에 바이어 수출신용장 내면 물건 팔기도 전에 수출대금을 먼저 준다. 선하증권 발행이 자유롭고 '산업인력' 명목으로 병역자원을 값싸게 지원받아 노동력 충원도 한다.

일반 국민에게는 턱도 없는 지원이다. 이루 헤아릴 수없는 지원과 특혜를 받아가며 오늘날 글로벌 기업으로 성장한 게 모두 국민의 희생 위에 선 것이다. 유동성이 있긴 하지만 400조, 500조 막대한 사내 유보금을 국내외에 쌓아두고 앓는 소리를 한다. 삼성전자만 현 시점에서 100~150조를 왔다 갔다 한다.

전경련, 경총 등 대기업 경제단체는 입만 열면 '규제 샌드박스 철
폐(?)'를 건의한다. 대체 뭔 말인지 모르겠다. 필요한 건 이미 1997년
'IMF 사태'를 겪은 이후 대부분 풀어주었다. '대마불사론'을 정부에 대
놓고 요구하는 것 같이도 보인다. 도마뱀을 불가사리로 만들었다.

대통령 취임하면 제일 먼저 만나는 이들이 재벌총수다. "일자리 늘
려달라!" 매달린다. 그들이 겉으로는 90도 허리 꺾어 인사를 해도 '5
년 짜리'다. 총수는 종신 황제다. 한 번 꾸벅 인사가 대수랴! 일자리
는 중소기업이 만든다. 90%가 중소기업이다. 2천만 노동자 중 1,800
만 명이다. 기술 뺏어가기, 단가 후려치기, 원청 수주비 프리미엄 안
하면 고맙다.

<h2 style="text-align:center">6</h2>

미국에서 뉴딜 정책 시행으로 인해 19세기적 자유 시장경제 허점
은 그 밑천이 다 까발려졌다. 케인즈와 루스벨트 아니었으면 벌써 나
라가 망했든지 공산화되고도 남았다. 월터 리프맨은 그걸 두고 일찍
이 1950년대에 "오리지널 자본주의는 없다"고 했다.

미국의 노벨상 경제학자 갈브레이드는 70년대(1977) 그의 저서 불
확실성의 시대에서 "머지않아 세계 경제에는 불확실성과 불확정성의
시대가 도래할 것이다"라고 했다. 그 때는 1973년 제3차 중동전 발발
로 아랍권 '석유 무기화' 전략에 따른 제1차 오일쇼크가 일어나 세계
경제가 혼돈에 빠졌을 때다.

그런데 1990년대 이후 컴퓨터 휴대폰 등 정보화 통신 혁명이 일어
나고, 2000년대 들어서 인공지능(AI) 시대가 열리면서 '융합의 시대'
가 진행되자 그의 말은 또 다른 의미로 생명력을 얻고 있다. 어디
이 사람 뿐인가?

폴 크루그먼, 리차드 탈러 등 최근의 미국 노벨경제학상 학자들도 미국 자본주의의 위기를 끊임없이 경고하고 에드가 모렝 등 인문 사회학 지성들도 같은 목소릴 내왔다. 20C 중반까지 세계를 이끌어왔던 이념(사회주의와 자본주의), 가치, 경제원리 등이 더 이상 작동하지 못하는 현실이 펼쳐지기 시작한 것이다. 경제에서 체제 차이는 사라졌다.

그때에 비해 오늘의 현실은 이미 확립되어 있는 생각이나 설명의 틀로는 더 이상 설명하기 훨씬 더 힘들게 됐다. 기이하게도 한국사회 구성원들과 집단 사이에서 벌어지는 갈등과 대립, 이념적 지향의 충돌은 여전히 그때 그 지점에 있다. 온 몸에 들고 쓰는 기기는 세계 최고 수준인데 思考는 여전히 냉전 한 가운데다.

경제는 미국보다 더한 자본주의로 돌아가고, 분단체제와 글로벌 자본주의가 공존하고 있다. 세계단위 재벌, 대기업이 24시간 편의점을 차리고, 자영·소상공인 밥그릇을 채간다.

극우집단이 받드는 성조기 나라에서 '자유 시장경제'라는 말은 좀체 쓰질 않는다. 원래 경제학 사전에도 없는 말이다. 이게 냉전시대 사회주의권과 대립하면서 우리나라와 같은 분단 독재국 등 일부 나라에서 통치 이데올로기로 삼아 사용례와 뜻이 변질된 정치구호 됐다. 그냥 '시장경제'다.

"다수의 수요자와 다수의 공급자가 자유롭게 만나 자신의 이익 극대화를 위해 상품 또는 용역을 사고파는 것"이다. 공간적 개념 아닌 포괄적 경제체제를 말한다.

여기에 자유경쟁, 사적소유, 사적 이익 추구 등 이른바 자본주의 3대 핵심요소가 모두 들어가 있다. '자유'라는 게 이미 말로… 뜻으로 당연히 녹아있는 것이다. 초등학생도 이해할 수 있다. 그럼에도 극우정파는 입만 떼면 금과옥조 "자유 시장경제…"를 외친다.

미국에서 '자유로운 경쟁'을 저해하는 기업이나 행위는 체제를 위협하는 반사회적 행위다. 따라서 '시장경제' 근간을 허무는 행위로 엄히 처벌된다. '경쟁제한금지법', '반덤핑법', '공정거래위원회' 등 10중 20중 장치가 작동되고 있음을 알아야 한다. 한국은 방치 수준이다.

미국이나 서구, 일본에 초국적 글로벌 대기업은 많아도 한국 같은 문어발 재벌은 없다. 용인하기 어려운 반자본주의적 행태이기 때문이다. 이를테면 과거 소련 등 공산권 국가에서 독점이었던 국영기업 정도가 사회인식이다. 재벌은 후진~개도국의 상징이다.

우리나라 재벌 대기업은 대부분 '독·과점 기업'이다. 이들이 장악한 업종이나 시장에 진입한다는 건 그야말로 낙타가 바늘구멍 빠져나가기다. 설사 혁신 테크놀로지를 개발해서 천신만고 진입을 해도 버텨내기 힘들다. 몇 푼 받고 철수하기 마련이다.

연고와 로비가 지배하는 문화에 행정도 정책도 '가재는 게 편'으로 돌기 십상이다. '反 시장경제'다. 그런데도 '전봇대를 뽑아 달라'고 떼를 쓴다. 오히려 중소·영세기업, 자영·소상공업이 피터지게 싸우는 자유경쟁 판이다. '최저임금'은 이들 업종의 얘기인 것이다.

7

다시 최저임금이다. '임금'이다. 자본가 혹은 경영자(기업가)와 노동자 사이의 문제로 돌아가 본다. 임금 발생의 문제는 단순히 기업경영자 혹은 고용주와 노동자 사이에 주고받는 노동과 그 대가에 국한되는 것이 아니다.

지금 우리 사회에서 문제가 되고 있는 부분은 영세 소기업과, 소매업을 하는 자영 중소상공업… 그리고 거기에 고용되어 일을 하는 하부계층 임금노동자다. 이들 사이에 주고받는 임금과 생산성, 임금을 주기 위해 창출되는 고용주의 경영 이윤은 양자 카테고리에서 모두 발생하고 해결될 수 있는 문제가 아니라는 것이다.

예를 들어보자! 우리나라에서 재벌, 대기업은 시장의 핵심인 공급과 수요 모두에서 압도적으로 우월한 독과점 지위를 누린다. 일반 국민(소비대중)에게는 공급자로서의 공급독과점… 수많은 계열사, 1·2·3차 하청·협력·납품업체(중소·영세기업군)에게는 수요자로서의 수요 독과점 지위를 지닌다.

이러한 '반 시장'적 절대 지배력은 거느리는 기업들에게 국한되는 것도 아니다. 수십~수백 만 명 그 기족의 수요까지 창출해내기 때문에 땅 짚고 헤엄치기다. 오너 일가의 전횡적 총수체제 토대가 절로 마련된다. 2세, 3세 재벌 상속세 10조 20조도 주가 장난 몇 번 치면 내고도 도로 메워진다. 한강 배 지나간다.

문어발 확장과 백화점식 경영방식은 '고유업종 진출 규제법' 등으로 형식적인 제한이 가해졌어도 끝난 게 아니다. 수많은 협력, 납품업체 외에도 구내식당 콩나물 두부에서 면세점 화장품 코너, 공장 청소대행업에서 고철 고물상까지 일가친척이 사업권을 배분 받는다.

이윤극대화에 기업윤리는 뒷전이다. 오랜 기간 이어온 정경유착은 문화가 됐다. 고리를 끊기가 여간 어려운 일이 아니게 됐다. 수직 계열화 생태계를 이루면서 확산된 것이 우리 사회의 총체적인 '갑질 문화'다. 최저임금 문제도 크게 여기에서 연유된다. 편의점 점주의 생존 경영환경은 전적으로 프랜차이즈 본점 손아귀에 들어있다.

계약서 자체가 공정성을 담보하기 어려운 지배-종속적 독소조항이 많다. 마진비율 조정부터 상품공급, 실내인테리어, 광고간판까지 본점이 사실상 모든 결정권을 가지고 있다.

이 모퉁이 저 골목에 늘어나는 편의점, 재래시장, 넘쳐나는 음식점이 피 말리는 '자유 시장경제'다. 이런 곳에 부잣집 마님들이 평생에 장보러 올 리 만무다. 수요창출과 가격조절력을 가진 시장권력 독과점기업 아래서 소상공도 최저임노동자도 '을'의 고통은 같다.

시말이 이러함에도 '을'은 자신이 고용한 또 다른 노동자 '을'과 임금이 비싸니 마니 다투는 형국이다. 본사에 예속된 고용주가 자신들보다 더 을의 처지인 최저임노동자와 갈등하면서 본점보다 정부를 더 원망하는 것 같아 보인다. 피고용 급여가 고용주 처지에서는 '생산비용'의 일부이지만, 노동 당사자에게는 가족을 부양하고 삶을 이어가는 '생존비용'이자 건강한 노동 재생산을 위한 최소한적 투자비용이다.

적정임금, 생활비용 아닌 최저임금을 두고 올려주니 못 주니 하는 건 앞에 상론한 바, 문제해결의 본질을 바로 보지 못하는 것이다. 소득이 있어야 경제가 돈다. 부자는 돈을 금고에 쌓아놓지만, 빈자는 소비하기 바쁘다. 경제 순환에 가장 유익한 경제활동자다.

부자는 해외에 나가 소비하고, 구매를 해도 브랜드 해외직구를 즐겨 한다. 전통시장 동네가게를 이용하는 경우가 흔치 않다. 가계소득 대비 가계소비 비율이 훨씬 떨어진다. 경제순환 기여율이 약하다는 말이다. 과다한 사내유보, 가계유보로 되려 '돈맥경화증'을 부른다.

국민대중의 소비활동으로 대한민국 내수경제가 살아간다. 재벌, 대기업 부자의 부 산출이 이 과정에서 발생한다. '기업의 사회적 책임' '부자의 윤리'가 여기에서 도출된다. 최저임금을 두고 사회적 대타협을 운위하는 건 낯부끄러운 일이다.

사회 하부구조를 이루면서 공동체를 떠받치고 있는 서민, 빈곤계층 노동자와 그 자녀의 알바노동을 두고 노·사도 모자라 정치가 힘겨루기 하듯… 밀당 거래흥정을 하듯 해마다 갑론을박 다투는 건 상생과 공존의 건강성을 해치는 일이다. '을'끼리 싸우게 히는 정치도 적폐다.

'을'끼리 싸우지 말고, 더 큰 상대를 보라!♣

부동산 불패의 진앙

'강남 블루스~'

"**서울 집값**이 미쳐도 단단히 미쳤다. '꼴뚜기가 뛰니 망둥어도 뛴다'. 수도권도 미치고 기타 지방도 엉덩이가 들썩거린다. '미친놈 널뛰듯 한다'는 속담이 딱 들어맞다. 그 진앙지가 서울 서초·송파·강남 소위 '강남3구'다."

2021~22년 사이에 일어난 부동산광풍의 풍경이다. 1960~70년대 초반까지 땅 반 물 반 질척거리는 논·밭에다 뽕나무가 많아 누에나 친다고 해서 '잠실뻘'이라 했다. 북한강·남한강 합수 두물머리 아래로 넘쳐나는 민물고기와 하구로 소상하는 새우잡이 그물이 곳곳에 펼쳐진 한강은 어부들의 어장이었다. 편리한 수상교통 으로 뚝섬포구 마포나루에는 온갖 상인들이 흥청거리는 그런 곳이었다.

어느 날, 거기에 곳곳 말뚝을 박고 측도(측량)를 해대며 주변 산들을 밑둥까지 절단해 까뭉개고 매립을 하고 지반을 다지기 시작했다. 그 때는 아무도 몰랐다. 일을 벌인 자도 이 정도가 될 거라고 예정하고 일을 벌인 건 아니었다. 사방팔방 쭉쭉 가지가 이렇게 뻗어갈 줄 몰랐다. 삽질하는 이들 또한 열심히 땅을 파고 건물을 올려 '개발의 역군' 소릴 듣는 것으로 족했다.

거대한 땅 따먹기… 돈 놓고 돈 먹기 고도리 판의 서막일 줄을, 정경유착 유유상종 부동산 신분제 고리가 될 줄을, 대한민국을 좌지우지하는 현대판 북촌이 될 줄 몰랐다. 농·어업에 종사하던 누대의 토착민들은 과자 값쯤의 서 푼 보상비를 받고 뿔뿔이 흩어져 떠나갔다.

집이고 땅이고 정부에 수용되면 끽 소리 못 하고 당하는 이만저만

손해가 아니었다. 거래가에 가까운 요즘과 달리 감정가가 턱도 없이 책정돼서 나랏님이 개인 재산을 빼앗는 거나 진배없었다. 서민 대중에게는 그랬다. 사회주의나 다름없었다.

정부나 국가기관이 마음만 먹으면 사유재산이고 생존권이고 뭐고 법의 이름으로 거침이 없었다. 지금도 '토지 수용령'을 발동하면 사유재산권이 무용지물 되기는 매한가지지만 보상비를 일방적으로 매기는 강압에 속수무책이었던 그 시절보다는 좀 낫다.

사람들은 군사정권이 임명한 서울시장을 '불도저 시장님'이라고 불렀다. 그는 그걸 자랑으로 알았다. 박통이 엄지척을 해줄수록 더 거칠게 밀어붙였다. 휴전선에 인접한 수도 서울 구도심의 '안보 위협' 해소와 '주거 안정'을 명분으로 내세웠다. 심각한 주택부족 사태나 부동산 광풍이 부는 상황도 아니었다. 빈약한 나라 재정에 산업화 정책도 자금 부족으로 헉헉거릴 때였다. 여기에 재정을 투여할 여력은 없었다.

일을 벌이고는 싶은데 돈이 없었다. 머리를 짜낸 게 이른바 '민자 개발방식'이었다. 이를테면 최초의 대규모 민자 개발 공공사업이었다. 말이 民資였다. 당시 극소수 재벌 이외 이런 사업에 투자할 돈을 쌓아놓은 기업이 있기나 했나! 은행 돈 끌어다 쓰기였다. 지금도 '기업 투자' 재원은 기업 자체 자금보다 은행 돈 차입이 훨씬 많다. 개인이 아파트 분양받을 때 자기자금은 소액이고 대부분의 자금은 대출로 충당하는 것과 같다.

기획은 정부가 하고 사업은 기업이 하는데 사업성을 만들어줘야 일이 제대로 진행된다. 인구 유인책이 있어야 했다. 온갖 관공서를 옮기고 명문 고등학교와 대학을 옮기고 서울대학교마저 옮기겠다는 마스터플랜을 내놓았다. 기업 본사도 그곳으로 옮겨가라고 했다.

최초의 신도시 개발사업이었다. 사실상 최초의 본격적인 부동산 투기 바람이 일기 시작했다. 투기꾼들은 바람을 잡으며 고급외제차를 몰고 강남을 누비는 '강남 복부인'이 됐다. 사채시장 큰손들도 너나없이 뛰어들었다. 대한민국 도시개발사에서 강남은 '최초'라는 타이틀을 여러 개 거머쥐며 그렇게 시작되고 끝없는 욕망의 불가사리가 되어 온 나라를 휘감았다.

그러나 당시 권력층과 집권세력, 고위관료와 재벌 언론사주 등 '힘깨나 쓰는 어깨'들은 개발정보를 짬짬이로 빼내 주고받으면서 땅 매집에 혈안이 됐다. 그들이 사들인 땅은 도로와 공공기관 교통요지 등 도시계획 라인에 연접한 소위 '골드 바'였다. 그야말로 '땅 짚고 헤엄치기' 떼 부자가 됐다. 여기에 빌딩을 짓고, 아파트 사업 벌이고… 거액의 예산을 들여 닦아놓은 SOC 시설을 날로 먹으면서 50배, 100배 프리미엄 붙여 이득을 누렸다. 정·경·관·언 유착에 강남 복부인 전성시대의 개막이었다.

이 시절 장안의 관객을 휩쓴 신인 염복순 주연 '영자의 전성시대 (1975)'가 당시로는 파격적인 외설시비 영화였음에도 엄격한 검열의 사슬을 뚫고 김호선 감독과 작가 김승옥의 노련한 손길을 거쳐 무사히 스크린에 걸린 게 희한했다. 청와대 도장이 찍혀야 가능한 일이다. 외설성을 높여 대중의 불만을 무마시키려는 정치 전략이었다.

신성일의 '별들의 고향'류가 전성기를 구가한 배경이다. 수출 100억 불 달성이라는 현수막 정치에 매몰된 인권, 노동착취, 이농과 도시빈민, 화류계에 몸을 던진 딸들의 애환을 은유한 의미심장한 작품이라는 평은 덤으로 얻은 정치적 이득이었다. 복부인과 큰 손의 전성시대에 영자도, 별들의 고향 경아도 외설바람을 타고 함께 전성기를 누린 그야말로 강남의 전성시대 개막이었다.

1970년 경기도 광주의 외딴 벌판에서 일어난 '광주이주민 폭동'은 그렇게 쫓겨나 절벽 끝자락으로 밀려난 민초들의 절규였다. 굳이 비유하자면, 1930년대에 벌어진 스탈린의 연해주 조선인 중앙아시아 강제이송과 다를 바 없었다. 강남시대 개막 희생제였다.

그 자리에 빵빵한 빌딩들이 쭉쭉 들어서며 유행병인 양 대규모 인구이동이 시작됐다. 대열에 끼지 못하면 낙오자 딱지가 붙는 듯 했다. 서울대를 거대 최신시설로 지어 옮기고, 경기·경복·서울고 등 강북의 세칭 5대 일류고를 몽땅 따라 붙이니 내노라 하는 학원들도 대열에 끼어들었다.

상황이 이리 돌아가니 사립 귀족초등학교도 따라가고… 기타 사립 초·중·고·대학들이 줄지어 옮겨갔다. 국가기관과 재벌본사도 거대한 건물을 짓고 옮겨갔다. 삼성동 기업타운, 태혜란로 IT타운, 잠실스포츠타운, 서초동 법조타운, 대치동 학원타운이 들어섰다.

한강을 건너는 사통팔달 지하철, 도로교량이 1킬로미터 간격으로 촘촘히 늘어서고 여의도 모래섬을 이어 붙여 국회의사당도 들어앉았다. 수십만 신도를 자랑하는 초대형 교회가 그 옆 자락에 달라붙어 위세를 부리니 방송사들도 옮겨 붙어 '강남 개발' 1막의 대미를 장식했다. 마침내 완벽한 조건을 구유한 대한민국 명품신도시가 탄생한 것이다. 1970~80년대다.

그게 끝인 줄 알았다. 시작이었다. 본격적으로 기업의 부동산 건설 붐이 일어났다. 건설 사업은 예나 지금이나 전형적인 이권사업이다. 권력·금융·교육 기관이 몰리니 돈과 사람이 몰리기 시작했다. 수천, 수만 채의 아파트를 지어놓으면 집이 남아돌고 값이 떨어져 대한민국 시민 아무나 거기 가서 살 줄 알았다. 그게 아니었다. 웃돈이 '억…억' 달라붙었다.

'복부인 사태'가 빈발하니 '공인중개사'를 만들어내고, '떴다방'이 모델하우스를 접수하니 기획부동산이 광풍을 몰고 다니기 시작했다. 정부도 어째볼 수 없는 생태계가 형성됐다. 그 때 집안의 가장이던 필자는 동생들이고 자식들이 서울로 학교 보내달라는 것을 일찍이 포기했다. 하물며 강남은 별나라 얘기였다. 그게 지금도 그대로다.

그런데 지금 동생들과 자식들이 모두 서울에 산다. 묘한 일이다. 잠실, 노원, 수색에도 살고 왕십리 이문동에도 산다. 모두 아파트다. 고만고만한데 필자 형편에 보태준 것 없어 미안할 따름이다.

격차는 소외를 부른다. 소외는 절망을 낳고 절망은 위기를 부른다. '위기사회의 도래'다. 로마도 소련도… 어떤 제국도 내부에서 스스로 무너졌다. 꿈도 미래도 좁쌀같이 좁아터진 그 잘난 성냥갑 아파트에 저당이 잡혀 빚에 허덕이는 이들이 늘어갈수록 사회는 곪아간다.

'저벅저벅' 울려온다. 머지않은 거리다. 어쩌면 코앞에 와 있을지도 모른다. 위기를 알아채야 한다. 가진 축에 있는 사람이 먼저 깨달아야 돌파구가 생긴다. 움켜쥔 것 다 지키려다 다 뺏기는 불행이 지나간 남의 얘기가 아니다. 수도를 옮기자 하니, 한양 500년 도읍지라며 위헌 방망이 두들겨 반쪽짜리 수도를 만들어 여의도로 광화문으로 매일같이 수백 명 관료들이 길바닥에서 국력을 허비해도 눈 깜짝 않는 기득권이라니!

문재인 정부는 부동산 실패로 정권 말이 너덜거리더니 결국 그걸로 정권을 뺏겼다. 망했다. 강남복부인이나 건설사들은 부동산불패가 복이지만, 정권은 화(禍)의 근원이다. 노무현, 문재인 정권이 이걸로 정권을 넘겨줬다. 경제도 안보도 외교도 코로나19 팬데믹도 잘 하고 선방했다. 그러면 뭣하나? 이것 한 방에 모두 날아갔는데….

"올라야 되는 거여, 내려야 되는 거여?"

우문 같은 현문을 물어오는 이들이 가끔 있다. 오죽하면 필자 같은 문외한에게 묻겠는가! 점집 점괘 보듯 주고받는 말로 답답함을 조금이라도 풀면 됐다. 당연히 내려야 한다. 폭삭 내려야 한다. 서너 식구 궁둥이 붙여 살면 딱 맞는 아파트가 10억 20억이 되는 말이라고 그대는 생각하는가?

그렇다고 한다면 필자와 다른 세계에 산다는 사실을 인정하는 도리밖에 없다. 거실 바닥에 금을 깔아도 다 덮을 것이다. 30년 직장살이 퇴직금 다 털어서 전세집도 못 얻을 지경이라면 주택에 대해서만큼은 '사회주의' 방식이라도 차용해야 한다. 그게 이재 수단이 되고 불로소득 테크니션을 양산하는 괴물이 된다고 하면 자본주의 막장드라마다.

폭등과 폭락은 백지 한 장 차이다. 올라도 걱정, 떨어져도 걱정이 내리는 비를 두고 희비가 갈리는 소금장수와 우산장수다. 사람이 살아가는 가장 첫째가 보금자리다. 의·식·주라지만 주가 먼저다. 배불리 먹고 얼어 죽으면 무슨 소용이랴! 겨울이 긴 추운 나라다. 등 따습게 자는 게 행복이다.

몇 해 전에 주택 보급률이 113%에 이른다는 국토부 통계월보를 본 적이 있다. 지금은 인구성장도 멈춰 섰고 주택은 되려 엄청나게 늘었으니 120%는 될 것이다. 그럼에도 집값이 꿈쩍도 아니 하는 건 누슨 까닭일까? 전문가들은 요즘 집값 정체 하락세를 고금리에 따른 일시적 현상이라며 다시 상승세로 진입할 것이라고 한다. 희망사항인지 경고인지 알기 어렵다. 기록도 신화도 깨지기 위해 존재한다.

강남불패, 부동산불패는 '만들어진 신화'다. 물건 값은 전국 어디서나 똑같다. 사람 사는 집도 같아야 한다. 돈벌이 수단으로 삼고 재산 개념으로 접근하면 가능한 일이 아니다. 인식을 바꾸고, 바뀌도록 정책으로 확실한 끝을 내줘야 한다. 공직자 재산등록이나 청와대 참모 2주택 팔게 해서 될 일이 아니다.

종부세 위헌시비를 벌인 이들이 있었다. 헌재 합헌으로 정리됐다.

있을 것이면 제대로 해야 한다. 지금 정권은 야당 때나 지금이나 없애지 못해 안달이다. 민주당이 기실 보수 기득권 색깔 확실히 드러나는 게 이 지점이다.

남북 문제, 누적된 적폐청산의 제도화도 포기할 수 없는 시대적 과제다. 그 이상으로 '부동산 문제' 해결은 미룰 수 없는 최우선 민생과제다. 기대난망이긴 하지만 윤석열 정권이 경제와 민생을 서민대중의 처지에서 진심으로 잘 해나간다면 혹여 모를 일이다.

필자가 어느 순간 그의 지지로 돌아설 수 있다. 영원한 지지도 반대도 없다. 민심이 천심이다. 민심을 이기는 권력은 없다는 말은 진실이다. '5년짜리' 권력에 취해 있지 말고 국민을 하늘같이 받들길 바란다. 그러면 뒷걱정 없다. 모든 건 제 하기에 달렸다!♣

'동전' 한국 현대사

화폐의 사회사는 문명의 발달사와 궤를 같이 한다. 어로-농경으로 정착생활 분업화 물물교환이 이루어지면서 교환경제의 중심수단 또한 경제발전 및 계량 척도의 체제발전 단계에 따라 그 소재(재료)와 적용 범위가 달라져 왔다.

멧돼지·사슴-조개껍질-토기-쌀·수수·기장-옥-구리-쇠-도자기-합금동·지류전표-지폐(+수표·증권·채권)-상품권-사이버 머니다. 경량화-표준화-국가화다. 그 중에도 '역사 시대' 이래 현재까지 가장 오래 꾸준히 사용되고 있는 화폐는 청동이든 적동이든 황동…합금이든 '동전(銅錢)'이다.

오늘은 이 동전 이야기를 해보고자 한다. 다만, 범위를 1959년부터의 한국 현대 동전사를 중심으로 하고자 한다. 왜냐하면, 우리나라의 동전화폐가 그 때부터 다시 발행되기 시작했기 때문이다. 그렇다면 그 이전에는 동전이 없었다는 말인가? 그랬다. 조선말부터….

1902년 일본제국주의 지폐가 조선의 공식 화폐를 대신하면서 고구려 이래 조선의 화폐(동전)는 생산 유통이 정지당해 막을 내리게 된다. 이후 일제강점기의 식민지폐 '원(圓)'화는 1945년 8.15 광복 이후 미군정기는 말할 것도 없고 대한민국 정부수립 이후 한국은행이 발행한 우리의 화폐를 제치고 1950년까지 여전히 진성통화 구실을 했다. 한국은행 발행지폐는 모든 게 부실한 신생한국에서… 강점기 일제화폐는 일본에서 인쇄됐기 때문에 지폐 품질이 확연히 달랐다.

1945년 8.15 항복을 선언하여 공식적인 통치력을 상실한 조선총독부는 9월 미 점령군이 남한에 진주할 때까지 실제로는 비공식적인 통치권을 계속 행사하고 있었다. 미군 인천입항할 때 총으로 해방조선인을 쏴죽이기도 했으니 여전히 민중은 조심스러워 했다.

이 때 시중에 유통된 '일제 조선은행'의 화폐발행 잔고가 55억원(당시가)인데 그 한 달 사이 30억 원을 추가로 찍어냈다. 자재부족에다 급히 찍어내느라 지폐품질이 조악해서 이후 '미군정 조선은행'이 어느 출판사(조선서적출판사) 인쇄소를 빌려 찍어낸 허접한 신권에 비해서도 표가 확 나고 고르지 못해 한 눈에도 알 수 있었다.

발행권한도 없는 그들이 찍은 불법적인 이 화폐는 법적으로나 사실상으로나 '위폐'나 다름없었다. 이 돈은 어디로 갔을까?

일부는 조선은행과 총독부 금고에… 그리고 그만큼의 금액이 각계 내노라 하던 친일파와 고위직 관료로 복무했던 조선인들에게 사례금 하사하듯 흘러들어갔다. 그 때 쌀 한 가마니 가격이 대략 10원 안팎이던 화폐가치를 고려하면 상상할 수 없는 불법 위조 자금이었던 셈이다. 그러나 그들은 보관만 하고 있을 뿐 시중에 유통시킬 형편이 못되었다.

해방공간 초반에 휘몰아치는 친일파 청산의 거센 회오리바람 속에 숨을 곳조차 없는 그들에겐 목숨을 부지하는 게 화급했다. 그런데 '죽은 돈'이었던 그 '30억 원'이 기적같이 살아났다. 그 1년여 후 미군정이 전액 신권으로 바꿀 수 있게 '미군정 조선은행'에 명령을 내린 것이다. 왜 그랬을까? 여기에는 중요한 이유가 따로 있었다.

점령군으로 온 미군은 성격상 본질적으로 총독부 편이었다. 객관적으로 피압박민 해방의 의미보다 점령국이 일제에서 USA로 바뀐 것이 '1945년 8.15' 당시 현실이었다. 산골 출신에 아시아 땅은 처음 밟아보는 진주군 사령관 육군중장 하지에게 '조선'이라는 나라는 생전 듣도보도 않은 무개념의 땅이었다. 그(미국)의 관심사는 예상외로 빨리 이뤄진 일제 항복의 급변한 공간을 틈탄 쏘련군의 한반도 속결장악 견제를 이유로 자신들이 그어 논 한반도 남한 땅(*1944년 이미 전략적 '분할'을 계획했다)에 대한 시급한 통치력 확보였고 그 효율성을 일제총독부에서 구했다.

강점기 마지막 총독 '아베 노부유키'는 35년 식민통치의 노하우와 먼 훗날 재침략을 도모하는 왜곡된 조선실상과 그들에게 충성했던 친일인맥 및 조선인 관료들을 그대로 인계했다. 그 1년 후 하지는 그 '30억 원'을 합법화 시켜 군정 조선은행이 전액 바꿔주도록 조치한 것이다. 그런데 '신권'이라는 것이 해방된 나라에서 찍은 지폐도 도안이 일제 '수노인'과 '오얏나무' 문양에서 '독립문'과 '무궁화'로 바뀌었을 뿐 크기나 무늬 그대로인데다 무엇보다도 일제의 '원(圓)' 단위를 그대로 쓰고 있었다.

강점기 식민지화폐가 계속 통용될 수 있는 토양이었다. 조선공산당이 조선정판사에서 위조지폐 7천2백만 원을 찍어냈다는('조공'은 조목조목 반론을 펴며 부인했으나 군정은 묵살했다는 당시 조선일보 기사 참조) 그 돈은 '30억'에 비하면 애들 과자 값쯤이다. 당시 혼란스런 해방공간에서 시중 인쇄소에서 찍어낸 통용화폐마저 조잡하고 일제舊券 군정新券 혼용이다 보니 위폐범죄가 많이 나타났다. '30억 원'이 그런 돈이었다.

그러나 1950년 '한국전쟁'이 터지면서 그 돈의 수명도 다 하고 시중에는 화폐 자체가 없어졌다. 부산 피란정부가 찍어낸 인쇄물 수준의 지폐는 인정받질 못했고, 그 가치마저 초고도 전쟁인플레로 인해 쌀 한 되박 사는데 리어카 한 대 뭉치의 지폐가 필요했으니 말 그대로 종잇조각이었다. 물물교환 내지는 '물표'가 돈 노릇을 했다. 동전을 만들어내기는 전무한 제련시설이나 원자재 제조비용 면에서 더욱 어려운 상황이었다.

전선이 안정되고 휴전선 위치가 거의 고착화 된 전쟁 막바지 1953년 2.15일 리승만은 화폐개혁을 실시하여 화폐단위를 '원(圜)'에서 '환(換)'으로 바꾸고 종잇값도 안되는 '원'의 화폐가치를 1/100로 절하(디노미네이션)한다. 1000원이 10환이 된 것이다.

그러나 여전히 이 땅에 동전화폐는 존재하지 않았다. 비로소 다시 동전이 발행된 것은 자유당 정권 말기인 1959년부터다. 앞에서 "1959년부터의 한국 현대 동전사를 중심으로 하고자 한다"고 한 연유다. 봉명이 소장한 동전화폐 사진들을 아래에 곁들인다.♠

사진으로 보는 한국 주화(동전) 현대사! (출처: 필자소장품)

◀1959년 최초 발행된 '10환' 동전화폐! -좌측부터 1, 5, 6번이 1959(단기4292)년 첫 주화다. 1962년 2차 화폐개혁으로 바뀐 '원(한글)'화 체제에서도 혼용됐다. 1968년 발행 정지 후 1975년 통화정지 됐다. 주화 상태에 따라 차이가 크지만 첫 해 것은 귀하고 상징성이 커서 액면가 몇십 배다.

 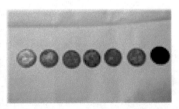

▲역시 1959(4292)년 첫 발행주화들인 '100환', '50환'! 민주공화국의 현직 대통령이 화폐에 올라있는 이상한 나라다. 거기에다 '봉황' 문양까지… 왕의 문양이다. 남한 單政을 세우고 전란의 책임 무거운 리승

만은 되려 절대군주 '왕'이었다. 구멍뚫린 2개는 1975년 통화정지 조치 이후 쓸모없어진 것을 여인들이 목걸이로 걸기 위해 뚫은 것이다. 비싼 귀금속 대용으로 치레한 서민층 삶의 단편이다.

◀1966년 첫 발행된 '1원' 주화 2점! -1961년 5.16 쿠데타로 권력을 잡은 박정희는 이듬해인 1962년 제2차 화폐개혁으로 '환'을 다시 '원'으로 돌려놓으며 이번에는 1/10으로 디노미네이션을 단행한다. 기득권 세력의 경제력을 무력화시켜 일거에 정치권력을 틀어쥐려는 의도가 있었다.

그러나 지폐는 바꾸고 주화는 1966년 8.15까지 '환'을 계속 사용하다 1966년 8.16 새로운 '원' 주화로 모두 바꾼다. 1원 5원 10원이다.

특히 1966년 발행 '1원'은 구리동전으로 1년 후 사라진다. 다음 해 (1967)부턴 알미늄(100%)동전으로 바뀐다. 그 희귀성으로 인해 현재 화폐도감 기준 상태에 따라 최소 7만원부터 최상은 부르는 게 값이다.

◀1967, 68, 71년 발행 주화 '5원'! -1970년대 연탄 한 장이 15원이었으니 '5원' '10원' 주화가 작은 돈이 아니었다. 지금 연탄 한 장은 500원이다. 1원 5원 주화 발행은 1991년 중단되었다. 물가 인플레로 인해 계산 때 '절삭' 처리되어 더 이상 쓰임새가 없어진 탓이다. 희귀해졌다. 현재 도감가 기준 최소 9만원 이상이다.

◀좌측부터, 1966년 첫 발행 청동주화 '10원'… 1970년 적동(단동)주화 '10원'…1975년 적동주화 '10원'! -청동과 적동은 합금비율이 다르다.

청동주화는 동:아연이 88:12%…적동은 65:35(황동은 60: 40)이다. '5원'도 같은 비율이다. 제조비용 때문인 듯하다. 이 적동 합금비율은

지금까지 유지되고 있다고 한다. 엄밀히 말하면 황동의 일종인데 붉은 색이 조금 난다고 해서 '적동'이라고 통칭한다. 진짜 적동은 구리에 금과 은을 섞은 것을 지칭한다. 위 '10원' 중 가운데 '1970년 적동주화'가 단연 비싸다. 현재 도감가 기준으로 상태에 따라 최소 25만 원 선이라고 한다. 이유는 이 1970년産 '10원'이 최초의 적동화이기 때문이라고 한다. 1966년 것도 희소성으로 역시 만만찮아 최소 12만 원 선…

그러나 뭐니뭐니 해도 1981년 '10원'이 제일 귀한 대접을 받는다. 그 해 발행 갯수가 불과 10만 개에 불과해서 시중에는 거의 찾아보기 어렵다. 대부분 화폐수집상이나 개인수집가들 손에 넘어갔다는 것이다. 현재 최소가격 30만원 선이다. 봉명에게 '81년'은 없고 1970년 적동화 4점有.

◀수집폐 아닌 유통폐로서는 비교적 상태가 좋은 1967년 청동화-1970년 첫 적동화 -1972년 적동화(좌로부터 3 가지) '10원'! - 황동의 일종인 2번 적동화는 약간의 땟물 탓인지 말 그대로 붉은 색 조금 나는가 싶고, 3번 적동화는 선명한 탓인지 황색깔이다. 사실 미사용 민트화로 전문가들이 봐야 알 수 있지 나 같은 객꾼들은 봐도 모르는 눈뜬 소경이다. 맨 우측 주화는 현재의 통용 주화다. 2006년 새로 발행되기 시작한 이 축소된 '10원'은 구리:알미늄이 48:52라고 하니 '동전', '알미늄전'이다. 그러나 모든 동전은 금화든 은화 구리화든 '동전'으로 통칭된다.

◀옛 '1원' 주화(각 좌측)와 2006.12월부터 밤색의 구리+ 알미늄(48:52) 혼합재질로 대폭 축소하여 새로 발행된 '10원' 주화 비교… '10원'이 '1원' 보다 미세하게 크다. 말 하자면, 현재의 10원이 당시 1원과 같거나 혹은 그만도 못한 값어치의 상징이다.

◀1970년 첫 발행된 '100원' 주화(아래)! -윗쪽은 광복 30주년(1975)에 발행한 '100원' 기념 주화다. 크기가 곱절은 된다. 1970년產은 현재 8만원 안팎으로 거래된다고 한다.

◀1천원 지폐는 있어도 주화는 없다. 그런데 있다. 위 기념주화가 유일하다. 그래서 특이성과 희귀성을 인정받아 값 좀 한다.

◀1원 5원 10원 주화 도안은 1966년 첫 발행 17년 후 1983년 모두 바뀌었다. '단순화' 했다. 위 '1원'의 좌측 1~8번: 우측 1~4번 양면 비교요! 가운데 구멍난 주화 역시 목걸이용으로 누가 뚫은 것이다. 그러나 지금도 사용가능한 것이므로 화폐훼손에 해당된다.

◀1966년 구리동전(동:아연 60:40%) '1원'과 이후의 알미늄(100%)동전 '1원' 비교! -크기는 같고 재질이 다르다. 알미늄동전도 가격이 만만치 않다.

◀좌측 위 아래는 변경 전(1966~) 도안…우측 위 아래는 변경 후(1983~) 도안!

◀1970년 합금비율이 바뀌어 첫 발행된 적동주화 '10원' 4점!

◀윗쪽 두 개는 변경 후(1966~) 도안… 아랫쪽 두 개는 변경 전(1983~) 도안!

◀좌측 위 아래는 변경 전(1970~) 도안…우측 위 아래는 변경 후(1983~) 도안! 이순신 장군이 조금 젊어졌다.

◀2006년 12.18일 최초 발행한 새 '10원' 주화! -다음 날 아침 일찍 창구 열기 전 시각에 은행 문을 두들겨 운좋게 구했다.

◀50원 100원 500원 주화는 모두 백동전으로 구리 아연 니켈이 각 70:18:12 합금이다. 현재 실제로 통용되는 동전화폐는 위 3종류다. '50원'은 1972년에 첫 발행됐다. 벼 이삭을 넣은 이유는, 당시 세계식량농업기구(FAO)가 처음 제정된 '세계식량의 날'을 기념하기 위하여 각 회원국들에게 자국화폐 도안에 적극 반영을 권유한 것이 그 연유다. '500원'은 1982년에 첫 발행됐다.

당시 고액권을 동전으로 발행하는 것에 대해 인플레 유발을 이유로 반대여론이 꽤 있었다. 정부는 1981년 '100원' 주화를 대폭 줄여 발행했다. 지금 돌아보면 '500원' 주화발행의 사전준비였던 것으로 추정된다. 그래서 1981년 '100원'을 구하기가 쉽잖다. 1984~86년 어간에도 '500원' 주화 유통을 확대시키려고 '100원'을 계속 축소발행했다. 그러나 1998년의 '100원' '500원'에는 감히 견줄 수 없다. 'IMF 사태'로 경제가 곤두박질치면서 주력 주화인 '100원' '500원' 발행액(갯수)도 급격히 축소된 것이다. '100원'은 500만개로 평년의 1/5 ~10 수준으로 줄었다. 특히 '500원'은 불과 8천개를 발행하여 시중에는 아예 없다시피 하고, 수집가들에게는 문화재 수준이다. 따라서 '500원'의 경우, 사용제가 50만원… 미사용제는 100만원… 민트포장제는 150만원~400만원을 호가한다.

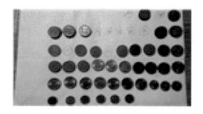

◀체크된 결전은 아래▼의 주화 파일들을 뒤져 모두 찾았다. 그러나 1981년, 84년 '10원'은 끝내 없었다. 시중에도 없다고 보면 된다.

◀좌측부터, 한국은행 발행(2008) 액면가 2만원 기념주화

▲▲ IOC가 발행한 '리우 2016'

기념주화… 액면가가 없다. 국가 아니니까!

▲▲▲ 리우올림픽 기념주화 뒷면

◀'리우2016' 프레스요원 가방

 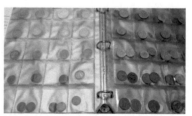

▲▼우리나라와 각국의 동전수집 파일

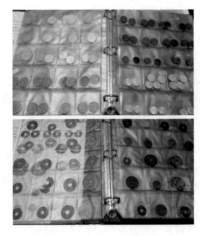
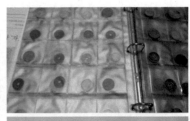

▲1907~80년대 시내버스 토큰

〈참고 자료〉 '동전' 편

1. 한국의 화폐, 동전화폐의 역사 및 도록(한국은행/1994)

2. 화폐 박물관, 동전화폐사 및 도록(한국조폐공사/1993)

3. 인터넷다음백과, 위키백과 관련자료

4. 한단고기, 계연수 편. 강수원 역(온누리/1985)

5. 한단고기, 임승국 역(정신세계사/1986)

6. 단기고사, 대야발 저, 고동영 역(한뿌리/1986)

7. 규원사화, 북애 저. 고동영 역(한뿌리/1986)

8. 신단민사, 김교헌 저. 고동영 역(한뿌리/1986)

9. 안경전 역주 '환단고기' 상생출판 및 관련 사이트

10. 한국사신론, 이기백(일조각 1976)

11. 조선사회경제사, 백남운 저, 윤한택 역(이성과 현실/1989)

12. 한겨레 1998.8.31일치 11면 '기술과 화폐의 변천약사'

13. 기타 기사 스크랩 자료, 녹화동영상 자료 다수

화폐와 정치 '동전의 양면'

1

 '동전 1'에서 못다한 이야기를 마무리하고 '지폐' 이야기를 하고자 한다.

 인류의 '문명사회화'는 곧 '경제사회사'다. 풍요로운 농경생산으로 집적된 物産은 인간의 사회적 상호의존관계를 질적, 지리적 확대를 통해 새로운 단계로 전환시켰다.

 생산력의 증대는 사회관계를 '경제활동' 중심으로 바꾸어놓았고, 새로운 생산방법의 진화를 끌어내는 동력이 되었다. 늘어나는 생산량과 유통의 경제적 순환 고리를 잇는 생산의 분업화, 계급의 분화, '척도'의 계량화가 필연적으로 생성됐다. 이는 자연스레 교환의 매개 수단을 필요로 했다. '화폐'다. 인류의 경제사는 광의의 화폐사(貨幣史)다.

 그 대부분은 동전(銅錢)의 역사다. 종이는 귀했고 대중화는 멀었다. 기원전 4천 년경 디질레(티그리스)-유프라테스 강을 품은 메소포타미아 유역 중심으로 형성된 수멜인 인류최초 거대도시 바빌론이 인근 소 부족 도시들을 합병하여 건설한 바빌로니아 왕국이 그 기원이다.

 7천리를 이어지는 강이 안겨주는 넉넉한 삶의 조건은 사막에 점점이 흩어진 사람과 마을을 강 양안 곳곳에 모이게 했다. 경제적 생태계가 형성되니 문명이 일어날 만 했다. 고대 로마제국의 동전을 1천 년 가볍게 뛰어넘었다.

 "춘추전국시대(BC700~221)에 지나의 연나라 제나라에서 만들어진 것이 고조선으로 유입됐다."

 '한국사(상)' 교과서와 역사부도에 적힌 '명도전' 이야기다. 조선에서 가장 오래전 사용된 동화폐가 '명도전'이라는 것이다. 그런데 그 화폐가 남의 나라에서 사다가 자기 나라 유통화폐로 사용했다는 것이다.

로마제국의 주조시기 때다. 동이조선 청동기가 중원보다 1천년 앞선 것으로 속속 밝혀지는 사실이 무색하다. 뭔가 이상하다.

그런데 현재까지 발굴 확인된 지역과 숫자를 보면, 현재지명(4차 이동) 요하를 중심으로 서쪽으로 동이문명 발상지 '홍산 문화' 대릉하(2차 요하) 양안유역(서변의 북경, 천진포함)~만주 전역~북한지역에 몰려 분포해 있다. 2만 3천여 개다.

반면에 명도전을 만들었다는 동주의 제후국이었던 연나라 제나라 옛 지역에서 발견된 것은 7천3백여 개에 불과하다. 1/3에도 못 미친다. 특이한 공통점은 발굴지가 모두 '구들' 집터라는 사실이다. '구들'은 예나 지금이나 고조선 이래 한민족에만 있는 세계 유일무이한 '난방'이다. 누가 봐도 (고)조선 지역에서 만든 동화폐다.

지나도 지금 어느 나라가 만들었다고 명시하지 않은 채 우물거린다. 그런데 우리 교과서는 요지부동이다. 명도전이 연나라 것이라고 새겨진 명문도 고고학적 증거도 없다. 유일한 근거는 그곳이 그들이 주장하는 연나라 지역이라는 것이다. *연나라는 중원내륙 장하(황하는 그 아래/상~중류까지를 지칭했다)를 낀 진(晉) 조(趙) 제(齊)에 둘러싸인 소국(*옴니버스 한국사/부여개국시기와 도읍지위치에 관한 연구, 2015)으로 경제력 또한 미약했다.

역사적인 선후관계에 상관없이 거기에서 발견됐으니 후에 세워진 연나라가 만든 화폐라는 것이다. 이는 지나학계가 내세우는 '소위 영토사관'의 연장선이다. 세계학계가 비판하는 비학문적인 몰상식의 강변이다. 지나 사화과학원-고대문물연구소가 수 만장 찍어낸 고대~현대 역사지도라는 것 대부분이 은폐 과장 조작된 것들이다. 지나 고고사학자들은 학자이전에 제국주의적 영토사관에 입각한 국가기조에 충실히 복무하는 어용 관찬기술자들이다.

〈출처: 중·고교 역사부도/박미선 박사 '명도전 연구'도판인터넷자료〉

사마천 이래 중화주의 사서편찬이라는 전통 서술방식(*註1)으로 가
감윤색이 판을 치고, 그 史書 해석마저 줄이고 부풀려 명확한 근거를
확보하지 못한 채 금을 멋대로 그어가며 여기는 연나라 저기는 제나
라 거기는 진나라로 위치를 뗐다 붙였다 했다. 강과 산도, 지명도 필
요에 따라 여기저기 옮겨 붙인 중·일 합작판 엉터리 지도를 한국 강
단사학은 여전히 금과옥조로 받들고 있다. 화폐 한국사도 식민강단사
학을 넘어서지 않으면 엉터리 가짜를 벗어나기 어렵다.

*註1: 중국사서 기술 3대 원칙 ① 위중국휘치 (爲中國諱恥) 자국을
위해서 자국의 수치를 숨긴다. ② 긍초이루이적 (矜擧而陋夷狄) 중국
을 높이고 오랑캐인 四夷(동이·서융·북적·남만)는 천하게 깎아 내린
다. ③ 상내략외 (祥內略外) 자국을 상세히 적고 타국은 간략히 적는
다.

이걸 잘 아는 '삼국사기' 지은이 김부식은 이름도 이른바 당송팔대
가 중 3蘇라는 소식, 소철 형제를 본 따 자기는 부식, 동생은 부철이
라고 개명했다. 껍데기는 민족인데 머릿속도 사서편찬 형식도 내용도
모화사상으로 가득찼다.

당시까지 현전하던 神誌秘史, 神誌撰, 海東秘錄, 神誌秘史, 譯述,
檀紀古史(대야발), 제왕년대력(최치원), 朝代記(926년 발해가 멸망하
면서 세자 대광현이 고려에 망명 귀화할 때 가지고 온 단군 이래 역

대모음 史書), 古朝鮮秘記, 三聖密記, 誌公記, 三韓拾遺記, 表訓天詞, 道證記, 大弁說, 動天錄, 地華錄, 震域遺記, 신집, 유기, 서기(고구려 백제사서, 당이 소각했다고 하나 참고용으로 남긴 것이 있는 것으로 추정, 김부식은 접근 가능했던 인물) 등 우리의 상고-고대 사서들은 많았다.

그럼에도 그는 후에 중 일연이 쓴 삼국유사에도 출처가 언급되고 자신의 기전체 '사기'의 전범이 된 지나 3C 반고 '한서'에도 자세히 기록된 단군 조선을 거들떠보지 아니했다. 고려초기와 겹치는 '발해(대진국)사'는 아예 적어놓질 아니했다. 신라와 대립관계였다고 해도 사관은 그런 게 아니다.

大震발해의 흔적도 기록도 많았다. 고려는 고구려를 계승했다. 고구려를 계승한 나라가 대진국 발해다. 궁예가 후고구려를 내세우면서 내세운 국호가 바로 그 '진국'이다. 고려가 그 고구려-발해를 계승한 것이다. 영토적으로 그렇고 백성들이 그렇다.

발해의 마지막 왕(15대) 대인선은 쿠데타로 정권을 잡은 대장군 야율보기한테 잡혀갔지만(백두산 천지폭발 멸망론은 사실이 아니다. 동모산 상경용천부 있던 북경아래 하북성에서 구천 리 떨어졌다. 지명 이동시킨 연해주 동모산에서도 1천리다), 태자 대광현은 왕건한테 망명 귀화했다.

대진국의 역사실록인 고리국지(高麗國志) 고리사력(高麗史歷)이라는 당시의 사서들도 있었다. 거란 〈요사〉가 왜곡하고 있는 대진국의 역사를 제대로 볼 수 있는 이들 사서는 현재 일본(고려국기 28권-궁내부도서관 추정)과 러시아(고려사력 16권-국립문서관 추정)에 있는 걸로 알려져 있다. 후의 기록이지만 조선 전기 이암李巖이 상고 사서들을 참고하여 기록한 '태백일사'의 대진국 본기에도 비교적 상세한 내용이 담겼다.

김부식이 없애고 조선왕조가 '사문난적'으로 금압해 秘記 아닌 비기가 되어 그나마 지금 전해오는 사서들이 위서론에 말려있는 건 참으로 비극이다. 김부식은 자신의 행위 정당화로 붙이기를, "옛날에는 이를 기록할 문자가 거칠고 졸렬하여 자취가 빠지고 마모돼 지나간 일이 희미하다"라고 스리슬쩍 했다. 한 줄이다.

동천왕이 천도 한 기록에 겨우 평양이 나온다. "이곳은 본래 신인 왕검이 정한 곳이다…" 그렇다고 삼국사기가 모두 사료적 가치 없다는 것이 아니다. 권력의 실세로 서경정벌에도 나섰던 그의 머리를 지배한 정치철학의 성향과 관점이 끼친 부정적 영향은 그대로 바로 보아야 한다는 것이다. 겉으로만 史記 흉내를 낸 것이다.

지나, 일본 사학이 프로파간다에 익숙한 전체주의적 관변사학이라면, 국내강단사학은 식민 마피아 기득권 수호에 매달리는 철밥통 매국사학이라고 해도 결코 과한 말이 아니다.

연나라 제나라는 지나 사서에 나오는 춘추오패, 전국7웅에 드는 힘깨나 쓰던 나라들이다. 현재 지나의 역사부도에는 발해만으로 **빠지는** 황하 하류를 가운데 두고 마주하며 남으로 산동 반도(제)~북 산해관(연)에 위치한 걸로 비정했다. 이른바 춘추5패(공구가 쓴 사서 '춘추'에서 따온 말), 전국7웅이 모두 이 영역 안에 있던 걸로 돼있다. 그러나 이곳은 옛 '상(商)'이다. 그때부터 중간에 우여곡절이 있었지만 본래부터~고려까지 東夷조선 영역이다. (*註2)

*註2: 고구려가 당에 망했다고 하지만, 요하를 마주 한 평양-심양의 안동도호부 왕은 여전히 보장왕이었다. 당나라의 현실이었다. 보장왕이 죽자 그 아들이 이었고, 이정기 장군 4대가 '치청 왕국'으로 국호만 바꾸어 60년을 통치하다가 대조영의 발해로… 왕건의 진국 고려로 이어진다. 이정기 손자 이사도 왕이 아니었으면 당나라는 벌써 망했다. 현종이 그에게 구원요청을 해서 3만 군대를 보내 안록산의 반란을 제압해 당나라 명줄을 지켜준 것이다. 당에게 산동반도 뿐 아니

라 황해바다는 여전히 언감생심이었다. 서안지역을 벗어나질 못했고 서남 내륙과 서역, 남지나해로 나아갔다. "당나라 군대"라는 비아냥이 그냥 생긴 말이 아니다.

따라서 명도전이 어쩌구저쩌구 연나라든 제나라든 오패 7웅이든 황하~산동반도 일대는 부인할 수 없는 동이조선의 구들 농경문화 살림터였다. 고구려에서 분가한 비류, 온조백제와 백제에 밀린 혁거세 실라 영역이 겹치는 곳이다. (註3)

註3: 백제는 후에 바다(양자강) 건너로 내려가고-양, 제, 송 등 5개 제후국 거솔과 남지나해변 왜~일본 왜까지 담(로)을 이룬 거대한 동방 해양제국이 된다, 실라 또한 복건 광동 광시성 계림으로 이동, 남서 해양으로 아라비아상인들과 무역교류 번성하며 장보고가 백제와 다툰다.

오패·칠웅이 진짜 이곳에 존재했다면 고구려 백제 신라 제후국이어야 맞다. 십제~백제, 신라 왕묘가 모두 여기에 있다. 따라서 동주와 진 등 춘추전국은 서면 내륙을 벗어나지 못했고, 수많은 소국들이 다 그 주변이었다.

진(秦)이 통일해서 만리장성을 쌓았다는 건 1천5백년 후 명나라 주원장의 거짓말이고, 진장성(진의 장성)이다. 길어봐야 시안~낙양 200여리다. 소위 만리장성의 실체라는 '진장성(진나라 장성)'은 구릉지를 따라 돌무더기를 쌓아놓은 시안북변의 외성이다.

백제 최강성기는 광시성까지 내려간다. 여기가 진짜 계림이다. 의자왕이 나·당 협공에 밀려 반도백제를 신라에 넘겨준 직후의 삼국 정세는 발해까지 신 삼국시대(후기신라)로 이어지는데, 백제는 원나라 초까지 존속했다. 청 건륭제 때 펴낸 正史 '만주원류고' 기록이다. 여기에서 후삼국이 다시 일어선다.

'하화'는 인도유럽어족 이란 등 중앙아시아계 일파가 천산을 넘어 황하중변 오르도스 지역으로 이동해 와서 토착민과 결합한 것이 후일 지나 화족 원조가 된다. 보통명사 '진'이다. '동쪽으로 간 사람들' 또는 '머나먼 곳'이라는 뜻의 china… shina란 말을 이란, 페르시아어로 그들이 지금도 쓰는 연유다. 이게 유럽으로 건너가 chaina가 됐다. 진시황의 진이 아니다.

우리 역사에서 동전 화폐 얘기를 하다 보니 어쩔 수 없이 상고 고대사 부분으로 얘기가 뻗어가고 말았다. 한가하게 '지나간 땅 따먹기 얘기'가 아니다. 전쟁이다. 역사전쟁…….

외세와 전쟁이 아니다. 머릿속에 굳게 오늘날 한국인의 세계관, 그 출발점이라고 할 수 있는 비뚤어진 한국사와의 전쟁이다. 내 안의 전쟁이다. 동서고금에 없는 터무니없는 소설이다. 고려사, 세종실록지리지는 세종대왕의 오욕이다. 역사의 폐허에서 다시 찾는 삶의 DNA… 정체성 뿌리의 원형질… 우리네 살림의 원초를 구명하는 고단한 진실 찾기 노정은 오늘도 진행형이다. 연어가 자신의 생명줄 잉태하고 길러낸 '고향의 강'을 찾아 수천 리 오르는 고단한 퍼즐 찾기다.

어쨌거나 명도전은 연나라와 제나라가 만들었다고 한국 강단사학이 지금도 우기는데, 고대 바빌론이나 로마와 달리 조선이나 지나는 애초 국가단위에서 만들어진 게 아니다. 민간 영역에서 대단위로 경제활동을 하는 '경제집단'들이 자신들의 필요에 따라 자신들 영역에서 유통시키려고 주조한 이른바 '칭량(稱量)화폐'다. 명도전이 그런 동화폐다.

'칭량화폐'란 국적구분도, 국적표시도 없다. 경제 집단(商團)들이 필요에 따라 자유로이 주조할 수 있는 화폐라는 것이다. '국가화폐' 아닌 일반적인 척도의 가치기준으로 삼아 민간에서 만든 '상업화폐'다. 북한의 고고학자 손량구 교수가 1990년 학술논문에서 밝힌 주장이다.

손량구 교수는 명도전이 연나라가 만든 화폐라는 것을 전면 부정했다. 그의 얘기를 이어받는 필자 견해로는, 단군(고)조선에서도 만들고 연나라 사람들도 만들고 제나라 사람들도 만들어 써먹었다. 그 중에 고조선이 가장 경제활동이 활발했기 때문에 주조량도 유통 지역도 압도적이었다.

만약에 특정한 나라가 지정 발행한 '국가화폐'라면 다른 나라가 똑같은 걸 주조하고 유통시킬 수 있겠는가? 요즘말로 대량 위조지폐로 상대 국가를 혼란에 빠뜨리는 선전포고나 다름없으니 전쟁이 날 일이다. 조선에서 만들고, 연나라 제나라에서도 만들었다는 게 그런 시대적 상황이 있는 것이다. (*註4)

*註4: 시민사학자 허대동은 그의 저서 〈고조선 문자〉에서 명도전에 새겨진 고문자들이 한자로도 해독이 어려운 문자들이라는 점에서 고조선의 문자라고 제기하고 있다. 그런데 명도전보다 앞서 나온 '첨수도(尖首刀)'라는 도폐가 있다. 머리가 뾰족하다고 해서 붙인 이름이다. 최소 2,500년 전 춘추시대로 추정된다. 첨수도를 연구하고 있는 이찬구 교수는 "첨수도에 새겨진 문자 중에는 완전한 모양의 한글이 발견되고 있다"라고 한다(아래그림). 필자는 '완전한 모양의 한글'이 가림토 문자 일부로 추정한다.

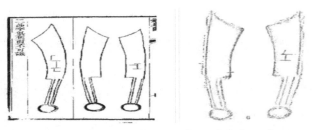

▲ 좌, '돈' 字 … 우, '노' 라고 새겨진 글자!

〈출처: 이찬구 교수 '명도전-첨수도 연구'도판인터넷자료〉

우리나라에 최초로 화폐가 사용된 기록은 약 3천 년 전으로 알려져 있다. 고조선의 72개 거솔국 시대다. 그중 수유(須臾)국 8대 홍평왕 원년(BCE 957년 甲子)에 처음으로 '자모전'을 주조했다(초주자모전初鑄子母錢)는 기록이 〈대동역사〉(註5) 권2에 실려 있다.

자모전은 자전과 모전을 합해 부른 말로 자전은 소전(小錢)을, 모전은 대전(大錢)을 의미하는 것으로 추정한다.(*류자후 '조선화폐고')/BCE는 BC와 같으나 '종교중립' 뜻으로 쓴다.) 그러나 〈환단고기〉의 기록은 이보다 1천여 년을 앞선다.

단군 4세 오사구단군 무자5년(BCE 2133)에 "둥근 구멍이 뚫린 패전을 주조했다(주원공패전鑄圓孔貝錢)"라고 하였다. 조개로 만든 돈이 아니라, 조개 모양의 돈을 주조했다는 것이다. 패전이란 말이 조개에 무게를 두기보다는 화폐의 의미로 쓰였음을 유념해야 한다.

패전의 종류에는 재질에 따라 석패전, 옥패전, 동패전, 골패전 등이 있다. 그 뒤로 화폐 주조에 대한 특별한 기록은 없다.(*안경전 역주 '환단고기' 상생출판 196-197쪽)

*註5: 대동역사: 12권 4책. 순한문. 인쇄본. 단군조선에서 후기 신라시대까지의 역사를 편년체로 기록했다. 1896년 독립협회 회원들인 최병헌·정교·최경환(崔景煥)·유호식 등이 단군에서 마한까지의 사실을 편찬했으나 독립협회에 대한 정부(조선)의 탄압으로 간행하지 못하다가 1905년 최병헌이 편집하고 정교가 평열하여 간행했다. 그리고 이 해에 다시 후기신라까지의 기록을 합본하여 정교의 이름으로 간행했다. 교과서로 사용하려 했으나 학부의 검인정을 통과하지 못해 1909년 이후 사용이 금지되었다./다음백과

*환단고기: 우리의 상고고대사에 관심 있는 많은 이들에게 알려졌다. 논란의 주된 내용은 그 내용의 진위여부 아닌 이병도 식민강단사학이 주장하는 위서론이다. 그러나 1990년대 중반 박창범 서울대 천문학 교수의 과학적 고증으로 '고기'에 기술된 고대의 천문기상 기록

대부분이 사실로 확인된 이후 논란은 그들의 무시전략으로 휴지기에 들었다. 본 사서의 소개는 생략한다./필자 註.

2

'지폐 이야기'로 넘어간다. 1902~1945년이다. 왜 1902년인가?

이 해에 지폐가 조선 땅에 처음 등장했기 때문이다. 지폐의 역사는 세계사적으로 동전 화폐에 한참 뒤져 시작된 걸로 기록에 나온다.

지나 북송 때(997년) 상인들이 요즘 말로 '약속어음'에 해당되는 '교자'라는 이름의 사찰(개인 간 약속 문서)을 발행해서 민간에 널리 사용됐다는 기록이 현재까지 알려진 바로는 제일 빠른 것으로 보인다.

원나라 때는 금 은 동의 개인보관 사용을 엄금하고 나라곳간에 모두 보관한 채 정부가 지폐를 발행해 쓰게 했다는 기록도 있다. 일종의 '태환지폐' 원조다. 그 이후 고려와 지나 상인들 사이에서 수기로 자신의 손가락을 그린 수결 사찰을 수표 또는 어음삼아 돌려 사용하는 일이 생겨났다.

유럽에선 1644년 스웨덴에서 손으로 그린 최초의 '은행권'에 이어 1716년 프랑스에서 재정 보충을 위한 은행권 발행에 이어 1789년 프랑스혁명 직후 자코뱅당 임시정부 성립 직후 귀족, 사원의 토지를 담보로 발행했던 그 유명한 '앗시니아 지폐'가 있었다. 모두 민간화폐였다. 국가화폐는 19C 들어서 '달러화'다. 이것도 처음엔 민간화폐였다.

현재와 같은 본격적인 국가화폐는 1795년 식민본국 영국에 대항하는 미국 독립전쟁 당시 전비조달을 위해 '콘티넨탈 지폐'를 발행한 것과, 같은 시기에 프랑스 정부가 혁명의 와중에 식민지 캐나다에 재정 송금이 원활치 못하자, 총독 트럼프에 사령관의 사인을 넣은 지폐를 사용한 것이 시초다.

일본이 1860년대 초 미국에 의해 개항을 하면서 가장 먼저 받아들인 제도 중 하나가 '달러화' 미국식 국가화폐 발행시스템이다. 공통점은 미국에서 1929년 발생한 경제대공황 이전까지 대부분의 나라에서 국가화폐다. 지폐는 금본위 '태환지폐'였다.

이를테면 국가가 보유한 금(Gold)의 양만큼의 범위 내에서 화폐(지폐)를 찍어내는 것이다. 이게 루스벨트 정부의 '뉴딜 정책'으로 무너지기 시작했다. 국가의 발권력으로 재정수요를 채워 넣기 시작한 것이다. 다른 나라들도 대부분 이를 따라갔다.(註6)

*註6: 2008년 미국발 국제금융위기 때 월가를 중심으로 한 자본주의 체제 밑둥이 흔들리자 미 연방정부는 망설임 없이 대량의 발권력을 휘두르기 시작했다. 이른바 '양적완화'라고 에둘러 이름붙인 통화정책으로 매년 수 조 달러의 잉크 묻힌 종이돈이 무한정 풀려 나갔다.

미국 내 금리는 떨어지고 일부러 더 내리고, 국제 원유가는 급등했다. 주체 못한 달러는 국제금융시장가를 떠돌아다니며 투기 자본화로 세계 금융시스템을 혼돈으로 몰아넣었다. 우리나라도 환율이 1:1300 후반대로 솟구쳐 중소 수출업체가 줄도산하고 무역수지가 다시 역조로 돌아서는 등 경기불황이 가속화됐다.

이런 현상은 2022년 윤석열 정부 출범 후 재연되고 있다. 덩달아 휩쓸린 저금리 기조의 함정에 빠진 채 폭등한 부동산을 저금리 은행돈 빚내서 구매하라는 정책의 부채질로 가계부채 1천조 폭탄 돌리기 시대가 이 때 개막됐다… 지금 태환지폐를 고수하는 나라는 없다.

일본화폐는 처음부터 국가화폐로 시작했다. 대장성 소속 '내각인쇄소'에서 발권하는 '엔¥'화다. 그런데 일본정부는 조선정부에 자기나라의 민간은행을 시켜 조선화폐를 찍어 유통시키라고 요구했다. 이는 조선의 피폐한 경제를 일거에 장악하여 일본에 종속시키려는 경제침략 책동을 넘어서 조선을 식민지로 정복하려는 제2의 임진왜란이나 다름없었다. 일본이 내세운 조선 침략의 선봉은 일본의 제1 민간은행

'제일은행'이었다.

1876년(고종 13년), 일본과의 '병자년수호(?)조약'에 따라 인천, 부산, 원산항 개항과 더불어 조선의 해관(지금의 세관) 업무를 위탁 취급해오던 일본 제일은행은 1901년 해관세를 저당하는 댓가로 은행권 발행권을 획득하고자 하였으나 조선 정부의 반대로 뜻을 이루지 못했다. 그러자 같은 해 10월 무역촉진과 해관세 출납을 원활히 하는 데 필요하다는 이유로 일본 대장성에 발행허가를 신청하였다. 이에 일본은 제일은행에 조선에서의 은행권 발행을 허가하는 침략적 특별 규정을 제정했다.

광무 6년(1902), 제일은행은 일원권, 오 원 권, 십 원 권을 발행했고 1904년 일 원 권, 오 원 권, 십 원 권 등 구권 3 권 종을 또 발행했다. 그리고 1908년에는 신권 3권 종 등 모두 12 권 종을 발행한다. 조선에 진출한 일본 상인들은 제일은행이 발행한 민간 지폐를 적극적으로 유통시켰다.

조선인이 이 지폐를 들고 오면 물건을 할인해준다든지 더 얹어주는 수법으로 자신들의 상권을 확대해나갔다. 조선 사람들은 생전 처음 보는 서양식 매끈한 지질의 종이돈에 눈이 갔다. 더해서 세련되고 미려한 디자인과 사용의 편의성에 일부 조선 상인들과 귀족층에서 사용량이 점점 늘어갔다.

상황이 이에 이르자 제일은행권 구권 3종이 다시 발행된 1904년 6월부터 조선 정부의 생각 있는 일부 요인과 재야 지식인들 중심의 민간에서 본격적인 제일은행권 배척운동이 일어나기 시작했다. 이들은 이 은행이 일본의 대 조선화폐 침략의 선봉에 선 것으로 인식하고 화폐 자주권 수호운동을 적극 전개하였다.

개항과 함께 진출한 일본 은행과 일본 화폐의 국내 유통으로 인해 당시 우리나라의 화폐질서는 송두리째 흔들리기 시작했고 또한 개항에 따른 행정비의 기중으로 재정난과 그에 따른 화폐 남발은 조선 화폐 제도를 더욱 문란하게 만드는 요인이 되었다.

그러나 이런 혼란은 근대적 화폐금융제도를 도입, 확립하려는 계기를 만들기도 했으나 이미 조선은 망해가고 있었다. 이렇듯 어지러웠던 지폐의 혼란기는 1910년 8월 29일 조선이 일제에 불법 병탄되면서 끝났다. 일제는 1911년 3월 조선정부의 중앙은행인 (구)한국은행을 폐지하고 조선은행으로 개칭한 후 제일은행권을 계속 유통시키다 1914년 9월 식민지 조선은행권 100원 권을 처음 발행했다.

물론 조선정부도 가만히 있지는 않았다. 1903년 5월(고종 29) 화폐를 제조하는 전환국이 인천에 신축되어 양식 화폐를 만들기 시작했다. 그러나 전환국은 이를테면 말 그대로 지폐를 제조하는 기술적 관공서일 뿐, 발행 주체로서의 중앙은행이 필요했다.

1909년(융희 3년) 6월 마침내 조선정부는 일본과 제일은행이 발행한 조선 화폐의 권리.의무 승계에 대한 각서를 교환하고 중앙은행을 설립했다. '한국은행'이다. 해방 후 재 설립된 한국은행과 구분하기 위해 '(구)한국은행'이라고 부른다. 그러면 무슨 소용이랴?

그 이듬해 8월에 나라가 아주 망해버렸는데… 그래도 준비한 일이니 일제는 체면을 세워주려는지 (구)한국은행권 지폐를 발행해주었다. 8.29 국취 병탄 두 달 후인 12월에 일본 내각인쇄소에서 일본 (구)제일은행권을 약간 손질 한 일 환 권과 그 다음 해인 1911년 8월 오 환 권, 십 환 권 등 총 3권 종을 찍었다.

이 지폐는 제일은행권과 함께 잠정적으로 사용되다 1914년 일제총독부가 조선은행권을 찍어내면서 역사에서 아주 사라졌다. 나라를 잃은 화폐의 비극이었다. 이후 '대일 항쟁기' 일제가 발행한 '조선은행권'은 조선 국내뿐 아니라 일제 괴뢰정부인 만주국의 실질적인 진성 화폐 행세를 했다.

대륙 침략과 그들의 태평양 전쟁 수행 전비조달의 방편으로도 활용되면서 식민지 조선 경제의 목줄을 옥죄는 개줄이 되고, 민족 경제의 성장을 원천적으로 제어하는 마술단지 됐다. 주권을 뺏긴 나라 백성의 비참함은 온전히 민초 민중의 몫이다. 동전이든 지폐든 화폐 발행량도 용처도 그렇게 식민지배자 맘 대로다.

-아래는 1902년 처음 발행되어 조선에 유통된 일본 제일은행지폐~1945년 해방 때까지 대일 항쟁기에 민족의 자주적 경제활동을 착취 압살하는 역할을 수행한 일제 화폐('조선은행권')의 면면을 화폐도록과 필자가 소장한 당시 지폐를 중심으로 일별해 보고자 한다.

▲1902년 일제 경제침략의 선봉인 민간은행 제일은행이 조선에 일방적으로 발행 유통시킨 지폐! 위 지폐(右는 각 뒷면)는 1904년 발행화폐다.
1902년 최초 발행한 1원권 5원권 10원권과 동일한 3 권종으로 조선에 등장한 최초의 서구식 근대 화폐. 지폐속 초상인물은 제일은행 두취(頭取, 은행장) '시부사와'다. '견본'-확정된 화폐도안, '견양'-견본 이전 도안.
〈사진 출처: 화폐 도록/한국조폐공사/1993〉

▲주권이 일제에 강취당한 뒤 1910~11년 뒤늦게 발행된 조선의 처음이
자 마지막 화폐 3권종. (구)한국은행 일환권, 5환권, 십환권이다. 일본
대장성산하 내각인쇄소 주문발행. 일제의 정치장난이다.

〈사진 출처: 화폐 도록/한국조폐공사/1993〉

▲일제가 조선 병탄 4년이 지난 1914~15년 비로소 처음 발행한 식민
조선의 '조선은행권' 4권 종! 본토 내각인쇄국이 전시경제체제로 들어간
연유인지 발주자체가 어려워져 총독부 인쇄국에서 발행했다.

일제는 이미 1911.3월 조선의 (구)한국은행을 없애고 조선은행법을 제
정한 후 같은 해 8.15일 조선은행을 설립하였다. 고액권을 먼저 발행한
까닭은, 조선은행권으로 간주된 (구)한국은행권과 제일은행권 저액권(일
엔 오엔 십엔)이 유통되고 있기 때문이기도 하고, 이 해(1914)에 발발한
제 1차 세계대전으로 인해 세계적인 인플레이션 현상이 일제 본토를 넘
어 조선에도 영향을 미쳐 고액권 발행 필요성이 긴급했던 것으로 보인
다.

백원 권 도안 인물은 일본은행 최초의 구 백원권에 있던 대흑천상(大黑天像)이고, 저액권 3종 속 인물은 동일인으로, 구한말 외무대신·대제학을 한 운양 김윤식(1835~1922)이다. 87세를 살았으니 수(壽) 노인 상에 어울리는 인물이다. 화폐가 '조선은행권'이니 조선의 인물을 넣을 만도 하겠다.

그가 3.1 운동 이후 한 때 독립운동에도 가담했다고 조폐공사 화폐도록에 설명돼 있다. 과연 그럴까? 독립운동 했다는 이를 지폐 초상으로 올릴까? 당시 87세를 살며 천수를 누렸다면 얼마나 호의호식했을까 싶다. 덮어두기 급급한 일제 잔재 지배문화의 한국관료 사회 그늘을 보는 것 같다. 궁금한 분들은 이 수 노인에 대해 알아보시길!

〈사진 출처: 화폐 도록/한국조폐공사/1993〉

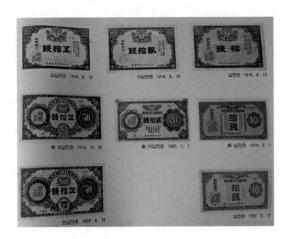

▲1916년 들어서 일제는 조선의 지배력 강화를 위해 '전' 단위의 소액권을 본격 발행하기 시작했다. 이 때 쌀 한 가마니 가격이 5~7원(엔¥)이니 참고 바란다.

〈사진 출처: 화폐 도록/한국조폐공사/1993〉

改 일원권 1932. 1. 4

改 십원권 1932. 6. 1

改 오원권 1935. 6. 1

改 백원권 1938. 12. 1

▲**1930년대 조선은행권!** 1931년 이른바 '노구교 사건'을 조작하고, 1937년 중.일 전쟁을 일으킨 후 전비조달을 위해 일본은행권뿐 아니라 고액권 단위 조선은행권 발행액도 급증했다. 일본의 괴뢰정부인 만주국은 사실상 조선과 한 묶음의 경제권으로 편성되어 조선은행권이 만주 전역에 유통됐다.

돈 가치는 폭락하고, 치솟는 물가상승으로 조선민중의 생활은 더욱 궁핍해져만 갔다. 당시 물가의 기준노릇을 하던 쌀 한 가마니 가격이 12~14원으로 두 배 올랐다. 총독부 산하 공무원들 중 가장 급여가 높은 축이 소학~중등 교사들과 경부들이었다. 이들의 평균 월급이 48~54원 정도였으니 쌀 4가마였다. 상층이었다.

쌀은커녕 보리밀밥도 제대로 먹지 못하고 노동착취에, 갖가지 명목의 농작물 공출에 시달리는 대다수 소작농 등 친일 부일파를 뺀 모든 조선의 민초민중들의 살림은 군국 전체주의 화폐경제로 이중 3중의 착취를 당했다. 이런 상황은 1941년 발발한 제 2차 세계대전으로 인해 극악해져만 갔다. 징용 징병 근로정신대 성노예 동원이 전부가 아니었다. 이 땅의 모든 자원은 본격적으로 대대적인 수탈의 길을 걸어갔다.

〈사진 출처: 화폐 도록/한국조폐공사/1993〉

◀1944년 찍어낸 조선은행권들! 1941년 태평양 전쟁개시 이후 일제는 조선에서도 그 이전의 열 배에 달하는 화폐를 마구 찍어내 통화증발을 가져왔다. 그러나 이런 극심한 인플레이션의 반면에, 전쟁물자 기근으로 본토 내각인쇄소에서 지폐를 제대로 찍어내질 못하는데다 전세 악화에 따른 일본의 해상보급로가 차단되어 물자수송이 어려워지면서 제조-공급이 막히기 시작했다.

돈 구경 힘들어진 조선경제는 더욱 쪼그라들어 허덕였다. 이젠 조선총독부가 자체적으로 해결해야 했다. 1944년 11월부터 조선은행권은 경성의 어느 출판사에서 찍어내기 시작했다. 지질도 조악하고 인쇄도수(채색)도 1도 내렸다. 지폐 번호는 아예 매기질 못했다. '무번호' 지폐다. 돈 아닌 돈이다.

〈사진출처: 화폐 도록/한국조폐공사/1993〉

◀(좌)1932. 6. 1 . 改 1 0 원 권 /1944. 11. 15 갑 10원권! (우)는 각각의 뒷면
〈필자 소장화폐〉

◀(좌)1944. 2. 1 改 일원권! 지폐번호가 있다.
〈필자 소장화폐〉
(우)1944. 11월~ 지폐에 지폐번호가 없다. 돈

아닌 돈이다. 경제시스템 붕괴였다. 패망이 머지않았다는 확실한 증표였다.

보도통제로 바깥세상이 막혔어도 생각있는 이들은 감을 잡았다. 그러나 지식자연 하는 친일 충성노들은 8.15 오전까지도 방방골골 돌며 또는 경성 부민관 집회에서 황민충성과 총알받이 동원 선동질에 입으로… 글로 …헌납으로 거품을 물었다. 역사에 몽매한 자기관점 부재의 헛것들이었다.

〈사진출처: 화폐도록〉

▲(좌)일제가 본토 내각인쇄소에서 마지막으로 마구 찍어낸 조선은행권 최고액권인 백원(엔¥)권 지폐! (우)일제는 1945년 봄 '초고액권'인 甲 '천원'권을 물경 70억 원이나 찍어냈다. 경성(서울)의 조선서적인쇄주식회사에서 모조지로 2도 인쇄한 종이돈이었다.

이 지폐는 심리적인 저항선에 부딪칠 게 뻔한 것이라 결국 발행되지 못한 채 조선은행 지하 금고에 묻어놓았다. 이 액수는 당시 얼마만큼 돈의 가치일까? 봉명산인 소견으로는 당시 화폐가치를 현재적 가치로 대략 환산하면 적게 잡아도 최소 6~7천배(*참고: 1931년 기준 대비 금융기관의 추정 가치 환산이 4~5천배다. 여기에다 1937년 대비 발행액이 17배 증가한 것을 참고하여 조금 더 붙인 것이다) 쯤으로 치자. 그러면 얼마쯤 될까?

70억×6~7천이다. 대략 42~49조원이다. 금년 정부 예산이 470조원이다. 그 1/10 규모의 발행액이다. 상상이 잘 안되실 듯해서 덧붙인다. 2015~20년 매년 추석이 낀 달 화폐발행액이 평균 8조원이다. 평달 대비 통상 2~30% 많다. 여기에 10 달 곱하면 5~60조다.

그런데 한국은행으로 되돌아오는 환수율이 10%쯤 된다. 이걸 감안하면 연간 45~55조원쯤으로 소견된다. 당시 조선의 경제규모가 얼핏 현재

규모의 1/100에도 못 미친다고 생각할 때, 42~49조×100을 셈해보시라! 그런데 그게 끝이 아니었다. 해방되기 전날⋯ 그러니까 1945.8.14일 백원권 지폐 48억 4천만 원을 발행했다고 한국은행 자료가 밝혀주고 있다.

'천원권' 70억 대신 백원권 50억여 원이니 그게 그거다. 그 돈이 해방 후에도 1950년 8월까지 계속 독립대한민국에서 혼용되었다. 미군정은 일제의 조선은행법을 계속 존치시키고 기존 화폐를 계속 사용케 한 것이다. 한 걸음 더 나아가 기존의 조선서적인쇄소에서 같은 화폐를 계속 찍어내게 했다. 해방 조선의 경제혼란과 수요 증가로 그 해 말에는 조선은행권이 무려 88억 원에 이르렀다.

조선은행권 발행 유통이 중단된 것은 아이러니하게도 북한군 때문이었다. 1950. 6.25 한국전쟁 개전직후 서울을 점령한 북한인민군은 남한정부의 화폐인쇄시설을 활용해 계속 대량의 남한화폐(조선은행권)을 찍어내어 점령지에 뿌리고, 공작금으로 사용하는 교란작전을 폈다.

이는 중대한 경제사회적 혼란을 불렀다. 이승만 피란 정부는 그해 8.28일 조선은행권 유통을 완전 정지시키고 급히 '한국은행법'을 제정해 설립하는 동시에 영국에 의탁하여 첫 한국은행권을 공수해 왔다. 제 1차 통화개혁 조치다. 조선은행권을 신권인 한국은행권으로 바꿔주는 정책은 1953.1월까지 계속됐다. 비로소 통화독립국이 된 셈이다.

그러나 여전히 화폐의 기본 도안과 찍힌 직인은 일제 조선은행권을 벗어나질 못했다. 특히 일제 조선은행총재 명의 한자로 된 '총재의인'은 1962.9.21 '新 십원권' 지폐에 한글로 된 '총재의인'이 사용될 때까지 사용되고 있었다. 일본이 쫓겨 가도 쫓겨 간 게 아니었다. 여전히 경제 사회 문화 언어 역사⋯ 사고방식까지 일본은 여전히 대한민국 뼈대와 골수 곳곳에 남아있음을 목도하게 된다.

〈사진 출처: 화폐도록〉

1945년 8.15 항복을 선언하여 공식적인 통치력을 상실한 일제는 9월 미 점령군이 남한에 진주할 때까지 실제로는 비공식적인 통치권을 계속 행사했다. 이 때 시중에 유통된 '일제 조선은행'의 화폐 발행 잔고가 50억여 원(당시가)인데 패망 후 한 달 사이 30억 원을 추가 발행했다. 자재부족에다 급히 지폐품질이 조악해서 이후 '미군정 조선은행'이 찍어낸 허접한 신권에 비해서도 표가 확 나고 고르지 못해 한 눈에도 알 수 있었다. 발행권한도 없는 그들이 찍은 불법적인 이 화폐는 법적으로 사실상 '위폐'나 다름없었다. 이 돈은 어디로 갔나?

일부는 조선은행과 총독부 금고에… 그리고 그만큼의 금액이 각계 내노라 하던 친일파와 고위직 관료로 복무했던 조선인들에게 사례금 하사하듯 흘러들어갔다. 일제 마지막 총독 '아베 노부유키'가 대단히 정략적인 의도로 그렇게 뿌리고 간 것이다. 그가 공언했던 말은 유명하다.

"우리가 아주 가는 게 아니다… 조선에는 우리가 뿌려놓은 것들이 살아있는 한 다시 올 것이다… 백년 안에 그리 될 것이다…!" 그랬다. 올해가 74년 됐다. 그말이 아주 틀렸다고 보기 어려운 게 현실이다. 친일파는 숭미주의로 가장하여 여전히 도처에서 발호한다. '아베'는 침략전쟁과 조선 식민지배에 대해 "말하기 곤란하다!"며 고개를 빳빳이 들었다. 쌀 한 가마 10원 안팎이던 화폐가치를 고려하면 상상할 수 없는 불법 위조자금이었다.

그러나 그들은 보관만 하고 있을 뿐 시중에 유통시킬 형편이 못되었다. 해방공간 초반에 휘몰아치는 친일파 청산의 거센 회오리바람 속에 숨을 곳조차 없는 그들에겐 목숨을 부지하는 게 급했다. 그런데 '죽은 돈' 그 '30억 원'이 기적같이 살아났다. 그 1년여 후 미군정이 전액 신권으로 바꿀 수 있게 '미군정 조선은행'에 명령을 내린 것이다. 왜 그랬을까? 여기에는 중요한 이유가 따로 있었다!♣

　▲(위)는 일제가 1945년 8월14일 패망 전날 대량으로 찍어 풀어낸 최고액권 백원 지폐. 역시 무번호 지폐다. (아래)는 1951년 '한국은행'이 최초로 발행한 백원권 지폐! 보시다시피 전체적인 틀이 여전히 일제 조선은행권이다. 도안 배열과 위치도 그렇고 글자체도 그대로에 직인도 그대로다. 같은 직인을 계속 사용한 것이라는 생각이 절로 든다. 다른 건 오얏문양과 수노인 대신 무궁화 문양과 광화문이 들어간 것뿐이다./ (우)는 각각의 뒷면이다.

〈필자 소장화폐〉

〈참고 자료〉 '지폐' 편

1. 한국의 화폐, '조선말~1950년' 지폐의 역사 및 도록(한국은행/1994)
2. 화폐 박물관, '조선말~1950년' 지폐사 및 도록(한국조폐공사/1993)
3. 해방전후사의 인식 1편-'미군정경제의 역사적 성격', 이종훈(한길사/1980)
4. 민족경제론-일제경제침탈에 대한 재인식, 박현채(한길사/1980)
5. 조선말~일제말 한국 민중경제사, 우리경제연구회(형성사/1987)
6. '처음 공개되는 조선은행권' 강원일보 2006.3.16. 12면 연재(51회)
7. 기사 스크랩 자료 다수

식민화폐와의 동거
해방공간과 자유당

대한민국 공식 화폐 시작은 1948년 8.15일 정부수립 후부터다. 그러나 당시에는 그 이전 미군정 치하에서 계속 발행 유통된 고액권 중심의 조선은행권 일제 화폐에 더해 소액은행권만이 새로운 도안에 의해 추가되었을 뿐이다. 1949년 9월 1일에 新 십 원 권… 15일에는 같은 모양의 新 오원 권이 발행되었고, 이어 11월 15일에는 오십 전, 십 전, 오 전 등의 소액은행권이 차례로 발행된 것이 그것이다.

◀정부수립 후 최초 화폐 5종! (*1959년 10월 미국 필라델피아 조폐국에서 찍어온 10, 50, 100환 동전화폐 발행 전까지는 지폐뿐. 동전의 국산화는 1966 조폐공사 1, 5, 10원)… 구도와 도안, 직인과 조선은행 관명 등 일제화폐 그대로다.

〈◀화폐도록,한국조폐공사/1993/▼필자소장〉

▲'한국은행권'으로 1962.12.1 새로 바뀐 改 십전, 오십전 권 지폐! (5전 권은 중단) 같은 해 6월 제 3차 '긴급통화조치'(일반적으론 '화폐 개혁'이라 칭한다) 후 발행된 것이다.

최초 '한국은행권'은 1950년 8월, 한국전 당시 북한정권이 점령지에서 조선은행권을 대량으로 남발하자 이를 환수하여 경제교란과 적성통화를 막기 위해 이승만정권이 임시수도 부산에서 '한국은행법'을 만들어 조선은행을 한국은행으로 개칭하고 百圓, 千圓 권을 급조 발행한 것이다. 1951년 10월 '한국조폐공사법'이 발효되어 자주적인 조폐기관이 생겼다. 전비수요가 폭증하자 정부는 1952. 10월 五百圓, 千圓 권 초고액 신종을 추가발행하면서 환수작업은 1953. 1월 완결되었다.

1950년 한국전쟁 발발 후 북한정권이 남한 점령지역 내에서 획득한 조선은행권 정판 및 징크인쇄시설을 이용하여 대량의 남한 화폐를 찍어내 유통시키는 작전으로 인해 피란경제가 혼란에 빠졌다. 리승만 정권은 이에 대응하기 위해 '조선은행권'을 '한국은행권'으로 교환하는 제1차 긴급통화조치를 행하였다. 이 게 이른바 제1차 통화개혁이다.

'긴급'이란 말이 붙는 것은 그 본질적 특성상 초특급 국가기밀이기 때문에 '은밀성 전격성이 생명인 까닭이다. 그러나 친일파가 여전히 득세하는 신생 독립국가의, 그것도 전시 체제하 지배 권력체 내에서 과연 얼마나 이런 원칙성과 기밀성이 유지됐는지는 의문스럽다.

◀최초의 '한국은행권' 4종! **한국전쟁** 직후 피점령지에서의 적성유통을 막기 위한 최단기 내 효율적인 회수작전과 막대한 전비지출 수요를 땜질하기 위해, 기존의 단 단위 원화(오원, 십원)와 5, 10, 50전 등 전 단위 '조선은행권'을 단번에 액면가 100~1,000배 올린 '한국은행권'으로 바꿔 발행한 지폐다. 제1차 긴급통화조치다.

전쟁 초반에 이미 결정적으로 파괴된 전시 경제의 피폐한 상황에 맞지 않는 저질 인쇄된 대량의 초고액 신권은 종이쓰레기에 지나지 않았다.

이는 1년도 지나지 않아 이른바 '제2차 긴급통화조치(2차 화폐개혁)'를 불러들이는 원인이 됐다. 화폐사용은 사라지고 경제는 물물교환과 '물표'가 대신했다.

남이고 북이고 민중 경제는 한순간에 몰락하고 민족 경제의 토대는 송두리째 파멸의 길로 치달았다. 크게 보면, 한국의 '한' 자도 모르는 미국인 군속과 친일파 관료출신 일색으로 군정 3년을 강행해 나간 점령군 미국과 그에 붙어 분단권력 불사론을 관철한 이승만의 민족진영 죽이기가 자초한 한 민족 두 정권 성립이다. 북한은 식민매국지배세력이 지배 권력화 한 남한 내 정치세력과는 타협할 수 없는 도덕적 우위를 자부하고 있었다. 민족이 원치 않는 분단 상황 해소를 위해 벌인 갈등구조의 극단화 출구해법경과와 그 결말은 냉전체제 두 초강대국에 예속된 이념을 매개로 민족통일 전쟁으로 내달은 비극이었다.

후과는 여러 형태로 여전히 우리사회를 짓누르는 갈등의 분화구 노릇을 하고 있다. 〈화폐도록/한국조폐공사/1993〉

◀제2차 통화조치(1953. 2)로 새로 발행한 화폐 5종! 원(圓)→환(圜)으로 단위가 바뀌면서 화폐가치도 1/100으로 평가절하(디노미네이션) 됐다. 막대한 전비지출과 생산경제의 파괴, 대외가치 폭락에 따른 극심한 무역 불균형과 하늘을 치솟는 물가상승 등으로 인해 만성화 된 '초고도 인플레이션'을 수습하기는 불가능한 상황이 된 것이다.

이 또한 예견 가능한 사태였다. 2차 '긴급통화조치(2차 화폐개혁)'이다. 이 지폐는 필라델피아 조폐국 아닌 미국 연방인쇄국에서 평판인쇄로 찍어온 것인데, 지질도 고급이고 위폐 방지를 위한 형광물질과 색실을 넣은 당시로는 첨단의 기술을 적용한 것이었다. 〈화폐도록/한국조폐공사/1993〉

◀재미있는 것(?)은 단위를 예를 들어 '백환(圜)'으로 바꿨음에도 그 위에는 한글로 '백원'이라고 했다. 십환, 백환, 백환이 그랬다. 반면에 서민들이 주로 사용하는 일원, 5원 등 저가지폐는 '환(圜)'을 '원'으로 했다. 문맹률이 워낙 높고 일제화폐 이래 수십 년간 익어온 단위를 고려한 결과로 본다. 〈필자소장 화폐〉

◀1953년 3월~1954.2월, 조폐공사에서 찍어낸 국내 제조권 화폐 4종! 전황이 안정되고 휴전협상이 무르익어가자 화폐 주권을 지키자는 여론이 일어났고, 조폐 시설도 최신으로 교체해 나갈 때다. 1953.3월에 新십환권, 같은 해 12월에 新백환권을 발행했다. 이때는 황색 조폐지를 썼다. 이후 新십환권은 같은 해 12월에, 新 백환권은 이듬해인 54년 2월초에 모두 백색 용지로 바꿔 발행했다. 문제는 전란의 와중인 '한국은행권(1950.7) 첫 발행부터 리승만이 화폐의 초상으로 등장하는 것이다.

전쟁 발발과 개전초기 일방적인 패퇴 및 전쟁 수행 전 과정에 대한 엄중한 정치적 책임을 져야 했던 그는 1952.11월 피란지 부산에서 낙동강을 경계로 한 영남 일원만 남은 지역에서 이른바 '난민 선거'를 통해 새로 구성된 국회가 열리자마자 대통령 국민직선제를 골자로 한 '발췌개헌안'을 강행 통과시킨다.

〈필자 소장 '백환'/1954.2.1.'백환' 동일!〉

절대 다수인 야당 의원들을 경찰력을 동원해 감금시키고 날치기 통과시킨 이른바 '부산 정치파동'이다. 이는 제헌 헌법에 따른 국회 선출제로는 당선은커녕 전쟁 책임을 피할 수 없기 때문에 취한 선제적 강공이었다. 이때부터 같은 한민당 일색이던 국회는 자유당과 민주당 두 정파로 갈라선다. 그게 지금의 자한당과 더불어민주당 시작이다.

이승만과 그의 수하세력은 거꾸로 그를 "전쟁에서 나라를 구한 영웅"으로 분칠하면서 그 첫 작업이 화폐 초상이었다. 북한 화폐에 절대 권력자 김일성이 초상으로 등장하는 게 1979년이다. 우상화 놀음은 그 26년 앞서 남한에서 먼저 시작된 것이다.

또한 지폐에서 한글이 아주 사라졌다. 못 배운 국민들은 그림을 보고 액면가 화폐를 구분했다. '화폐의 품격' 구현인지 모르겠다. 한자로 찍힌 '총재의인' 직인은 아직 일제 조선은행권 그대로다.

▲1956.3월 새로 발행한 최고액권 500환(가운데 상단 지폐)!

1년 후 新 천환(중단 지폐), 改 백환(하단 지폐). 그런데 문제가 생겼다. 대통령 얼굴이 지폐 중앙에 있다. 찢어지거나, 접으면 얼굴이 반씩 쪼개지거나 접혀 일그러지고 마모되는 일이 빈번히 벌어졌다. 시중에는 독재자를 비난하고 수모를 주려는 숨은 의도로 초상을 정 중앙에 위치시킨 것이라는 말들이 돌았다.

정부는 2년 후 광복절 날 리승만 초상을 오른쪽으로 옮겨서 新 오 백환권을 발행했다(우측 중단 지폐). 그런데 이 또한 개운치 못한 뒷 말들이 날까 해서인지 난데없이 오십 환 권을 슬그머니 끼워 발행했 다.(*이건 필자소견이다.)

국체는 민주주의 국가인데 대통령 마음대로였다. 이승만 자유당 정 권이 그랬다. 김일성보다 못할 게 없는 절대 권력이었다. 한 쪽은 권 력을 지탱해주는 손발 노릇을 받쳐주고, 또 한 편은 그 대가로 매국 노를 지켜주는 든든한 울타리가 됐다. 찰떡궁합, 이해 일치, 악어와 악어새의 공생이었다. 드골이 환국한 후, 나치 치하 4년동안 부역한 '매국노' 3만 명 처형하고 20만 명을 가두고 재교육해서 복귀시켰다.

우리는 35년이다. 그 아홉 배다. 드골은 국민투표로 헌법을 개정하 고 3연임을 했어도 '위대한 지도자' 소리를 들으며 스스로 권좌에서 물러났다. '해방된 프랑스' 그 출발점에서 자유와 박애, 지성과 양심 이 숨 쉬는 평화의 나라, 민주주의 프랑스… 라는 국제사회의 위상이 생겨났다. 화폐사가 화폐사로만 머물 수 없는 연유다. 권력의 발현은 오지랖이 넓고도 넓다.

◀4.19 혁명으로 독재자 초상이 사라진 새로운 지폐! 맨 위 천 환 권은 1960년 4.19 혁명 직후인 광복절 날 발행했다. 가운데 5백 환 권은 민주당 정권 탄생의 모태인 4.19 혁명 1주년 기념일에 발행했 다. 아래의 백 환 권은 1961년 5.16 쿠데 타로 권력을 찬탈한 박정희 군사정권이 자신들의 반란 성공 1주년을 자축하면서

찍어낸 지폐다.

모두 '改' 자가 붙었다. 자유당 정권에서 발행한 동일 액면가의 동종 화폐라는 뜻이다. 화폐발행과 정치변동 사이에는 밀접한 연관성이 있음을 '화폐 발행사'에서도 확인할 수 있다.

〈화폐도록/한국조폐공사/1993〉

◀필자 소장 '천환' 지폐 양면! (위 도록상단 발행 '천환'과 동일 지폐 다)

'권불십년'… "가무도 십일홍"이라고 했다. 이승만 자유당 정권은 결국 비극으로 끝났다. 수많은 젊은이들이 목숨을 바친 대가였다. 불행으로 점철된 한국 현대정치사의 시작이었다.

중·고등학생에서 대학생과 지식인 사회가 일어났다. 광범위한 민중의 지지 호응으로 이룩한 단군 이래 최초로 성공한 민중혁명이었다. 순혈로 얼룩진 4.19 혁명은 쿠데타 정권에서 '의거'가 됐다가 문민정권에서 비로소 '혁명'으로 제자리를 찾았다.

세상이 바뀌니 화폐도 달라졌다. 지폐가 바뀌었다. 권력이 뒤집어지니 지폐의 초상이 바뀌었다. 독재와 전란의 책임자 이승만이 들어앉아 왕처럼 군림하던 그 자리에 세종대왕이 자리하고, 어린이와 엄마의 자애로운 얼굴이 돌아왔다. '돈 이야기'다.♣

〈참고 자료〉

'지폐' 편

1. 한국의 화폐 '1945~1961' 지폐의 역사 및 도록(한국은행/1994)
2. 화폐 박물관 '1945~1961년' 지폐사 및 도록(한국조폐공사/1993)
3. 해방전후사의 인식 1편, '미군정경제의 역사적 성격', 이종훈(한길사 /1980)
4. 해방3년사 1945-1948, 1,2권-송남헌(까치/1985)
5. 1950년대의 인식, 진덕규 외 10인(한길사/1981)
6. 1960년대, 김성환 외 6인(거름/1983)
7. 한국 현대사 1910~1979, 강만길(창비사/1985)
8. 한국 현대사 1890~1948, 송건호(두레/1986)
9. 다시 쓰는 한국 현대사 '해방에서 한국전쟁까지', 박세길(돌베개/1988)
10. 기사 스크랩 자료 다수

박정희 위기탈출극 '3차 통화조치'

1

제 3차 긴급 통화조치 -배경

1961년 5.16 군사쿠데타로 4.19 민주당 정권을 찬탈한 박정희는 '국가재건최고회의'라는 초헌법 군부권력기관을 급조하여 무소불위 '포고령 통치'를 시작한다. 일제관동군 정보장교로 만주지역 항일사회주의 독립군 제거에 일조했던 그는 일제패망으로 민간신분을 위장하여 해방된 고향으로 조용히 귀국한다.

그러나 미군정의 일제 출신 재 등용 방침에 따라 만주군맥 중심의 조선경비대가 창설되자 지체 없이 들어가 다시 남한 군대 장교가 된다. 그런 그가 어느 순간 사회주의 프락치 장교가 되어 이른바 '여.순 반란 사건' 주모자가 된 것은 그의 兄 박상희 영향을 감안해도 불가사의한 극적 변신의 연속이다.

6.25 한국전쟁으로 무기수에서 또다시 극적으로 사면 복귀한 그가 혁명공약 첫째로 내세운 "반공을 '국시(國是)'로 한다!"는 명분은 그래서 더욱 그의 괴리된 삶에 더해 반란군의 대의를 희화 했다.

그런데 '정치 정화', '국토개조', '구악일소'를 내건 군부 정권은 얼마 안 가 그 슬로건에 스스로 모두 저촉되는 대형 사고들을 잇달아 치며 휘청거린다. 4.19 민주당 정부 출신 인사들을 몽땅 잡아들여 씨를 말리더니 비밀리에 군부 내 협력자들 중심 신당창당을 연출하며 '~정화법'을 스스로 위반하고, 굴욕적인 '한·일 협정' 협상을 비밀리에 추진하다 들통났다.

무지막지한 언론검열에도 동시적으로 잇달아 터져 나온 가칭 공화당 창당. 정치비자금 조성과정의 부패와 불법, 그 과정에서 수면위로 떠오른 새로 생긴 정보기관 중앙정보부의 무법천지 개입과 정보정치,

이들에 휘둘리는 국가시스템과 공공기관의 만연한 불법행위 등은 박정희 군부권력의 '혁명 공약'을 무색하게 만들며 국민의 등을 돌리게 했다.

무엇보다도 상상할 수 없는 규모의 부패스캔들과 수법이 자유당 부패정권을 뺨치고 능가하는 사태로 인해 민심이 흉흉해졌다. 소위 '4대 의혹사건'이다. 점차 안정되어가던 전후경제 물가가 다시 급등하고 초인플레이션으로 사회경제적 혼란이 비등해졌다.

여기서 이른바 화폐개혁 계획이 급히 기획 성안된다. '3차 긴급 통화조치(화폐개혁)'의 배경적 측면이다. 이를 통해 극적 국면전환을 끌어내어 흔들리는 초기 권력기반 강화라는 반전극을 만들고, 자유당정권 지하 은닉자금 및 한국전쟁과 미국원조물자에 연계된 '3백(밀가루-제분·설탕-제당·목화-면방)', '건설', '운송' 등 3대산업 신흥재벌들의 비자금 적출 작전을 시도한다. '제 3차 긴급 통화조치'다.

명분은 "국민경제의 건전한 질서 확립과 경제개발5개년 계획 수행상의 애로를 제거함"이다. 1962년 6월 단행된 화폐단위의 전면적 기습 교체다. '환'을 '원'으로 개칭하며 환가(換價) 비율을 10분의 1로 절하하는 제 3차 긴급 통화조치 단행이 그것이다.

아무런 공론화 과정도, 국민적 공감대도, 어떤 절차적 과정도 없이 단행된 극비작전이었다. 4.19혁명으로 새로 들어선 민주당 정부 채 1년도 안 된 시점이었다. 국민적 열망이 담긴 새 헌법을 폐기하고 정권을 찬탈한 파쇼 군사 권력이어서 가능한 일이었다.

그렇다고 쥐도 새도 모르는 건 아니었다. 낮말은 새가 듣고 밤 말은 쥐가 듣는다고 했다. '쥐도 새도 모른다'는 건 그래서 진실이 아니다. 최고 권력자 혼자 북 치고 장구 치고 일을 벌일 수는 없는 것이었다. 박정희를 둘러싼 내부권력층과 고위관료, 그들과 결탁한 일단의 재벌들은 챙기고 알아서 빠져나갈 구멍을 만들어준 화폐개혁이었다.

'**3차 화폐개혁**' 조치가 순수 국민경제적 관점에서 이뤄진 것이 아님은 그 직전 1년여 동안에 벌어진 소위 '4대 의혹사건'의 내막과 그 성격에서 확연히 드러난다.

'의혹' 사건으로 딱지가 붙여진 이유는 하수인 꼬리 일부만 드러난 채 어떤 정치적 사법적 진상규명이나 단죄가 이뤄지지 않았기 때문이다. 기소된 꼬리들도 모두 무죄 또는 집행유예로 풀려났고 그마저도 곧 사면되어 유야무야 끝났다. 그래서 '의혹'이다.

박정희 쿠데타 전후 전 과정은 그 20년 후 전두환 쿠데타 집권의 모범 교안이 된다. 역사는 비슷하게 돈다. 박정희는 군사정권의 한시성을 피할 수 없어 '민정이양' 방침을 밝히고 군에 복귀하겠다고 밝혔으나 실제로 군에 복귀할 명분도 현실성도 가능하지 않은 일이었다.

권력에서 손을 떼는 순간 어떤 위해 상황이 벌어질 것인지는 불문가지다. 방법은 군복을 벗고 민간대통령으로 변신하는 길이다. 그러기 위해서는 친위 정치조직이 필요 불가결했다. '민주공화당'이다.

모든 기존 정당들을 '정치활동 금지법'으로 묶어놓은 상태에서 박정희는 '김종필 중앙정보부'에 창당을 지시했다. 지시라기보다 김종필과 모의한 게 맞다. 정당을 만드는 데는 막대한 자금이 필요했다. 더군다나 아무런 지지기반도 없는 터에 인적 물적 소요 자금을 당시 신군부 출신들이 경험도 없이 권력뒷배 하나로 인위적인 급조 작업을 진행하는 건 그들 생각보다 만만찮은 일이었다. 그렇다고 무지한 무장권력이라고 해서 함부로 국가예산을 빼돌려 쓸 수는 없는 일이었다.

김종필이 자금 조달을 위한 실행 작업 총책으로 나섰다. 그 결과 터진 게 '민주공화당 창당자금 4대 부정사건'이다. 증권파동, 워커힐 사건, 새나라 자동차 사건, 회전당구기(파칭코) 사건이다. 모두 중앙정보부가 개입해 국민과 기업을 상대로 벌인 불법정치자금 조달을 위한 대규모 경제 공작이었다.

중정을 창설한 김종필이 국가경제를 볼모로 뒤흔든 '4대 부정사건'
이라는 희대의 부정부패 사태가 3차 화폐개혁의 직접 단초가 된 것
으로 봉명산인은 명확히 소견한다. 예나 지금이나 대개 나라를 말아
먹는 건 백성민중을 파는 그들이다.

'증권파동'은 당시 국가경제시스템을 통째로 뒤흔든 반국가적 사건
이었다. 1961년 10월부터 이듬해 5월까지 '김종필 중앙정보부'는 국가
예산인 공작금 9억 환(당시 국가예산의 5% 수준)을 대주며 광화문증
권가 왕 투기꾼 윤응상을 바지 회장으로 내세워 증권회사 3개를 만
들었다. 또한 한전 대주주인 국가은행 농협을 협박하여 한전주식을
헐값 매각토록한 후 이를 매수→매각하여 8억6천만환의 폭리를 취한
다.

이걸로 중정과 윤응상은 본격적으로 주가 조작에 들어가 폭등을
조작하고 수많은 일반 개미들을 끌어들였다. 윤응상과 김종필의 중정
은 공공기관인 대한증권거래소(현재의 한국증권거래소) 주식 70%를
점유하여 사유화한 후, 그들이 이상 과열시킨 증권시장을 활용하여
거액의 프리미엄을 붙인 대규모 주식증자 공모를 벌여 증권시장을
투기판으로 몰아갔다. 그 정점이 박성희나.

액면가 50전인 '대중주(대한증권거래소)'를 29배인 14환 50전으로
뻥튀기 하여 투자자들로부터 청약을 받는데 이때 수탈한 금액은 무
려 136억 환에 달했다. 그러나 청약결과는 예상외였다. 극심한 주가
폭등을 의심한 투자자들의 청약률이 67%에 그치는 부진을 보였다.

주가가 갑자기 폭등하게 되자 투자자들은 본격적인 주식매도(현금
화)를 시작했고, 이로써 주가는 매도 물량이 많아져 급락하기 시작했
다. 윤 씨 측은 주가 유지를 위해 매수를 거듭했으나 이는 결국 자
금부족으로 이어져 투자자들에게 주식을 현금으로 바꾸어 줄 수 없
는 '수도결제 불능사태'에 직면하였다.

이에 윤 씨 계열 증권사들과 중앙정보부는 곧바로 〈한일은행〉에 압력을 가하여 4월 30일, 윤응상이 50억 환을 한일은행으로 부터 융자받아 수도케 하고, 남은 금액은 전액 현금 없이 연수표로 발행하여 5백 27억환을 지불케 하였다. 그러나 주가는 계속 떨어졌고 주식을 현금화하려는 투자자들로 인해 수도자금 부족 현상은 계속되었다.

한편, 주식폭락에도 불구하고 이를 현금으로 바꿀 수 없는 5,340명 투자자들은 연일 자살 소동을 벌이는데 피해금액은 무려 138억 6천만 환(현재가 약 60조)에 달했다.(*당시 정부 예산이 200억 환이었다.)

1962년 5월24일, 윤 씨 계열 증권사들이 지고 있는 투자자들에 대한 미결제자금은 무려 3백52억 환에 달했다. 윤 씨는 다시 정부와 중앙정보부에 자금지원을 요청하지 않을 수 없게 된다.

결국, 6월 2일, 국가재건최고회의 재경위원 유원식과 정진호 소령 등이 '금융통화위원회(금통위)'에 압력을 넣어 2백80억 환을 융자받아 겨우 난국을 면할 수 있었다. 그러나 당시 2백80억환은 남한 총 통화량의 8%, 화폐발행고의 16%나 되는 거액으로 국내경제에 인플레이션을 몰고 오는 등 그 폐해는 대단한 것이었다.

이것이 그 8일 후, 시기를 재고 있던 박정희가 이른바 '6.10 긴급통화조치(화폐개혁)'를 결행하는 결정적인 계기로 작용한 것이다. 그런 파멸적 경제위기와 시장혼란을 일으킨 중정은 공식 수사보고서와 달리 무려 20억 환(*정부예산의 10% 규모)을 벌어들였다는 게 사건에 관여했던 인물들의 기록에 나온다. 그렇다면 국민들 호주머니를 털어 벌어들인 그 막대한 비자금이 모두 공화당 창당자금에 들어갔을까?

*훗날 김형욱은 '박정희에게 일부 상납되고 민주공화당 창당자금, 야당 교란 등의 공작자금으로 쓰였다.'고 폭로했다. *註 조갑제, '내

이 사건으로 한국의 주식시장은 투기장이며 위험도가 높다는 인식으로 10년 동안 정상화되지 못해 기업들이 자금조달을 증권시장 아닌 은행대출, 사채에 의존하게 함으로써 경제에 막대한 악영향을 끼쳤다.

'워커힐 사건'이란 중정이 외화획득을 구실로 주한미군 휴양지를 긴설하기 위해 1961년 서울특별시 성동구 광장동에 워커힐 호텔을 지으면서 비롯된 사건이다. 국가정보기관으로 만들어진 군사정권 중정의 무소불위 권력남용의 조폭행태를 잘 보여주는 사례로도 꼽힌다.

1961년 9월, 군사정권은 워커힐을 짓기 위해 성동구 광장동 부지 18만 평을 수용했다. 이때 워커힐 부지는 당시 10대 재벌의 하나로 유명하던 '대한전선그룹' 설경동 회장의 땅이었다. 하지만 나는 새도 눈만 깜빡이면 떨어뜨리는 게 군사정권이었고, 김종필의 중앙정보부는 국가 명의로 설경동의 부지를 헐값으로 사들였다.

이들은 호텔건립공사가 자금난에 허덕이자 정부주금(政府株金) 5억 3,590만 원을 빌려주어 호텔을 짓도록 했다. 그러나 실제로 투입된 비용은 2억8천만 원(*화폐개혁으로 원단위 변경, 220만 달러)에 불과했다. 나머지 2억6천만 원(*현재가 약 10조원)을 착복했다.

*註: 한용원, '한국의 군부정치' 대왕사 1993, 251쪽/ *참고, 1963년 국가 예산이 768억 원이었다. 한 해 예산의 0.6%인 5억 원의 거액을 투입한 것이니, 오늘날 가치로 환산하면 460조(2019년도 국가 본예산)의 0.6%인 2조8천억 원을 투입한 것이다.

이는 형무소 죄수들과 각 군 공병들의 무상노역으로 가능한 것이었다. 또한 부족한 장비는 육군, 해군, 공군, 해병대에서 지원받아 문제를 해결했다. 이 과정에서 막대한 공작자금을 유용하였다. 또한 공권력을 휘둘러 교통부장관과 각 군에 여러 장비를 제공하게 하고 인력을 동원하여 큰 사회적 파장을 일으켰다.

또한 워커힐 공사에 필요한 일본제 수입품에 대하여 관세를 물지 않았는데, 그렇게 무대 장치로부터 시멘트에 이르기까지 일제자재를 수입하면서 중앙정보부는 무관세 무검사로 도입하여 150만 달러(2억여 원)의 부당이득을 취했다. 그런 까닭으로 애초 건축학계나 외국 건축가들이 800만 달러에서 1000만 달러가 소요될 것으로 예상한 워커힐 건축을 불과 220만 달러로 완성할 수 있었던 것이다.

'새나라자동차 사건'은 중앙정보부가 자동차공업을 육성시킨다는 명목으로 새나라자동차공업주식회사를 설립하여 일본제 자동차 400대 수입과 판매를 담당하게 하였으나 수입허가 과정에서 공권력이 남용되어 횡령 등 부정행위가 행해진 사건이다. 결국 국산자동차공업의 발전은 이루지 못하고 막대한 예산만 낭비하는 결과를 가져왔다. 이 사건 역시 정치자금을 조달하기 위해 벌인 것으로 알려져 1964년 초 제3공화국 국회에서 국정감사를 받기도 했으나, 그 진상이 명백하게 규명되지 않은 채 사법적 단죄 없이 정치적으로 덮어졌다.

'회전당구기(일명 파친코 도박기계)' 사건은 군정하에서 1961년 12월 재일교포 김태준(金泰俊) 등이, 파친코라고 하는 도박성을 띤 '회전 당구기' 100여 대를, 재일교포 재산을 반입하는 것으로 속여 국내에 들여온 사건이다.

그 뒤 계엄 상황하에서도 파친코 도박이 성행하여 여론이 들끓자 정부는 영업허가를 취소하고 김태준 등을 관세법 위반으로 체포하는 것으로 사건을 매듭지었다. 이 과정에서 불법도박 사업으로 벌어들인 돈의 일부가 중정을 통해 공화당 창당자금으로 흘러간 것인데 요즘

말로 김태준이 꼬리 자르기로 유야무야됐다.

2
3차 긴급 통화조치("화폐개혁")의 지폐사적 변천

5.16 군사정변 이후, 정치 자금 확보를 목적으로 저지른 초대형 '4대 부정의혹' 사건들로 인해 박정희 군사정권은 명분과 정체성 및 도덕성에 큰 타격을 받았으며, 그들이 척결과 일소의 대상으로 주장했던 '구악'에 빗대어 '신악'이라는 비판을 받았다. 이로 얻은 막대한 자금들은 대부분 민주공화당 창당 자금으로 들어갔을 것으로 추정된다.

이로 인해 발생한 급격한 인플레이션 사태와 경제 혼란 상황을 타개하기 위한 국면 전환책으로 계엄하 절대 통치 권력으로 전격 결행한 것이 '3차 화폐개혁'의 주된 배경이다. 따라서 3차 통화조치는 경제적 명분으로 내세운 목적을 달성하지 못한 채, 단순히 화폐의 명목가치를 절하하는데 그쳤다. 다만 화폐사적 측면에서 현재적인 원화 체계의 도입이라는 제한적인 의의를 둔다.

이 때 발권된 은행권이 영국 '토마스델라루'라는 민간회사에서 제조반입하여 발행한 것인데, 오백원 권 백원 권을 제외하고는 모두 평판 인쇄로 제조된 것이어서 위조가 용이해 시급한 문제점으로 지적됐다.

-**다음 지폐**들은 영국에서 제조반입 발행된 1962.6.10 제 3차 통화 조치 당시 첫 지폐 권종

▲오십원 권 /한은도록　　　　▲백원 권 /한은도록

▲십원 권 /한은도록　　　　▲오백원 권 /한은도록

▲일원 권 양면(1962.6.10) /소장품

▲오원 권 /한은도록 도판(左), 소장품(右)

국내 제조권 대체 지폐

　1962년 9월 21일 한국은행은 영국제조권의 국내 대체를 위해 新십원권을 발행하고 11.1일 新백원 권을 발행했다. 新백원 권은 종전의 백원 권과 같은 규격으로 앞면 도안에 독립문을 그대로 살리고 중앙면과 둘레의 문양은 바꿨다. 십원 권은 소액거래의 중심권종이라 품위 향상 책으로 규격을 키우고 첨성대 문양을 넣어 한국은행 휘장 말고는 아무것도 없는 첫 발행 십원 권에 비해 다양하게 디자인했다.

　이어 같은 해 12.1일, 소액거래에 있어 단 단위 수 처리의 편의성을 위해 오십전 권 십전 권을 발행하여 '원화 은행권' 체계는 8개 권종으로 정비됐다. 3차 통화조치 이전의 '환 은행권' 7개 권종에 더해 고액권인 오백원 권을 추가한 것이 다른 점이다.

-아래는 국내제조된 권종으로 9~12월에 새로 발행된 지폐들이다.

▲新십원 권(1962.9.21.)/소장품 　　　▲新백원 권/한은도록

▲십전 권(1962.12.1.)/한은도록 ▲오십 전 권 양면(1962.12.1.)소장품

새로운 양식의 은행권 발행

1965년 한국조폐공사가 새로운 시설을 도입함으로써 '요철인쇄'가 가능해지자 한국은행은 요철 인쇄권 발행을 추진한다. 먼저 8.14일 앞면을 요철 인쇄한 改백원권을 발행하고 1966년 8.16일 新오백원 권을 발행했다. 위조를 막기 위한 도안의 정교화를 위해 改백원 권 앞면 도안의 소재를 독립문에서 세종대왕 초상으로 바꾼 것이 이때다. 문제는 초상 제작자가 친일종군화가 김기창이라는 것이다. 사실 모든 분야가 그러하니 달리 방법이 없던 현실이다.

新오백원 권은 양면이 모두 요철 인쇄된 지폐였다. 이어 1969년 3.21일 도안을 조금 변경한 新오십원 권을 발행했다. 이 지폐는 소액 권종임이라 평판인쇄방식이었다. 이로써 3차 통화개혁으로 처음 발행된 6개 권종 중 주화로 대체된 오원 권 일원 권을 빼고 모두 국내제조권으로 대체됐다. 첫 발행권, 新(2차), 改(3차) 변경도안 비교!

▲改백원 권(1965.8.14.)/소장품　▲新오십원 권(1969.3.21)/소장품

▲新오백원권 양면(1966.8.16)/소장품

〈참고 자료〉

1. '화폐 박물관'-1961년~1990 지폐의 역사 및 도록(한국조폐공사 1993/필자 소장)
2. '한국의 화폐'-1961년~1990 지폐의 역사 및 도록(한국은행 1994/필자 소장)
3. 김형욱 회고록1~3(김형욱/아침/1985)
4. 한국민중사 2(한국민중사연구회/풀빛/1986)
5. 현대한국사(강만길/창작과비평/1985)
6. 다시 쓰는 한국현대사 2(박세길/돌베개/1989)
7. 1950년대의 인식(진덕규 외 10인/한길사/1981)
8. '1960년대'(김성환 외 3인/거름/1984)

9. '칠십년대 한국일지'(청사편집부/청사/1984)
10. 한국노동문제의 구조(김윤환외 7인/광민사/1984)
11. 한국경제론(전철환/창작사/1986)
12. 1970~2010 기사스크랩(필자 자료)
13. 민주공화당 창당 4대부정의혹 사건(나무위키 두산 브리태니커코리아 외 인터넷자료)
14. 1962년~ 발행 한국지폐(필자 소장
15. 그 외 자료 다수

고액권이 부른 격차의 서막

1970년대 들어서 급속한 경제규모 확대로 인해 거래규모 확대와 물가상승 및 만성적인 인플레이션은 고액화폐 수요 증가와 新고액권 발행 요구로 이어졌다. 오천원 권, 만원 권 발행이 이 때 추진된 경제 사회적인 배경이다.

1972년 7.1일 처음으로 오천원 권이 발행되고 다음 해 6.12일 첫 만원 권이 발행된다. 당시 최 고액권이던 오백원 권에 비해 액면가 10~20배 높아진 초 고액권이었다. 부자와 부정한 수익금 은닉을 필요로 하는 범죄자들에게 도피처를 내준다는 지적도 따랐다.

수표 유통이 줄어드는 작용도 따랐다. 위조 기술이 날로 정교해짐에 따라 조폐기술도 따라서 고도화되기 시작했다. 인물이나 문화재 도안 배치가 그런 필요성에 따른 정교한 인쇄술의 결정체다. 오천원 권의 율곡 이이 앞면 도안과 만원 권의 석굴암 보살상을 앞면 좌단에 은화 삽입이 그런 예다.

1973년 9.1일 새로운 도안의 改오백원 권은 종전의 新오백원 권 전면이 흑색계통으로 돼있어 사진 복사 위변조가 비교적 용이했던 문제를 감안하여 색상을 다색도로 하고, '한국은행' 문자를 부정위치 은화로 바꿨다. 오백원 권 지폐는 규격 문양 색상 변화를 실제 지표로 비교해 보면 재미로운 점들이 눈에 들어온다.

▲오천원 권(위,1972.7.1.)양면/만원 권(1973.6.12)양면/한은도록

위 오천원 권과 만원 권 속의 이이, 세종대왕 얼굴모습을 보면 현재의 지폐 도안에 비교해볼 때 확연히 다르다. 갸름한 얼굴, 큰 눈, 높은 코 등 서구적인 초상이다. 이는 당시 국내 기술로는 은행권 원판제작이 어려워 은행권 제조전문회사인 영국 토마스델라루 社에 제작의뢰를 한 결과 그들의 정서가 도안에 섞여 들어갔기 때문이다.

논란이 이어지자 국내 원판제조기술이 높아져 자체 제작이 가능해진 1977년~79년에 '新오천원 권, 만원 권'을 발행한다.

▲1972년 애초의 만원 권 도안은 석굴암(앞면)과 불국사(뒷면)였다. 제조완료하고 발행 직전에 이 사실이 시중에 알려지자 기독교를 중심으로 한 종교계에서 거센 반발이 거셌고 일부에서 비판여론도 일었다. 결국 한은은 이 도안 지폐를 발행 취소하고 세종대왕으로 교체한 만원 권을 첫 발행했다. 위의 세로 글자는 '박정희 서명'이다.

〈출처: 인터넷자료사진〉

◀改오백원 권 양면
(1973.9.1)/소장품

표준영정 은행권 발행

한국은행은 구액권용지의 국산화와 표준영정도안의 채택을 위해 1977년 6.1일 新 오천원권, 1979년 6.15일에 新 만원 권을 발행한다. 이전 오천원 권 만원 권 용지는 그때까지 영국산 수입용지를 사용해 왔다.

은화용지의 국내생산이 가능해짐에 따라 은행권용지 국산화와 이를 계기로 도안의 표준영정 채택을 추진하였다. 표준영정 문제는 선형 인물들의 동상이나 영정을 제작하는 제작처에 따라 모습이 제각각이어서 고증의 신뢰성 문제가 따라고 물의를 빚는 일이 자주 생기는 데에 따른 것이었다.

예를 들어 오백원권 천원권은 정부 사전심의제가 시행된 1973년이후 발행되어 심의제작을 거친 데 비해 오천원권 만원권은 표준영정 심의제도 이전에 제작 발행된 것이어서 도안 영정에 문제제기가 많았다. 따라서 이의 표준영정 대체를 추진하고 실제로 같은 인물에 대한 도안 변경이 많은 부분 이루어졌다. 그냥 보면 일반인들은 잘 모른다. 잘 보시라!

▲新천원 권 양면(1975.8.14)/소장품

▲新오천원 권 /한은도록 도판

▲新만원 권 /한은도록

화폐체계 정비

한국은행은 정부의 승인을 받아 1982.1월 화폐체계정비계획을 세워 현용화폐의 규격과 도안을 전면적으로 조정한 새로운 지폐와 주화를 발행했다. 이는 현금자동인출기, 자동조사기 등 '자동화' 기술의 발전에 따른 화폐 사용 환경의 사회경제적인 변동성에 대응하기 위한 요인이 컸다. 또한 위·변조 화폐감별을 위한 특수화학, 기계감응 요소를 강화하고 액면 표시 점자를 첨가하여 권종 구분이 쉽도록 하려는 이유도 있었다.

현재 지폐 인쇄제작 기술은 선진국 수준으로 보여진다. 반면에 500원권 지폐는 이 시점에 사라지고 주화로 대체되었는데, 이는 자동판매기 보급 대중화에 따른 고액권 주화 수요증대에 연유한다.

한편으로는 경제규모의 글로벌화와 물가상승에 따른 거래단위의 지속적인 인플레 성장 등으로 오만원권 10만원권 등 새로운 초 고액권 발행요구가 증대하였다. 이러한 초 고액권을 발행할 경우, 제조비용 절감…유통비용의 효율화…사회경제적 활력 제고…글로벌 경제편입에 따른 적정한 화폐수요 대응 등 여러 가지 장점이 있다.

반면에 각종 지하경제 및 범죄성 자금 등의 은닉 용이성…물가상승 화폐가치 하락 등 인플레이션 조장…저장성 제고로 장롱 휴면자금 증가에 따른 유통속도 저하…화폐발행 편중심화 등 문제점도 지적되었다.

그럼에도 오랜 논란 끝에 여론과 재계의 요구 등 현실 경제적 필요성을 감안한다는 명분으로 2009년 6.23일 신 5만원권이 발행되었다. 山人은 당시 어느 한쪽의 특별한 주장을 가진 것은 없었다. 다만 사회경제적 대세가 그렇게 흘러갈 시기로 생각되었다.♣

▲改천원 권 양면(1983.6.11.)/소장품 ▲3차 천원 권 양면(2천년대)/소장품

▲改(3차)오천원 권(1983.6.11.)/소장품 ▲4차 오천원 권(2천년대)/소장품

▲3차, 4차 오천원권 규격비교 /소장품

▲빛에 인물(상), 명륜당. 매화(하) 노출
홀로그램

▲改만원 권 양면(1983. 10. 8)/소장품

▲당시 기사/10. 8일 한겨레(상) 10. 21일,
매일신문(하)/소장품

▲4차 만원 권 앞뒷면(2천년대~)/소장품

▲3차, 4차 만원 권 직인, 도안, 규격비교
/소장품

5만원 신권 제조과정 공개 (서울=연합뉴스) 경북 경산 한국조폐공사 화폐본부 직원이 22일 신사임당 초상화가 들어간 5만원권을 제조하며 품질을 점검하고 있다. 한국은행은 다음달 23일부터 5만원권을 발행할 예정이다. 지난 3월5일 한국조폐공사가 5만원권 제조에 착수, 지난 7일 최초 완제품을 생산했다면서 시중에 공급하는 날을 이렇게 결정했다고 24일 발표했다. 2009.5.24 <<사진공동취재단>>

▲5만 원 권(2000.6.23)/소장품　　▲당시 기사/2000.5.24. 연합뉴스

〈참고 자료〉

1. '화폐박물관'/1961년~1990/지폐의 역사 및 도록(한국조폐공사1993)

2. '한국의 화폐'/1961년~1990/지폐의 역사 및 도록(한국은행1994)

3. 김형욱 회고록1~3(김형욱/아침/1985)

4. 한국 민중사 2(한국민중사연구회/풀빛/1986)

5. 현대한국사(강만길/창작과비평/1985)

6. 다시 쓰는 한국현대사 2(박세길/돌배게/1989)

7. 1950년대의 인식(진덕규외 10인/한길사/1981)

8. '1960년대'(김성환외 3인/거름/1984)

9. '칠십년대 한국일지'(청사편집부/청사/1984)

10. 한국노동문제의 구조(김윤환외 7인/광민사/1984)

11. 한국경제론(전철환/창작사/1986)

12. 1970~2010 기사스크랩(필자 자료)

13. 민주공화당 창당 4대부정의혹사건(나무위키/브리태니커/인터넷자료)

14. 1962년~ 발행 한국지폐(필자 소장)

15. 그 외 자료 다수

| 3장 | 삶이 삶을 묻다

코로나19가 쓸고 간

'새 하늘 새 땅'

참 이상한 일이었다. 동창들끼리 친목 축구대회로 땀을 흘리고 나니 어느새 점심시간이 됐다. 시키지 않았는데도 총무역할을 자임하는 친구가 자기 잘 가는 식당으로 가자고 했다. 맛도 끝내주고 어쩌고 하길래 다들 군말 없이 따라갔다.

도로변 안쪽의 작은 길을 따라 들어가니 5층짜리 빌딩이 나왔다. 여기에서는 제법 큰 빌딩 축에 드는 건물이었다. 그런데 그 건물 입구에 웬 사람들이 아주 길게 줄을 서서 기다리고 있었다.

"여깁니다, 여기…."

그 친구가 말했다. 그 높고 큰 빌딩에 간판 하나 보이질 않는 게 조금 이상했다. 무슨 사무실이나 학원이라도 있을만하고 그러면 창문에 무슨 간판이라도 여기저기 붙어있을 법한데 창문은 하나같이 짙은 회색 아니면 검은색 썬팅 비닐로 가려져 있었다. 건물 주변에는 변변한 가게도 눈에 띄지 않았다. 그런데 이런 풍경과 무관하게 이 건물에 맛집이 있어서 이렇게 사람들이 긴 줄을 서서 기다리고 있다니 점점 더 궁금해졌다. 식당이 1층에 있는 건지 2층에 있는 건지 사람들은 꾸역꾸역 들어가는데 조용했다.

얼마나 기다렸을까! 친구들이 기다림에 진력이 날 즈음 마침내 들어갈 차례가 왔다. 필자도 나눠준 표를 내밀고 출입문에 들어섰다. 음식점 간판 표시도 없었다. 다만 현관문 기둥 의 사람높이쯤에 문패 모양의 작은 청동 팻말 두 개가 나란히 붙어있었다.

'새 하늘' '새 땅'

누가 봐도 문패였다. 요즘 순 우리말 이름이 흔하니 필자도 그렇게 생각했다. 그러면서도 속으로 이런 생각이 들었다.

("탄 씨, 승 씨 같은 성은 봤어도 '새' 씨는 처음 보는 성씨네….")

그런데 식당은 1층, 2층도 아닌 지하층인 모양이었다. 사람들이 지하로 내려가고 있었다.

("원, 세상에, 무슨 구내식당도 아니고 사람들이 이렇게나 몰려드는 소문난 맛집이 겨우 지하층이라니 참 이상도 하다!")

지하 1층이었다. 작지 않은 공간에 시설도 비교적 깨끗해 보였다. 기이하게도 테이블에 빈자리가 많았다. 그렇게 많이 들어간 사람들이 다들 어디로 간 것인지 손님들은 듬성듬성 앉아있었다. 식단표를 보니 중식과 한식 30여 가지가 붙어있었다.

조리실에는 조리장 포함해서 서너 명이 일을 하는데 별반 바쁜 것 같지도 않았다. 하긴 손님이 듬성 듬성이다. 또 이상한 건 서빙을 하는 사람도 보이질 않는다는 것이었다. 문득 입구 쪽 계산대를 보니 역시 아무도 직원이 없었다.

("어, 이거 어떻게 해야 하는 거야?")

필자는 하는 수 없이 조리실 쪽 음식거치대 선반으로 다가가서 구멍이 점점이 뚫어진 푸른색 썬팅 유리창 너머로 물었다.

"여기 음식주문 어디다 하면 됩니까?"

"예, 여기에 직접 하시면 돼요!"

"뭐가 돼요?"

"백반이 됩니다…."

"자장면은 안 되나요?"

"예, 여긴 백반밖에 안 됩니다…."

"메뉴판에는 중식 한식 수십 가지나 있는데요?"

"백반만 됩니다…."

"그래요? 근데 메뉴판에 값은 안 나와 있네요, 얼마지요?"

"만2천원입니다~"

"예?"

놀래고 또 놀래자빠졌다. 시답잖은 반찬 너댓 가지에 멀건 국물 공기밥 한 그릇이 1만2천원이라니! 안 사먹고 말지 턱도 없는 바가지를 쓰며 먹는 밥이 목구멍에 넘어갈 일이 없었다. 필자는 집에 가서 먹기로 했다. 마침 밥을 먹은 사람들이 여기저기 일어나 밖으로 나가기 시작했다. 이 집은 점심만 한다고 했다.

그런데 나가는 방향이 들어올 때와 달랐다. 반대 방향이었다. 화살표가 그렇게 돼 있었다. 그러고 보니 입구에 줄을 서서 기다릴 때에 되나오는 사람이 도통 없었던 게 기억났다.

("아, 그랬구나… 이런 데도 있구나!")

사람들을 뒤따라 나가는데 갑자기 필자 앞에서 길이 막혔다. 웬 중늙은이가 다리가 아프다며 등을 돌리고 통로에 주저 앉아있었다. 고개를 돌려보니 이 집으로 안내를 한 바로 그 친구였다.

"여봐, 이거 어떻게 된 거여 엉? 뭐 이런 집이 다 있어? 이런 델 맛집이라구 데려와? 근데 다른 친구들 다 어딜 간 거야? 벌써 다들 먹고 갔나? 내 뒤에도 몇이 있었는데…?"

"글쎄 말이여! 아마 2층에 올라간 것 같아. 자네도 거기 한 번 가보게, 아마 보고 들을만한 게 있을 것이여~"

"그게 뭔 말이여?"

"글쎄, 가보면 알겨⋯."

그 친구는 필자 얼굴을 힐끔 쳐다보더니 그제서야 슬금 일어나며 길을 터주었다. 필자도 일단 여길 벗어나려면 임시변통을 할 수밖에 없었다. 그 친구는 바짝 따라붙었다. 혹여 필자가 내 튀기라도 할 것 같이.

2층에 들어서니 바깥하고는 딴판이었다. 길게 줄을 늘어섰던 사람들이 모두 거기에 모인 것 같았다. 간판도, 아무런 표시도 하나 없는 이 건물이 통째로 이런 사람들 차지로 사용되는 것 같았다. 무슨 소굴로 들어온 듯한 황당함과 생경함에 뒤따라온 그 친구 얼굴을 무섭게 노려보며 말했다.

"여기가 뭣 하는 데여? 밥 먹자는 데가 여기였어? 내가 잘못 들어온 것 같네그려!"

그리고는 그 친구 어깨를 의식적으로 거칠게 밀듯 제치고 아래층 계단을 뛰어 내려왔다. 도망이라기보다 탈출에 가까운 행동이었다. 그런데 뜻밖에도 1층 출입문이 굳게 잠겨있었다. 대낮이었다. 안에 수백 명의 사람들이 바글거리는데 하나뿐인 출입문이 잠겼다.

불이라도 나면? 그 친구가 금방이라도 잡으러 쫓아올 것 같았다. 급한 마음에 좁은 공간이라 있을 것도 없는 비상구를 찾았다. 작은 창문 하나 없는 어둠 충충한 사방에 숨이 턱 막혔다. 그 때였다. 밖에서 누군가 문을 따고 들어오려는 것 같은 인기척이 들렸다.

이곳에 관련 있는 사람일 것이다. 사람 모습이 눈에 들어왔다. 검정색 양복에 하늘색 넥타이를 맨 중년이었다. 그가 출입문 벽에 손을 대자 문이 스르르 열렸다. 현관 안쪽 벽에 몸을 붙였던 필자는 그 틈을 놓치지 않고 후다닥 튀어나갔다. 그리고는 뒤도 돌아보질 않고 멀리⋯ 아주 머~얼리 끝도 없이 내달렸다. '꿈' 같은 한 토막 기억이다.

'괴물' 코로나 바이러스19다. 우한 폐렴에서 신종 코로나 바이러스를 거쳐 최종 명명된 WHO 공식 명칭이다. 이게 온 세상을 놀라게 하고 공포로 몰아넣었다. 지금도 사람들을 전전긍긍하게 만들고 있다. 공상만화나 영화에 등장하는 용가리 왕마귀만 괴물이 아니었다.

눈에 보이지 않고 손에 잡히지도 않고 五感에 포착되지도 않는다. 그래서 '괴물'이다. 잡아내기가 아주 어려워서 공포심을 더욱 자극한다. 유럽 중세 '흑사병'에서 그 끝을 봤던 역사의 기억이 현실화됐다.

그런데 더 무서운 괴물은 따로 있다. 인간의 내면 깊숙이 자리한 욕망이다. 욕망은 끝없는 우주를 한도 끝도 없이 날아다닌다. 그 중심에 영생불사가 있다. 현재적 자아정체성을 영원히 잃고 싶지 않은 생명보전의 욕구다. 인간 욕망의 종착지다.

가능하지 않은 그 무한욕망을 강화시키는 기제가 '공포'다. 공포는 전일적인 절대神의 '벌'로 규정한다. 종교가 발아 흥성하는 보금자리다. 이들은 우주의 혼돈과 순환의 자연질서계를 부인한다. 배후에 단일적 공포와 직선적 불멸 지향이 있다.

천지만물을 홀로 주관한다는 진지진능 유일신을 내세우는 종교의 토대다. 神이 다른 한 손에 쥐고 있는 무기가 천국이다. 한편에 천국 영생, 맞은편에 무간지옥이 명확히 대칭선을 그리고 있다. 절대 진리인 신념의 세계에 파묻힌 신앙인에게 타협은 없다. 거기에 인간의 理智力과 객관의 사실세계, 부정할 수 없는 명백한 증거과학의 진실이 들어갈 틈은 바늘귀 털끝만큼도 없다.

토인비가 말한 이른바 '고등종교'의 원리주의적 극단성은 어느 종교 가릴 것 없이 똑같다. 하나가 흔들리면 모두 흔들린다. 고등종교 하등종교 구분이유가 없다. 기복이고 갈구에 무슨 차이가 있겠는가! 있다는 이에게는 있고, 없다면 없는 마음의 세계가 '믿음'이다.

그 주관적 신심 여하에 따라 존재 또는 부존재로 갈리는 神의 운명은 차치하고, 신봉하는 이들의 집단권세가 세상을 흔들고 '코로나 19를 퍼뜨리는 온상이 되는 현상은 기이하다. 필자가 그곳을 본 것이다.

인간은 죽으면 누구나 神이 된다. 귀신이다. 이 세상 사람이 아님을 뜻한다. 유물적 존재로서의 모든 생명체는 그 씨를 남겨 생명체의 정체성은 남길지언정 개체로서 현존 세상의 구성원은 시한부다. 종교에서 꺼내드는 핵심 요체가 영성체 '영(靈)'이다.

그런데 그 靈이라는 것도 실은 유한한 유물체 안의 생리적 구조물이 잉태하고 생성한 생명활동의 일부다. 靈은 죽어서도 활동하고 찾아오고 움직이는 건 아니다. 그 靈이 육신 사멸 후에도 따로 살아남아서 어느 누구의 심사를 받고 천국 지옥에 끼리끼리 모여 영원무궁토록 행, 불행을 이어가는 영생불멸의 저승은 존재할 수가 없다.

진리는 단순명쾌하다. 수천 년을 정교하게 갈고 다듬어서 만들어내는 물건이나 교리로 되는 일이 아니다. 황량무지한 언설 앞에 이름난 유식쟁이나 목불식정(目不識丁-낫을 보고도 ㄱ을 모른다)이나 다들 넘어가는 건 죽음에 대한 공포심과 존재의 불멸에 대한 경외의 욕구가 너무도 크기 때문이다. 그 공간에 재물과 권력이 생겨난다.

인간은 진실한 진리 앞에 한없이 겸손해야 한다. 끝없는 바이러스와의 전쟁도 전쟁이고, 살육의 전쟁 인류사 그 한 가운데에 종교가 자리하고 있음도 부인하기 어려운 사실이다. '새 하늘, 새 땅' 앞에서 드는 상념은 깊고도 넓었다. '흑역사'는 오늘도 계속되고 있다.

"지금 우리의 성장세를 막으려는 마귀가 병마를 일으키고 있다…."

산 예수라는 그 지도자가 신자들에게 보냈다는 서신 일부라고 한다. 바이러스를 '마귀'로 돌려버리는 고전적 치환술은 지금도 신자들을 더욱 열광시키는 묘약이다.

"그 신자들이 집단으로 코로나바이러스를 일으키는 건 이단에 대한 하나님의 벌이다…."

대전 어느 개신교 목사 설교 중 한 대목이다.

"중국에서 코로나 바이러스 창궐은 공산당 독재와 종교탄압에 대한 하나님의 벌이다…."

서울 어느 개신교 목사님의 설교 중 한 대목이다. 마귀 공산당이 없으면 하나님도 없다.

"광화문 집회에 나오면 코로나 바이러스도 하나님이 낫게 해준다. 걱정 말고 나오라…."

전 아무개 목사다. 바이러스에 마귀, 공산당 타령이 똑같다. 이런 게 혹세무민이다. 필자 어릴 적 동네 친구가 홍역에 걸려 생사가 오가는데 그 엄마는 없는 돈 털어 점쟁이 불러 굿을 하더라! 21세기 대명천지, 죽을 사람도 살려내는 AI의료 시대다. 본인은 그 덕 다 누리면서 따르는 신자들을 원시사회에나 있을 법한 무지한 언사로 머리를 돌게 만드는 재주에 말을 잃는다.

그걸 철썩 같은 '믿음'으로 "아멘" 합창하는 집단위력 앞에 개체는 이미 정신이 녹았다. 들긴 쉬워도 나오기는 어려운 이유다. 국외자 눈에는 '광기'다. 감흥 대신 섬뜩이는 살기가 그들을 감싼다. 순한 이웃이 무서운 열정가로 돌변하는 모습에 진실 갈등은 깊어간다.

생체 바이러스 좀비보다 세뇌 바이러스 좀비가 더 깊은 공포심을 불러온다. '점집'도 그 정도 아니다. 저승천국보다 이승생명을 중시하는 인식차이다. 바이러스 악성세균이 사람 가리고, 종교 가리고, 나라를 가리고 골라서 벌을 내리는가? 코로나 바이러스 심장부가 된 강력한 집단대오 종교천국에 말을 잃는다. 정치 아니라도 다단한 나라다. 점점 전투적이 돼가는 사회밑바닥 똬리가 의문스럽다. 세금 한 푼 안 내고 국가서비스는 다 받는 불공정 천국이 지상 아닌 하늘로 가길 비는 이들 많다.

지금도 어느 깊은 산속에서 머리 싸매며 웅대한 꿈을 그리는 이들이 많다. 어느 종교 가릴 것 없다. 된다하면 수십, 수백 개 분파로 갈라져 저마다 개창 중창 창시자를 칭한다. 그런데 '백백교'나 '영생교'가 자꾸 떠오른다. 죽었는지 살았는지 귀신도 모른다는 '조희팔'도 생각난다. 어수선한 세상에 이들이 일조한다. ♣

SKY에 집 나간 공교육

'**교육**'이 메인뉴스가 된 직접적인 계기는 대입시에 관련하여 1968년 11월 첫 시행된 전국단위 국가시험인 「예비고사」 때부터로 기억된다. 시골학교 고3 학생들은 어느 큰 도시학교에 가서 '국가고사'를 보고 왔다고 으스댔다. 붙고 떨어지는 건 대수가 아니었다.

'나도 그런 데 가봤다'였다. 그게 아니었다. 일단 붙어야 대학입학시험을 볼 수 있었다. 떨어지면 원천봉쇄다. 그것도 대입정원의 150%만 걸러냈다. 자격고사가 아니라 사실상 입학시험이었다. 입시를 두 번 치르는 꼴이었다. 고질적인 사립대 뒷문입학 방지가 명분이었다.

당시 헌법재판소가 있었다면 말할 것도 없이 위헌판결 감이었다. 헌법31조1항 '능력에 따라 교육을 받을 권리'를 국가가 앞장서서 침해했다. '능력'이 무엇인지 몰라도 「예비고사」가 그 '능력'의 잣대라는 증명은 어디에도 없었다.

대입시험(본고사) 자체를 못 보게 하다니! 예비고사에 붙으면 서울의 몇몇 대학을 빼곤 대부분 다 들어갔다. 그러니 말이 예비고사지 '본고사'나 다름없었다. 고3과 재수생 수십만 명이 한 날 한 시에 시험을 보는 전국단위 국가고사는 대단한 국가적 이벤트였다.

이만한 뉴스감이 어딨나? 당시 박정희 정권의 엄혹한 보도통제(*전두환 때 1985년 폭로된 '보도지침' 그 10년 전에도 '동아 광고 사태'와 기자 대량해직이 있었다)로 굶주리던 언론 처지에서나 정부 입맛에도 들어맞는 큰 '꺼리'였다. 물론 국가고사란 게 이전에도 있긴 했다. 이승만 정권은 무제한 수준의 대학별 전형에다 전쟁의 와중에도 대학생 병역특례까지 줬다. 이는 힘 있고 빽 있는 자들의 부정입학 학사비리와 사회갈등을 불러왔다. 전투에서 "빽 없어 죽는다"는 외마디 유행어 시초다.

1953년 본고사 앞에 '국가연합고사'라는 게 생겼다. 그런데 1년도 못 가 흐지부지됐다. 전쟁 중에 민초들에게 해당되는 시책이 아니었다. 부잣집, 고위관료 자녀들 얘기였다. 1961~2년 '국가자격고사'도 같은 전철을 밟았다. 전란 후 국민적 교육열에 편승하여 횡행하는 대량 부정입학과 학사비리는 상아탑 아닌 우골탑을 쌓았다.

재정부족과 교육수요 충족 요구 속에서 정부가 부실한 사립대 양산을 부추긴 결과였다. 이런 상황속에 다시 생겨난 초대형 국가 일제고사가 대입「예비고사」였다. 당시 무려 40여만 명의 전국 고3생이 한 날 한 시에 교육부가 출제한 시험을 봤다. 응시학생들의 가족 400만 명과 고1~2년 예비응시생들, 그 가족까지 더하면 당시 3,200만 대한민국 인구의 절반이 참여하는 전 국민적 행사였다. 국가행정력이 총동원됐다.

중학교 입시, 고등학교 입시 열병을 감안하면 초-중-고-대 국가주도 입시수직계열화가 완성된 것이다. 세상에 이런 나라가 없었다. 지방신문에는 도 단위 합격자 명단이 실리고 지방방송에서도 명단이 전파를 탔다. 심화된 일류병과 중학교 입학시험부터 시작되는 입시의 계열화속에 '예비고사'는 특정대학과 극소수의 불공정한 독식게임을 합리화시켜주는 국가적 기제로 작용했다. 그러면서 이 시험제도는 시류와 학부모 요구에 맞춰 개량돼 나갔다. 너무 심하다 싶었는지 3년 후 180%로 합격자 정원을 늘렸다.

1982년 '학력고사'로 바꾸면서 점수제로 변경하여 선발권을 일정부분 대학으로 돌려주었다. 그러다 1994년에 대학자율화 명분으로 지금의 '수능'이 됐다. 그쯤에서 뭐가 좀 보이지 않는가? 교육격차와 학사부정의 근원적 해결보다 포기하지 않는 '줄 세우기' 말이다.

소위 SKY와 기타 사립대, 그 바깥의 '지잡대'는 서열과 분수에 맞게 각기 실리를 챙기고, 정부는 대출알선으로 등록금을 대주는 안정적 토대를 만들어주었다. 사립대는 해마다 입학정원증원에 등록금자율화에 수입결손도 걱정이 없으니 '꿩 먹고 알 먹고'였다. 반면에 학생들은 채무자가 되어 취업 후에도 재학 때부터 쌓인 복리원리금 갚느라 휘청했다.

왜 이리 됐을까? 대한민국은 같은 OECD에서도 11~12위권의 강소국이라는데, 왜 미국 프랑스 영국 독일 같은 특성화 평등화 대입시스템 발꿈치도 안 될까? 못하는 걸까 아니하는 걸까? 왜 매사 줄 세우기를 할까? 세상은 모든 분야를 다 필요로 하는데 무엇 때문에 꼭 일렬로 줄서기 하는 시험뿐일까? 다른 나라들도 다 그런가 궁금했다.

이런 일렬종대 줄 세우기 하는 나라는 없었다. 서울대가 없으면 영재가 사라지고 나라가 교육후진국으로 곤두박질할까? 해방 후 미군정과 이승만 정부가 국민 대부분이 반대하던 '국립서울대 설치령(국대안)'을 밀어부친 건 이런 게 목적이었다. 공전의 성공작이었다. 그 덕분에 지금 혼인, 출산기피의 원흉이 됐다.

어떤 이는 "높은 교육열이 우리나라 경제발전의 1등 공신이다"라고 했다. 그 분늘 말씀이다. 죽지 못해 땅과 집을 팔고, 소도 팔고 어머니 머리카락마저 잘라 팔아 학비를 대며 당신은 초근목피로 연명하며 죽도록 일하며 살아낸 민초의 곤고함을 알까 싶다. 모든 현상에는 뿌리가 있다. 그만한 이유가 있는 것이다. 이유가 씨앗을 심고 뿌리가 돼서 종당엔 굵어진 그 뿌리가 주변을 잡아 삼킨다. 생태계도 생겨난다.

교육열의 진실이다. '살아남기'다. 없는 집은 인간으로 살아남기 위해서, 있는 집은 가진 걸 지키기 위해서다. 그런데 계급탈출 신분상승의 사다리는 갈수록 팍팍하다. 왜 그럴까? 돈으로 점수를 사고 스펙을 만들어 내는 고도의 입시산업 생태계에서 국민의 대다수인 서민대중은 배겨나기 어렵기 때문이다. 소모적 꼴찌경쟁이다.

애초 따라갈 수가 없고, 안 따라갈 수도 없는 '당위의 모순'이다. 앞은 장강 뒤는 태산… 진퇴양난의 패자양산 경쟁이다. 기회의 공평, 과정의 공정으로 분칠한 정글의 법칙 관철 시스템을 이제는 안다. 인간의 자존감을 비웃는 이런 사회를 '이전투구 사회'라고 한다.

상위 포식자는 누굴까? 줄기를 잡고 들어가면 종결자는 교육이다. 학력 학벌이다. 어떤 이들에게는 마패가 되고 또 다른 이들에게는 낙인이다. 호패라도 차면 다행이다. 끊어진 사다리 앞에서 '패자 부활전'이 어려운 이유다. 귀족전유물이 된 법학전문대학원을 보라!

'살아남기'다. 그냥 뜨거운 교육열정이 아니다. 양보 없는 '만인의 만인에 대한 총성 없는 투쟁'이다. 그런데 이상한 것은 자식 교육을 기획하고 매니지먼트 하여 SKY에 보내고, 의사 만들고, 고시 합격시킨 부모일수록 대체로 일찍 버림받는다는 것이다! 성인이 되고 지위를 얻고 비로소 자아를 찾은 자녀가 돌아보니 부모의 사랑 아닌 기획 생육된 자신의 성장과정을 돌아보면서 생긴 혐오와 자괴가 부모와의 관계를 절연으로 몰고 간다는 심리학적인 분석이 있다.

SKY는 어떻게 오늘날의 스카이가 됐을까?

일제총독부산하 '황국보은'을 건학이념이라고 내세운 전문학교들은 해방 후 모두 4년제 정규 '대학'이 됐다. 학생선발권, 입학정원, 학과개설, 등록금 책정 등 학교운영 전반을 백지위임 수준으로 받아 챙겼다. 신생 공화국에 교육비리 백화점의 부패온상이 생성됐다.

김성수-고대, 백락준-연세대, 김활란-이대, 이숙종-성신대, 임영신-중앙대가 대표적이다. 이들의 공통점은 친일파들이라는 점이다. 건국대 설립자 유석창이 그나마 독립운동가로 손꼽히는 예외적인 경우다.

해방공간에서 우후죽순 생겨난 사립대학 설립바람 와중에 이른바 '국대안'이 강행되어 최초의 국립대학인 서울대가 그렇게 만들어졌다. 친일파가 다시 득세하는 시류를 타고 그들이 세운 대학도 정부의 든든한 지원과 인맥을 배경으로 유명세를 탔다.

SKY는 그때부터 이미 국내 명문대학 행세를 하며 지배세력의 인맥과 학맥의 주류가 됐다. '스카이'다. 언론은 해마다 이들 학교 입학생을 배출한 숫자로 고교 서열을 매겼다. 학교 현장은 말이 필요 없었다. 선발의 계층다양성을 보강했어도 현실은 그대로다.

'우골탑'은 한국전쟁이 끝나면서 본격적으로 시작됐다. 집도 절도 잿더미가 된 채 피난살이 천막에서 껍데기 학교간판만 남은 이들 개인소유 대학들은 수복된 서울로 환도했으나 교실 한 칸 지을 여력이 없었다. 정부도 빈털털이긴 마찬가지였다. 지원 여력이 없었다.

대신 입학정원도 등록금 책정도 입학시험도 뽑는 방법도 '네 맘대로' 했다. 떠넘긴 것이다. '청강생'이 란 이상한 방편도 만들어주고 각종 세금도 감면하고 면제해줬다. 개인이 중학교 고등학교를 세우면 엉터리학교라도 세금을 면제해줬다. 곳곳에 부실사립이 공립학교 대신 세워지고 공교육의 대세가 됐다.

사친회비(교납금)를 내고 다니는 학생들은 틈만 나면 건물을 짓는 무임금 노동력이 됐다. 대부분 사립대학들은 상한 없이 거두는 등록금으로 교사 신축에 올인했다. 그 대가로 겪는 운영비 인건비 부족은 청강생을 늘려가고… 기여입학제도로 거액의 기부금을 걷어 충당했다.

청강생이 정규학생보다 많은 게 다반사였다. 청강생에게 졸업장도 만들어줬다. 문교부에 신고 등재하는 것도 아니니 엿장수 맘대로다.

대부분의 사립대학들은 성적과 무관하게 돈만 있으면 앞문 뒷문 가리지 않고 들어갔다. 스카이 외 군소대학은 더 쉬웠다. 배움에 소외됐던 민중의 한은 소 팔고, 땅 파는 데 주저하지 않았다. 부모는 거지가 되고 굶어도 자식교육이 집안을 일으키고 사람대접 받는 길이라고 확신했다.

민초백성의 한 맺힌 교육열은 교육의 공평성과 계층상승의 울타리를 튼튼하게 만들어 놓기 보다는 사회적 경쟁을 격화시켜 지배 권력과 상위계급 계층의 기득권을 합리화시켜주는 결과로 작용했다. 그런 흐름은 지금까지 이어지고 있다.

대학교육은 이제 보통교육이 되고, 실업계 고등학교에서 배우고 취업 가능했던 진로는 전문대학과 대학으로 인플레이션이 됐다. 새로운 대안으로 만들어진 특성화고도 사실상 대학으로 모두 흡수됐다.

'선택의 자유'를 내세우고 교육 수월성과 다양성을 운위하면서 만든 자사고 외고 국제고 등은 부잣집 잔치판으로 돌아가고 이 아이들이 SKY의 대부분을 점하고 있다. 이들은 법학전문대학교, 의학전문대학교, 미국 아이비리그 등으로 점핑하여 사회 최상위층의 직업과 사회적 지위를 부모로부터 승계받는다.

'SKY'다! SKY가 사라지든지 전국 곳곳에 서울대를 프랑스 파리대학을 모델삼아 단과대 또는 분야별 중심으로 분산 이전시키거나, 전국의 거점 국립대학을 모두 서울대 간판으로 바꿔 졸업장을 주면 입시지옥과 소수를 위해 다수가 바지노릇 하는 소모적 무한 경쟁은 끝나고, 의무교육이 된 학원 사교육은 공교육 정상화로 돌아올까?

모든 것이 비관투성이다. 인간의 욕망에 편승한 자본주의적 공교육 체제가 존속하는 교육개혁이 말처럼 성취되기는 어려운 일이다. 취상위 꼭지점에 있는 체제의 반교육적 문제 손질이 선행되어야 개혁도 혁신도 숨통이 트일 것이다. 그 손질은 혁명적이어야 가능하다.

필자가 들은 코믹한(?) 이야기 한 토막을 올리고 글을 맺는다.

스승의 날, 고급식당서 핏물 섞인 한우스테이크 대접에 기겁을 했던 담임선생에게 그 교양 있는 귀부인 학부모는 미소를 지었다. 그녀는 어느 대학 교수 부인이었다. 이런 곳에 변변히 온 경험도 없는 저 순진한 선생님이라니!

그런데 그 이듬해 봄 옆 학교로 옮겨간 그 선생님 앞에 그 귀부인 학부모가 다시 나타났다. 서로 놀랐다. 우연이긴 해도 조금 묘하기도 하고 어색했다. 먼저 학교에서는 아들이었는데 이 학교에서는 딸이었다. 먼저 아이의 누나다. 두 학교 모두 비평준화인 이 도시에서는 제일로 알아주는 학교다.

그 귀부인 학부모가 어느 날부터 갑자기 사나운 표정으로 학교에 나타났다. 그전에는 학부모회의와 스승의 날 행사 때나 왔는데 이번에는 이틀이 멀다하고 드나들기 시작했다. 처음에는 혼자 드나들더니 점점 일행을 데리고 드나드는 횟수가 많아졌다. 교장실에서 고성이 들리고 복도에서 마주 친 그녀의 얼굴은 벌개졌고, 함께 떼거리로 몰려온 엄마들의 얼굴도 사나워져 있었다.

그러던 어느 날 엄마들은 피켓을 하나씩 타고 온 차량 트렁크에서 뭔가를 끄집어냈다. 피켓이었다. 그 학부모 엄마들은 피켓을 하나씩 들고 수업시간인데도 전교생이 내려다보는 운동장 한가운데 주저앉아 연좌시위를 벌이기 시작했다. 피켓팅이다. 구호를 외치고 피켓을 흔들어대며 학교전체가 어수선해지고 소란해졌다.

아이들은 수업은 뒷전이고 고개를 창밖으로 돌려 구경하기에 바빴다. 선생님들도 수업이 어려워졌다. 교감 선생이 나가서 뭔가 이야기를 나누는 폼이 달래는 모양이었다. 아이들 수업을 방해하고 선생님들 업무를 방해하는 실정법 위반이 명백했다.

"야자 시간을 연장하라… 보충수업을 강화하라… 전교조 교사들을 퇴출하라…!"

학부모 엄마부대가 내건 구호였다. 이런 걸 들고 자녀들이 수업하는 학교 한가운데서 시위를 벌이는 교육열정의 수준치고는 쓴 웃음이 나왔다. 이걸 대놓고 떠들 얘긴가? 나중에 들은 얘긴데, 학부모들만 아니라 동창회장과 간부들도 함께 시위를 벌이고 있었다.

아이들은 열이면 열 모두 반대한다. 엄마들이 그 반만 체험을 해도 힘든 정도가 얼마인지 금방 알 수 있을 텐데 왜 저럴까? 아무런 교육효과도 성적상승도 기대하기 어려운 무모한 야간 강제학습을 저토록 시위를 벌여가며 주장하는 강심장 교육열에 섬뜩했다.

대부분이 고등학교 이상 나오고, 대학을 나온 엄마들도 많은, 상당히 수준 높은 인텔리 층인데 벌이는 행태는 무지렁이 그대로다. 엄마들은 오전 내내 시간 교대하며 그랬다. 수업방해도 유만부동이다. 그들은 이윽고 교장실로 쳐들어왔다.

"0교시(*아침 7시 반에 시작하는 비공식 첫 수업) 시간에 허기져 졸고, 심야학원으로 모자란 잠에 졸다 시간 보내는 보충. 자율학습은 안한다고 학력이 떨어질 일은 없다… 자녀들 아침밥이나 잘 먹여 보내시라!"

선생님의 간곡한 말에 고급 옷으로 치장한 사모님이 거품을 물고 대들었다. 살기어린 욕설로 멱살을 드잡이하는 '학부모'로 돌변했다. 그때 선생님은 자녀를 위하는 열정의 진실이 저런 거구나 했다. 어쩌면 저리도 자식에게 잔혹할까 싶었다. 기실 자신을 위한 방편이 아닐까 생각도 들었다. 그런 아이일수록 부모에게 진저리치는 것을 흔하게 본다고 했다.

"그 아이들은 부모와 일찍 멀어지더라."

그 선생님은 당혹스러운 표정으로 말했다. 그에 따르면 교장은 그 학부모들 편이라고 했다. 선생님들 탓으로 돌리고 그래도 싸다며 엄마들의 생떼 부림을 방관하고 있다고도 했다. 자리보전을 위해서도 그렇고 보충수업 수당도 덤으로 챙겨먹으니 이해관계가 엄마들과 일치하는 것이 있어서 그런다고 했다.

"있는 사람들이 더 난리예요!"

서로 달라야 다른 것이다. 모두가 동시에 같이 뛰면 다를 게 없다. 제자리 뛰기다. 보충수업도 야간자율학습도 심야 학원수업도 주일 과외수업도 누구나 다 하면 모두가 아니 하는 것과 결과는 똑같다는 게 그 선생님의 얘기였다.

돈과 시간과 에너지를 모두가 똑같이 쏟아 붓고 같아지는 것과, 모두가 똑같이 아니하고 같아진다면 그대는 어느 방법을 선택할 것인가? 개인은 어렵지만 정책으로는 가능한 선택이다. 교육의 진정한 본령을 생각하면 이런 엉터리없는 강제학습, 주입식 세뇌학습은 막장 교육이다. 그 선생님은 그런저런 일이 쌓여 결국 어느 해에 교직을 그만두었다.

대한민국 모든 학생을 1등부터 꼴찌까지 일렬로 줄 세우기 하는 무모한 정책도 부모의 교육열도 SKY가 그 종착지라면 이런 공교육은 없는 게 낫다는 게 그의 교육철학이자 지론이었다. 요즘 같은 정보통신 시대에 인터넷으로, 유튜브로 하는 재택수업이 차라리 더 효율적이고 아이들의 자기계발 시간 확보에도 더 유용한 방법일 수 있다.

전통적인 공장식 집단학교, 획일 수업은 한계점에 왔다. 수능고사장 철문 앞에서 눈을 감고 두 손 모아 간절하게 기도하는 모정은 거룩하지만 애처롭다. 사이렌소리 요란하게 수험생을 태우고 질주하는 경찰차가 뉴스를 탄다.

SKY가 수능을 흔들고, 나라를 흔든다. "누구를 위하여 사이렌은 울리나?"♣

국외자가 본
'대장동'의 진실

*註: 本稿 시점(2022.1.11.)과 독자가 이 책을 받아보는 시점 간 상황변동이 클 것이다. 그 변동의 폭과 내용은 대선 전과 후다. 사건의 한 당사자는 간발의 차이(0.73%)로 대통령에 당선되고, 다른 당사자는 낙선의 고배를 마셨다. 시스템보다 권력 작동기제가 강한 현실에서 사건은 현재진행형이다.

수사와 재판의 변동성이 앞으로 어떤 양상으로 전개될지, 진실은 제대로 밝혀질 수 있을지 예측불가다. 이글 시점과 독자의 시점 사이에 사건진행 비교의미가 있을듯해서 싣는다. 다만 하나 예상되는 것은 '태산명동에 서일필'이다. ●

우리나라에서 지역발전이나 지역개발에 관한 개념은 법률적 관점에서 크게 두 가지로 나뉜다. 시 단위 도시 지역과 소읍을 포함한 농어촌 지역이다. 이를 현실의 사회경제적 관점에서 조금 더 큰 단위로 나누면 대도시와, 중소 시, 군 지역이다. 또 더 큰 단위로 구분하면, 서울특별시와 부산 등 7개 광역시를 포함한 8개 대도시권역과 그 이외 지역이다.

이를 다시 더 크게 대별하면 수도권과 비수도권으로 구분된다. 이게 보다 현실적 실질에 가까운 것 같다. '수도권'이 말 그대로 '메갈로폴리스'에 딱 들어맞는다. 정치·경제·사회·문화·교육 서비스 등 모든 면에서 일본 동경 도나 미국 뉴욕 주보다도 높은 집중력과 집적률을 보인다. 메갈로다. 2021년 9월 통계청 잠정추계에 따르면 서울 960만, 경기 1,320만, 인천 300만 등 2,600만여 명이다. 이는 국가전체 인구의 절반이다. 남한 전체 면적의 11.8% 땅에 50%의 인구가 복작거리며 살고 있다. 과밀도가 지나치다 못해 위험한 지경이다.

법 제정으로 세종시 제2행정수도가 생겨나고 각 시·도에는 기업도

시 혁신도시가 속속 들어섰다. 그럼에도 서울을 중핵으로 한 수도권 중심 권력은 요지부동이다. 인구집중률보다 이게 더 문제성을 키운다. 모든 사회문제의 발단이자 격차와 갈등의 출발점이다.

지역개발에 관한 법률과 시행령은 수도 없이 많으나 포괄적 상위법은 2002년 제정된 「국토의 계획 및 이용에 관한 법(국토법)」과 2004년 「대한민국 국가균형발전특별법」이다. 국토법은 국토전체의 개발행위를 규율하고, 국가균형법은 '지방'의 발전 및 개발에 방점을 둔 법률이다.

문제는 도시지역개발이다. 부산해운대 101층짜리 복합상가아파트 1조원 부동산개발사업, 이른바 '엘시티 비리사건'은 도시개발에서 나타나는 초대형 개발비리로 현재적 문제다. 그럼에도 대부분의 부동산개발비리는 수도권에서 벌어지고 있다. 민간주도 도시개발이 필연적으로 수반하는 거대한 이권다툼은 제로섬 게임이다. 오징어게임이다.

수 천 억은 기본이고, 많게는 수 조 원에 달하는 섹터 (재)개발 사업은 그야말로 건설업체 뿐 아니라 연관된 수많은 '업자'와 정·관·법·언의 인맥이 동원되는 브로커들의 놓칠 수 없는 화수분이다.

입찰 경쟁에서 이긴 자가 모두 가져가는 승자 독식이다. 요지경 마술이 벌어지는 멍석 판이 「도시계획법」과 「도시 및 주거환경 정비법」이다. 1962년에 제정되어 현재까지 도시 확·팽창에 따라 개정을 거듭해 온 「도시계획법」은 도시의 건설·정비·개량에 관한 입안-결정-집행 절차에 관해 규정을 두고 있다.

이 법은 이른바 '신도시개발'에 관련하여 주된 법적 규율장치로 작동하고 있다. '도시정비'에 관한 내용도 규정돼 있으나, 도시 재개발, 재건축에 관련한 도시정비 등은 2002년 새로 제정된 「도시 및 주거환경 정비법(도정법)」에 주로 적용받고 있다.

법이라고 같은 법은 아니다. 형님 아우처럼 내용 효력 적용을 달리

하는 위아래 순서가 있다. 특히 도시구조와 기능의 복합 복잡성 증가를 반영하여 세밀한 유관법규가 만들어지기 마련이다. 「도시계획법」에 관련하여 2000년 1월 '도시개발법'이 제정되고, 2005년 말 「도시정비법」 세부 법규로 '도시재정비촉진을 위한 특별법'이 추가로 만들어졌다. 그 외 유관법규와 시행령도 많다. 그 중에 위 두 개의 상위법규가 중요하다.

'대장동'이다. 대장동 개발 특혜비리다. 아이러니하게도 지난 해 후반 민주당 대선경선과정에서 이낙연 후보 측이 난데없이 이걸 들고 나와 세계 내던져 터졌다. 이 후보는 패배했지만 이 문제는 현재 대선 본선의 핫이슈가 됐다. 사건의 실체나 진실이 어떠하든 현재 이재명은 메이저 보수언론에 의해 사건의 몸통으로 몰려 일방적인 몰매를 두들겨 맞는 형국이다. 검찰 또한 총장출신 윤석열 후보에게 확실히 줄을 선 모양새다. 윤이 대통령에 당선되면 이재명 생사여하가 검찰의 칼날 위에 설 것은 확실해 보인다.

지금까지 보도된 사건의 얼개는 토지 및 아파트 분양수익을 합쳐 대략 1조원을 민간개발사가 과다하게 가져갔다는 것이다. 그리고 거기에 흑막이 있다는 의혹이다. 조·중·동과 종편 3사는 몸통이 누구냐며 몇 달째 나팔을 불어대고 그 외 언론은 따라가기 바쁘다.

윤석열 검찰총장과 국힘당은 검·경 수사가 성에 차지 않는다며 요즘 공세의 수위를 높이고 있다. '이재명 특검'을 주장하고 사퇴를 요구한다. 무투표 당선이라도 바라는 듯한 기세다. 필자의 경험적인 결론은 이재명이 '당했다'는 것이다.

한 번 얘기해 보자, 당신이면 어떻게 할 것인지!

'대장동 주택단지개발'은 좋든 싫든 현재 전국 도시지역 어느 곳에서나 흔하게 볼 수 있는 보편적인 개발형태다. 다만 '민·관 공동 개발'

이라는 혼치 않는 방식을 띠었다는 것이 특이하다. 대부분의 지자체는 개발원가로 토지를 넘겨주면 끝이다. 남은 몫은 떼돈을 벌든 손실을 입든 건설사다. '땅 장난'을 막는 게 그나마 지자체의 시장개입이다.

보도의 팩트 요점은, 이재명 성남시가 당시 박근혜 정부와 여당일색 시의회의 완강한 민간개발 요구에 밀려 공공개발을 할 수 없게 되자, 그 제약을 넘기 위해 '민·관 개발'이라는 새로운 개발방식을 낸 부득이한 돌파구였다는 것이다. 풀어 논 고양이한테 생선가게를 대책 없이 모두 맡겨둘 수는 없다는 논리다.

당시 업자들이 시행사를 급조해서 은행을 끼고 컨소시엄 만들고, 여기저기 백그라운드에 비자금 뿌리고, 취업이다 집 사주다 특혜분양이다… 해서 다단계 로비를 벌인 사실도 일정부분 드러나고 있다. 대장동 사업초기 이명박은 공공(LH)이 민간의 돈벌이 사업영역(기획부동산개발)에 끼어들지 말라는 엄명을 내리며 법 개정을 막았다는 보도도 있다.

비리백화점이라는 오명을 쓰고 있는 건설업계의 구조적 문제는 토건문화의 오랜 관행으로 뿌리가 깊다. 방방골골 어느 곳도 거기서 예외적인 경우를 찾기 어려운 현실에서 당시 정부 여당이 '민간의 돈벌이'에 공공이 개입하지 말라는 가이드라인이 사건의 본질적인 배경임은 어렵잖게 알 수 있다.

왜 공공은 민간업자에게 판이나 벌여줄까?

집을 짓기 위해서는 우선 용지확보가 필요하다. 규모가 큰 공공택지개발의 경우, LH(토지주택공사) 또는 자치단체가 도심지 외곽의 농지나 임야 촌락 공동묘지 불용유휴지 자체소유지 등을 매입, 활용하여 용도변경 및 고시를 거쳐 셀프 인·허가를 해서 택지를 조성하기 마련이다. 여기에 전기 상·하수도 도로 등 기본시설을 만들어서 종당엔 주택건설업체에게 택지조성원가수준인 실비로 넘겨준다.

이후 전 과정과 손익여하 부분은 전적으로 민간주택건설시행업체 몫이다. 경기활황 저금리 주택수요 증가로 분양이 잘 되면 큰 이익을 얻는다. 그 반대의 상황이 되면 주택(아파트)건설이 침체기에 빠진다.

경기와 밀접한 연관관계를 가지는 특징이 있다. 택지개발이 되고 용지확보가 이뤄지면 아파트 짓는 건 누워 떡먹기다. 짓는 데 드는 돈과 땅값과 이윤은 땅도 파기 전에 이미 확보할 수 있도록 제도가 보장해준다. 근사한 견본주택을 지어놓고 '선 분양'으로 은행 담보대출도 끼워 넣어 입주를 하기도 전에 집값을 모두 받아낸다.

분양가도 업체 맘대로다. 분양가상한제는 무용지물이다. 땅값에 몇 배의 이득을 붙이고(*용적률이 높은 초고층아파트는 가구당 부담이 크게 체감되지 않는 점을 이용한다), 아파트건축비에 또 이윤을 붙여 제 돈 안들이고 집을 짓기도 전에 이미 양쪽에서 이득을 챙기는 것이다. '양수겸장'이다.

왜 '공공'은 민간업자들 꽃놀이 판이나 벌여주는 이런 짓을 할까?

자치단체는 집을 지어 팔 수가 없다. 택지 조성사업도 직접 할 수가 없다. 이윤 추구활동을 할 수 없는 행정기관의 제도적 한계다. 그래서 'ㅇㅇ도시공사'라는 공기업 형태의 산하 외탁기관이나 목적법인을 만들어 택지개발사업을 벌인다. 재정이 어려우면 민간업체와 합작하여 반관·반민 형식의 사업을 추진한다. 공공개발 아닌 '공영개발'이다.

LH는 사정이 다르다. 토지와 주택전문 부동산개발 공기업이다. 국가사업을 대행하는 역할도 커서 권한과 자금력이 막강하다. 따라서 대단위 주택단지와 산업단지 조성을 위한 토지개발과 아파트 등 주택건설사업을 얼마든지 할 수가 있다.

2000년대 초까지 전국의 임대, 분양 아파트 건설 물량의 30% 이상을 LH가 맡아왔다. 이른바 '주공아파트'다. 이게 이명박 정부에서부터 아파트 건설은 모두 민간건설사에 넘어갔다. LH는 서민 임대아파트 공급으로 주택사업이 사실상 제한됐다. 그게 지금까지 이어지고 있는 것이다.

문제는 또 있다

신개발이든 재개발이든 재건축이든, 단지 형 공동주택을 짓는 일은 다수의 주민들이 관련된 복잡하고 어려운 사업이다. 각자가 처한 이해관계가 같질 않다. 안전진단 등급판정으로부터 시작해서 용도지구 지정, 도시·자연·도로 환경영향 평가, 용적률·건폐율 조정, 법정 공용·공공시설과 도로용지 확보 등 인허가 조건과 절차가 까다롭고 긴 기간이 소요된다.

건설업자가 독자적으로 추진하는 경우는 관의 수급 필요성이나 타당성 만 인정받으면 용지 매입부터 입주까지 5~7년 내외로 가능하지만 주민조합 형태의 재개발 재건축 경우, 짧게 잡아도 최소 10년~15년이다. 그 긴 시간동안 소요되는 비용부담 또한 작지 않다.

용적률과 일반 분양물량이 많아서 사업성이 좋은 여건이면 다행이다. 그러나 그 경우에도 분양시점의 부동산 경기와 전반적인 경기상황, 분양물건에 대한 디자인, 품질조건, 평형·평수에 대한 호·불호 시류, 분양가, 위치 등등에 따라 분양실적이 갈릴 경우가 많다.

정밀한 예측이 쉽지 않다는 것이다. 기업은 모험의 대가로 이윤을 창출한다는 말이 있다. 그러나 모험의 안정성을 정부가 제도적으로 얼마나 보호해줄 수 있는 것인가에 대한 변수도 중요한 고려요인이다. '규제완화'… '전봇대 제거'를 입에 다는 배경이다.

'헌집 주고 새집 받으려고' 추진하는 조합원 주민들 입장에선 이래저래 쉬운 게 아닌 거다. 거기에 '알 박기'라도 생기면 그야말로 난관에 봉착한다. 사유재산권이라는 헌법상 본질적 권리를 내세우면 행정권도 벽에 부딪친다. 기약 없는 사업지체에 결국은 조합원들의 추가 부담으로 억지해결이다. 알 박기는 지금도 횡행한다.

여기에서 집을 짓는 재무적 방식에 대한 조합과 주민들의 고민이 생겨난다. '지분 확정제'로 할 것이냐! '도급제'로 할 것이냐! 아니면 '직영제'로 할 것이냐! 선택을 해야 한다.

(1) '**지분 확정제**'로 할 경우 : 선정된 건설사와 설계상의 건축자재 및 품질 등 비용적 측면의 인허가 제반조건 합의를 전제로, 이윤이 얼마가 나든 아니면 손실이 얼마가 나든, 완전 분양이든 미분양 발생이든 시행·시공업체가 전적인 권리와 책임을 지고, 조합과 조합원은 신경을 쓸 일이 없게 된다.

따라서 약정된 계약평수의 아파트 만 넘겨받으면 된다. 공사 수주 시행업체가 100억이든 1,000억이든 발생한 이익금을 모두 가져간다. 위험에 대한 대가다. 그 반대의 발생 상황에 대한 책임 역시 업체가 전적인 책임을 진다. 가장 흔한 계약형태다. 대부분이 이 사업방식을 선택한다.

(2) '**도급제**' : 이 방식은 조합과 조합원인 주민들이 시공에 따른 이익이나 손실을 온전히 모두 책임지는 방식이다. 선정된 시공사는 허가받고 약정된 시공에 대한 적정이윤을 받고, 시공 및 완공의 책임만 지는 것이다.

이 경우는 조합의 처지에서 볼 때 위험성이 크고 주민들의 불안감이 큰데다 전문성과 자금 동원력, 행정기관과의 유기적인 협조역량이 떨어져 사업 추진동력이 현저히 약화되고 위험을 가중시킬 우려가 있다. 내부 불신도 문제다. 따라서 주민들의 호응이 적거나 거의 없다고 보면 된다.

(3) '직영제' : 도급제는 건설업체에 시공을 위탁하는 것인데 반해, 이 방식은 조합이 전 과정 혹은 각 단계별 분야를 직접 인력을 고용해서 시공하는 것이다. 도급제 보다도 훨씬 어려운 방식이다. 개인 단독주택도 어려운 일인데 이런 방식을 공동주택 시공에 적용하는 경우는 현실적으로 없다.

성남시는 '지분확정제'를 선택했다!

이재명 시장은 대장동 주택개발사업에서 예상되는 개발수익(이익)을 앞에 말한 '반관·반민' 형태의 공공 참여라는 법이 허용한 최소한의 방법을 찾아냈다. 본래적 의미의 온전한 내용은 아니지만 어쨌든지 '공영개발'이라는 명분을 가지고 인·허가를 해주는 대가로 최대한의 공적 이익 환수를 끄집어냈다.

대법원 재판기록으로 확인된 환수액이 5천 5백억 원이라고 한다. '지분 확정제' 방식으로 챙길 수 있는 최대한을 사전에 뽑아낸 것이다. 이후 결산으로 남은 이윤은 금액이 얼마이든 업체와 은행 등 투자컨소시엄이 내부 지분비율에 따라 분배를 하는 것인데, 그것은 허가관청에서 전혀 개입을 할 수 없는 영역이다.

'성남시장의 책임영역은 인허가'다. 그 과정에 공공적 관점에서 각종 부대사항을 단서와 조건으로 달아 사업시행의 성패와 상관없이 계약상의 사전적 지분(이윤) 확정방식으로 市와 시민의 공공복지 성과를 증대시켰다면 그것으로 성남시의 정책사업은 성공한 것이다.

'지분 확정제'다. 따라서 손해를 봐도 그쪽에서 보는 것이니 성남시는 공공이익만 챙기고 손해 볼 것이 처음부터 없었다. 그 대가로 사업시행에 따른 이윤 발생부분은 당연히 시행사가 갖는다. 인·허가를 거저 해주는 게 아닌 것이다. 물론 인허가권을 악용 남용해서 개인비리를 범했거나 정책시행의 직무상 선의가 아닌 행위로 인해 市에 피해와 손실을 입혔다면 인허가권 영역에서 최종 결재권자로서 책임 있는 몸통이 틀린 말은 아니다.

그런 사실이 수사와 재판에서 밝혀지는 게 없다면 직권남용이나 배임은 원초적으로 발생할 일이 없다. 또한 이후 건설사업진행과정에서 시행업체와 컨소시엄의 결산으로 발생한 (막대한) 이윤분배과정의 비리나 검찰 언론 등 이른바 힘 있는 기관에 벌인 갖가지 검은 로비에 따른 범죄는 그쪽 영역에서 따지고 수사를 할 일이다.

이게 상식이다.

당신은 위의 3가지 방식 중에서 무엇을 선택하겠는가?

필자는 무조건 1안이다. 사실상 선택의 여지가 없다. 현행법 상 LH도 아닌 국가공공행정기관이 집을 지어 팔아 이윤을 챙겨먹는 사업을 벌일 수도 없는 일이다. 법이 개정되어 개발수익사업을 벌일 수 있다고 해도 현실적으로 전문 시행업체에 위탁을 할 수밖에 없다.

주민조합과 실상 다를 게 없다. 설사 그렇게 한다고 해도 그에 따른 행정력 소모와 역량부재, 책임문제와 비리 발생 가능성 등은 피하기 어려운 문제다. 위탁수익사업이 도급제인지 직영인지 법적 모호성의 문제도 있고, 관리감독에 관련한 사각지대가 생길 수도 있다.

문제는 그런 사업규모가 적어도 중장기에 걸친 수백억~수천억 단위로 볼 때 거기서 발생할 수 있는 갖가지 유형의 부정 비리 또한 작지 않을 것으로 충분히 예견된다는 것이다.

필자가 사는 지역의 경우, 현재 1천 가구 이상의 대단지 규모인 주민재건축조합이 모두 4곳이 있다. 그 중 2곳이 1~2년 전에 완공입주를 마쳤다. 그런데 4곳 모든 조합원이 한결같이 '지분 확정제'를 원했고 그렇게 시행을 했다.

재건축, 재개발 조합설립의 법적 전단계인 '조합설립 추진위'도 2곳이 진행 중인데 해당지역 주민설문조사 결과도 동일하다. 전국이 대체로 그렇다는 것은 앞에 언급했다. 대한민국 대부분의 경우가 '지분 확정제'라고 보면 된다. 재개발 재건축 신개발 모든 공사가 이 방식으로 선택되고 추진된다. 필자가 속한 재건축조합도 시공사도 그것을 전제로 공사를 준비하고 실제로 그런 방식으로 굴러갔다. 2003년 추진위로 시작해서 햇수로 15년 후 재건축 입주했다.

시작할 당시에는 이렇게 오랜 기간이 걸릴 것으로 예상치 못 했다. 경험부족을 넘어선 외부적 내부적 문제와 변수가 끼어들고 뒤엉켜 꼬이는 경우가 수시로 생겨났다. 파리 떼도 문제였다. 기업은 위험을 대가로 이윤의 최대창출에 노력을 한다. 시장 원리다. 반면에 주민과 행정기관은 '위험회피'가 최적이다.

대장동 개발과 같은 사례는 '개발이익 환수법' 제정 이전이라도 현행법아래서 중앙 부처든 LH든 지자체든 과도기적으로 공영개발(사실은 반쪽짜리)을 할 것이라면, 민간을 끼워넣은 반관반민의 공영모형을 그나마 쓸모 있는 모델로 삼을 만 하다는 소견이다. 다만, 계약 및 착공 시점과 분양 시점의 주택경기 변동 등 변수를 정확하게 예상하기 어려운 문제가 있다.

이로 인해 발생하는 경우의 수도 중요한 고려사항에 넣어야 한다. 지금 선거정국에서 악용되고 있는 일방적 혹은 편향적인 정치수사가 벌어지는 행태를 사전에 차단할 수 있는 세밀한 입법이 이루어져야 한다는 것이다. 이를 그저 운수소관이나 복불복에 방임하는 것은 양쪽 모두 비합리적 불확실성의 문제를 안겨준다. 구체적이고 과학적인 분석과 데이터 도출기법 등 혁신책과 명쾌 투명한 제도적, 법적 개선이 필요한 이유다.

국민 분열을 조장하고 경제사회적 난국을 유발하는 이런 일이 반복되면 안 된다. 대장동 사건은 이런 배경 속에서 이해가 가능하다.

토지를 매도한 원주민과 분양 입주한 주민들의 문제

통상적인 공적 토지수용의 경우, 실거래가의 20~30%에 불과한 공시가격을 적용하여 일방적으로 수용하던 방식은 20여 년 전에 사라졌다. 매입가격은 한국감정원 실사 기준가격(공시가 아님)을 적용하여 실거래가의 90%수준에 플러스알파를 더해 책정된다고 한다.

여기에 여러 민원 및 협상여하에 따라 대체로 실거래가 이상으로 이뤄진다고 보면 된다. 향후 개발이익을 상정한 미래가치를 적용하는 것은 무리일 것이다. 다만 민간사업자의 경우, 사업성에 따라 실거래가 이상의 가격으로 매입하는 경우는 흔하다. 일반적인 것인지 여부는 뒤로 하고, 필자 주변을 보면 산업단지로 수용돼서 토지보상을 받은 지인과 동네 어른들 얘기로는 내놓아도 팔리지 않던 땅인데 사준 것도 고맙고 호가보다 좋은 값으로 받았다고 만족해하더라!

한계농지나 비경작 농지 또는 불용지 휴경묵밭의 경우도 동일한 보상이 적용됨으로 인해 특별한 개발정보가 부재한 지역의 이런 농지소유주는 매각에 적극적인 경우가 많다.

아파트 분양입주민 경우, 입주당시 분양가 대비 현재 실거래가격이 물가상승률 및 감가비용을 감안해도 적지 않게 상승했다. 한국부동산원 통계 자료를 보면 최근 2년 간 수도권아파트의 평균가격 누적상승률은 25~30%다. 그러나 실제는 그 이상으로 보는 게 현실적이다.

따라서 토지수용 원주민이나 아파트분양입주민이 대장동 토지매각과 아파트 분양과정에서 당시의 통상적 거래가를 기준으로 실제 손실이나 피해를 본 것으로 보기는 어렵다고 판단된다.

문제는 대장동 사업을 벌였던 민간사업자들이 무리한 사업추진을 위해 부산저축은행, 하나은행, S재벌그룹 등 금융권을 끼고 일부 검찰상층부와의 커넥션, 언론회유 등 절차적 위법행위를 벌여 과다이득을 챙긴 것에 대한 상대적 박탈감과 피해의식이다.

또한 김만배 등 대장동 일당이 가져간 이득금의 정당성에 대한 의문과 함께 그걸 가능케 한 제도적 문제점, 언론보도에 따른 인·허가권자에 대한 의혹, 과다이득 금액만큼 분양가를 낮추거나 토지보상금을 더 받았을 수 있지 않았겠느냐는 기대이익에 대한 결과적 상실감 등이 복합적으로 작용한 것으로 본다. 공감되는 지점이다.

그러나 당시 인·허가권자가 법적 제도적 제약을 뛰어넘어 불가측한 미래적 기대이익까지 고려사항에 삽입을 해서 민간업자와의 민·관 공동사업에 의한 공영개발 방식의 사업추진이 과연 가능했겠느냐 하는 문제가 있다. 혹여 그런 식으로 권한을 자의적으로 행사하여 사업을 일방적으로 강행했다면 그게 직권남용이다. 현재까지 보도되는 내용을 잘 살펴보면 인허가 과정에서 그런 문제가 있다고 밝혀진 것은 전혀 없어 보인다. 그럼에도 검찰 수사가 그런 행위가 있었을 개연성을 언론에 흘리고 주민들은 그것을 사실로 상정하여 그에 따른 결과로서 막대한 민간부분개발이익이 발생했다고 보는 게 있는 것 같다.

애초 성남시나 민간업자들이 사업추진 초기에는 대장동 개발이익이 그렇게 많이 산출될 것으로 생각을 하지 못했을 것이다. 당시 경제상황이나 수도권 부동산 경기상황이 정체기인 점이 그랬다.

대규모 지역개발사업은 기간이 오래 소요된다. 그 기간 사이에 부동산 경기가 침체기 또는 상승기로 변동할 수 있다. 그런데 대장동은 상승세로 돌아서고 그에 따른 양호한 분양실적 등 시장상황의 호전과 주변 개발 호재가 겹친 시운도 따라 준 것이 컸던 것 같다. 당시 경제관련 자료와 기사검색 내용이 그렇다.

따라서 민간개발업자들의 범죄영역과 시장논리에 따른 개발이익의 문제를 구분해서 봐야 한다. '개발이익 환수' 문제는 또 다른 제도적 입법적 영역의 문제다. 그런 문제들과 시장논리를 뭉뚱그려 개발이익금에 대한 재분배적 요구수준을 소급적용의 근거로 보는 건 무리로 보인다. 필자의 설명부족으로 독자들이 얼핏 무슨 말인지 헷갈릴 수도 있겠으나 본질은 변화하는 상황논리에 자신의 이해관계논리를 끌어 붙이는 게 문제라는 것이다.

그렇다 하더라도 이재명의 "내가 1원 한 푼 받아먹었으면 가루가 됐을 것"이라는 결백을 객관적으로 인정한다고 해도 도의적으로 남는 책임은 있다. 이재명 후보가 그 지점에서 군더더기 없이 사과를 한 것도 그 때문이다. 또한 그것이 이재명 당시 시장의 공적 일탈이나 비리로 낙인찍어 몰고 가는 대선국면에서의 정치선동공세 측면이 과도하게 난무하는 것은 공정하지 못하다.

권력을 쫓는 욕망의 집단이익이 선거판을 더욱 흐리게 하는 현실은 타기해야 할 악폐다. 이 시점에서 일정한 거리를 두고 객관적 냉철함을 견지하는 시민지성이 필요하다. 지배 권력의 불순한 여론몰이에 휩쓸리지 않는 주권국민의 일대 각성도 절실한 대선시국이다.

필자의 경험례

조합원 정산분양가는 평당 600만 원… 5층 600여 가구를 재건축 평균 20층 1천200여 가구로 재건축했다. 추가비용=기존 평수 지분+알파, 총공사비 약 1,200여 억 원에 대지 5천800평 주민(조합)제공이다. 시공사가 공사개시 전 조합에 제출한 이익예상금액은 약 150억 원이었다. 이건 엄살이다.

총공사비의 15%면 180억, 20%면 240억이다. 순전히 건축시공 이익금으로만 약 250억 원 이상을 결산 본 걸로 추정한다. 시행건설사(시공겸임)는 영업비밀을 이유로 공개를 거부했다. 제반비용은 4년 전 입주당시 가격이다. 작은 지방도시에 가구 수와 위의 시공사 이익금을 '대장동 사업'과 대충 비교해 보시라!

수도권에 더해 그 중심도시라는 비교우위, 6천300 채 가구 규모에 4~5배 높은 평당 분양가와 그에 다른 분양수익 및 상가 분양수익, 토지 30만 평의 +알파 시세차익 등의 총액은 필자가 속했던 변방의 소도시 재건축시공업체 이익금의 최소 20배 이상의 금액은 되고도 남을 것으로 소견된다. 5천억 원 이상이다.

결과적으로 이것도 필자가 보수적으로 계상한 것이었다. 보도에 따르면 대장동 개발사업의 이익금 규모는 대략 8천억~1조를 왔다 갔다 한다. 필자의 재건축시공이익을 총사업규모의 비례를 적용하고 대장동의 총체적인 경쟁력을 감안하면 부동산 대세 상승기라는 시운을 더해 그만한 이익을 남긴 것이 아주 황당한 것은 아니라는 결론에 이른다.

부산 해운대의 LCT 101층 고급 복합 아파트 상가 개발이익이 1조 원이라는 것은 공공연한 사실이다. 그에 관련해서 건설사회장이 구속되고 많은 공무원과 업자들이 함께 구속되기도 했다. 그러나 선고형량은 의외로 적게 나왔다. 진실 규명은 흐지부지 됐다. 검찰이다.

대장동 개발사업은 애초 예상이익 6,200억, '지분 확정제'에 따른 성남시 환수이익금 4,800억, 민간업체 귀속이익 1,800억 원으로 설계되어 추진됐다. 이것이 분양시기에 경기호재라는 변수에 힘입어 민간 귀속이익금이 2~3배 늘어난 것이다. 예상이익의 반전에 놀라고, 금액의 규모에 또 놀랐다. 언론의 이슈화가 될 만도 했다.

필자가 당시 추진위원장 강권으로 이사 감사 10년을 해봐서 재건축의 전 과정을 아주 잘 안다. 중간에 원주민 추진위원장은 조합이 되면서 밀려나고 외부의 '꾼'이 계획적으로 전입해서 들어오더니 조합장직을 꿰차고 둘의 깐부 동맹은 한 순간에 적으로 돌변했다.

조합장에 붙은 무직 백수가 대부분인 이사진은 허수아비이고 주민들은 깜깜이 봉이었다. 깐깐한 성정으로 인해 건건이 투명성 제고와 이권차단에 노력해도 숫자에 밀려 의결정족수에 역부족이었다.

건축사 자격증을 가진 조합장은 중요 사안을 자의로 결정하고 독단적 설계변경에 따른 재인가 절차로 막대한 추가 공사비와 1년 이상의 기간 지체를 했다. 이에 비례해서 공사비용과 운영경비 소모 등 백억 이상의 추가비용 발생은 조합원들에 고스란히 떠넘겨지고 내막을 모르는 주민들은 불만 있어도 쩔쩔 끌려 다니는 처지였다.

결국 갈등 끝에 10년을 홀로 싸우다 깨끗이 손을 뗐다. 그리고 미련 없이 집을 처분하고 이주했다. 짖는 개가 사라지니 무풍지대가 됐다. 조합원들은 피바가지 쓰는 줄 모르고 감지덕지 형국이고 필자가 이주 후 2년여 지난 시점에 어찌어찌 완공은 되더라! 아니 되면 정말로 큰 일이 터지는 것이다.

더는 궁금할 것도 없고, 20년을 함께 살았던 주민들에 대한 미안함과 안타까움도 그때 함께 떠나보냈다. 모두에게 상처만 남은 재건축 사업의 결말이었다. 그래도 입주는 되고 사람들은 사니 다행이었다.

그가 쇠고랑을 찼는지 아니면 조사 몇 번 받고 끝난 것인지 아무 탈이 없었는지 아는 바 없다. 경험 톡톡히 했다.

어디 가서 이런 경력은 감춘다더라. 비리 복마전 이미지 때문이다.

모르고 속고 알고도 속는다는 광활한 이권의 바다에서 오늘도 부동산꾼들의 매직은 재개발 재건축이다. 신도시개발 급은 말해서 무엇하랴! 전국의 브로커와 복부인, 하다못해 이웃 부인네들도 그곳에 달려가는 걸 지금도 주변에서 심심찮게 듣고 본다.

"1원 한 푼이라도 받았으면 가루가 됐을 것이다!"

이재명의 호언은 대단한 자신감이고 결백이다. 필자는 사실이라고 믿는다. 뭔가 걸릴 만한 꼬투리라도 있으면 그런 소리 못 나온다. 누군들 안 그렇겠나? 검찰 경찰이 지독하게 벌여대는 수사가 이 시점까지도 뾰족하게 잡히는 게 없는 것이 역으로 그걸 증명해주고 있다.

그런 지자체장이 또 있었을까 싶다. 소위 주류언론이라는 일부매체에서 계속 장광난설을 퍼트린다. 필자는 그놈의 재건축사업과 싸우다 내상을 입고 그만뒀다. 관은 허가 때만 반짝하고 이후의 관리감독 감리 등에 제 역할을 잘 못 하는 게 현실이다. 대부분 업자들에 맡기고 의존한다. 회계는 회계사에게, 세금은 세무사에게, 감리는 시공업자에게 위탁하고 결과를 보고받는다. 그들 역시 시행사 영향권 안에 있다.

그러니 대부분을 업자들이 주무른다고 보면 된다! 여기저기 돈 뿌리고 향응 로비, 부실 졸속 산재 빈발에 겉만 번드르르 그 대가를 뽑아낸다. 사건 사고 만 안 나면 된다. 일이 터지면 관의 조치나 대응이 사후약방문일 수밖에 없는 연유다.

민간개발 부동산 시장은 시장도, 시장원리도 아니다. 입법, 사정권력, 토건세력, 법조 네트워크, 언론의 일부 일탈자들이 맺은 끈적한 관계를 배경으로 벌이는 공급자의 잔치판이다. 드러난 사실에만 국한해서 좋게 말해 '일부 일탈자'이지 그 집단 그 세계의 일반적 문화일 수도 있는 개연성은 짙다고 볼 수밖에 없는 게 현실일 것이다.

좁아터진 땅덩어리 안에서 주거평등-삶의 질 평등 실현은 시장이 아닌 국가 공개념이라야 실현가능하다는 것이 결론이다. 토지공개념도 하고, 금융실명제도 하고 있다. 이제 '주택 공개념'을 도입할 때도 됐다. 불로소득, 상대적 박탈감, 빈부격차 심화, 조세저항의 가장 큰 원인이다. 헛배 불려 과소비를 유발하는 것도 크다.

이재명이 대선에서 이기든 지든 '대장동 사건'으로 인해 '악화에 양화가 내쫓기는' 인간적 수모를 당했던 필자 꼴은 나지 않기를 바라는 마음이다. 꾼들의 작당이 있든 말든, 누가 뇌물을 먹든 로비에 넘어가든, 성남시민이 떡을 먹든 말든 그냥 있었으면 본전은 건졌지!

그런데 그건 또 아니지! 이재명이 그래도 양심적 공복인 연유다.♣

이것이 식민지 언어

식민지 언어란 1910년 8월 국권이 일제에 침탈당하고 시작된 '대일 항쟁기'에 일본식 언어가 우리민족의 말글살이를 잠식해 들어와 조선의 정체성을 황국화 시키기 위해 시작한 왜식한자와 말을 일컫는다.

같은 한자 권에 어법 어순이 비슷하고 다만 발음만 다를 뿐이니 길어지는 식민통치에 맞물려서 본래부터 우리말인 줄 알고 쓰는 일이 대부분이었다. 지금도 우리네 일상에서 왜식 식민지 언어를 쓰는 것은 아주 흔한 일이다. 당구다이라고 하지 당구대라고 하지 않는다.

해방이후에도 일본말을 더 많이 쓰고 잘해야 유식쟁이로 취급받고 우쭐대던 터라 서민대중에게도 골골이 스며들었다. 지금 영어에 목을 매는 것도 비슷한 형국이긴 한데 국가주권과 민족의 운명을 강탈당한 피식민 노예백성의 설움이 어찌 이만하겠는가?

"많이 보고 들은 단어들이라 우리말인 줄 알았다."

사람들은 이렇게 말하면서도 별 거리낌 없이 계속 쓴다. 말글살이는 천년 2천년이 가도 변하기 어렵다. 우리의 말글살이 속에 우리의 역사와 조상의 살림살이가 오롯이 담겨있다. 그 안에 들어있는 우리의 문화적 알갱이를 잊지 말고 되살려 지켜가는 일이 필요한 까닭이다.

지금 필자가 쓰고 있는 이 글에도 식민지 언어가 스며있는지 모를 일이다. 사실 자신이 없다. 섬짓한 일이다.

흔하게 쓰이는 식민지 언어 일부 사례

*註: 앞이 왜식식민언어, 뒤가 우리말! 한자식 표기외래어는 대부분이 일본식 한자 표기어다.

일반적인 식민지 언어 - 불구하고: 무릅쓰고 그럼에도 ~한데도/ 기

라성: 빛나는 별/ 고참: 선임자/ 진검승부: 정면대결/ 구라: 거짓말/

기스: 상처/ 간지: 멋/ 다대기: 다진양념/ 뽀록: 들통/ 분빠이: 분배/ 노가다: 노동/ 땡땡이무늬: 물방울무늬/ 쇼부: 승부/ 곤색: 청색/식대: 밥값/ 가라: 가짜/ 삐까삐까: 번쩍번쩍/ 시말서: 경위서/ 무대뽀: 막무가내/ 후까시: 폼재기/ 지리: 맑은탕/ 국민학교: 소학교 초등학교/ 땡깡(덴칸=간질-조선인 비하표현): 생떼/ 호찌껫: 스테이플러/

바께쓰: 양동이/ 은하수: 미리내, 반짝이는 별/ 가공할: 두려운, 과장되거나 강조하고자 할 때 사용하는 일본식 한자 외래어/ 입장: 처지/ 다반사: 흔한 일/ 고수부지: 강터, 둔치/ 라이벌: 맞수/ 딜레마: 궁지/ 매도하다: 팔다/ 명패: 이름표/ 구루마: 수레/ 기도: 문지기/ 납득하다: 알수있다/ 가가호호: 집집마다/가결: 통과/ 가면: 탈/ 가급적: 되도록, 될수 있는대로/ 가리방: 줄판/ 가일층: 한층 더, 더 한층/

가중되다: 더 무거워지다/ 가차 없이: 사정없이/ 가택, 자택: 집, 내집/ 가하다: 옳다/ 가해: 해를 끼침/ 각별히: 특히/ 각성: 깨달음/ 각양각색: 여러 가지/ 각위: 여러분/ 각인: 새김/ 각필: 붓을 놓음/ 각하: 받아들일 수 없음/ 간간이: 이따금/ 간과하다: 보아 넘기다, 지나치다/

다마: 공/ 다이: 대/ 18번: 좋아하는 노래 또는 애창곡 *18번의 유래=일본 에도시대에 등장한 가부키 배우가 수많은 작품 중 인기 있는 걸작 18편을 선정해 이를 '교겐 18번'이라고 불렀다. 이후 '교겐 18번'을 자주 부르는 노래라는 의미로 썼다. 이 말이 일제강점기에 자신 있는 특기 등의 뜻으로 전용돼 조선에 널리 퍼졌다.

경찰 검찰 식민지 언어 - 미검인 자(者): 잡히지 않은 사람/ 두부 손상: 머리손상/ 교흔: 물린 자국/ 역과: 차에 깔림/ 주거지: 사는 집

-경찰이 일제 때 사용하던 수사 용어를 관행적으로 사용하는 사례다. 우리 민족을 얕잡아 보고 인격비하적인 의도로 만들어진 표현들을 대한민국 수사기관에서 여전히 사용하는 언어폭력이다.

건설 건축부문 식민지 용어 - "시마이 하고 명일 다테구와 덴조우에 들어갑니다. 단도리 잘 하세요": "이만 작업을 마치고 창문과 천장공사는 내일 합니다. 마무리 잘 하세요"/ 노가다판: 공사현장/ 매립: 메움/ 가꾸목: 각목/ 가다와꾸: 거푸집/ 견본: 본보기/ 견적: 어림셈/ 마대: 자루

이 용어들은 여전히 우리나라 건설현장에서 사용되고 있는 것들이다. 일제잔재가 가장 많이 남은 곳이 경찰과 건설현장이다. 우리말을 쓰면 공사 인부들이 알아듣지 못하는 경우가 많아 원활한 작업진행이 어려운 지경이라고 하니 오염 정도가 심각하다.

필자가 수집 정리해 둔 식민지 언어만 수천 개에 이른다. 이들 대부분이 지금도 우리의 일상에서 쓰이고 있다. 여기에 영어가 가세해 순 우리말은 박물관에서와 딸의 이름 작명에서나 찾아볼 정도로 희귀해졌다. 방송에서도 영어 남용은 심각한 지경이다.

'전설'이라고 하면 다들 알아들을 것을 '레전드'라고 한다. 출연자들끼리 유유상종 말장난으로 들린다. 듣는 이들이 다들 알아들을 것을 전제하지만 실은 자신이 글로벌 유식쟁이임을 은연중 돋보이고 싶은 천박한 행태다. 듣는 이는 이질감을 가진다.

식민지 언어는 사람을 근성부터 바꾸어놓는다. 말 뿐만 아니다. 글쓰기도 다를 바가 없다. "외래어 번역문투가 우리글 뼈대까지 흔든다"라는 어느 한글학자의 탄식은 엄중하게 귀에 꽂힌다. 그에 의하면 특히 법률문장 등 일본어투가 끼치는 사회적 영향이 크고, 영어번역투의 어색한 문장이 갈수록 남발되는 경향이 깊어지고 있다고 한다. 그는 '문체 바로잡기·순화 운동'의 필요성을 강력하게 제기한다.

2006년 12월에 있었던 어느 학술발표회 기사를 소개한다.

한겨레말글연구소 학술발표회

우리 말글에 외래·번역문투가 낱말 차원을 넘어 문법 요소와 문장

틀마저 헝클 정도로 깊이 스며들고 있다는 진단이 나왔다.

이런 진단은 6일 '우리글에 스민 외래·번역문투'라는 주제로 열린 한겨레말글연구소 제2회 학술발표회에서 나온 것으로, △'법률·실용문에 나타난 일본어 문투'(발표자 박갑수) △'영어교육 영향과 영어 번역문투'(〃 이근희) △'외래·번역문투 손질하기'(〃 최인호) △'고종 국문 쓰기 칙령의 국어사적 의미'(〃 김슬옹) 등 소주제 발표에서 공통적으로 지적됐다.

하지만 그 원인과 처방, 번역문투를 다루는 태도에서는 발표자와 토론자들의 견해가 엇갈리기도 했다. 이는 이 분야의 전면적인 연구·검토 뒤 엄정하게 짚어야 할 문제임을 보여준다. 본디 다른 나라 말을 우리말로 뒤치는 일이 번역이다. 우리말에서 번역의 역사를 살피면, 그 역사가 훈민정음 창제와 같이했음을 알 수 있다.

세종 임금이 훈민정음을 만들고서 딸 정혜공주를 비롯한 여러 사람들에게 그 쓰임새를 시험하게 한 것이 이른바 한문으로 된 불경의 언해, 곧 불경을 번역하거나 이를 바탕으로 석가모니 연대기를 짓는 일이었다.

'용비어천가' 역시 온전히 조선식 글이라고 하기 어렵다. 즐겨 읽던 '두시언해'도 잘 뒤친 번역시였다. 이처럼 한문번역 역사는 훈민정음의 역사만큼이나 길며, 우리 문장의 정체성을 되돌아보게 하는 밑절미가 된다. 우리 산문이 한문 문체에 흡수되지 않고 독자적인 말차례, 낱말, 말투를 간직하며 내려왔으나 한문 투의 영향이 적지 않은 것은 자명한 사실이다. 이는 판소리를 비롯한 옛 소설들에 스민 숱한 한문 투들이 증명해준다.

우리 말글에 스민 일본어, 영어 문투= 첫 번째 발표자로 나선 박갑수 교수(서울대)는 광복 이후에 만든 온갖 법률이 일본 것을 베끼거나 일제 때 것을 토씨 정도만 손질한 채 그대로 썼기에 나중에 새로 나온 법들마저 일본어 문투를 벗어나지 못하고 있다고 짚었다. 사실 민사소송법은 박갑수 교수가 다듬어 개정한 바 있다.

법률 문장은 일반 용어에도 영향을 주어 그 폐단이 적지 않다. 곧, 법률 문장은 온갖 행정문·실용문 등에 인용돼 직접적 영향을 끼치는 까닭이다. 박 교수는 낱말 차원을 제외하고, '~대하여'와 '~의'의 남용과 같은 잘못된 일본어 문투 사례로 40여 가지를 들었다.

이근희 교수(세종대)는 '영어교육 영향과 우리글 속의 영어 번역문투'라는 발표문을 통해 과도한 영어학습과 잘못된 영어교육 탓에 번역투가 양산되고 있음을 짚었다. 일반적인 번역문투뿐만 아니라 학생들의 번역 숙제 가운데 전형적인 것을 토대로 50여 가지 보기를 들어 그 대안을 짚었다.

특히 뜻이 다양하게 쓰이는 영어 동사들을 우리말과 일대일 대응으로 번역함으로써 차원 낮은 번역문투가 양산됨을 번역학 차원에서 꼬집었다. 'go'를 '가다'로, 'make'를 '만들다'로 기계적으로 번역하면서 어색한 문장이 양산된다는 것이다. 이 밖에도 영어의 시제, 전치사, 수, 피동문, 말차례 따위에서 연유한 번역문투들을 짚었다.

이런 현실 아래 최인호 한겨레말글연구소장은 '외래·번역문투 손질하기'라는 발표문에서 보도문에서 두드러지게 쓰이는 '~에 의하면/~에 따르면, ~에 대해/~에 관해, ~에 의해, ~에 비해, ~을(를) 위해/~을 위하여'가 들어간 문장을 비롯하여 30가지를 추려 다듬은 글을 선보였다. 이는 한문투와 일본어 문투, 영어 문투가 뒤섞여 굳어져 쓰이는 보기들로서 이 정도만 손질해도 일상적인 보도문투에서 거슬리는 번역문투를 줄일 수 있다고 주장했다.

어떻게 할 것인가?

박 교수는 외국어란 크게 보았을 때 '필요해서 차용하는 것과 위세에 밀려 차용한 것'으로 나누면서, 낱말이든 문법·문체든 위세적 동기로 스민 것은 원칙적으로 배제해야 한다고 봤다. 선별적 수용론을 주

장한 것이다. 필요적 차용에 대해 토론에 나선 이수열(국어순화운동
인)씨는 단호한 순화를 주장했다.

국어교육자들이 이 분야를 좀더 공부할 것과 제대로 된 국어교육
을 주문했다. 그는 특히 "변화에 순응한다는 핑계를 내세워 외국어
단어를 남용해 우리말을 죽이거나 서투르게 번역한 문투로 글을 써
서 한국인다운 사고체계를 무너뜨리는 짓은 절대로 하지 말아야 한
다"고 주장했다.

영어를 배우지 않은 사람이 없을 정도로 영어 공부를 많이 하면서
날이 갈수록 그것이 우리말에 끼치는 영향을 가늠하기가 어려울 지
경이라는 말도 나왔다. 토론에 나선 한학성 교수(경희대)는 학자들이
어색한 번역 또는 직역투 문장을 남발하는 것이 문제라고 짚었다. 이
른바 '보도 기능'(소개 학문) 위주로 학문을 일삼는 학자에게 잘못이
있다고 봤다.

특히 그는 이를 극복하자면 한국어 교육을 제대로 해야 하고 영어
교육 방식도 혁신하는 것이 중요하다고 강조했다. 곧, 영어를 한국어
로 번역하지 않고서는 이해할 수 없다는 잘못된 믿음을 버리고 독자
적인 영어교육 쪽에서 해결책을 찾아야 한다는 주장이 새로웠다.

최 소장은 "번역한 글이야 한 수 접어서 이해하며 읽으면 되지만
번역과 상관이 없는 우리글에 스며든 번역문투가 문제"라고 말했다.
그는 한문-일본어-영어가 서로 얽혀 보도문에 스민 번역문투 사례들
을 내보인 뒤, 사람들이 익숙해진 바가 많지만 여전히 우리글 속에서
는 물에 기름처럼 떠돌고 있으므로 대대적인 문체 바로잡기(또는 문
체반정) 운동이 필요함을 역설했다.

토론에 나선 정상훈 교사(과천외고)는 지나친 관용어 손질이 주는
거부감, 자연스런 변화에 무게를 실었다. 한편, 이날 김슬옹 교수는
'고종의 국문 쓰기 칙령'의 영향과 19세기 말의 국어정책에 따른 국
어사용 현실을 짚었다. 〈출처: 안창현 기자 blue@hani.co.kr/2006.12.16 한겨레〉

여기서 중요한 문제가 나타난다. 학술발표회에 나온 사람들 대부분이, '한문은 지나(중국) 문자로 외국글자'라는 인식을 밑에 깔고 문제점을 제기하고 있다. 거듭 말하거니와, 한자는 우리(동이조선) 선조들이 만든 우리의 뜻글자다. 우리민족이 쓰는 본딧말소리의 뜻을 갑골에 새겨 글자화 하고 이것이 황하양안으로 내려간 동이 상나라에서 청동기와 함께 한자로 발전시켜 낸 것이다.

"한자가 본래 당신네 나라에서 만들어진 건데 무슨 말이냐, 그건 당신네 민족이 유교를 하면서 말을 모두 한자에 복종시켜버렸기 때문이다."

1960년대, 대만의 임어당이 안호상 박사를 만났을 때 안 박사가 한문의 불편한 점을 토로하자 한 말이다. 이 일화는 안 박사가 1981년 국회 국사청문회장에서 고백한 이야기다.

조선의 성리학 양반유림들은 지배권력을 유지하기 위해 옛 뜻소리말을 버리고 '지나'식 뜻글자로만 써먹으면서 고유한 우리말을 한자에서 분리시켜 일반 백성 아녀자들이 방구석에서 쓰는 '언문'이라고 무시해버렸다. 그 때부터 전래되어오던 이두식 어문이 모두 사라지고 한자는 어렵고 유식한 글자로… 한글은 쇠똥벌레 취급을 받았다.

말하자면 가림토 자·모음 34자로 구성된 소릿말을 한자 뜻말로 옮겨놓고 읽기는 우리 소릿말로 발음하고 읽었다. 이게 먼 훗날 조선 세종이 28자 자·모음 글자로 줄여 '훈민정음'으로 개변 갱신한 것이다. 이 중 4개 자·모음은 쓸모없는 반치음이다 뭐다 해서 멀쩡히 쓰던 걸 식민어학자들이 빼버렸다.

'세상의 모든 소리를 글로 표현할 수 있었던' 한글이 반병신이 된 연유다. 국문학이고 국어학이고 그걸 가르치고 배운 이들이 딱하기 이를 데 없다. 다시 살려내야 한다!

글자는 한문으로 쓰되 글 뜻은 우리말로 새겨 읽고 말한 것이다. 또한 한자를 순전히 뜻으로만 쓴 게 아니라 이두 식으로 한자발음을 우리 소릿말에 그대로 끌어 쓰기도 했다는 것을 알아야 한다. 뜻글자와 소리말 두 가지를 유기적으로 함께 사용했다는 말이다.

예로, 시라…실라→신라/ 쥬신→숙신 숙진 조선/ 가우리→구리 고려 고구리 고구려(고-높임말) 등 소리말 대부분을 이두한자로 썼다. 상고 고대 사서에 나오는 우리역사의 각 나라이름 지명 인명 등 한자 표기를 두고 현대의 많은 학자들이 애써 한자 뜻으로 풀고 아귀도 안 맞는 억지 해석에 식은땀을 흘리는데 딱한 일이다. 이병도의 후과가 참으로 크다.

예를 들면, '조선'을 아침에 해가 뜨는 나라라느니 동이유목민들이 순록이 좋아하는 신선한 이끼류를 따라 이동한다는 뜻이라고 푼다.

'신라' 대륙 본토 지역에 천리사방 목화를 키워 실을 뽑았대서 나라 이름도 이두식으로 실-시라-신라가 되고, 북방실크로드를 개척한 것을 모르고 무슨 한반도 남쪽에서 새로 흥기해 사방의 땅을 망라하여 일으킨 나라 뜻을 담아 신라라고 했다는 소설을 쓰기도 한다.

東夷가 동쪽의 仁者 대인이 사는 나라라고 뜻을 푸는데 본래 뜻말로는 맞는 말이다. 그러나 이것을 차음으로 받아들이면 전혀 달라진다. '둥이'다. 둥이가 동이로도 된다. 둥이=동이인 것이다. 재간둥이 귀염둥이 순둥이 …둥이다. 착하고 재능 있고 선량한 사람을 칭찬할 때 흔히 쓰는 우리의 오래된 말이다. 이걸 차음으로 동이라 했다는 것이다. 지금도 만주에서는 조선족뿐 아니라 토착만주(여진)인도 쓴다.

식민한국사가 죄다 장님 코끼리 다리 더듬으면서 이런 식으로 꾸며 가르치고 있다. 그러나 탄탄한 실력을 갖춘 강호의 학문자들이 속속 등장하면서 민중의 입으로 구전되어오는 야사 민요 고어 고지명과 여진 몽골 중앙아시아 언어사 등을 핵심 열쇳말로 보고 거슬러 올라가 史實을 밝혀내고 있는데 대해 식민강단사학은 아무런 대꾸가 없다.

古語의 경우, 고한자의 원형은 후에 파밀-티벳 지역으로 전이되어 산스크릿어로 발전한다. 두 언어가 한 뿌리다. 그런데 산스크릿어 뜻과 소리는 우리 동이언어의 원형을 그대로 간직하고 있다. 크샤트리아-사투리의 예는 수도 없이 많다. 지면 제약도 있으니 우리말과 고어에 관심이 있는 독자는 유튜브에서 세계적인 언어학 석학 강상원 박사를 만나보기 바란다.

옥스퍼드 하버드 도서관에 유일하게 소장돼 있는 그의 언어학 저서가 이상하게도 대한민국 어느 도서관에도 있다는 말을 못 들었다. 왜 그럴까? 왜 강 박사는 자신의 나라에서 설 자리를 못 잡고 유튜브를 통해 전세계 사람들을 상대로 강의를 했을까?

모르고 쓰는 건 잘못이라고 하기 어렵다. 그러나 잘못된 것, 문제가 있다는 것을 알면 더는 쓰지 않는 게 필요하다. '익숙함의 함정'에 자진해서 침묵하는 것은 잘못이다.

내 안에 좋은 것, 아름다운 것이 있음을 알면서도 반복하는 것은 게으름을 넘어 죄악에 가깝다. 필자의 소견이다. ♣

명당의 조건… '터'

1

사람은 땅에서 나서 살다가 땅으로 돌아간다. 땅 위에 존재하는 생물을 취해서 먹고, 길러서 먹으며 生을 영위하다가 원래 자리로 되돌아가는 것이다. 그러므로 땅은 모든 생명과 함께 인간의 모태다. 어머니 자궁이다. 그러니 땅이 곧 하늘이다. 땅과 하늘은 붙은 것이니 애써 구분 지을 일이 아니다.

하늘을 나는 기운이 대지 위에 내려앉아 땅의 꿈틀거리는 기세를 만나니 뫼와 계곡으로 갈라지고 강물이 터져 나와 들판을 생성시킨다. 이런 걸 '삼라만상이 生化한다'고 한다. '천지합일'은 하늘이 아닌 땅에서 이뤄진다. 하늘을 나는 생물도 종당에는 땅위에서 안식을 구한다. 그러니 땅이 우주의 중심이다.

우리 선조들은 오래고 오랜 옛적부터 하늘을 우러러 우주 순행의 이치를 살폈다. 긍구(兢懼, 몸가짐을 조심스럽게 하고 두려운 마음을 가짐)하고, 땅의 신령함을 쫓아 기(氣)와 혈(穴)… 수(水)와 맥(脈)을 찾고 꿰뚫으니(觀) 현묘지도(玄妙之道) 제세이화(在世理化) 홍익인간(弘益人間)이 그것이다.

東夷의 우주적 세계관이 '모든 것은 변화한다'는 역(易)의 사상으로 발현됐다. 동이역(東夷易)이 주역(周易)이다. 우리의 살림지혜가 3천 년에 걸쳐 쌓여 만들어진 것이다. 사마천 사기 주나라 문왕 기사에 관련 내용이 나온다. 문왕은 동이를 大人들이 사는 아버지 나라라며 그곳에 가서 살고 싶다고 했다. 그는 늘 동이 하늘을 보며 易을 펼치고 민생을 살폈다.

주역의 괘(卦)는 풍수에서 나온다. 따라서 '풍수'는 어느 시기 특정한 지배자가 나타나서 통치수단으로 만들어낸 것도, 허황된 무속적 혹세무민의 '設'도 아니다. 삶의 터전인 지상의 바람과 물, 땅의 겉과 속을 두루 살펴 얻은 천문 지리적 지식에 수많은 삶의 경험이 정교하게 결합된 지혜다.

그 안에서 삶을 영위하는 인간의 운명을 형세와 길흉의 관점에서 이치적으로 논구하고 살피는 이기론(理氣論)적 과학이다. 요즘으로 치면 지형지리학과 지구과학에 더해 인문학적 지식과 삶의 지혜를 아우른 학문이다.

풍수에서 중시하는 대목 중 하나가 사람이 살만 한 '터'다. 집이다. 살아서도 죽어서도 터를 떠날 수 없는 것이 인간의 운명이다. 양택 음택이다. 자연의 변화에 순응하면서 자손만대 조화로운 삶을 이어나갈 수 있는 터를 선택하는 것은 대단히 중요한 일이었다.

'명당(明堂)'이다. '명당 터'다.

'명당'은 남향의 혈(穴, 땅속 기운이 뭉친 중심자리) 앞에 넓디넓은 들판이 열려 있고 많은 이들이 엎드려 주인에게 절을 올리는 형국이다.

뒤로는 높은 산이 지켜주고 앞에는 강물이 둘러싸고 있어 만대의 복을 온전히 지켜갈 수 있는 터다. 말 그대로 터는 배산임수요, 집은 선양다경이다. 선조들이 바라고 구한 이상향은 예나 지금이나 크게 다를 바가 없다. 이는 기마와 농경의 겹장살림을 하는 우리 조상들이 자연 환경 속에서 우러난 삶의 지혜를 정리 발효시킨 역사성의 총화다.

이게 우리 문화의 총체적인 정체성이 됐다. 易이 지나에서 가장 오랜 왕조사를 지녔다는 周의 발명품이 아님은 위에 언급했다. 동역이 周에서 널리 쓰였기 때문에 주역이다. 易은 3천년, 周는 8백년이다.

인간사 흥망성쇠는 백지 한 장, 머리카락 한 올 차이다. 국가도 가문도 개인도 찾아온 기운은 잘 관리하고, 찾는 혈의 기맥은 도리와 이치를 찬찬히 깨달은 연후에 살피는 게 음양오행의 순리 순택이다. 양택 음택 풍수 명당은 그렇게 만나기도 하고 보고도 지나칠 수 있다.

본론에 들어간다.

2

터를 잘 써야 나라와 후세가 탈 없이 잘 살아갈 수 있다는 믿음은 신앙심 이전에 오랫동안 터득해 온 삶의 경험과 탐구정신의 지혜였다. 세상은 끊임없는 변화를 통해 조화로운 세상으로 나아간다. '易'이 일러주는 이치다.

천지만물은 생동생화(生動生化) 한다는 것이다. 불경의 "만물지동 만물귀일(萬物之動 萬物歸一)"이다. 그 중심에 '터'가 있다. 집터 살림터 묘 터 일터 쉼터 놀이터… 우리말에 '터'가 많은 연유이기도 하다. 인간의 삶도 역사도 '터'에서 생성되고 순환된다. 선조들이 '터'를 중시한 까닭이다.

"사방 삼천리 대평원이 끝날 적마다 솟을 뫼가 솟아있다. 비단실로 수를 놓아 울타리를 둘러친 듯 기기묘묘하게 들솟은 삼천 개의 머리산이 있다"

'삼천리금수강산'의 말뜻이다. 우리 민족의 대륙 본래 삶터를 통칭하는 텃새 말이다.

"집을 나서면 보이는 게 뫼와 들이요, 뫼에 들어서면 天地가 비경이다. 위에서 내려 보는 구름 아래 세상 풍경에 내 머문 '터'가 실경인지 선경인지 호연지기 절로 솟는 산수화다."

인왕산 밑 화원 동네에서 살던 겸재 정선이 뒷산을 오르내릴 때마다 하던 노래다. 그 몇 년 후 화원을 물러난 겸재는 마침내 자유롭고 호방한 진경화풍의 꿈을 안고 팔도 순회에 나섰다. 그리고 내금강을 거쳐 금강산에 이르고 삼일포를 거쳐 해안선을 따라 통천 총석정으로 올라간다. 그렇게 그려낸 '금강산도'는 조선 진경산수의 상징이 됐다. 미술사가 진홍섭이 위의 겸재 말에 착안해서 '진경(실경)산수화'라고 붙였다는 말이 있다.

풍수기맥이 땅위의 조화라면 땅 아래에는 살아 꿈틀대는 정기(精氣)가 있다. 이는 사람 몸속의 피처럼 정해진 길을 따라 움직이는데, 정기를 타고 난 사람은 부귀를 누린다.

정기가 '뭉친 곳' 즉 혈(穴)에 집을 지으면 가운(家運)이 뻗쳐 대대로 번창하고, 나라를 개창하여 도읍을 정하면 천세만세 사직을 보전할 것이라는 풍수지리설은 설(設)이 아니다. 사상이다. 풍수사상 또는 풍수학이라고 한다.

양택이든 음택이든 이런 곳을 쓰면 훌륭한 인물이 태어나고 집안이 흥하며, 잘못 쓰면 흉조가 든다는 속설은 '터'의 중요성을 말한다. 오늘날 당국이 발간하는 '방사능분포지형도'나 '풍수해 예상지도' 그리고 각종 재해 통계분석으로도 증명되고 있는 과학적인 사실이다. 요즘은 대학의 전문연구자들도 많고 성과물을 책으로 발표하는 교수들도 적지 않다.

"…바람을 만나면 흩어지고 물을 만나면 머문다. 바람과 물을 이용해서 精氣를 얻는 방법이 풍수다. 그러니 물은 얻고(득수得水), 바람은 가둬야 한다(장풍藏風)…!"

오래 전 강호의 풍수가가 쓴 '장서(葬書)'에 나오는 말이다. 그런데 땅속에 누운 이가 精氣를 더 많이 받는 법이다. 그 精氣가 자손만대로 이어진다. 동기감응론(同氣感應論) 친자감응론(親子感應論)이 그런 것이다. 그래서 당사자 생전에나 그의 자식들은 특히 음택에 신경을 많이 썼다. 음택이 양택보다 먼저인 이유다.

왜 그럴까? 왜 천지만물 화·목·수·금·토에서 바람과 물(風水)일까?

그것은 땅위 모든 생명체에 생존의 원초적 물질이기 때문이다. 현대 우주물리학이나 유기 화학적 설명이 어떠하든 인간은 일찍이 만물생멸의 이치를 격물치지 판독했다.

大地에 부는 바람은 氣요 물은 血이다. 풍수다. 사람의 몸에 그대로 적용된다. 기와 혈… 기혈이다. '터'를 둘러친 山은 아늑한 병풍이

요, 앞 들판에 흐르는 물은 곧 곡식이다. 得水다. 그 중심에 뫼(山)가 있다. 풍수가 산이요 '터'가 풍수다. 그래서 인간은 大地의 자식이다. 순환하는 모든 생명유기체의 일부다.

3

풍수의 큰 가닥은 간룡(看龍) 장풍(藏風) 득수(得水) 정혈(定穴) 좌향(坐向) 형국(形局)인데 논리와 관점에서 저마다 다양한 논쟁을 풀어놓는다.

'간룡'은 산과 대간(大干)인데 그 으뜸은 3차 이동지명 '요하'의 백(두)산과 곤륜산이다. 한반도의 모든 산과 강이 거기에서 갈라져 나왔으니 이른바 '태조산'이다. 지금의 백두산이 아니다. 이탄(성계) 조선 때도 '3차 요하' 동변 함경 평안도의 '머리산'이다.

지금 함경 평안도는 일제가 한반도 안으로 모두 밀어 넣어 지명을 이동시킨 것이다. 그게 계룡산에서 한숨 쉬고 지리산에서 종점을 찍는다. 만주의 계룡산 지리산이다. 全州는 황하북변에도 있고 양자강 남서쪽 옛 월지국 땅에도 있다. 백제가 도읍지를 옮기는 곳이 전주였다.

부산은 그 남쪽 큰 나루터다. 한반도 전체가 지명이동이다. 삼국사기 지명과 대륙본토 지명과 방향각은 모두 일치한다. 지나의 현재 지도에 모두 나온다. 좁고 적당한 지면에 지명지도를 싣는다.

무슨 얘기냐 하면, 시중에 나도는 각종 풍수지리서의 이론이라는 게 이를테면 지명 산림요람인데 기실 대륙조선 산세지형을 일컫는 것이니 한반도 지형지세와는 맞지 않다는 것이다. 요행히 부분적으로 들어맞는 게 있긴 할 것이다. 풀이와 해석이 틀렸다는 게 아니다. 번지수를 잘못 짚었다는 말이다. 잃어버린 역사의 후과가 자손만대다.

'장풍'은 천기를 따라 어렵사리 모인 정기를 잡아두려는 노력이다.

그래서 바람은 "막는다(防風)" 하지 않고 "가둔다(藏風)"고 했다. '장풍'의 첩경은 사방을 둘러싼 산이다. 당연하다. 좌청룡 우백호 북

현무 남주작이다. '사신사(四神砂, 동서남북에 神이 깃든 山)'다. 고구려 무덤벽화 '사신도'다. 그냥 장식화가 아니다. 동이조선의 우주관이자 사생관이다.

'득수'는 물을 얻는 방법이다. "땅위로 넘쳐흐르는 것이 물이요, 땅속으로 숨은 것이 精氣"이다. 그 精氣가 뭉쳐 모인 곳이 혈인데, 혈로 흘러드는 물은 깨끗한 물일수록 좋다. 풍수에서는 龍을 수컷(陽), 범을 암컷(陰)이라 친다. 이 양수 음수 두 물이 만나 합치는 곳을 水口라고 한다. 여기서 순화되고 정화되어 精氣가 더 높아진다. 지금의 양평 두물머리, 춘천의 신연강(陰水).소양강(陽水)이 합쳐진 삼악산 의암수(북한강)다. 음택 양택 명당이다.

'정혈'은 精氣가 뭉쳐있는 곳을 찾아내는 방법이다. 결국 위의 세 가지는 이것을 위한 방편이다. 그 혈을 제대로 잡지 못하면 헛일이다. 고난도다. 무덤자리는 그 주변만 보면 된다.

그런데 좋은 집터 자리는 묘 터와 달리 보는 눈이 아주 넓어야 한다. 천하대세지관이다. 고개를 넘고 재를 넘어 눈에 보이지 않는 곳까지 멀리 내다봐야 한다. 도선 무학 대사라면 몰라도 그 자리를 콕 집어내는 풍수가는 드물다. 그래서 아직 그 혈을 찾지 못해 남아도는 명당 터가 여전히 많다. 찾는 이가 주인이고 자손이 발복한다.

문제는 모든 지맥과 정기가 '수명'이 있다는 것이다. 무한대수 아니다. 상투 끝을 잡으면 패가망신을 넘어 멸문지화를 당할 수도 있다. 욕심을 버리고 마음을 비워야 제대로 보인다. 본인이 어렵다면 풍수가를 잘 쓰면 된다. 입소문을 믿지 말고 허명에 속지 마시라! 강호의 고수는 말이 없다.

'좌향'은 망자가 누운 방향이다. 자손을 위한 조상의 마지막 정성이다. 죽어서도 바라는 기원이다. 좌향의 좌(坐)는 혈의 뒤(배후)다. 향(向)은 앞을 바라보는 방향이다. 양택과 마찬가지로 '배산임수'다.

뒤(북)로는 주산을 등지고, 앞(남)으로는 안산(案山)과 조산(朝山)을 바라보는 위치가 최고의 음택 명당 '터'다. 안산과 조산은 혈 앞에 있는 산이다. 혈과 가깝게 정면으로 마주보고 있는 산을 안산이라 한다.

안산 뒤 멀고 크고 높은 산을 **조산**이라고 한다. 안산과 조산은 혈 앞에서 불어오는 바람을 막아 혈의 생기를 보존해 준다. 예나 제나 유념할 일이다. 물론 이 터는 양택 집터에도 그대로 해당한다. 남향받이에 집을 지으려면 3대를 이어 음덕을 쌓아야 한다는 말이 옛말이긴 해도 그런 정성과 마음으로 집터와 묘 터를 가렸다.

'형국'은 산과 물의 모양새와 흐름을 두고 사람들의 생각에 따라 비유를 표현하는 풍수 방법이다. 우리가 알고 말하는 풍수가 이것이다. 그런데 사람들의 보편적인 눈썰미와 바라보고 생각하는 양상은 대체로 비슷하다. 보편적으로 느끼는 형상이 또한 보편적인 판단을 이룬다. 그게 중요하다.

어떤 특별한 풍수가가 나타나서 특별한 위인을 설정하고 예언하는 건 풍수가 아니다. 정치적이거나 종교적 행위다. 백 명 중 아흔 명이 공감하면 그게 풍수의 답이다. 사례를 잡다하게 들었다고 해서 어렵거나 난해하게 생각하지는 말길 바란다. 민중의 바램이 미륵신앙 되듯 만민 백성의 생각과 느낌이 곧 풍수의 정수리다.

'**형국**'이다. 이게 문제다. 사람의 생각과 관점에 따라 같은 형상 같은 형국을 두고도 저마다 다르다. 구구각색이다. 이 사람한테는 길지가 저 사람 보기에는 흉지다. 또 같은 눈으로 볼지라도 어떤 이는 동물형으로 보는데, 다른 이는 식물형으로 본다. 동물형으로 보면 길지이고, 식물형으로 보면 험지다. 다른 눈에는 물질형, 인물형도 있다.

인물형을 들어가면 충신 발복형도 있고 반역 악인형으로 보이는 '터'도 있다. 그런 연장선에서 어떤 '형국'으로 보느냐에 따라 기운이 성하게도, 쇠하게도 보인다.

'물질형'을 예로 들어보자! 여기에도 반달형 배(舟)형 등잔형 금소반형 띠형 구유형 금가락지형 등이 있다. 각론에 들어가면 반달형도 구름에 가린 반달형(운중반월형), 흰구름에 가린 반달형(백운반원형), 구름에 가라앉은 반달형(운중침월형)으로 나뉜다. 수 백 가지다.

대체 무슨 말이냐?

헷갈리면 처음으로 돌아가자. '풍수'는 지리다. 인간의 살림터다. 기원이고 해원상생이다. 망자와 산자의 합일이고 산 것과 죽은 것의 융합이다.

4

필자가 현재 삶터로 머무는 지역은 한북정맥. 한남금북-한남정맥으로 이루어진 지리상의 대국을 이루고 있는 곳이다. 현재지명 백두대간에서 이어진 금강산과 광덕산이 조종산이라면, 양구사명산에서 갈라진 청평 오봉산이 응결된 용화산을 찍고 다시 솟은 대룡산이 '배산'이다.

그 앞에 암캉 신연강과 숫캉 소양강이 '임수'를 이루고 그 합수머리가 북한강이란 이름으로 다시 양평 두물머리에서 남한강을 만나 한강을 거쳐 서해로 흘러든다. 그런데 따지고 보면 모두 발원지가 하나다. 득수든 객수든 한곳에서 발원하여 한곳으로 들어간다(입수).

소양강의 발원지가 금강산 인북천-서화천과 오대산 물줄기가 북사면으로 흘러 원통천에서 합수하여 흘러드는 게 소양강이다. 신연강역시 내금강에서 발원해서 통천-화천구만리-화천댐으로 이어지는 물줄기다. 말하자면 이곳은 한강 줄기를 가운데 놓고 길지 명당이 흩어져 있다고 보면 된다.

이 지역은 기호지역이나 영남지역과 달리 계곡이 깊고 험준하여 낮게 떨어지는 혈이 흔치 않다. 길지가 드물다는 말이다. 이를테면, '동물형' 중에서 노서하전형(老鼠下田形, 늙은 쥐가 곳간 있는 밭으로 내려오는 형)이나, 생사추와형(生巳追蛙形, 뱀이 힘차게 개구리를 잡아먹으려는 형), 복호면구형(伏虎眠拘形, 호랑이가 엎드려 졸고 있는 개를 노려보고 있는 형)과 같은 혈이 드물다는 말이다.

따라서 이곳이나 이곳 비슷한 지역은 음택이든 양택이든 자리를 낮은 곳에 쓰면 자칫 '천옥(天獄)'에 갇힐 염려가 있다. 그러니 되도록 높은 곳에 자리를 써야 한다.

만주대륙에 가도 가도 끝이 없는 삼천리 충적평야 들판 언저리에 험한 산이 둘러섰다. 그렇게 광활한 들판 평야를 질러 강을 건너면 그 앞뒤로 어김없이 큰 산줄기가 나타난다. 지리지형도 실제 그러하지만 '삼천리금수강산'은 그만큼 산이 귀하기 때문에 붙인 말이다.

거기에 선조들이 묘를 쓰고 가호를 빌었다. 그래서 신령한 산이다. 산신령이란 영험한 가상의 귀신이 아니다. 선조의 얼과 넋이 깃들어 있는 고귀한 '솟을 뫼'… 소도(蘇塗) 산이다. 산신령의 본뜻이다.

묘를 쓴다는 건 곧 제사를 모신다는 것이니 제당이 있고 제사장이 머무는 신전이 있다. 그곳에 당대의 진귀한 물질을 올렸다. 그게 오늘날의 유물유적 발굴지다. 당시대 문명의 총화가 그곳에 잠들어 있어 자손들의 손길을 다시 기다리고 있다. 홍산-용산 문명이다. 중요한 지표 유적지는 다 이런 곳에서 나온다.

음택 양택 명당 '터'다.

광활한 평지에서 말 달리고 농경을 이루며 사는 나라에서 山은 성지다. 묘 터도 집터도 높은 곳이어야 했다. 궁궐도 터를 높여 짓고 담장을 4척 5척 높이로 쌓은 게 보안상의 목적이 다는 아니다. 왕조의 깊은 통치철학과 신령한 권위가 담겨있다.

장군총은 산이다. 석재를 쌓아놓은 그냥 돌무덤이 아닌 것이다. 나일강 사막의 피라미드도, 페르시아의 구자라트도 묘 아닌 뫼다. 하늘이다. 산 같은 왕의 묘도, 제후장상의 묘도 봉분 그 자체로 거대한 산이다. 평지에 산을 만들고 거기에 터를 잡았다.

"높은 곳이 높은 것이다."

5

필자가 우연한 기회로 멀리 어느 지인의 신축 가옥을 방문하였다. 집터 자리는 몇 해 전에 함께 가서 본 일이 있었다. 해발 400미터다. 인간의 삶에 가장 쾌적한 주거 위치가 해발 400~700미터인 점을 고려하면 첫눈에 길지였다. 누가 봐도 그랬다.

마을에서 上向 맨 윗자락에 자리하고, 主山에서 하향 첫머리다. 왼쪽으로 해발 650미터 산과 오른쪽으로 주산과 비등한 연엽산, 그 뒤로 구절산을 달고 있어 좌청 우백에 앞뒤 大龍 수미(首尾) 장대한 산세지형은 큰 도읍을 감싸 안은 기혈지맥으로는 이곳에서 흔치 않다.

이에 더해 임수(臨水)격인 의암호 물길 건너 역시 650미터 삼악산을 마주하고 그 물길 안쪽에 붙은 해발 300미터 안마산 투구봉우리는 지인의 집 자리와 그 주변 마을을 호위하는 형국이다. 그럴 줄 알았지만 집을 지어올린 '터'의 풍경은 눈에 들어오는 주변 산세 풍광이나, 저 멀리 산허리에 걸린 안개 자욱한 밑자락에 案山과 그 아래 늘어선 시가지를 일별하다보니 머문 자리가 곧 仙境이었다.

굳이 풍수의 '형국'으로 치자면, 물질형에서 '금가락지형'으로 소견된다. '금소반형'과 극명히 대비된다. 장단점이 다 있기는 하다. 아래에 해당 풍수도를 올린다.

필자가 찾은 지인의 집터는 주인 부부의 온화한 성품과 맞아떨어져 험한 산세가 순화된 기운에 방문자가 안심이 되는 터다. 이 주변에서는 찾기 힘든 해발 900미터 大山이라 그 氣가 대단해서 모이는 혈의 강단이 세다. 여기에 평생 '수분지족(守分知足)' 초심을 지키며 살아가는 집주인 부부의 性情 자체가 '비보풍수' 역할을 하니 더할 나위가 없어보였다.

예로부터 좋은 '터' '명당지'는 자연과 인간의 궁합이 서로 맞아떨어져야 한다. 그렇질 못하면 길지가 악지도 되고 명당이 흉당 되기도 한다. 홀로 타고난 '터'는 없는 것이다. 이런 곳에 살다보면 속반 탈

반 세속의 경계를 넘나드니 선인이 의인 되고, 의인이 절로 '선인지경(仙人之境)'에 들어가는 정화의 기운을 지니게 된다.

산은 사람을 품고 사람은 자기를 품어준 산천을 보살핀다. 덕(德)이다. 자연과 인간이 공존하는 지혜가 여기에서 나온다.

"산세가 높고 험하며, 들이 좁고 토질이 척박해서 사람 살기에 적당하지 않은 지역이다. 마을이 궁벽하고 고립되어 세상 돌아가는 일에 눈과 귀가 어두우니 인성은 순박하고 착하나 매우 어리석다···."

조선 숙종 때 경신대출척으로 밀려난 남인출신 이중환이 팔도강산을 떠돌며 쓴 [택리지]라는 기행일기에서 강원도의 산하를 설명한 글이다. 또 한편으로는 다음과 같이 말했다.

"산이 높고 물이 좋아 산천경개가 수려하고··· 금강산 오대산 태백산 등 곳곳에 비경이 숨어있다···"

이중적인 묘사다. 뒤집어보면 이중환이 살던 당시대에는 자연조건에 얽매인 이곳 백성들의 살림이 곤궁하여 땅은 넓되 쓸 만 한 땅이 적으니 인구가 얼마 되지 않고 호랑이 등 사나운 산짐승들이나 출몰하는 지역이라는 얘기다. 그러면서도 산세 비경을 극찬하고 있다.

조선팔도에 손꼽는 10승지 중 여러 곳이 이 지역에 있고, 전란이 터져도 피해를 입지 않고 목숨을 보전할 수 있는 피란지로 이른바 '3둔 5가리'를 들고 있다. (*정감록 비기) 알고 보면 살만한 땅이라는 얘기다.

지금은 사통팔달 고속도로 고속화철길이 놓여 돈 있고 여유 있는 사람들은 물론 도시의 일상에 지친 많은 사람들이 연중무휴로 찾아온다. 때 묻은 마음과 쌓인 스트레스를 털어내고 힐링 치유의 삶을 누릴 '터'를 찾는데 대한민국 방방곡곡에서 이만한 땅이 어디 있겠나 싶다.

"사방에 산이 높아서 해가 늦게 돋았다가 일찍 지고, 밤에는 북두

칠성이 안 보이기도 하는 곳은 가장 피해야 한다…."

이중환이 택리지에서 덧붙인 말이다. 그 역시 조선팔도 산세 물세 지리지형을 기행하며 절로 풍수가 됐다. 그가 말한 "낮게 자리를 쓰면 자칫 천옥(하늘 감옥)에 갇히게 되는 위험이 있다"는 게 이 말이다.

사실 영서북부지방의 경우, 지형적 특성 때문에 좁은 평야지대 아니면 높은 곳에 터가 있든지 아니면 '북향대지'에 자리 잡은 게 많다. 낮은 곳 자체가 문제라기보다는 풍수의 관점에서 기력이 쇠한 노룡이 많다는 것이다. 때문에 사람도 닮아가는 경향이 있을 수 있다.

기력이 늘어지고 토질도 쇠해 산출이 시원찮으니 쓸모가 없는 땅이 많다는 말이 된다. 좋게 보면 심성이 순해지는 상생의 삶터 자리다. 지리학적으로도 이런 지형을 '노후지형'이라 한다. 이 지역의 지리지질학적인 특성이다. 풍수의 현대적 의미가 새롭다.

6

육관도사로 널리 알려진 자칭 지하신안(地下神眼, 땅속을 들여다보는 신의 눈) 손석우 선생(1926~1999)이 김일성의 운명에 대해 정확한 예언으로 그의 죽음을 적중시킨 풍수 관련 이야기로 마무리한다.

육관은 생전에(1992년) 김일성이 머지않아 죽음을 맞을 것이라고 예언했다. 그가 어느 날 김일성의 시조 묘를 찾아가 본 직후 언론 인터뷰에서 내뱉은 말이다. 그리고 그 1년 후 1993. 6월 발간한 그의 저서 '터'에서 더욱 구체적으로 김일성이 죽는 날짜와 시간 및 풍수 지리학적인 근거를 세세하게 밝혔다. 김일성이 죽기 1년1개월 전이다.

그 책은 출간되자마자 화제가 되고 그에 대한 이목을 집중시켰다. 당시에는 믿거나 말거나였다. 풍수와 풍수 사상이 여전히 학문이나 지리 과학적 학설로 대접을 못 받고 '미신' 아류로 치부되는 형편이니 그랬다. 그러면서도 그의 예언을 아주 부정하기에는 너무도 분명한 그 나름의 근거제시와 확고한 주장이 실려 있었다.

그가 이미 1978년 전두환의 처 이순자의 조부 묘 이장 터를 정해주면서 "이 자리에서 머잖아 큰 권력자가 나올 터"라고 한 일화가 있다.

김대중이 대통령 3수에 나서면서 직전에 선대의 묘소를 집단 이장할 때 터를 점 찍어준 이도 바로 육관 손석우라는 걸 아는 이들은 아는지라 함부로 흘려버릴 수도 없었다.

"어디 두고 보자!"는 식이었다.

김일성의 본관은 전주이고 그 시조는 김태서다. 본래 경주 김 씨로 전주로 이거해 전주 김 씨 시조가 됐다. 그 묘가 전주 모악산에 있다(사진 참조). 김일성은 김태서의 32대손이다. 1928년 간행된 전주 김 씨 대종보(무진보)에는 김일성의 본명인 김성주와 그의 동생 영주 이름이 실려 있다. 현재의 족보에는 둘 다 빠져있다. 지운 것이다. 비밀 아닌 비밀이다.

1972년 박정희의 친위쿠데타 '10월 유신' 이후 1973년 11월 그에게 비판적이었다는 이유로 미국에 망명한 재미 언론인 문명자 기자가 1992년 평양에 들어가 김일성과 주석궁 집무실에서 2시간 30분 간 면담했던 일이 있다. 그는 당시의 내용을 서울에 온 직후 제일먼저 육관 선생을 찾아가 증언한 일이 있었다. 문명자 회고록에 나오는 기록이다.

그에 따르면, 김 주석은 면담 자리에서 시종일관 족보에 관한 이야기를 했고 자신이 전주 김 씨이며 시조 묘가 전라도 전주에 있다고 했다. 주석궁 안에는 커다란 '태서 공' 묘소 사진이 마치 실물인 것처럼 모셔져 있고 그 앞에는 제사상이, 또 그 옆에는 족보가 여러 권 쌓여있는 것이 인상적이었다고 했다. 김일성은 자신의 발복 근원이 시조 묘에 연원한다는 것을 인식하고 있었던 것이다.

故문명자 기자는 한국이 낳은 세계적인 대기자다. 대단한 여장부인 그녀는 김대중 납치 사건 보도와 이후락 중앙정보부장 비난 발언 등으로 신변 위협을 받자 1973년 11월 미국에 망명을 신청해 자리 잡고 프리랜서 국제기자로 활약했다. 그녀는 이미 1960년대 냉전의 한가운데서 주미 특파원으로 등소평 김일성과 인터뷰를 하고, 린든·존슨 미 대통령을 직접 취재하고 박정희의 월남전 참전뉴스를 보도하여 세계적인 대기자로 인정받았다. 이후에도 그는 2000년 김정일 개인 인터뷰 등 미국 주류사회의 핵심 언론인으로서 전 세계 지도자들을 가림 없이 면담 취재하는 등 한국이 낳은 세계적인 언론인이었다.

전북도립공원 모악산 중턱에 자리한 김태서의 묘 풍수는 사진으로만 봐도 '금소반형'이다. 기(氣)가 아주 세고 강해서 당대에는 경계의 대상이겠으나 먼 후일 왕족 귀인이 나올 지세다. 잘못하면 역적으로 몰려 멸문지화를 당할 수도 있는 양극단의 풍수상을 동시에 갖추고 있어 범인 가문이 함부로 쓸 묘 터가 아니다. 청룡 백호 주작 현무가 잘 갖추어진 천하 명당이다. 김태서의 당시 지위와 권력의 크기를 짐작할 수 있다.

"이 터를 보면 49년 동안 요지부동의 절대 권력자가 나올 地氣가 있다. 즉 김태서 묘의 발복으로 그 후손이 49년간 재위하는 것이니, 여기에 김일성 말고는 인물이 없다…."

육관이 '터'에서 하는 말이다.

전해오는 말에, 김일성 생모 강반석의 꿈에 모악산 태서 공 할아버지가 파란 옷을 입은 동자를 데려와 자신에게 맡기면서 이 아이를 잘 키우라고 했다. 꿈을 깨었는데, 그 후 얼마 안 있어 태기가 있고 아이를 낳으니 김일성이란 것이다. 그가 6.25까지 꼭 세 번 죽을 고비가 있었는데 번번이 태서공이 구해주었다고 했다(내용은 생략한다).

"김일성의 운명은 이미 그 시조 묘에서 정해져 있다. 그런 인물은 산천의 정기 없이는 생겨나지 못한다… 시조 묘 자리가 '미좌축향(未坐丑向)'으로 만 49년 동안은 요지부동 절대 권력을 행사하게 돼 있다….."

육관은 분명하고도 정확하게 예언했다. 그는 계속 말했다.

"1945년부터 시작된 김일성의 통치기간은 49년이 되는 1994년 갑술년 초겨울 무렵이면 끝난다. 정확히 말하자면 음력 9월 14일 인시寅時(새벽 3~5시)에 그 묘의 정기가 사라진다. 따라서 그의 운은 그 이전에… 앞으로 1년이면 다하게 되는 것이다!"

육관은 덧붙였다.

"운이 다하는 방식은 두 가지 중 하나다. 급사나 병사 아니면 타의에 의해 권력에서 축출되는 것이다. 너무 오래 된 발복(1257년~)이기 때문에 약간의 시차는 있을 수 있으나 크게 틀리지는 않을 것이다….."

그랬다. 김일성은 정확히 운이 다 하기 두 달 전 1994년 7월 8일 예언한 시각에 심장마비로 급사했다. 육관 선생은 이미 그 30년 전부터 확고한 판단을 가지고 있어 모 잡지에 발표된 기사로 인해 당시 정보부에 불려가 심문을 받은 일도 있었다.

김일성이 죽을 당시 한반도에는 제 2의 전쟁위기가 닥치고 있었다. 미 대통령 빌 클린턴이 영변 핵원자로 공장을 폭격하겠다고 전략무기를 대거 한반도에 전개시켜 제 1차 북핵 위기가 조성되던 엄중한 시기였다. 같은 민주당 출신 전직대통령 카터가 클린턴을 설득해 평양을 방문, 김일성과 담판하여 아슬아슬 한 위기를 넘기던 참이었다.

육관은 이때 다시 운을 뗴었다.

"몇 년 내 남북한 자유왕래 정도가 가능해진다….."

전쟁위기다, 북핵이다 언론에 도배질되던 당시 상상하기 어려운 말에 사람들은 혼란스러웠다. 그런데 사실이 됐다. 1998년 6월과 10월

2차례에 걸쳐 정주영 현대그룹 명예회장이 소떼 1,001마리를 이끌고 판문점을 넘은 '사건'이 일어난 것이다.

그리고 그 한 달 후 11월 꿈같은 일이 또 벌어졌다. '금강산 관광'이 시작된 것이다. 남쪽 관광객 1,400명을 태운 금강산 호 여객선이 휴전선을 넘어 북 고성 장전항에 입항했다. 정확히 그 1년 후 이번에는 개성공단 건설이 시작됐다. 24년 전 일이다.

필자가 이제껏 한 말이 무슨 점쟁이 풍수 얘기를 하는 게 아니다. 지인 집 소개하려는 것도 육관 선생의 호를 내려는 것도 아니다. 사람 사는 살림터에 관한 이야기를 했다. 하늘 땅 사람, 天地人의 조화로운 삶에 대한 이야기다.

정작 육관의 묘 자리는 어땠을까? 현대 한국 풍수 1인자로 자타가 공인하던 풍수사상가(그는 한 때 장준하 선생의 '사상계' 상근 간사로도 활동했다) 육관 손석우의 묘 터를 본 전문가들은 하나같이 고개를 갸웃했다. 실망스럽거나 혹은 고개를 끄덕였다.

그가 누운 자리가 후대에 부귀영화를 가져다 줄 세속적인 의미의 '명당'이 아니라고들 했다. 그냥 '복치' 형으로 꿩이 매를 피해 깊은 숲속에서 안락하게 알을 품은 채 웅크린 형상을 하고 있는 풍수형국이라고들 했다. 권력이나 부귀를 약속하기보다 자손대대로 건강하고 화목하게 살게 하는 자리라는 평이 주류였다.

육관도사 손석우 스스로가 정한 자신의 묘 자리에 관한 속내가 그랬다. 그의 풍수관이다.

"진짜 명당은 제왕을 내는 자리가 아니라 자손들이 평온하게 살게 하는 자리다. 명당은 효심과 정성으로 조상 묻을 곳을 찾는 자에게 자연스레 다가갈 뿐이지 욕심을 갖고 찾는 자에겐 보이지 않는다…."

육관 묘 터를 살펴본 한국풍수지리학회장 이승호 선생의 말이다.♣

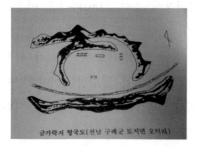

◀필자知人의 집자리 풍수와 닮은 풍수도. 다른 건 개인 집터와 마을 집자리 차이다.

〈출처: 육관도사 손석우 著 '터'〉

금가락지 형국도(전남 구례군 토지면 오미리)

◀'금소반형 형국' 음택 풍수도! 김일성의 시조묘 자리가 이렇다.

〈출처: 육관도사 손석우 著 '터'〉

▲김일성 시조묘 전주 김 씨 김태서 묘. 배산 정상이 모악산 정수리다. 한 눈에 봐도 기가 강성하고 대인걸물이 나올 상, 부귀가 절로 따라올 풍수다. 그 중턱에 독불로 썼으니!

〈출처: 육관도사 손석우 著 '터'〉

▲(좌) 집은 남향을 취하고 있으나 부채꼴로 툭 터진 남서~서향으로 전망이 일망무제다. -좌측(남향)이 금병산(652m), 저멀리 의암호 건너(서향) 삼악산 (654m), 그 앞이 안마산(303m)을 거느렸다. ▲▲(우) 主山에서 본 知人집 과 조망! 대지 300평 건평 50평 2층집이다. 집 뒤가 부드럽게 내려앉은 背 山 줄기다. 전면(正西) 온 시가지가 한 눈에 들어온다. 중앙이 봉의산!

〈출처: 필자 촬영〉

〈 참고 자료 〉

1. 산경표를 위하여(조석필/도서출판 사람과 산/1993)
2. 택리지(이중환, 노도양 역/(사)한국자유교육협회/1972)
3. 풍수지리, 집과 마을(김광언/도서출판 대원사/2003)
4. 강원의 풍수와 인물(옥한석/강원발전연구원/2003)
5. 풍수와 명당 이야기, 터(손석우/도서출판 답게/1993)
6. 기타 관련자료

양심적 병역거부 죄

2018년 6월 28일이다. 이날은 대한민국 헌법재판소가 모처럼 '진보적 판결'을 내린 날이다. 그날 낮에 산방에서 잠시 일을 쉬면서 라디오를 틀었다. 뉴스 첫 꼭지가 '양심적 병역거부 처벌 헌법불합치 결정!'이었다. 역사적인 판결로 기록될 만 했다. 이런 것을 진보적이라고 하는 것이다. 재판관 찬반 견해가 6:3이라고 했다.

필자가 이 문제를 다루는 것은 개인적인 경험으로 가지고 있는 불편한 진실이 있기 때문이다. 군 복무 당시 사단상황실에서 군사경찰(이하 헌병)과 함께 근무를 하고 헌병대와 한 식당에서 함께 짬밥을 먹었다. 자연스레 같은 군번은 동기처럼 가깝게 지냈다.

근무라는 게 통신병은 하루 반나절씩 교대로 종일 상황 대기다. 헌병근무자도 교대로 종일 상황실 경비를 서는 것이다. 졸병 때는 밤새 둘이 말뚝 근무라 졸다…말다 친해진다. 지루하고 따분해질 때면 동료 헌병친구에게서 재미삼아 건네주는 이야기는 많이 들어서 그러려니 흘려들었다. 그게 아니었다.

그러던 어느 날이었다. 볼일이 생겨 헌병대 사무실을 들어갔다가 그 옆에 붙은 영창 안을 보게 되었다. 상황실 헌병친구의 전언과 현장은 분위기가 매우 달랐다. 창살 안에 갇힌 병사가 너덧 명쯤 되었는데 그 중 두 명이 각기 양쪽 편 창살을 붙잡고 매달려있었다. 발이 지면에 떨어지면 가차 없이 간수 헌병의 주먹과 군홧발이 날아갔다.

그 병사는 맞지 않으려고 통통 부은 얼굴에 충혈된 눈을 부릅뜨고 결사적으로 창살에 매달리고 있었다. 결론은 뻔했다. 땀에 절은 손으로 인해 미끄러워진 창살을 오래 버티기는 어려웠다. 두들겨 맞으면 다시 매달리고 힘이 달려 떨어지면 또 맞고 다시 매달리고를 반복하는 것이다. 일명 '창살타기'라고 했다. 종일 갇혀 있으면서 하는 일이 고문 받는 일이었다. 창살타기뿐이 아니다. 원산폭격은 기본이고 여러 방법으로 고통을 가했다.

함께 갇힌 다른 병사들은 앉아서 무표정하게 지켜보고 있고 그 두 명만 모질게 영창살이를 하는 것 같았다. 그러다 때가 되면 배식사역을 나갔다 들어와서 또 반복이다. 참 이상했다. 다음 날 근무시간에 물어봤다.

"여호와의 증인 놈들이야! 남들 다 가는 군대를 이 새끼들은 피를 흘린다는 이유로 총을 거부하는 놈들이야. 야, 우린 여기 오고 싶어 오고 총을 쏘고 싶어 쏘냐? 상부에서도 애들은 두들겨 패서라도 정신게임 시켜야 된다고 허가 난 샌드백이야!"

당시 필자도 그런 이유로 병역을 거부하는 이런 친구들을 형평성 차원에서라도 좋게 생각하기 어려웠다. 조실부모하고 어린 동생들 여럿을 남겨둔 채 개 끌려가듯 와서 근근이 군대생활을 이어가는 형편에서는 이들이 배부른 사람으로 보였다. 그렇지만 그런 이유로 대체복무 등 아무 대안도 세워주지 않고 '국민개병주의'와 의무징병에만 매여 같은 또래의 젊은이들을 이토록 파멸적인 상태로 내모는 것이 과연 옳은 것인지, 국가폭력은 아닌지 생각이 강하게 들기는 했다.

헌병친구 얘기로는 이런 병사들이 가끔씩 주기적으로 입창된다고 했다. 말이 병사이지 신병훈련소에서부터 총을 거부하여 일명 고문관 노릇을 하다 억지로 자대배치를 받아 들어오면 며칠 있다가 바로 헌병대영창에 들어온다는 것이었다.

이들은 자대영창에서 보름간 수용됐다가 일명 '남한산성'으로 불리는 육군교도소로 이감되면 거기에서 의무 군복무기간만큼(*필자 때는 김신조 때문에 늘어났던 36개월이 34개월로 막 환원된 때였다.)을 몸으로 때우고 사회로 나가는 것이 정해진 코스였다.

영창은 경찰서 유치장이고 남한산성 밑에 있는 육군교도소가 교도소 격이다. '남한산성' 말만 들어도 몸에 소름이 들 정도로 그곳은 병사들 사이에 악명 높은 유형지였다. 거기에 가서는 또 어떤 무지막지하고 무시무시한 지옥세월이 기다리고 있을지, 병신이나 안 되고 살아서 나갈지 걱정이 들었다. 이들은 죄인 중에 중죄인이었다.

필자하고 어울려 지내는 이 친구도 영창 안에서는 그들을 험하게 다루는 걸 아는지라 인간의 다중성에 대한 마음이 복잡했다. 현 시점에서 50년 전 얘기다. 요즘 시절을 생각하면 안 된다. 그때는 인권개념도 기본권 의식도 약한 시절인데다 바깥사회는 이른바 '긴급조치'로 길거리 가는 시민도 수상하다 싶으면 아무나 영장 없이 잡아가는 유신시대였다. 군대영창, 교도소 실상이 어떠했을지 생각해보시라!

종교 신념이 참 무섭다는 것을 그때 알았다. 그런데 왜 하필이면 그런 교단에 들어가서 생고생을 하는지 의아했다. 우연인가, 자진해 선택한 신앙인가… 아니면 부모를 따라다닌 때문일까? 그 긴 세월동안 얼마나 많은 젊은이들이 이런 끔찍한 고통을 지속적으로 받았을까?

그리고 2018년 6월 그날에 마침내 그들을 지옥의 고통에서 해방시키는 헌재 판결이 나온 것이다. '만시지탄'이란 말로 부족한 긴 세월이다. 민족분단체제에서 성역화 된 이른바 '신성한 병역의무'로 인해 사회적 합의가 그만큼 어려웠다는 반증이다.

양심적 병역거부자 처벌에 대한 헌재의 '불합치 결정'은 이전의 '합헌'에 비교해 '위헌'으로 나아가지는 못했다. 타협의 산물일 수 있다.

그러나 보수의 심장이랄 수 있는 헌재의 판결을 끌어낸 동인은 당사자가족과 일부시민단체의 끈질긴 노력도 있었지만, 촛불혁명이 가져온 민주주의와 인권의 가치에 대한 거역할 수 없는 영향이 헌재를 움직였다고 본다. 성소수자 정책논란도 그렇고 한국사회는 예나 제나 눈에 보이는 현상의 문제에 매달려, 방도 보다는 옳으니 그르니 비합리 비생산의 적대적 논쟁과 싸움에 몰입하는 일이 유별나게 많다.

단도직입 한다. '양심적 병역거부 죄'는 제도가 만들어 놓은 인위적인 죄다. 본질적으로 죄가 될 일이 아니라는 것이다. 미국 일본 서구 등 징병제가 아닌 모병제 나라에서는 원천적으로 이런 문제 자체가 존재하지 않는다. 징병제를 채택한 나라도 이걸 범죄시 하지 않는 경우가 많다.

'양심의 자유'는 헌법적 가치이다. 헌법에 규정된 국민의 이른바 4대 의무는 납세·근로·교육·국방의 의무다. 여기서 '국방의 의무'에 대한 개념을 바로 이해해야 한다. 정확히 법률적으로 말하면 국방의 의무는 일정한 징집연령에 이른 대한민국 남성만 지는 게 아니다.

여성도 국방의 의무를 진다. 민방위대 연령을 지난 사람도 전시 또는 위중한 국가비상사태 시에는 국가의 동원체계를 피하기 어렵다. 중·고생도 마찬가지다. 현대전은 총동원 총력전이다. 군인만 따로 전쟁을 벌이는 게 아니다. 현대적 전쟁 개념 한 가운데에 '국방의 의무'가 위치하는 것이다.

다시 말해 '국방의 의무'는 일정한 상황이나 조건에 걸어 모든 국민이 기속 받는 헌법적 의무다. '병역의 의무'는 하위 법률이다. '국방의 의무' 아래에 있는 부분적 개념이 법적 의무로 법령화 된 것이다. 그런데 많은 이들은 국방의무와 병역의무를 같은 것으로 안다.

'국방의 의무'는 범위가 상당히 광범위하다. 나라를 지키고 유지하는 데 필요하거나 도움이 되는 사회적인 역할은 많은 것이다. 징병제를 채택하는 나라들이 다양한 대체복무제도를 시행하는 근거도 바로 헌법에 규정된 국방의 의무다.

'병역의 의무' 법 규정에 근거하는 것이 아니다. 우리나라의 경우 병역법에 특례규정이 여러 가지 있다. 그 대표적인 것이 '국위선양'과 '국가지정 무형문화재 등 예술·과학·기술·기능인재 특례'다.

그럼 무엇이 국위선양이냐? 그건 하위 법규인 대통령 시행령에 구체적으로 규정돼 있다. 예를 들어 탁월한 예술 활동으로 국내외 주요 대회나 경연에서 입상하거나 이름을 날린 경우, 올림픽 금메달리스트, 월드컵 축구 4강 입상, 야구 WBC 우승, 기능올림픽 금메달리스트 등은 병역이 아예 면제다. 과학영재나 국가지정 기술, 기능 자격자는 그 계통 방산관련 일반기업체에서 3~5년 근무로 병역을 대체한다.

말이 '방산'이지 이현령비현령 지정권자 마음이다. 위의 법적 최상위 근거는 역시 헌법상의 '국방의 의무'에 연원한다. 말하자면 박찬호 박지성 손흥민이 야구, 축구를 잘해서 병역을 면제받은 것도 국위선양을 통해 국방의 의무를 성실히 수행한 것이다.

운동이 국방과 무슨 직접 관련이 있는지는 모르겠으나 그만큼 국방의 의무라는 적용 개념은 광의적이라는 것이다. 그만한 가치가 있다. 징병제를 하는 다른 나라들도 그런 제도를 폭넓게 시행하는 이유가 그런 것이다. '대체복무제'도 그 중요한 시행제도다.

그럼에도 군대 가는 것만 국방이 아닌 것임을 많은 이들이 지나친다. 정히 군대 가기 싫은 사람은 예를 들어 '여호와의 증인'으로 귀종하면 된다. 그러나 병역을 기피하기 위해 자신의 '신념체계'를 스스로 배반하고 그런 선택을 하는 것은 어려운 일이다. 그들은 군 생활 못지않게 어려운 이들이나 고단한 일터에 가서 험한 일에 기꺼이 봉사를 할 종교적 자세를 가지고 있다고 봐야 한다.

대신 대체복무 기간 또한 군 복무기간보다 길면 길었지 똑같지는 않을 것이었다. 그건 무언의 합의적 상식이다. 어떤 면에서는 군 생활 보다 더 힘든 복무를 할 수도 있다. 그의 신념체계를 존중하는 자원적 봉사기여의 제도화다. 그런 전제에서 '헌법 불합치'를 내리고 대체복무를 권고하는 판결을 내린 것이었다.

글로벌 시대에 인적자원은 우리나라의 유일한 밑천이자 자산이다. 특히나 젊은 인력은 사회적 레버리지(투자승수 효과)도 높다. 대체복무는 나라의 인적자원을 최대한 활용하고 사회적 다양성과 인권 복지 국민화합을 높이는 제도적 수용성을 극대화시키는 지혜다.

최근 들어 징병제의 논리적 문제점도 있어 좀 더 여유 있는 나라들은 '모병제'로 바꾼다. 직업군인제다. 그렇게 하지 않으면 고난도의 전자장비로 벌이는 전장에서 이기기 어렵다. 전투무기가 점점 복잡해지고 고도화되어 전문적 수준이 아니면 다루기도 어렵고 숙달 기간도 자꾸 길어진다. 무기 조작기능이 익숙해질 만 하면 전역하는 징병제의 한계다. 18개월 복무로는 감당하기 어려운 양상으로 무기구조가 재편되어가고 있다.

인간생명을 소모하는 재래식 전쟁개념도 무인 무기와 자동화 조작 시스템으로 급속히 달라져가고 있다. 컴퓨터 시뮬레이션 훈련이나 드론이 대표적이다. 이런 추세는 지상 공중 해상 지하는 물론 해저와 우주공간도 가리지 않고 확산되고 있다.

한국사회는 정부 수립 이래 2018년 헌재 판결 때까지 건강한 젊은 이들을 정신병자 취급으로 감옥에 가두고 국가가 세금을 들여 가두고 감시하면서 전과자 딱지를 붙여 사회에 방출하는 것을 별 문제의식 없이 방임했다.

말이 나왔으니 하는 말인데, 독실한 종교인이라면 사실 '여호와의 중인'의 태도가 맞다. 사람을 죽여야 하는 군대조직에 들어가 총을 쏘고 피를 흘리는 그런 일을 내놓고 떠들 일은 아니다. 목회자들이 단상설교 중에 '나도 군대 다녀왔다'는 인증인지 뭔지 뻑 하면 군대경험을 얘깃거리 삼는 걸 보는 건 그런 면에서 불편한 게 있다.

종교의 본질적인 지향은 전쟁을 반대하는 것이다. 총·칼을 거부해야 한다. 필자는 무종교다. 별다른… 혹은 심각한 모순감 없이 군대에 다녀온 종교인이나 전문목회자들보다는 종교적 자기양심에 기반한 고난의 선택을 한 젊은이들이 더 진짜 같아 보인다.

한편으로는 안쓰러움과 함께 국가의 역할이 무엇이어야 하는지에 대한 근본적인 물음을 다시 던져본다.♣

좌탈입망(坐脫立亡)

3년 전 일이다. 가까운 친구 부친상에서 상주인 이 친구로부터 깜짝 놀랄 얘기를 전해 들었다. 그 분의 죽음 장면에 관해서다. 필자는 돌아가신 亡人 어른을 생전에 두 번 자택에서 뵌 적이 있었다.

아주 가까운 친구(대학 때 2년을 한 방에서 자취했다) 아버지인데, 단아한 풍채와 얼굴에 서려있는 인품은 범접하기 어려운 깊은 품격을 풍겼다. 거실사방 벽에는 표구된 궁체 서예작품들이 걸려있고 두루마리로 갈무리해 놓은 한지 작품들이 구석구석에 가지런히 세워져 있었다. 단정 절제미 가득한 고운 글씨체와 이 분의 얼굴 모습은 그대로 하나였다.

70여 년 해로하는 동안 묵묵히 곁을 지키면서 말 한 점 붙임 없이 사각사각 먹을 갈아 온 어머니 또한 다름이 없었다. 집안에 장식소품이나 흔한 가전품 하나 보이질 않는 검소 질박한 생활모습이 한 눈에 들어왔다. 자택 또한 시가지 한 가운데 솟은 安山 바로 아랫자락에 있어 숨은 듯한 작은 단층양옥이었다.

온 山을 휘감는 안개가 낮게 깔리는 날에는 보일 듯 말듯 구름 속 산길을 걸어 올라가는 기분이었다. 말 그대로 '묵향운옥(墨香雲屋)'이었다. 이곳에서 40년을 거처삼고 궁체 서예에 일로정진 한 이 분은 '갈내' 이만진 선생이다.

선생은 교직에 있으면서 일찍이 뜻한 바 있어 한글의 조선궁체 진수를 이어받은 '갈물' 이철경 선생(*가수 서유석의 모친이자 '대일 항쟁기' 교육자 독립운동가인 이만규 선생의 따님)을 찾아가 오랜 세월 전통궁체를 배우고 전수받으면서 한글의 우수성과 아름다움을 널리 알리는 데 애썼다. 서예대전과 국전에서 다수의 입상과 대상을 수상한 초대작가로, 그 초대작가모임 회장으로 후학 제자들의 존경을 받은 선생은 사회적 허명에 의미를 두지 않고 평생을 온화한 성정으로 고요한 예술의 세계에서 노닐었다.

　道를 닦는 것이 산속 절간이나 명상원 기도원 등 세속에 거리를 두는 듯한 모습으로 종교적 울타리 안에서나 이루어지는 것은 아니다.

　세속이든 세속 밖이든, 집안이든 집 바깥이든, 직장이든 스포츠든, 예술이든 놀이든… 변기에 걸터앉아서도 그 곳을 수행처라 여기고 마음을 다스리면, 생로병사 삶의 순정가치를 어느 순간 깨우치게 된다.

　없는 지름길을 찾으려 하면 할수록 본래 길에서 멀어져 길에서 길을 잃어버리게 된다. 살아가는 방편으로 삼은 직업이나 좋아하는 활동 또는 주어진 환경을 운명이라 여기고 열심히 삶을 영위하는 모든 것이 도량이다. 그 과정을 통해 만물이치를 깨치고 生의 완숙을 맛볼 수 있게 된다면 성공한 인생이다.

　그렇게 세상운행을 바라보면 내 안의 에너지가 커져 내적인 변화를 불러온다. 관점이라는 것이 생기고 독립적 주체적인 자기만의 세상이 개안(開眼)되어 함부로 허당망천 휘둘리지 않게 된다. 소인배는 비방하고 범인은 비난에 머물지만 도인은 대안을 내놓는다.

　하는 일을 인격도야 방편 삼으면 藝가 되고 藝가 道 된다. 예도다.

　온 생애를 도리에 어긋남 없이 꼿꼿하게 완주한 사람은 자신이 구한 道를 얻었다. 득도다. 절망의 골짜기에서 세상에 나온 걸 불행이라고 생각하는 대신 하늘이 준 한 번뿐인 행운으로 여기고 일어서 열심히 달려온 사람은 그 자체로도 성공한 것이다. 깨우침은 덤이다.

친구가 알려준 선생의 마지막은 필자 처지에서 볼 때 '극적'이었다. 한양에 사는 친구부부는 여느 날처럼 금요일 저녁에 본가로 내려왔다. 부모님 안색은 변함이 없었고 저녁을 함께 보냈다. 그리고 다음 날 새벽 아버지는 예의 새벽 4시에 기침하시고 다섯 시에 거실 한가운데 있는 장방형 서예테이블에 앉아서 붓을 잡으셨다.

아버지가 세면을 하는 동안 어머니는 늘 하시던 대로 미리 먹을 갈아놓으셨다. 얼마나 시간이 흘렀을까… 주방에서 아침을 준비하시던 어머니가 뭔가 느낌이 오는 듯해서 급히 거실로 나가보았다. 아버지는 테이블 가장자리에 선 채로 비스듬히 팔을 괴고 모로 엎드려 있었다.

누구나 숨이 멈추면 몸에 기가 완전히 빠져나가 바닥에 쓰러지게 돼 있다. 죽음이다. 아버지는 행여 써 내린 먹물이 한지에 번지는 걸 피하려 한 듯 족자 옆으로 조용히 고개 숙인 모습이 며칠 감기 기운에 잠시 쉬는 듯했다. 늘 그랬듯이 어머니는 조용히 다가갔다.

"여보, 뭣하시는 거예요 지금? 여보… 여보!"

미동도 않은 채 아무런 반응이 없자 이미니의 호흡이 짧고 빨라졌다. 어머니는 당신의 몸을 가볍게 흔들었다. 그런데 늘어진 아버지의 육신은 이미 당신의 것이 아닌 듯 했다. 순간 어머니는 너무 놀라 아들 부부를 소리쳐 불러냈다. 눈을 비비며 급히 나온 친구가 엎드린 아버지 상반신을 일으켜 세우자 어머니가 바로 당신의 코에 검지손가락을 갖다 댔다. 호흡 체크였다. 호흡은 멈춰져 있었고 입은 다물어져 있었다. 몸에 온기는 아직 남아 있었다.

선생은 건강하게 살다 곁의 가족에게조차 내색을 않고 홀로 그렇게 먼 길을 표표히 떠나갔다. 선생이 써내려가다 만 그 작품은 도연명의 '귀거래사'였다. 그 마지막 구절에서 붓을 놓자마자 육신의 탈을 벗어버렸다. 서예를 넘어 書道였다. 온 사위 아직 칠흑 속 새벽 '좌탈입망(坐脫立亡)'이다. 스스로 앉거나 선 채로 세상을 뜨는 것이다. 떴다기보다 능동적으로 "버렸다"는 의미가 강하다. '열반해탈'이다.

참으로 오랜만에 들어보는 '큰 소식'이었다. 그러나 친구는 필자 같질 않은 탓인지 담담했다. "대단한 득도 해탈의 경지"라고 감탄해도 친구는 천수를 누리다 가셨다며 말꼬리를 흐렸다.

좌탈입망이 대단히 이례적인 경우라는 건 그만큼 죽어가는 몸을 스스로 세워내기가 몹시 어렵기 때문이다. 육신과 숨이 스러져가고 소멸되어 가는 그 순간에 그걸 넘어서고 초월하는 광채와도 같은 빛나는 금강석 정신력을 지니고 삶과 죽음의 교차점을 지배하는 것은 여간한 염력 도력 아니고는 불가하다.

이 땅의 불교 1,600년사에서 '좌탈입망'이 흔치 않은 연유다. 근현대사 200년을 돌아봐도 수 만여 명 수행자 중 경봉 한암 구산 서옹 등 대 여섯 명에 불과하다. 성철 스님조차도 죽기 직전 상좌를 시켜 앓아누워있던 자신의 몸을 겨우 일으켜 벽에 기댄 채 좌탈의 모양새를 갖춰 세상을 떴다. 좌탈입망으로 보기에 무리다.

혹은 적지 않은 수행자들이 바람처럼 홀연히 아주 세상에서 사라진 경우도 경허 선사 등 여럿 있기는 하다. 좌탈입망을 했는지, 곡기를 끊고 풀섶에 누워 육탈을 했는지 아니면 범굴에 들어가 스스로 공양밥이 됐는지 그도 아니면 혼자 검불 뒤집어쓰고 '소신(燒身)공양'을 했는지는 바람이 알리라!

그런데 요즘 우리사회에서는 시신처리에 '화장(火葬)'이 대세가 됐다. '다비'로 대표되는 큰스님들에 대한 저간의 경외심도 더는 망자의 특권이 아니게 됐다. 좁은 국토 간편함 살기 바쁜 세상살이 등 이유는 많아도 혹여 죽음에 대한 유물적 경박함이 묻어있는 건 아닌가 싶다.

지금은 남의 일 같고 살날이 많은 것 같아도 삶은 화살처럼 날아
간다. 돌아보면 순식간이다. 죽음의 순간은 본인의 몫이지만 사후 처
리는 가족의 일이다. 삶과 죽음에 대해 통과의례쯤으로 치부하고 정
해진 절차와 형식에 기계적으로 따라가는 것은 진심이 아니다. 진지
함으로 장례문제를 접근하는 마음이 더욱 필요한 세대다.

죽음은 이승에서 삶의 마지막을 고하는 생명체의 장엄이다. 生의
결말은 한 인간의 전 생애를 관통하는 결산의 결정체다. 병상에서 오
랜 시간 고통에 찬 신음을 토해내며 스스로 어쩌지 못하고 천천히 죽
어가는 것은 '지옥'이다.

그런 지경이 아니라도 타의로 가족 곁을 떠나 요양원-요양병원을
전전하다 집 밖에서 쓸쓸히 죽어가는 '사망처리' 시스템은 많은 생각
을 하게 한다. 노인들은 전전긍긍이다. 가족 구조와 기능역할이 상전
벽해가 된 현실에서 간병의 지난함, 의료경제의 복잡한 이해관계, 노
후-사망-장례 생태계의 삭막함은 삶을 더욱 각박하게 한다.

친구 아버지의 마지막 모습은 필자가 받은 근래의 '한 소식' 선물이
었다. '좌탈입망'이다. 버리고 떠나는 本來無一物 표상이었다. ♣

서옹스님 좌탈입망 모습!
〈출처: 2003.12.16. /연합뉴스〉

회학과 교민, 공구와 테스 형

공구와 **소크라테스**를 다시 생각하게 되었다. 공구가 공자다. 그의 삶과 언행은 논어에 잘 나타난다. 그의 핵심은 '人·民'과 '인자애인(仁者愛人)'이다. 여기서 人民은 합성명사가 아니다. 그에게 人은 노예주(귀족)이고 民은 노예(상민)를 말한다.

이런 인식의 골간 속에 나오는 말이 '회학(誨學)'과 '교민(敎民)'이다. 교민이 교육이다. 공구에게 둘은 동의어다. '회학'은 지배계급의 언어인식 체계이고, '교민(교육)'은 피지배 노예계급에 대한 언어체계다. 공구의 교육관이 여기에서 연원된다. 이걸 얘기해보고자 한다!

동서를 불문하고 중간 계급으로 불리는 '양인(良人)'은 사실상 존재하지 않았다. 공자 이래 양인(養人) 또는 양민(養民)이었다. 스스로 살지 못하고 키워주고 다스려줘야 사는 무지렁이 사육받는 존재다. 평생 줄에 묶여서 주는 잔밥이나 먹고 사는 개와 같은 신세다.

조선의 경우, 양반지배계급에 편입된 중인(中人) 아니면 노비에 가까운 농업소작인을 일컫는 농민계급과 목공 도공이나 화척 백정 등 공인계급이었다. 양인계급이라는 말은 없다. 퉁 치는 통칭이다.

노비와 달리 서푼 세금이라도 뜯기고 부역 군역에 동원되니 이른바 양인 혹은 양민이라고 쳐준 것이다. 良人이 아니다. 養人이다. 공노비든 사노비든 노비는 호구조사에도 끼지도 못하는 투명인간이라서 그렇지 썩은 감자밥일지언정 입에 풀칠 걱정은 하지 않았다.

죽어라 일하고 얻는 대가였다. 기껏 몇 백 평 자경농민을 양민이라고 부르기도 그렇고, 제 땅 한 뼘 없이 양반지주 땅 붙이며 '조용조'에 시달리며 살아가는 소작농을 양인이라며 노복과 구별하는 것도 의미 없는 말장난이었다.

흉년이 들면 나무껍질 벗겨먹고, 노비로 팔려가기 두려워 도망치기

일쑤였다. 장리쌀, 고리대는 실상 전주(錢主)가 양반지주들이다. 오죽 하면 자진해서 그 밑에 노비로 들어가려고 했을까?

공구에게 '인(人)'과 '민(民)'은 개념이 달랐다. 현대 시민사회의 눈으로 바라보면 역사인식에 있어 자칫 오류에 빠지기 쉬운 게 말에 대한 해석이다. 옛날이나 지금이나 같은 의미로 쓰이는 말(글)도 있고 전혀 다른 뜻으로 변한 것도 많다. 사람들은 대체로 같은 말이니 현재 의미로 이해하는 경향이 많다.

같은 말이라고 같은 뜻이 아니다. 언어는 시대를 담고 있다. 공구는 人과 民을 서로 대립과 주종관계로 보았다. 그에게 '인자애인'의 人은 民을 말하는 게 아니었다. 그건 요즘의 현대적인 해석일 뿐이다.

그는 철저히 계급주의 입장에서 교육대상인 세습귀족 회인(誨人)과 군사훈련과 부역동원 대상인 교민(教民)으로 갈랐다.

"人(사람)을 한없이 사랑하는 이는 너그럽고 덕이 있는 자다…."

"民은 노복이니 일을 시키는데 필요한 만큼 만 가르쳐라…."

공구의 인간에 대한 차별적 인식은 철저했다. 춘추전국시대 지배계급의 아이콘이었다. 계급은 민중이 만든 것이 아니다. 지배자(층)가 통치를 위해 관직을 등급으로 조직하듯 피 지배층을 가른 것이다.

공구는 仁者愛人 즉 愛人과 使民을 확연히 구별했다. '논어'를 만인 평등의 시대초월 보편성관점에서 쓴 걸로 생각하면 착각이다.

조선시대에는 입신출세의 결정력이므로 현대판 사시공부 하듯 죽자 사자 달달 외우고 난리를 폈지만, 지금도 종교경전인 양 읽고 외우는 모습을 접하면 과연 그 시대를 제대로 읽을 줄 아는 소양을 지닌 것인지 의문이 든다. 차라리 금병매 홍루몽이나 격언집, 속담집이 백번 낫다는 생각도 든다. 공구 논어에 대한 점잖은 표현이다.

지금으로부터 300년 전 지나 명나라 말엽 '이지'라는 선비가 있었다. 이탁오라는 필명을 쓴 이지는 공자 맹자, 노자, 장자와 이른바 춘추전국시대 제자백가의 사상과 책을 모두 '불태워버려야 할 책' 즉 '焚書'로 규정했다. 그리고 자신이 써낸 책에 '焚書'라는 이름을 붙였다.

경천동지할 일이었다. 조정뿐 아니라 지식인 사회에서 난리가 났다. 말 그대로 망연자실이었다. 이 책은 결국 '분서'가 됐다. '분서'는 무슨 비기인 양 몰래 복사본이 민간에 감춰져 내려왔다.

지니고 있는 사람은 국사범으로 엄중한 처벌을 받았다. 그 때가 어느 시절 어떤 왕조였나? 원나라를 쫓아내고 중화(中華)정신 부활을 기치로 유교를 국가이념 삼은 명나라다. 지금 시대 필자가 논하는 것과는 차원이 다르다.

본인과 집안의 목숨을 걸고 하는 말이었다. 그는 공맹, 노장과 그 사상을 지배자들의 통치 권력과 탐욕의 도구에 불과하다며 통렬하게 비판하고 까발렸다. 그의 눈에 공맹은 '천부왕권 설'과 그 통치이념의 근거를 만들어주는 주구였다.

그냥 개가 아니라 스스로 역사적 소명감과 확신에 찬 반민중의 고약한 신념자로 보았다. 21세기 개명천지라며 온갖 사상 이념이 날뛰는 이 시대를 이지가 살아서 지켜본다면 과연 뭐라고 할지 궁금하다.

이지는 말이 선비이지 8형제의 맏이로 태어나서 환갑 진갑 넘어서까지 부모와 처자식에 동생 7형제까지 먹여 살리며 '장남'의 '도리'를 완수했다. 그렇게 사는 삶이 곧 왕조의 유교이념에 충실하게 복무하는 민초의 의무였다. 그는 교과서적으로 그렇게 살아냈다.

그리고 마침내 반란의 꿈을 실행에 옮기기 시작했다. 방랑유랑을 하며 자신의 사상을 결기로 다지면서 세상을 향해 포효했다. 댓가는 혹독했다. 주위가 모두 적이었다. 조정과 지배계급은 말할 것도 없지만, 일가친척 가족까지 그랬다. 참담한 선택이었을 것이다.

그렇게 세상의 모든 것과 맞서 싸우길 10년… 이지는 감옥에서 모진 고문에도 그것 또한 진실과 허위의 투쟁과정으로 인식하고 의연함을 지켰다. 그러던 어느 날 이지는 세상과의 깨끗한 이별을 택했다.

그 시점에서 그는 자신이 할 수 있는 역할은 다 했다고 결론을 내렸다. 이지… 필명 이탁오는 그렇게 자결했다. 스스로 선택한 삶과 죽음이었다. -이 사람이 지은 '분서(焚書)'를 보시라! 번역본이 있다.

공자-맹자에 필적하는 서양 인물이 소크라테스-플라톤이다. 묘하게 시대적으로도 비슷하다. 공자가 소크라테스 보다 7~80년 앞선다.

플라톤이 소크라테스의 직계제자인데 비해, 맹자는 공자보다 180여 년 후대다. 양쪽이 역사적으로 보면 동 시대 인물이다. 말하자면 소크라테스-플라톤은 서양의 공자-맹자 격이다.

또한 이지에 비견되는 인물이 '니체'다. 서양의 이지 격이다. 19세기 후반에 실존철학자로 이름을 올린 니체는 洋과 시대만 다를 뿐, 이지와 똑같은 역할을 감당했다. 이지 사후 300년 후 또 다른 이지가 서양에서 나타난 것이다.

니체는 이성(理性)과 그것으로 산출된 소위 사상이란 것과 지식에 대한 혐오를 노골적으로 드러냈다. 위장된 이성에 인간의 순수성과 야성이 질식되었다고 했다. 그는 소크라테스를 비웃었다.

악법도 법이라고? 배부른 돼지보다 배고픈 소크라테스가 되라고?

현실에서는 늘 배부른 돼지가 큰 소리 치며 산다.

"…소크라테스-플라톤의 이원론과 그것을 원용한 기독교 세계관은 존재하지 않는 허구로 세상을 어지럽혀 사람들을 혼돈케 한다…."

어느 철학자가 소크라테스-플라톤에 대한 니체의 비판을 요약한 글의 일부다. 니체 역시 만년에 '이지' 만큼이나 불행하게 세상을 떠났다. 서양문명의 시원이자 그 젖줄이라는 그리스 문명 중심에 '아테네의 현자' 소크라테스와 플라톤이 있다. 그들을 냉소하고 조소했으니 니체를 둘러싼 사방이 적이었다. 이지의 판박이다. 지금도 그러하면 그렇게 된다. 용기가 없어 참으며 살고 강호에 숨어 사는 것뿐이다.

니체는 철학자들과 연구자들에게서 자신과 자신의 학문적인 정체성을 통째로 부정당하는 공격에 몹시 힘들었을 게 틀림없다. 소크라테스-플라톤에 학문과 지식의 원천을 둔 당시 서구지식인들에게는 니체가 요괴였다. 니체가 장기간 정신병원에 머무는 동안 세상에선 그가 과대망상증에 걸렸느니 편집증에 사로잡힌 정신병자니 매독환자니 별별 말이 나돌았다. 사실로 밝혀진 것 없는 불확실한 미스터리다.

당시 의료수준으로 볼 때, 더군다나 인간의 심리적 정신적 내면세계를 명확하게 진단해낸다는 것은 어려운 영역이었다. 지금도 어렵기는 매일반이다. 일부 개신교계는 그가 '신은 죽었다'며 신성(神性)을 모독한 죄로 정신병을 얻어 죽어서 지옥에 갔다고 말들 한다. 비판이든 비방이든 성직자의 품격과 사실적 근거논리부재가 아쉽다.

서양철학을 하는 국내 철학자나 관심자들도 니체를 정통 서양 철학사에서 벗어난 일종의 이단적 존재로 치부하는 대세추종 형 경향이 없지 않다. 그러면서도 근대서양 철학사에서 니체를 빼놓고는 이야기를 할 수 없다는 걸 인정한다.

소크라테스 패러독스가 니체 패러독스로 전이된 모양새는 볼품없는 보복심리로 보인다. 니체는 만년에 자신의 철학적 사변을 그대로 삶의 종착점으로 끌고 갔다. 누구 말대로 정신 줄을 일부러 놓아버린 것이다. 적절한 비교일지 모르겠으나 불가의 등신불 비슷하게 소견한다.

세상의 혹설은 그에게 아무런 상관이 없었다. 정신을 해방시킴으로써 그 안에서 진정한 인간의 본성적 자유로움을 되찾은 그의 영혼은 어디론가 훨훨 날아갔다.

'이지'와 '니체'는 지나와 유럽 뿐 아니라 세계 지식史와 역사에서 당당하게 평가받는 인물로 자리매김했다. 그들이 있어 문명사적 풍요로움이 더해졌고 지성사의 큰 획이 그어졌다. 그뿐 아니다. 많은 이들에게 용기와 불타는 영감을 주는 화수분이 됐다.

그 시대와 그를 죽음으로 몰고 간 당대의 모든 것이 생생하게 살아나고 가치의 보편성에 대한 진정한 의미가 무엇인지에 대한 논쟁이 풍부해졌다. 삶에 대해 고뇌하는 이들의 폭이 넓고 깊어졌다.

대적할 수 없는 권세나 신성시되는 권위에 휘둘리지 않는 진정한 인간이성의 근원과 지성이 대체 무엇인지에 대해 다시 생각하게 됐다.

이지와 니체는 시대와 공간을 넘어 동류의 삶을 산 영적인 동지였다. 이들은 인간이 지니고 있는 내면의 지적호기심과 불타는 야성, 그에 연원하는 의문과 의아심, 억눌린 이성과 감성에서 비등하는 억하심정의 인간내면에 불씨를 당겨준 안내자였다.

불의와 정의, 위선과 진실의 경계선 양쪽 모두를 명징하게 들추어 보여준 哲人이다. '인간은 가도 죄는 남는다'고 했다. 이들은 그 대안에 서서 이쪽 저쪽 인간의 양심을 햇볕 아래 통렬하게 드러내준 거울이었다. 이지와 니체는 이쯤에서 마감하고 다시 '공구'로 돌아간다.

공구의 이상인 仁은 귀족. 학자를 가리키며, 농사·원예를 배우려는 제자 번지를 小人이라 배척하여 小人에겐 仁者가 없다며 노동을 천시했다. 노동을 천시하는 우리 교육의 가치체계 맥은 바로 여기에 닿아있다. 공구의 이런 '人'에 맞선 개념이 노자와 묵적의 자연사상이다. 그들은 소극적 회피방식으로 공맹과 이들의 신념에 저항하며 이념화를 부정했다.

"곡식을 뿌리고 채소를 심으며 베와 옷감 짜는 것…."

소위 '무위자연설'이다. 노자는 이것을 '人'에 대한 핵심개념으로 삼았다. 그는 人과 民의 계급적 역할구별을 우회적으로 비판했다. 그냥

人民이다. 노예제와 봉건제 이중착취시대를 감안하면 그래도 상대적으로 진보적 생각이었다. 후학들이 소위 '무위자연설'이라 작명했다.

혹자들은 이걸 적극적인 개념으로 해석해내는데 누가 봐도 부자연스럽다. 필요 이상으로 깊게 파다 보면 현학적 수령에 빠진다. 그런 것도 사기다. 꿈보다 해몽이다. 후에 죽림칠현 류의 운둔과 도피에 사상적 안식처가 되기도 했다. 어쨌든지 오늘날 얘기하는 '교육'이 공구가 말하던 교민, 교육과 말은 같아도 본질적으로는 서로 다른 곳에 위치해 있다.

공구는 가르치는 것을 교(敎) 아닌 '회(誨)'라 했으며 그것을 일컬어 '회학(誨學)'이라 했다. 그가 말하는 敎는 民(노예)을 가르침을 의미했고 그것은 훈련이었다. 이것이 후에 '敎育(훈련시켜 기른다)'으로 변한다. 사육이다. 과한 말이 아니다. 그에게 民은 훈련과 양육(혹은 사육)의 대상일 뿐 나라와 사회의 주체로 전혀 여기지 않았다.

"훈련시키지 않은 民을 전장에 보내는 것은 내다버리는 것과 같다"

民에게 忠을 할 자격조차 인정하지 않은 말에 잘 나타나 있다. 따라서 훈련의 대상인 이들에게는 스승이 없다. 조련사 또는 훈련교관이 있을 뿐이었다. '스승'은 특권지배집단에만 있는 사람이다. 현대민법의 법률적 개념으로 보면 공구의 民은 '물권'의 객체다.

로마사에 보면 노예나 포로가 죽으면 토막을 쳐서 관상용 칠면조나 잉어먹이로 내던졌다는 사실과 별반 다를 게 없는 것이다. 동물의 세계에서 '야만'은 없다. 인간세상에서 인간을 포기한 행동을 두고 '야만적'이라고 한다.

지배적 지식엘리트 집단이 지르는 '야만'은 온 시대를 포획하고 代를 이어 전수되는 통치수단의 고전이다. 강력한 무기다. 문제는 글자가 아니다. 우리의 현재적 제도교육저변에는 공구가 구조화한 지배이념을 국교로 삼은 전통가치가 굳건하게 자리하고 있다.

회학(誨學)이 아닌 교민(教民), 교육(教育)이 이뤄지면서 '스승' 개념을 차용하고 있다. 현대 자본주의 사회가 필요로 하는 똘똘한 기능인 지향의 경쟁력 강화교육은 결국 공구의 教民과 다를 게 없다.

이 점에서 소크라테스는 시공을 초월하여 공구와 동업자다. 그가 마신 독배는 민주체제 전복을 선동하는 극단적 협박이었고, 숨넘어가면서 일갈한 "악법도 법"은 체제에 대한 비웃음이었다. 공구의 회학론과 플라톤의 철인정치론은 매우 닮았다.

인식이 같거나 비슷하면 동·서양이나 시대 차이를 넘어서는 일은 흔하다. 플라톤의 '이상국가론'과 '철인정치론'은 그의 스승 소크라테스의 고백이다. '스승'이란 말은 이런 데 쓴다. 공구의 회학론-스승론이다.

공구 소크라테스에게 民은 노예였다. 使民을 위한 훈련대상이다. 이를 教育이라고 했다. 여자는 호구조사에도 들지 못하는 처지였으니 民의 축에도 들지 못했다. 이들은 역설적으로 맑스 계급론의 '못자리' 구실을 했다. 인간사가 정·반·합 변증법의 세계라고 하지만 불행과 비극의 변증법은 고통이다.

칭송과 비판이 뒤섞이는 인물들이긴 하지만, 필자 소견으로 이들은 반인간적 차별이념을 반영구적으로 체제화한 창조자들이다. 영향력이나 인지도 관점에서 보면 석가모니 예수 모하멧 등 종교 창시자들과 대등한 반열이다. 필자의 관점에서는 짙은 그늘을 드리운 영향력이다.

그럼에도 이들은 문명의 보편적 가치 수호자로 聖人의 위(位)에서 유훈통치의 질긴 그림자를 여전히 드리우고 있다.

人은 그렇다 치고, 스스로 民에 속한다고 생각하는 이들은 더 이상 이들에게 넘어가지 않을 것이다. '개, 돼지' 소릴 또 듣는다.♣

3부 · 미래가 현재를 묻다
| 1장 | 생존과 공존을 위한 여정

기후 변동의 사회학 '곡우'

"곡식을 만들어주는 비…."

곡우(穀雨)다. 하늘이 고마운 비를 내려주신다. 이 비를 모아서 곡물을 심고 가꾸어 우리 인간의 생명을 부지하는 것이니 말 그대로 곡식을 만들어주는 비다. 그런데 이 곡우님이 내리지 아니했다. 시골 농촌은 지금 목이 마르다.

그런데 내일 낮부터 모레 오후까지 전국에 비가 내린다는 기상예보다. 겨우 이틀도 채 지나지 않았는데 사람들은 '곡우 타령'이었던 것이다. 사흘도 안 지나 결국 곡우 비가 오긴 오는 것이다. 행여 오지 아니하면 또 어쩌할 것인가! '곡우'가 거짓말이라고 원망할 것인가?

인간의 간사함이 이런 데서도 드러나는 것 같다. 간사함이란 '이기심'이다. 한편으로는 고지식한 한국인의 유전적 심성 표출이기도 할 것이다. 할 것은 꼭 해야 하고, 올 것은 와야 한다. 선명한 4계절 속에 살아온 DNA다.

산방 동네는 5~9㎜ 내외다. 그런데 이게 3시간 간격 예보이니 하루 40~72㎜ 쯤 된다. 작은 양이 아니다. 최소한 40㎜만 내려도 논 삶고 작물 심는 데 탈이 없다. 산불 염려도 확 줄어든다. 마침내 기다리고 기다리던 곡우 비가 내리기 시작했다. 그럼 그렇지. 선조님들이 흰소리 삼아 그냥 해 본 말씀이 아니다. 절기는 그만큼 우리 민족의 삶에서 지금도 살아 움직인다.

절기에 관련해서 최근 30~40년 동안 쌓인 일부 통계 자료를 보았다. 그럴 줄은 알았지만 절기가 꼭 맞아 떨어지는 날보다는 그렇질 못한 날이 훨씬 더 많다. 그렇지만 그 범위를 해당 절기일 앞 뒤 1주일로 넓혀 잡으면 그래도 많이 근접하는 것 같다.

절기를 만들어 낸 옛날 당시 기상은 오늘날보다는 훨씬 더 잘 맞아떨어졌으리라 짐작한다. 오늘날 문명이 기후에 미치는 영향력이 엄청난 걸 생각하면 그렇다. 그 때는 인위적인 변수가 거의 없었다. AD 1~1750 년까지 지구의 평균 기온은 거의 변화가 없었다고 한다.

이후 증기기관이 만들어지고 인력 대신 화석연료를 주된 에너지로 하는 동력이 생산력을 대체하면서 지구 기온이 점차 상승하기 시작했다는 사실이 과학적으로 입증되었다. 현재의 지구평균기온은 산업혁명이 본격 진행되던 1780년대에 비교하면 2.5도 정도 상승했다.

특히 기후변화에 극히 민감한 해저수온의 상승은 평균을 많이 상회한다는 통계보고가 이제는 새로울 것도 없다. 그야말로 바다 속은 대 격변이 진행되고 있다. 북극 남극의 빙하가 녹아 그 대부분이 해저수면으로 흘러들어간다.

경쟁적인 대규모 원양선단이 오대양 구석구석을 훑는 유자망으로 '바닥쓰리' 남획이 판을 친다. 바다 생물의 씨가 마르고 어종의 단순화가 급속히 진행되고 있다. 이는 지상의 인간문명에 직간접적인 환경급변에 연쇄적으로 이어지고 있다. 누구나 아는 사실이다.

도시에 사는 사람들이나 농사를 지어본 경험이 없는 사람들은 요즘농사기후가 엄청나게 변하고 있다는 사실이 어느 정도인지 잘 체감하지 못할 것이다. 아주 빠르게 변화하고 있다. 어업 환경도 같다고 능히 짐작된다. 생각하기 어렵던 변화가 근래 10여 년 사이에 눈에 띄게 닥쳐왔다.

대나무가 산방동네 턱밑까지 올라오고, 존재하지 않던 감나무가 지금 정원수가 되어 감을 따먹는 게 흔한 일이 되었다. 남녘 해안가와 섬진강에서나 자라던 매실이 여기서도 활짝 꽃을 피우고 열매가 주렁주렁 열린다. 인삼 사과는 이미 오래 전에 필자가 사는 지역의 주된 소득 작물이 됐다.

소나무는 고속으로 자라는 활엽수 속도에 당하지 못해 세심하게 관리해주지 않으면 포위되어 비실비실 말라죽는다. 심는 게 능사가 아니다. 옛날에는 아무 곳에나 찔러만 주면 저절로 잘도 컸다. 활엽수종들이 추운 골짜기에 맥을 못 췄다. 옛날 얘기다.

지금은 완전히 역전됐다. 수시로 가지치기를 해주지 않으면 고사당한다. 최근에는 '재선충' 병이 소나무 잣나무 가리지 않고 침엽수림을 무차별로 갉아먹어 멸종을 걱정한다. 몇몇 재선충 나무 때문에 온 산등성이가 한순간에 민둥산이 된다. 구제역 걸린 돼지로 인해 수백 수천 마리가 떼로 생매장 살처분되는 것과 똑같다.

5월 중순까지 내리던 서리는 4월 중순으로 한 달이나 후퇴했다. 5월 중순 이후가 파종기였는데 요즘은 4월 중순부터다. 대략 3주는 당겨진 것 같다. 생래적으로 변화를 싫어하는 농촌 노인네들도 이런 변화에 기민하게 적응하고 있다. 이런 기후현상이 지구적 대변화에 관련한 기후변동이라는 사실은 알지 못하지만, 뭔가 자신의 당대에 불길한 전조가 일어나고 있다는 느낌은 지니며 산다.

당신이 죽은 후 먼 미래의 후손들 얘기는 대화에서 이미 사라졌다. 미래를 생각하지 않는다. 그럴 겨를이 없다. 여기에는 고단한 노후의 현실도 그 불길함에 일조하고 있다. 등 굽어진 팔순 나이에도 남편과 미혼으로 같이 늙어가는 자식을 삼시세끼 밥상 차려내고 설거지물에

손이 마를 새 없는 이들이 많다. 독거도 문제고 같이 살아도 힘들다.

순이 파릇파릇 나기 시작하면 집 밖의 일거리도 밀려온다. 파종할 농작물 포토작업을 시작으로, 산으로 들로 밭으로 몸을 돌아볼 겨를 없는 일상이다. 아예 일을 접고 놀고 먹든지… 죽어야 일을 그만둔다는 말이 웃자는 말이 아니다. 현실이다.

예전 같으면 며느리에 손자며느리가 집안일을 물려받아 농가살림을 맡고 당신은 동네 마실이나 다닐 때다. 늙어 죽을 때까지 일에서 헤어날 희망이 전혀 없다. 구조적인 문제라는 걸 누가 가르쳐주질 않아도 절절히 온몸으로 곱씹으며 하루하루 살아간다.

명절에 도시 자녀들이 오면 다행이고 안 와도 그만이다. "차라리 안 오는 게 낫다"고 말한다. 우루루 몰려오면 반가움은 잠깐이고 떠난 뒤 뒷일에 헉헉댄다. 며느리만 명절증후군이 있는 게 아니다. 며느리만 불편한 게 아닌 것이다.

시금치 '시' 자만 들어도 몸서리친다지만 시어머니 처지에서는 아들 부부와 자녀들은 오랜만에 보는 '귀한 손님'이다. 허투루 대할 수 없다. 한 해를 농사지어 내어놓는 것들이다. 돌아가고 나면 다시 자유로워진다. 아프고 힘들어도 그게 낫다. 자식들이 하루도 아니고 이틀 사흘 머물라치면 속으로 난감해 한다.

TV에 나오는 명절 풍경은 카메라를 들이민 겉모습이다. 젊은 기자들이 시골 노인네들 속을 알 일이 없다. 행여 불편한 모습이 TV를 타고 전국에 나가면 겁나는 일이다. 사랑이 강물 넘치듯 명절은 물론 주말마다 내려와 함께 휴식도 취하고 일도 거들어 주며 치유를 받고 돌아가는 가족이 어찌 없겠는가? 박물관 풍경이 되어가니 문제지.

더 이상 밥을 지어 먹일 수 없는 지경이 되고, 허리 굽어 네 발로

기는 침팬지 걸음걸이가 되면 요양원에 가야 할 때라는 걸 안다. 누굴 원망도 탓함도 없다. 알아서 한다. 生의 마지막 계단인 요양원에 연락하면 직원이 알아서 수속 다 해주고 봉고차로 데리러 온다.

사설 요양원뿐인 현실에서 노인수용자는 곧 돈이다. 최소 인원으로 최대 수용자를 확보한다. 수지를 맞추지 못하면 사업이 망한다. 노인산업이다. 시골 곳곳에 정보 네트워크를 깔아놓는다. 거기에 무슨 미래를 생각하고 후손들 얘기인가? 미래는 미래 세대 일이다.

엊그제 땅콩을 심었다. 감자-옥수수에 이어 벌써 주 작물 3가지를 4월이 가기 전에 심어버렸다. 어제는 큰 맘 먹고 벼르던 전기울타리 설치작업도 했다. 자부담이 반, 거금 100만 원이 조금 더 들어갔다.

멧돼지 고라니 습격에 농사는 지으나 마나다. 서로 생존 투쟁이다. 자연도태는 지나간 얘기다. 10년은 간다고 하니 두고 볼 일이다. 4월이 가기 전에 고추도 마저 심을 요량이다. 5월에는 고구마나 심고 들깨 모종이나 키우면 될 것 같다. 남는 시간은 놀아야지. 놀아야 한다.

더 늙기 전에, 노는 게 공부이고 휴식이고 충전이다. 그래야 여름을 잘 날 수 있다. 저무는 계절에는 뭐라도 두둑해야지!♣

단오·망종·하지가 던지는 질문

어제(6.22일)가 음력 5월 5일 '단오'날이다. 지난 6일은 '망종(亡種)'이고, 그제 21일이 하지였다. '단오'는 정월 초부터 시작된 봄 농사 파종을 모두 마치고 푸~욱 쉬는 날이다. 풍년을 기원하는 농경민족의 가장 중요한 기풍제(祈豊祭)도 겸한다. 축제일이다.

부녀자들은 개울에 나가 창포물에 머리를 감는다. 머리만 감는 게 아니다. 가슴속에 맺혔던 애환을 풀어 놓는다. 남정네들 접근불가의 떨어진 개울가에서 동병상련의 위로를 나누고 살아갈 힘을 얻는다.

마을광장은 신명나는 마당놀이 판이다. 차전놀이 가면놀이 그네타기 줄다리기에 음식과 농주 나누며 가무를 즐긴다. '대동제' 대동놀이다.

단오를 '수릿날'이라고도 한다. 수리는 수레(車)다. 높고 귀한 날이라는 것이다. 일설에는 '수뢰(水瀨)날'이라고도 해서 지나 초나라 때 전설이 조선으로 넘어와 생겨난 이름이라고 주장하는데 필자는 터무니없는 억측이라고 생각한다.

신하가 주군에게 자신의 결백을 보이려고 물에 투신자살 한 사건과 고된 농사일을 잠시 쉬면서 마을축제를 여는 것이 대체 무슨 연관이 있는지 모르겠다. 주장하는 이들은 그 근거로 단오 날 강물에 밥을 던지는 의식을 끌어댄다. 그 신하를 추모하는 행위가 그 연원이라는 것이다. 그러나 그것은 '고시례'의 일종이다.

산에 가든 강에 가든, 논두렁이든 밭두렁이든… 일을 하든 놀러 가든 어디든지 간에 우리나라 사람들은 그 옛날이나 지금이나 그렇게 한다. 먹을 게 생기거나 장만해 간 음식을 먹기 전에 먼저 그 음식의 일부를 덜어 내놓는다. '고시'님께 대한 감사의례다. 고시례다.

'고시'는 단군조선시대 농사책임을 주관했던 사람이다. 이 양반이

후에 전설이 되고 '농사의 신'이 됐다. 그게 민중들에게 오랜 세월 일상화되어 관습문화가 된 것이다.

그 속에는 민족의 정체성이 녹아있다. 부엌선반에 밥 한 그릇 먼저 담아 올리는 것도 집안의 화평과 발복을 주관하는 '조왕신'에게 올리는 제사라고 하지만 그 연원은 '고시례'에 기원한다. 미신이 아니다. (*'미신'이나 '무당'이란 말은 대일 항쟁기, 일제 식민학자들이 지어낸 말이다.)

벼 밀 귀리 보리 등 갖가지 농경 농법을 일으켜 민중백성들을 굶주림에서 벗어나게 해 준 고마움의 은덕이 얼마나 깊고 큰 것인지 먹을 것 넘쳐나는 시대를 사는 사람들은 잘 모를 수 있다. 그러나 고시례는 다들 한다. 쌀밥을 맛보게 해준 이성계가 너무 고마워서 '이밥'이라고 했다는 구전과 비슷하다.

'고시'는 사대주의가 골수에 박힌 조선시대에도 동국세시기 향약집성방 등 많은 자료에 언급된다.

'단오'가 북부 형이라면 '추석'은 남쪽 형이라고도 한다. 이것 역시 잘못된 생각이다. 소위 민속학을 한다는 이들이 부자연스럽게 지어낸 잡설이다. 여기서도 식민강단사학의 어두운 그림자가 짙게 묻어난다.

농사에 단오가 시작이라면 추석은 결실 수확이니 둘이 처음부터 함께 가는 것이다. 짐작으로는 남쪽이라는 것이 경상도-신라를 뜻하는 걸로 보인다. 일제 반도사관이 교묘하게 결합시킨 장난이다. 여기에 지나 유래설도 얹혀졌다.

설 단오 추석 등 농경특유의 명절은 태음 365일 생활주기, 태양 24절기 농사력을 고려하여 오랜 농경생활 경험의 지혜로 정한 길일이다. 대륙북방의 목축·유목과 남방의 농경을 아우른 동이조선에서 농경문화의 삶의 양식이다. 그런데 지리 기후적으로 북방대륙 농경지역과 한반도 남부의 실제 절기가 한 달 이상 차이가 난다.

양력 기준으로 북쪽은 5월에 파종을 하고 9월에 농작물을 거둔다. 그러니 봄 파종을 모두 마무리 하고 쉬어야 하는 '단오(첫 5일)'는 6월 초(음5월5일)이고, 한해 농사를 거두고 마무리하는 추석은 9월 하순~10월초(음8월15일)다.

그게 대륙 본토의 기후와 절기에 맞는 것이다. 반면에 한반도 남부 지역은 6월에 씨를 뿌리고 10월에 거둔다. 파종을 마감해야 할 때가 이제 씨를 뿌리는 시작이다. 농작물을 거두는 때인데도 논이나 밭에 농작물은 그대로다. 절기가 맞질 않는 것이다. 그래도 예부터 이어 온 명절이니 지금도 큰 명절로 생각한다.

조선 중종 때 조선 3대 명절이란 걸 정식으로 법제화 하여 온 백성이 쉬라고 했다. (위키/한국백과사전) 설, 추석에 단오를 더 해 3대 명절이라고 했다. 여기에 무슨 북부 형, 남부 형이 있었겠는가! 같은 명절이지….

그때 조선의 실제 통치영역이 지명 이동된 지금의 요동동쪽 북만주(흑룡강-하얼빈, 북~서간도)일원까지였다. 청 태종이 정묘호란을 일으킨 포고령 발문에, "요동 조선의 땅으로 군사를 들인다! -淸史"라고 했다. 따라서 조선시대에도 중북부이상 지역은 대체로 설~단오~추석 절기가 맞았다.

친일 기득사학은 왜 단오를 북부 형, 추석을 남부 형으로 갈랐을까? '반도조선' 설의 연장이라고 봐야 할 듯하다. '단오' 때는 뿌린 게 없으니 명절이라고 놀기가 뭣하다. 그런데 추석은 그래도 보리쌀 서 말이라도 거둔 게 있고 들깨 참깨 뭐라도 꺾어놓은 게 있단다.

"단오보다 추석을 크게 여기는 게 북쪽과 다른 남부 형이라고 한 수 있다."

식민강단사학 형제지간인 일부 민속학자라는 이들이 이걸 학설이라고 갖다 붙였다. 호미자루 한 번 잡아보지 않고 농사 '농'자도 모르는 이들이 무슨 학문적 성과인 양 '설(設)'을 좋아한다. '設…'을 자꾸 만들어내는 이유다.

망종이다. "더 때를 미루지 말고 집안에 있는 곡식 종자(씨앗)는 모두 털어내서 심고 말아라…."

단오와 같은 의미다. 망종은 24절기에서 6월초에 배치돼 있다. 단오로 그만이지 왜 또 망종인가? 음력과 양력의 차이다. 설 단오 추석은 음력이다. 음력은 달이 태양을 도는 시간을 1년 날짜로 계산해서 만든 것이다. 반면에 24절기는 사실상 태양력이다.

지구에서 볼 때 태양이 매 15도 각도로 휘어질 때('황경'이라고 부른다)마다 하나의 절기를 만들었다. 15도마다 24개 절기이니 곱하면 360일이다. 그리고 5일이 남는다. 그래서 해마다 날짜가 다르고 그래서 '경'이라는 토를 다는 것이다. 달로 치면 초순과 중순 15일 간격으로 2회에 걸쳐 있다. 1년 열 두 달을 합치면 역시 24절기다. 초순의 절기는 '候'라 하고 중순 절기는 '氣'다. 즉 '氣候'다.

그러면 옛날에는 음력을 썼다는 것인데 양력도 썼다는 것인가? 그렇다. 농사는 태양을 기준으로 하는 게 보다 정확하기 때문에 지금의 서력 태양력과 일치하진 않아도 태양력에 가까운 농사달력을 사용했다는 말이다. 대신 태양력이라 하질 않고 24절기(력)이라고 했다.

얼마나 지혜로운가! 감탄이 절로 난다. 양력이나 음력이나 오차가 있기는 같다. 다만 아시다시피 양력은 오차가 상대적으로 미세하고, 음력은 크다. 그래서인지는 몰라도 태양력은 일수 보정을 하지 않는다. 오차가 미세할지 몰라도 계속 커져간다는 문제가 나온다.

반면에 음력은 4년마다 윤달이라고 해서 오차가 모아져 생겨난 날을 한 데 모아 더 늘인다. 13월이 된다. 그 때마다 완전체로 보완된다. 모든 게 장단점이 있다. 현실적합성 선택이다. 우리민족은 지혜와 슬기를 모아 그렇게 선택한 삶의 역사를 이어왔다.

역사는 교과서나 기록에만 존재하는 게 아니다. 몸속 유전자로, 사고와 행동으로, 일상의 살아가는 모든 속속들이 스며있다. 시간이 그러하듯 매 순간 어제가 없는 오늘의 내가 존재할 수는 없는 것이다.

어제 오늘 내일은 공존한다. 우리는 이 시간, 매 순간 역사적인 삶을 살고 있다. 그 일부를 기록으로 후대에 남겨놓는다. 그것을 보고 후손이 선조에게 말을 걸어오고 물어보기도 한다.

미래가 현재를 묻는다. 좋은 일이든 안 좋은 일이든 있는 그대로, 인간의 최고 덕목인 양심에 따라 성실하게 남겨두는 작업은 인간만이 할 수 있다. 누구에게나 삶은 소중하다. '역사적인 삶'이다.

단오… 망종… 하지…! 잠시 쉬어가는 6월의 농가월령가다. 먼 옛날부터 이어온 절기의 지혜는 농촌뿐 아니라 도시의 삶에서도 현대적 창조의 영감을 길어 올리는 우물이다. 한글이 첨단 글로벌디자인 산업의 보고가 될 줄 생각이나 했겠는가?

우리의 농가월령가 24절기가 미래 가치창조의 웅숭깊은 우물이 될지 마중물이 될지 상념에 젖은 단오절이었다.

미래는 꿈꾸는 자의 몫이다. 그들이 말을 걸어온다.♣

자본의 욕망이 빚은

살충제달걀 파동

'**약탈**'은 '착취'와 동의어다. 강제로 재화나 노동력을 빼앗는 행위다. 따라서 '약탈 경제'는 착취구조에 의해 성립된다. 착취와 약탈의 형태 도 여러 가지다. 첫째, 국가단위에서 전쟁을 통해 점령과 식민지배통 치로 상대국가나 민족의 인적 물적 자원을 총체적으로 지배하며 착 취 약탈하는 것이다. '약탈 경제'다.

'경제'는 경제활동의 3주체인 가계·기업·정부를 포괄하는 거시적 개 념이다. 따라서 경제적 약탈의 주체가 국가일 경우에 '약탈경제'라고 붙인다. 개인이나 집단 또는 기업단위에서 벌어지는 약탈적 경제 행 위는 그냥 '약탈' 또는 '착취'다. 약탈경제의 대표적인 사례는 멀리 갈 것도 없다. '대일 항쟁기' 일본제국주의가 조선 땅을 35년 간 전일적 으로 지배 통치하면서 벌인 약탈 경제가 바로 그것이다.

둘째, 기업집단(재벌)이나 무력집단(예, 해적집단, 조폭집단) 등에 의해 조직적 지속적으로 '일탈'의 방법으로 벌어지는 경제적 약탈행위 다. 기업과 조폭 또는 해적질이 똑같으냐? 하는 저항감을 가지는 선 량한 백성들이 있을 만 하다. 이런 생각은 '일탈'에 대한 인식이 전통 적 관념에 따른 도덕적 측면에만 머물기 때문이다.

이들은 착하고 선한 사마리아인의 동정심으로 사회현상을 바라보는 경향이 크다. 그러나 오늘날 벌어지고 있는 사회현상은 도덕적 일탈 행위보다는 위법 부당 탈법 불법 등 반사회적 반규범적 행태가 압도 적이다. 좋게 '일탈'이라고 하는 것이다. 실상은 폭력성을 동반한 위 계 강요 등 일방적 행위로 자신의 이득을 강제하는 일이 다반사다.

기업이 하면 부당노동행위, 조폭이 하면 갈취 그런 게 아니다. 말은 다르고 외견상 행태는 조금 다를지 몰라도 그 질적인 내용은 다를 바 없다. 동네 깡패가 시장좌판 할매에게 장세 뜯어내는 것이나, 원청이 공사비 반절 떼먹고 하도급 주는 것이나 뭐가 다르랴!

'약탈'이고 '착취'다. 후자가 사회 전반에 끼치는 영향력은 그 광범위성과 사회구성원들의 열패감 '유발계수'가 압도적이다.

셋째, 국가적 영역을 넘어선 초국적 다국적 영역에서 전 지구적으로 벌어지고 있는 약탈과 착취구조의 진화는 인류적 관점에서는 물론이고, 당장의 인간과 문명의 생존환경전반에 미치는 파급력이 직접적이라서 파괴적이다. 자연에 대한 착취와 약탈이다.

앞의 두 가지가 2차적 산출물인 재화와 인간을 대상으로 한 것이라면, 자연에 대한 착취 약탈은 재화생산과 모든 생명체의 '생존원천'을 건드리는 것이라는 점에서 질적인 차이가 있다. 또한 장기적이고 돌이킬 수 없다는 점에서 사람들의 깊은 천착이 요구된다.

살충제 달걀만 문제이겠나? 닭고기 닭발 닭갈비 닭꼬치구이 양념내장 모이주머니구이 등이 다 문제가 된다. 살충제 달걀이 유럽에서 문제가 되니까 화들짝 놀라 그것만 뒤져본 것이다. 어제 오늘 갑자기 생겨난 문제가 아니다.

예전부터 농작물이든 축산물이든 다 그렇게 해왔다. 화학비료와 살충제 살균제 농약이 없으면 불가능한 상황이 됐다. 노인만 남고 텅 빈 농촌에서 인력에 의존하는 농법은 이제 터밭 자영농에 국한된다.

탁상관료들만 모른다. '눈가리고 아웅'인 형식적 행정을 관례답습해왔다. 그래서 문제를 더 키워 온 측면도 많다고 할 수 있다. 호미로 막을 일을 가래로도 못 막고 둑이 터져나간다. 이들을 현장으로 일정기간 '하방(下放)'이 필요하다.

살충제 알만 안 먹고 '끝'이면 다행이겠다. 그게 끝이 아니잖은가!

달걀을 섞어 만드는 2,3차 가공식품이 얼마나 많은가? 수천 가지가 넘을 것이다. 라면스프에만 농축산물합성 화합물류가 백여 가지 들어간다. 돼지고기 쇠고기는 또 어떠할 것인지!

그 많은 농약은 다 어디로 갔을까? 고기든 나물이든 수박이든, 남겨진 1개 당 잔류 허용치 0.01%도 열 개를 먹으면 10배 초과된다. 바다와 민물가두리양식장에 대량 투하되는 항생제 영양제 살충 살균제 약물은 또 어디로 갔나?

'선택의 여지'가 없다. 이제껏 큰 탈 없이 잘 먹고 살았다? 만들어 주는 대로 받아먹는 수밖에 달리 방법이 없었다. 대신 병원으로 약으로 수명을 연장하면 된다. 그래서 생겨난 말이 있다. "피할 수 없으면 즐겨라~!" 정말 그런 것인가? '관행농법'이다.

사회생태계가 그렇게 만들어지고 돌아간다. 열 중 아홉이 아니라 백 중에 아흔 아홉이 그렇게 한다. 그렇게 아니하면 농사고 가축이고 키울 수가 없다. 어찌할 것인가? 비밀 아닌 공공연한 사실이다.

'설마….' 하는 믿음에 근거해서 피할 수 없는 소비를 계속한다. 피프로닐 비펜트린 살충제는 빙산의 일각이다. 소비자들의 어리석음이 하늘을 찌른다. 천연비료 무농약으로 산출한 작고 쪼글쪼글한 무광택 농산물은 외면한다. 겉이 깔끔하고 예뻐야 소비자의 손길을 탄다.

비료 농약 항생제가 수도 없이 투입되어 범벅이 된 크고 윤기나는 것만 골라서 바구니에 담는다. 벌레가 갉아먹은 과일일수록 건강식품 이란 걸 알만한 교양인들도 마트에서 손가락은 그 반대로 움직인다.

"경제는 합리적 선택"이라고 한다. 가격에만 작용할 뿐 그 외는 아니다. 비이성 비합리적 행동양식은 공통적이다. 별 수 없는 동물의 그림자다. 이기적 생존과 탐욕에 자본의 논리가 합작한 문명메커니즘이다. 정책으로 모두 설명될 일이 아닌 것이다.

요즘 한창 나는 복숭아나 사과 배 귤 등 과실류 작목은 품종 개량이다 유기농 비료시비다 말을 해도 그건 절반이다. 성장기에는 화학비료와 살충제를 줘야 한다. 사용설명서보다 아주 많이… 최소 2~3배는 독하게 투입한다. 그것도 여러 번 분무해주지 않으면 병에 시들고 벌레에 전멸한다. 그것들도 적응해 살아남은 강적들이다.

결실기에는 영양제와 광택제로 마감한다. 배추도 그렇더라! 잎 열매작물의 현실이다. 그렇지 않으면 소비자들이 원하는 반들반들 하고 달덩이처럼 복스럽게 생긴 상품을 만들어내기 어렵다. 처져있던 잎새와 시들던 열매가 버쩍 세워지고 반들거리는데 참 대단하더라!

작물이 대단한 게 아니라 인간의 기술이 대단하다는 말이다. 맥주 원료인 호프는 벌레서식처로 유명한 작목이다. "엄청나게 뿌린다. 농약물로 목욕재계를 할 거다"는 말은 예전에 재배농민한테서 들은 얘기다. 연초도 예외는 아니지만 이 역시 기호품이니 논외로 친다.

인삼밭은 비교적 잘 안다. 온 동네가 삼밭으로 둘러싸여 있다. 필자의 산방 바로 앞과 양옆이 논밭에서 삼밭으로 모두 변했다. 눈만 뜨면 보게 되는 삼밭 덕분에 재배사장과 가끔씩 막걸리를 마시기도 한다. 인력이 아쉬울 때는 거들기도 한다. 처음 시작할 때 1년은 거름작물을 재배하고 그 다음 해는 베고 파묻어 거름으로 썩힌다.

2년을 그렇게 투자한다. 그리고 3년 차에 인삼밭을 조성하고 제일 먼저 하는 일이 땅에 살충제와 비료를 까는 작업이다. 그 위에 모종을 심고 볏짚을 깔고 차광막 지붕을 씌우는 일이다. 마지막으로 밭 주변에 제초제를 깔아서 잡초전멸이다. 비가 오면 제초약성분이 경사지를 인삼포속으로 흘러들어갈 게 보인다. 타 농작물에 비해 재배기간이 아주 길고 단위당 임대료도 비싸다.

농자재비와 인건비 등 자본투하가 많이 소요되는 농사다. 인삼이 비싼 것은 약성이 뛰어난 것도 있지만 생산비용이 일반작물에 비교할 수 없을 만큼 높기 때문이기도 하다. 파종 후 5년 간 하는 일은 농약 비료 살포하는 일이다. 모터로 돌리는 대형 살포기로 돌아다니며 꼼꼼히 살포한다. 그렇게 5년을 반복한 후 강장식품으로 소비자 몸속에 들어간다. 알면 안 먹는다고 하지만 혹여 선물 받으면 먹는다.

고추는 탄저병이 치명적이다. 장마철 노지재배는 심하다. 요즘은 하우스 재배가 대세다. 탄저병을 박멸하는 특효약은 딱히 없다. 사람으로 치면 '암'과 비슷하다. 파종 전 미리 깔아놓는 분말약도 별무소용이다. 그래서 질 보다 양으로 대처한다.

찬바람 부는 가을까지 출하하는 풋고추는 그 때까지 약을 쉴 없이 계속 뿌려대야 상품성을 유지한다. 1주일에 한 번씩 뿌리면 파종에서 끝물까지 5~6개월 동안에 20~30회쯤 살포한다. 물론 늦게 딴 고추일수록 농약세례를 더 받는다. 그렇게 해서 소비자들은 집에서 음식점에서 작지만 잘생기고 곱게 뻗은 여름고추를 늦가을까지 먹는다.

인건비도 많이 들지만 이런저런 약값도 아주 많이 들어간다. 인삼농뿐 아니라 1,2천 평 농가의 창고바닥과 선반에는 농약병이 수백 개 쌓여있다. 농산물 값은 정부에 통제받고 농약과 비료가격은 공산품이라 업계자율이다.

농산물 가격은 들쑥날쑥 제자리인데 농약 비료 값은 오른다. 그 가격차이 만큼 농가 소득은 줄어든다. 구조적인 문제다. 영농자금이다 보조금이다… 받은 돈이 결국은 생산업체에 대부분 들어간다. 농민은 실제 보조금 구경을 하기 어렵다. 지을수록 손해다.

그나마 약을 '거의' 안 치고 먹는 터밭 작물이 몇 가지 있다. 오이

토마토 감자 고구마 땅콩이다. 내외가 먹을 양 만큼만 소량 짓는 경우다. 전업농가도 대부분 자가소비물량 만큼은 그렇게 한다. 시장에 내다팔아 소득을 올려야 하는 것이면 사정이 달라진다. 땅콩도 애벌레가 파먹는 피해가 커서 파종 전에 살충제를 독하게 깔더라!

닭만 문제가 아닌 것이다. 내성도 성분도 점점 독해진다. '네가 이기나, 내가 이기나?'다.

뉴질랜드에 가서 봤다. 거기는 소와 양의 축사가 아예 없더라. 그렇다는 말은 들었어도 막상 보니 낯설었다. 100% 방목이다. 그게 맞는 것이다. 한반도만한 국토에 인구는 서울의 반이 안 되는 나라다. 농업인 개별 평균 농지가 30만 평이라 하고, 20만 평이면 빈농 수준이라고 해서 부러웠다.

닭도 축구장만한 풀밭에 몇 백 마리가 뛰노는 수준이다. 그러니 저희들이 알아서 땅을 파고 흙욕을 하든지 꼬리로 훑어내든지 새들이 내려앉아 잡아먹든지 사람이 나설 일이 없다. 피프로닐이니 비펜트린이니 농약에 대해서 알지를 못하더라!

말 그대로 '공정생산'… '복지생산'이었다. 비좁은 축사나 철창에 갇혀 옴짝달싹 날갯짓 한 번 못하는 밀집사육은 상상을 할 수 없는 풍경이었다. 이게 우리나라에 오면 달라진다. 가축들에게 뉴질랜드와 한국은 천국과 지옥의 차이다. 서구인이 휴머니즘이 강해서라기보다 유목민 후예라서 동물친화 정서가 강하다. 아이러니하게도 육식을 주식 삼으면서도 동물을 아주 많이 사랑한다. 이미 백 년 전에 '동물복지법'이 만들어졌다.

밀집사육은 소 닭 돼지 등 주류가축의 공통적인 현상이다. 잉여가치 최대화를 위한 자본의 논리가 지배하는 한 별 수가 없다. 미국의 광우병 파동을 보라! 거기도 한국만큼은 아니겠으나 밀집사육에 사료비 아낀다고 초식동물에게 같은 짐승 내장을 먹인다. 조립라인에서 상품 출고하듯 한다. 생명으로 보지 않는다.

왜 그럴까?

A4 용지에 성계 한 마리가 24시간 서서 죽을 때까지 살충제 살균제 항생제 영양제 주사와 약물살포를 당하면서 매일 한 알씩 분만해야 한다. 산란률이 떨어지면 바로 폐기처리 한다. "이게 닭이냐?"다. 수명 반도 못 채우고 처분된 닭은 육계로 팔려나간다.

손질된 닭발과 내장은 음식점으로, 몸통은 재래시장이나 이동상인들 손에 넘겨져 만원에 2~3 마리씩 판매하는 통닭구이로 나간다. 약물덩어리 폐계를 서민들이 값 싼 맛에 또 사서 요기를 하는 것이다. '공정 가격'이 가격만의 문제가 아니란 걸 생각하게 된다.

소비자 문제를 넘어 생산-유통-판매 전 과정이 적정하게 사회적 감시에 노출될 수 있도록 많은 노력이 필요하다. 멀어도 가야할 길은 가야한다. 정책신뢰도와 시민사회 노력이 지금보다 대담하지 않으면 머지않은 미래에 총체적인 위기가 닥쳐올 것은 불문가지다.

"자작나무는 영원하다!"는 러시아 속담이 요즘 "~영원하지 않다!"로 바뀌었다고 한다. 시베리아 동토가 녹아 숲이 물에 잠기는 사태가 빈발한다고 한다. 메탄가스가 지상으로 유출되어 초대형 산불에 기름을 엎는다고도 한다. 거대한 불길과 매연은 한반도에 직격탄이다.

정부와 짠 기업들이 엄청난 규모로 벌채를 해대느라 그 거대한 숲에 블랭크가 뻥뻥 나는 게 아마존 열대림 블랭크를 방불케 한다. 이제 시간은 얼마 남지 않았다. 더 이상 기다려주지 않는다. 이미 늦었는지도 모른다. 엎질러진 물은 주워 담을 수 없다. 돌이킬 수 없다.

"지구가 망하는 지상 최후의 모습을 내 자식에게 보여줄 수는 없다. 나 하나로 족하다!"

혼인을 아니 하고, 혼인을 해도 자녀를 낳는 것을 기피하는 여러 가지 이유 중에 필자의 가슴을 가장 크게 찌르는 말이다. 그 젊은이가 그저 해보는 궁색한 핑계가 아니다. 돌이킬 수 있는 것이면 돌이키고, 회복 가능한 일은 되살려야 한다.

미래가 보이면 자녀를 낳고 키운다. 주부 장바구니에 담긴 안전 먹거리로 불신이 거둬지고 인정이 풍요해진다. 살충제달걀 소동에서 뭔가 남는 게 있으면 된다.♣

포항 지진

포항에서 큰 지진이 일어났다. 2017.11.15일 한낮이었다. 리히터
지진계 규모 5.4 지진이다. 경주에서 발생한 5.8 지진 후 불과 1년여
만이다. 한반도 남부에서 일어나는 지진이 우연히 단발적으로 일어나
는 '사태' 만은 아닌 게 분명했다.

이른바 '불의 고리' 라고 불리는 '환태평양 조산대'의 순환 고리 끝
머리에 살짝 걸친 듯 아닌 듯 자리하고 있는 한반도의 지정학적 위
치에 대해 국내학자들은 애써 "고리 밖에 위치하고 있다"라고 주장해
왔다. 그러나 세계 지도를 다시 찬찬히 보시라!

그 중에서도 남북 태평양을 거대한 내해로 보고 그 주위를 환형
(環形)으로 비-잉 둘러싼 오세아니아~아시아~남북아메리카 지도를 잘
뜯어보시라, 과연 한반도가 안전하게 확실히 그 고리 밖에 비켜나 있
는 것인지를! 그 주장을 맞추려고 한반도 남부에는 활성단층이 존재
하지 않는다고 강변했다.

그런 '과학적 주장'을 바탕으로 1970년대 말부터 원자력발전소를
대량으로 짓기 시작했다. 그게 현재 30여 기에 이른다. 그 중 24 기
가 부산의 양산 기장… 경남 울주 언양 등 한반도 동남부 반경 50킬
로미터 이내에 집중적으로 몰려 있다. 이런 사례는 세계에 보기 드문
경우다. 그런데 비활성단층이라던 이 지역 지질구조가 활성단층 지대
라는 사실이 드러났다.

최근 들어 더욱 빈번했던 지진 현상을 두고서도 억지 강변을 이어
오더니 작년 경주지진사태의 진앙이 '양산' 지역이고 거기가 바로 양
산 활성단층 지대라는 것이 명백하게 드러나면서 이 주장은 쏙 들어

갔다. '기득권'은 사학계뿐 아니라 과학영역에서도 무섭게 작동한다.

양산 활성단층 가장자리에서 일어났다던 이번 포항지진의 초기주장과 달리 인접지역이긴 하지만 별개의 활성단층 지대에서 발생한 지진이라는 것이 한 언론에 인터뷰 한 고대 지질학전공 양 아무개 교수연구팀이 제시한 자료로 밝혀졌다. 이후 지금까지 이에 대한 반론은 듣지 못했다.

한반도 남부, 특히 원자력 발전소 즉 핵발전소가 수십 기 밀집한 동남부 지역의 육지와 바다의 광범위 한 지질지역이 활성 지진발생 가능지대라는 사실에 사람들은 놀란다. 보다 더 들어가 보면 문제는 심각해진다. 겉으로 드러난 외연적 지리지형적 위치보다 지면과 해수면 아래에 잠겨있는 지질학적 구조와 분포다.

한반도 중부 이남과 그 연근해 해저지질은 위에 언급한 '환태평양 조산대' 불의 고리 순환계와 거의 동일한 형태를 지니고 있다는 것이 1990년대 후반부터 지속적으로 밝혀지고 있다. 또한 한반도 지질지형이 본래 하나의 지각판이거나 단일한 대륙계 지질이 아니라 남북이 각기 다른 판의 성질을 띠고 있음도 밝혀졌다.

그걸 증명해 낸 이론이 바로 '알프레드·베게너'의 [판구조론]이다.

지구의 지표면을 떠받치고 있는 5~6 개의 거대 지각판이 있는데 원시지구 전체를 구성하고 있던 '판게아' 단일 대륙이 분화 분리 되고 이동하면서 여러 개의 지각판이 존재하게 됐다는 것이다.

그 중 호주 지각판의 북동쪽 일부가 떨어져 나와 북북서로 이동해 오던 중 그 일부가 지금의 동북아시아 대륙판에 충돌하며 붙어 대략 38선 부근을 경계로 하는 한반도 남부 지역을 형성하게 됐다는 것이다. 이에 대한 지질학 고생물학적 증거는 많이 발견되고 증명력을 확보했다. 적어도 한반도 중남부는 조산대 일부에 편입돼 있다는 말이다.

우리가 가장 위중하게 걱정하는 것은 지진에 대한 공포도 공포지만, 그 지진으로 인해 터질 수 있는 핵발전소 폭발이라는 대재앙이다. 규모 5.4 지진에 국내 모든 지역이 흔들거렸다. 북한도 휴전선에 인접한지역은 그랬을 것이다. 평양도 모를 일이다.

도망갈 곳이 없다. 원자력발전소 1개의 노심이 폭발하면 나머지 23기가 모두 연쇄 폭발한다고 봐야 한다. 일본 후쿠시마원전 폭발과 그 후과를 보시라! 우크라이나 체르노빌, 인도 보팔원전폭발에 버금가는 후쿠시마 재앙은 히로시마 원폭과 다름없음을 보았다.

그 지역 일대의 주민들은 흔적도 없이 폭사 절멸했다. 그 외 지역 주민들은 온갖 질병에 신음하며 서서히 그러다 어느 시점에 이르면 급속히 죽어갈 것이다. 바다생물도 예외가 없다. 후쿠시마원전폭발이 가져온 재앙은 히로시마 원폭 50배 이상이다. 방사능 오염물질 낙진과 잔류로 인한 생태계파괴와 그 피해는 최소 수백 년을 간다.

한반도 남부지역에 밀집된 핵발전소가 한 두기 만 터져도 한반도 겨레전체가 필살 전멸될 것이라는 예상은 후쿠시마핵발전소폭발 아니라도 상식이고 현실이다. 원자력발전소가 '핵발전소'다. 핵무기다.

'북핵, 예방전쟁과 전쟁불가론 사이' 라는 논저에서 필자는 그 가공할 결과를 언급한 바 있다. '북핵 위기'와 결부지어 북한 장사정포 공격에 의한 남한 핵발전소파괴를 상정한 얘기였다. 그런데 경주-포항 지진사태로 드러난 사실은 북한 핵무기가 문제가 아니라는 것이다.

핵발전소 자체시스템 오류발생 가능성도 그렇고, 무엇보다도 지질 지형 지리적으로 '지진'에 무방비로 노출돼 있다는 사실이다. 전쟁의 문제가 아니라 내부적 요인 또는 지진에 의해 대재앙이 터질 가능성이 훨씬 더 높다는 사실에 대한 두려움이다.

국민이 이걸 무서워하는 것이다. 두려움이라기보다 전율에 가까운 끔찍한 공포의 현실을 머릿속에 그리고 있다고 본다. 그런데도 신고리 5~6호기 건설을 하느냐 마느냐로 숙의 민주주의를 한 결과는 건설 강행 쪽이었다. 들어간 비용에 대한 아까움이다.

알프레드·베게너가 고독하게 싸우며 주창하고 증명해 낸 '판구조론'이 한반도 지진사태의 저변에 어떻게 연관돼 있는지를 필자는 새삼 깊게 들여다본다. 더 관심 있으신 독자는 필자의 블로그 '[영상] 사람사람들' 56번 포스팅 자료를 참고하시길 바란다.♣

| 2장 | 평화를 꿈꾸는 한반도

강제동원 피해보상…

반도와 열도 사이

일본 총리 아베 신조가 결국 일을 저질렀다. 2019년 10.30일 일제 강제징용 피해자 네 분이 전범기업 신일본제철을 상대로 한국 대법원에서 피해배상소송 승소확정판결이 내려지자 그 책임을 한국정부에 떠넘기더니 그의 공언대로 일을 저지른 것이다.

그는 민주국가의 보편적인 삼권분립 체계를 애써 무시하고 한국정부가 판결에 개입을 하지 않은 것을 비판하는 억지를 부렸다. 이것은 스스로 자신과 자민당정권이 통치하는 일본의 헌법과 사법체계를 부인하는 모순의 연출이기도 했다.

그는 7.1일 한국정부에 반도체제조 핵심소재 3가지를 '준법심사 허가'를 구실로 수출규제방침을 통보하고 4일부터 실제 시행에 들어갔다. 이는 반도체, TV 조명 등 각종 첨단 디스플레이제조에 쓰이는 유기발광다이오드 형광물질 OLED, 통신기기제조에 쓰이는 화학물질 1,100여 가지(한국정부는 요주의 100 가지로 압축 리스트 작성) 중 우선순위 1~3위 안에 드는 핵심 소재물질이다.

맛보이기 장난인데 장난이 아닌 것이 급소를 찌르는 칼이다. 또 어떤 무기를 비장하고 있는지 모를 일이다. 일본인과 일본사회의 특징인 집요 치밀함과 2중성이다. 소재물질(부품) 수출에 있어 ①포괄적 허가를 개별 허가로 ②무기 소재 전용 가능물품의 허가 보류 ③허가 심사의 준법 절차 준수(최대 90일 이상 소요)다.

자민당 정권은 "금지가 아니다. 준법심사다!"라고 억지를 부리고 있다. 반도체를 만드는 장비와 핵심 소재물질 부품은 대부분 일본과 더러 독일제를 들여온다. '조립완성품'이다. 그걸로 반도체든 자동차든 뭐든 한국 대표수출품이 만들어지는 것이다. 국산화가 높아져서 평균 대체율이 70%에 이른다. 하지만 여전히 핵심 소재는 사 들여와서 공장을 만들고 제조 시설을 구축한다.

경제 강국, 선진국이란 게 바로 이런 조건과 기술력을 가진 나라를 말한다. 이런 나라가 진짜 '경제 대국'이다. 그런 점에서 우리나라가 세계 10위권 무역국이니 OECD 중위권 소득이니 '경제 강국'을 운위하는 게 아직은 거리가 있다. 그런데 이런 장비산업과 핵심생산 소재물은 독과점이 대부분이다.

나라 안에서만 독과점 카르텔이 있는 게 아니다. 글로벌 시장에도 똑같이 존재한다. 미국의 초국적 곡물기업 '카길'이나 석유회사 '더치쉘', '칼텍스' 또는 '보잉', '록히드' 군수기업 등 초거대 독과점 기업군이 각 분야 곳곳에 포진하고 있다. 이들의 모국이 그런 나라들이다.

이들 기업 뒤에 그들의 국가가 있고, 그 글로벌 국가권력의 뒷배로 세계시장을 쥐락펴락하고 있다. 이런 공장을 지으려면 막대한 자본이 필요하다. '장치산업'의 특징이다. 그만큼 위험부담도 크다. 치킨게임 성격이 있어 살아남으면 독과점이다.

궤도에 오르면 막대한 이윤이 창출된다. 따라서 아무리 대기업이라도 혼자선 힘들다. 정부가 국가 차원에서 육성하고 지원해줘야 가능한 일이다. 삼성전자, SK하이닉스, 현대차가 그런 예다. 이들은 국제장비 설비플랜트 시장에서 큰 손님이자 봉이다. 노동자 땀과 소비자 구매, 온갖 세무특혜와 금융. 재정지원의 결정체다. 그룹총수는 시민이다.

'시장경제'… '자유민주주의'를 떠드는 건 기실 모두 거짓말이다. 정치와 국가권력의 관여 개입 없이 시장경제는 스스로 존재하거나 지탱하기 어렵다. 배타적 또는 독점적 이윤창출 체제를 감추는 위장막에 불과하다. 자유민주주의라는 말 또한 '자유무역주의' 은폐어다.

'보호무역'이 자국기업의 피해를 막고 보호를 해주는 울타리역할의 소극적 체제라면 '자유무역'은 그 반대다. 적극적으로 세계를 무대로 이윤창출을 위한 강대국 논리다. "자유롭게 온 세계를 상대로 돈을 벌어들일 수 있는 자유"다. 그걸 내놓고 말하기는 민망하다.

대신 1970년대 'IMF-IBRD 체제'… 'GATT(경제 및 무역에 관한 일반협정)'를 만든 데 이어 1986~1993년 '우루과이 라운드'를 거쳐 1993년 말 'WTO(세계무역기구-다자 간 자유무역협정)'를 띄웠다.

슬로건은 '공정무역'이지만 실제는 제 국가 간 장벽을 낮춰 자유무역을 하자는 것이다. 그런데 가입국이 많고 미국 말을 잘 들어먹지 않자 1:1로 각개격파에 들어갔다. 이게 요즘 대세가 된 'FTA(양자 간 자유무역협정)'이다.

그 뿌리는 1989년 독일이 통일되고, 그 2년 후 1991년 '소련'이 망하면서 지구상의 유일체제가 된 서구자본주의가 만들어낸 합작품이다. 이른바 '신자유주의' 태동이다. 태동이 태풍이 되고 한국에선 광풍이 됐다. 경제, 교육, 문화, 사회 모든 부문을 집어삼켰다.

1997년 'IMF 사태'가 그것을 증폭 심화시켰다. 정년이 없어지고 비정규직이 양산되고 빈부격차가 깊어져 갔다. 이제는 부동산이 폭등하여 대출을 받지 못하면 집장만이 불가능하게 됐다. 가계부채가 물경 1,200조에 국가부채가 그만큼이다.

저금리 자금은 대기업으로 흘러가고 그걸로 사내 유보금은 국가예산의 두 배 넘게 불어나는 마술을 부렸다. 시설복지 혜택은 먹고사는 데 염려 없는 노인계층이 누리고 빈곤에 허덕이는 대다수 노인층에 겐 남의 떡이 됐다. '최저임금'은 '최고임금'으로 고착화되고 '보호관세'를 피하기 위한 기업 해외유출과 현지생산확대, 'AI(인공지능)'가 노동자 일자리를 빼앗는 글로벌 구조재편의 한 가운데에 지금 한국경제가 처해있다.

'시장경제' '자유민주주의' '자유무역주의'는 신자유주의 3대 요체다. 이걸 이제야 사람들이 점차 실감하고 있는 것 같다. 그런데 서구에서는 '자유민주주의'라는 말을 쓰지 않는다. 조리사는 자신이 만든 음식을 먹지 않는다. 그런 것이다.

"문재인 정권이 대법원 징용 판결이 나고 8개월 동안 뭘 했느냐"는 비판을 담아두었던 윤석열 정권이 소위 '제 3자 지원해결 방식'을 내세워 대법원 판결을 쓰레기통에 쑤셔 넣고 일본에 달려가 덥석 입에 넣어주었다. 대신 명성황후 시해와 역사를 같이 한다는 음식점에 가서 오무라이스를 얻어먹었다.

일본과 아베-기시다 자민당 정권을 옹호하는 일각의 국힘당 류의 정치평론자들 언사를 들어보면 뭔가에 정신이 단단히 홀려있음을 느끼게 된다. 내년 총선에서 혹여 공천이라도 받으려고 눈도장을 찍는 말잔치인가 싶으면서도 그게 다는 아니라는 걸 알게 된다.

유유상종 집단문화에 진한 소속감을 공유하는 곁다리 유형도 있지만, 상당수는 이념형으로 내면화된 신념을 가지고 논리적으로 나름의 체계화된 가치관을 갖고 있어 보인다. 종편 시사평론을 볼 때가 있다. 사회자를 중심으로 양편으로 갈라 앉아 입심대결을 펼치는 출연자가 정치인 출신 아니면 변호사들이다.

시청자 보기에 오른쪽에 앉은(그래서 자칭 우파인지 모르겠다) 평론자 논리와 터무니없는 제논 물대기를 보노라면 칼만 안 들었지 흉기가 따로 없구나…! 하는 섬찟함이 느껴진다. 저런 이들이 법정에 나가 떠드는 변호가 과연 얼마나 공의로운 것인지 의심스런 생각을 지울 길이 없다. 역시 우측에 앉은 '황 아무개'도 걸물이었다. 직업은 모르겠는데 그랬다.

"강제징용 103만 명 중에 (겨우) 4명이 송사를 건 사건인데 (이 꼴이 됐다)…."

말하자면 102만 9,996명은 별 이의 없이 체념하든지 정부가 주는 돈 받아먹고 끝났는데 미꾸라지 몇 마리가 흙탕물 피운다는 말투였다.

"중국 북한에 하는 것 반만큼만 일본에 머리를 숙여라!"

그 쪽에 앉아 떠드는 이들 대부분은 일제강제동원 피해자에 대한 정부의 제3자 지원을 요구하는 데 집중됐다. 박근혜의 정부와 기업협찬 '위안부지원재단' 설립을 통한 해결방식이 사라진 게 아니었다.

문재인 정권책임론은 어디서나 빠지지 않았다. 말투나 내용이나 인용하는 비유가 친일매국노 행태 그대로였다. 일본에서 정치인 사업가 관료는 하고 싶다고 맘대로 할 수 있는 게 아니다. 계급에 따라 계승되는 문화가 있다. 무사국가 유속(遺俗)이 지금도 보이지 않게 완강히 관철되고 있는 것이다. '사회적 이동'이 실제로는 자유롭지 못하다.

특유의 근성과 처신, 집단주의 사고와 행동양식이 그렇다. 성문법보다 관습법이 무섭게 작동하는 그 사회에서 자유와 민주주의는 겉이다. 도망갈 곳 없는 섬나라 환경도 한 몫 한다. 온전한 민주주의 국가로 보기 어려운 이유가 거기에 있다. 그 최상위에 일왕이 있다.

'기시 노브스케'는 3급 전범이었다. '도조 히데키' 전쟁내각에서 군수차관을 지냈다. 도조 등 1급 전범은 처형됐고 2급은 장기 형무소에 보내졌다. 기시는 아베의 할아버지다. 그는 3년간의 단기수형생활 후 석방돼 자민당을 만든 인물이다.

그는 1960년 '미·일 안보조약 개정안' 비준을 관철시켜 오늘의 '자위대'를 실질적인 군대로 재탄생시켰다. 아베 총리가 개헌을 통해 자위대를 정식 군대로 격상시켜 전쟁 가능한 나라로 바꾸려고 애를 썼던 이면에 그런 내력이 있다. 그게 '정상국가'라는 것이다.

기시는 손꼽히는 '지한파'였다. '지한파'라는 말은 한국과 한국사회를 아주 잘 이해하는 사람이고 따라서 한국과 친한 감정을 가지고 있는 사람을 말한다. 그가 '지한파' 원조가 된 까닭은 만주국 상공차관으로 있으면서 친일파 만주 인맥을 챙겼기 때문이다.

따라서 해방 후 친일파가 그대로 집권세력으로 눌러앉은 한국의 정계 관계는 물론 재계까지 '기시'의 인맥은 넘쳐났다. 총리를 지낸 일본정계의 원로 '기시'의 한국 내 영향력은 막강했다. 박정희도 뻑하면 그를 청와대로 불러들였고 일본에 가면 필히 만날 1순위였다.

그러니 난다 긴다 하는 이들이 국내민원을 해결하려고 일본으로 날아가 그에게 달려가는 일이 흔했다. '아베'는 어릴 적부터 그걸 보고 자랐다. 그의 머릿속에 든 한국에 대한 생각이나 그림이 어떠할지 이해될 것이다. 그는 전후 세대이긴 해도 식민지 조선을 통치하는 제국주의 일본인이었다.

일본이 한국 사법부의 강제징용 배상판결에 이토록 민감하게 반응한 이유는 무엇일까? 왜 위안부 문제해결에 직접 나서질 않고 민간단체에 100억 원 뒷돈을 대주면서 박근혜에게 문제 해결을 요구했던 것일까? 이유는 간단하다. 식민지배가 '합법'이냐, '불법'이냐.

여기에 따라 어느 쪽이든 도미노가 진행된다. 하나가 무너지면 모두 물러지게 돼 있다. '조선에 대한 식민지배 35년'이 합법으로 인정되면 해방 후 지금까지 끊임없이 제기되고 갈등하는 문제가 일본으로서는 원천적으로 존재의미를 상실한다는 것이다. 징용 징병 위안부 자원수탈 등에 대한 보상과 배상의 부담을 지지 않을 수 있다.

또한 행정 입법 사법 교육 등 모든 통치과정에서 생성된 수많은 법적 제도적 결과물들이 법적 대항력을 가지게 되고, 영토와 주권의 문제까지 현재에 이르는 因果的 연장선으로 해석될 여지가 생긴다. 독도를 자신들의 고유영토라고 끈질기게 주장하는 이유도 그렇다.

노무현 대통령은 일본의 독도영유권 주장에 대해 "1905년 을사 늑탈조약에 근거한 식민지 영토사관의 연장 시각"이라고 분명하게 지적

했다. 바로 그 지점 그 시각이 지금도 변함없는 일본의 독도영유권 주장의 근거다. 조선지배가 국제법적으로 합법이었다는 것이다.

그 주장을 뒷받침하기 위해 1905년 당시 '이토오 히로부미' 조선통감은 고종휘하 조선의 대신들을 1:1 또는 소그룹별로 집요하게 꼬여내고 매수 협박하면서 일본제국정부에 보내는 병합 탄원서와 고종에게 윤허를 촉구하는 상소문을 수십여 장 만들어냈다.

자발적인 병합의 증명으로 꾸민 정치조작극이었다. 이러한 조선정부의 요구를 수용해서 합법적으로 대등하게 병합한 것이라는 것이 지금껏 일본의 주장요체다.

반대상황으로 인정돼버리면 어떻게 될까?

"일본제국주의 군사침략에 의해 조선이 강제로 일본에 병합됐다!"라는 것으로 말이다. 이렇게 되면 정반대의 상황이 돼버린다. 국제법적으로 '불법병탄'이다. 35년 식민지배로 인해 발생된 인적 물적 피해는 강제가 되고 학살 강탈이 된다. 천문학적인 보상과 배상을 해야하고 지금까지 주장해온 모든 것을 포기해야 한다.

일본은 국가부도를 피할 수 없게 되는 사태가 발생한다. 그게 두려운 것이다. 죄 지은 자가 죄를 부인하는 까닭이다. 한국은 국제법의 정당한 요구 구성요건을 충족하는 반면에, 일본은 억지와 힘의 논리에 의존할 수밖에 없는 한계에 봉착한다. 일본 정치권이 패전을 종전이라 하고, 극우노선을 버리기 어려운 이유다.

이게 70년 넘게 이어져오면서 '확신범'이 돼버렸다. '전쟁을 할 수 있는 나라' 제국주의로 돌아가려는 꿈을 꾸는 것이다. 배경은 미국이다. 안으로 민주주의, 밖으로는 제국주의다.

미국은 1951년 샌프란시스코 협정에서 전쟁 중인 한국을 소외시키고 일제 식민지배와 태평양전쟁에 대한 마무리를 하면서 일본의 입장을 크게 반영해주었다. 일본은 한국보다 우선적인 사활적 신 동맹

대상국이었다. 일본을 독식하려고 한반도를 갈라놓은 미국은 한·일이 하루빨리 협정을 맺고 수교하길 원했다.

육군소장 박정희가 쿠데타를 일으켜 실권을 장악한 한국 군부정권은 미국의 승인을 필요로 했다. 미국은 이를 빌미로 '한일협정'을 다그쳤다. '박'은 1962년 渡美하여 케네디와 주고받기 빅딜이 이루어졌다. 이 소식이 알려지자 서울에선 거센 반대시위가 몰아쳤다.

1964년 '6.3 사태'다. 그래도 협정은 강행됐다. 박정희는 30대 후반인 이동원 외무장관을 제물로 삼아 도쿄에 보냈다. 1965년이다. 이동원은 시이나 일본외무상과 6.22일 온 국민의 반대를 뒤로 하고 도망치듯 일본에 가서 조인을 했다. 그리고 그해 12.18일 한·일 협정은 공식 발효됐다.

35년 간 당했던 연인원 400만 남녀노소 강제 동원과 희생, 농·림·수산·지하 자원 수탈과 천문학적인 인적 물적 피해와 상상할 수 없는 정신적 피해는 단돈 3억 달러 '무상 청구권' 자금과 이에 더한 1억 5천만 달러의 차관 대출로 달랑 처리됐다.

이 돈은 모두 국가가 받아 챙기고 재벌기업자금으로 특혜대출 되고 그 일부가 공화당 정치자금으로 돌아갔다. 개인의 피해는 철저히 배제됐고 따라서 '보상'조치가 없었다. 그 협정 어느 문구에도 일제강점에 대한 불법성과 사죄 표현이 없었다.

'한·일 협정'은 박정희와 그를 둘러싼 친일세력이 일본과 적당히 뭉뚱그려 맺은 야합문서였다. 미국은 불법 합법 보상 배상이 중요한 게 아니었다. 소련과 벌이는 냉전 한가운데서 전략적 국익이 중요했다.

그런데 협정문에 중대한 허점이 있었다. '개인의 보상은 인정되지 아니 한다'고 못 박아 원천차단 시켰는데, '배상'이란 용어는 그만(?) 빠트렸다. 보상과 배상은 전혀 다른 의미다.

법적으로 전자는 유형의 물적 개념이고, 후자는 정신적 무형의 고통에 대한 개념이다. 전자가 민사적 성격이라면, 후자는 형사적 성격이 강하다. 박정희 정권이 알고도 모른 채 훗날을 도모하려고 의도적으로 출구를 만들어놓은 것인지, 일본이 너무 치밀 용의주도함이 넘쳐서 중대한 실수를 한 것인지 미스터리다.

박정희가 그랬을 것 같지는 않고 일본의 실착이 커 보인다. 한국 대법원이 용케도 그런 틈새를 찾아낸 것이다. 법적으로 협정문 해석의 완벽한 반전이다. 해석의 특질이 본래 이현령비현령이라지만 대법관 전원이 엄청난 공부와 연구를 한 것은 틀림없어 보인다. 인정해 줄 일이다. 문제는 북한이다. 북한이 남한의 한·일 국교협정을 똑똑히 잘 봤다. 지금 그 후과로 발생하는 갖가지 한·일 갈등과 분쟁을 잘 안다.

일본이 북한에 섣불리 수교회담을 제안하기 어려운 이유다. 남한 정권의 잘못을 북한은 반면교사로 벼르고 있다. 피해 민중들과 귀환한 독립군들은 가난과 병고에 시달리며 신음 속에 죽어가고 유족들의 삶 또한 피폐하긴 마찬가지였다. 다시 부활한 친일파와 그 후손들만 떵떵거리며 제 세상 만난 것 같은 현상은 우리사회의 혼란스러운 자화상이다.

일본! 어떻게 할 것인가……

한국 무역협회가 발표한 일본의 수출규제조치 직전 년도인 2018년 한·일 무역수지를 보자!

한국의 대일 수출액은 304억불, 수입은 551억불이다. 전체 무역액의 7.4%다. 일본과의 적자가 247억불이다. 30조원에 달한다. 2018년 무역수지에서 거둔 흑자총액 579억불의 42.6%에 이른다.

반면에 일본 경단련 보고서 통계를 보면, 대한 수출 522억불, 수입이 317억불로 흑자가 204억불이다. 전체 무역액의 6%쯤이다. 일본의 같은 해 총 무역수지 결산 적자 총액 163억불대비 41억불 초과 흑자를 본 것이다. 금액의 차이는 양 국의 통계 시점과 추계 방법의 차이를 감안한다.

1965년 국교정상화 이래 54년 간 총 무역수지를 놓고 보면, 2018년 달러 불변가치로 환산해서 한국이 일본에 물경 1조 달러(1,200조원)의 무역 역조를 보았다. 한국 기업과 국민이 일본을 먹여 살려준 꼴이다. 한국은 일본에게 있어 3대 흑자국이다. 일본의 지금껏 한국에 대한 행태는 우리 속담으로 "은혜를 원수로 갚는다" 딱 그것이다. 배은망덕이다.

일본은 그렇다 치자. 반일감정 민족감정으로 비하하면서 자칭 보수라는 일단의 커넥션의 내면기저가 매국아류임은 부인할 수 없는 사실로 보인다. 그에 부역하는 이들의 난동에 가까운 무법행동과 그들을 정치적으로 이용하는 집단의 행태는 그냥 웃어넘길 일이 아니다.

지금 당장 일본과 무역을 전면 중단한다면 어떻게 될까? 단순계산이긴 해도 일본은 기존 적자액 162억불+한국에서 얻은 흑자손실액 204억불을 합하면 366억불(43조원)로 적자(빚)가 단숨에 2.2배 증가한다. 반면에 한국은 기존 흑자액 579억불+대일 적자액 감소분 204억불을 합쳐 전체 무역흑자액이 무려 826억불(약 100조원)에 이른다. 이는 세계 5위권 흑자대국이다.

'무역외수지'를 보면 더욱 선명해진다. 코로나19 사태가 없었다고 상정하고 분석해보면 일본은 훨씬 더 불리해진다. '무역외수지'의 대표적인 항목이 '여행수지'다. 한국인의 일본여행 지출은 52억불(7조원)로 일본인의 한국여행비 18억불(2.1조원)의 2배가 넘는다.

한국이 34억불 적자(4조원)다. 이는 대일 무역수입액의 10%, 일본 무역수지 적자 162억불의 32%쯤이다. 말하자면 한국인이 일본여행으로 일본의 총 무역수지 적자액의 32%를 대신 메워주는 것이다.

이를 합산하면 교역과 교류를 완전히 중단할 경우, 일본은 무역수지적자 366억불+34억불=400억불 적자이고 한국은 826억불+34억불

=860억불 흑자다. 일본은 적자가 238억불 증가하고, 반대로 한국은 281억불 흑자가 증가한다. 일본이 한국보다 12배 손해다.

게다가 한국은 단기적 수급 장애와 이로 인한 고객이탈로 어려움을 당하는 문제가 작지는 않으나 투자혁신으로 획기적인 기술개발이 이뤄질 수 있다. "빨리 빨리" 속성경제가 특징인 긍정적인 시너지효과도 있다. 질적으로 훨씬 높은 경쟁력으로 진전될 수 있는 것이다.

자원빈국의 특성상 원자재 및 소재물질 구매의 큰 손으로 대체재와 수입선 교체가능한 나라에게는 무역확대와 윈-윈 기회도 제공한다. 반면에 일본기업에 있어 한국의 수요고객기업의 이탈은 글로벌 큰 손을 놓치는 꼴이다. 이를 대체할만한 다른 고객도 없다.

한국과의 거래중단은 일본의 개별기업에 있어서는 도산을 의미한다. 현재도 계속되는 문제다. '문통'이 일본에 대해 "자칫하면 더 큰 피해를 가져올 수 있다…"고 말한 게 엄포가 아니다. 객관적인 경제현실을 두고 한 경고였다.

누구나 약점은 있다. 가상이 현실로 될 경우, 일본산 소재부품과 장비도 부족하거나 고갈되는 상황에서 국산화가 받쳐주지 못하면 우리의 수출생산이 계속 유지된다는 건 장담하기 어렵다. 무역이든 무역외 수지든, 국민경제든 국제경제든 변동성은 감당해야 한다. 위험변수는 일본이 더 큰 것을 위에 말했다. 전화위복의 기회는 한국이다. '소부장'이다. 그렇게 5년이 지났다.

우리나라는 국민도 기업도 어지간히 견뎌냈다. 더는 크게 아쉬워할 게 없는 상황을 만들어온 것이다. 그럴 일이 없겠지만 일본의 수출규제조치가 갑자기 전면 해제된다고 해서 큰 득이 생겨날 것도 없어 보인다. 오히려 부작용이 생긴다. 굽실할 이유가 없는 것이다. 윤석열 정권이 일본에 가서 벌인 행적이 이해난망이다.

세계 어느 나라도 모든 소재품과 중간 생산재 등을 모두 만들어 자가 공급할 수 있는 '절대 우위' 국가는 존재하지 않는다. 존재할 수가 없는 것이다. 설사 가능하다고 해도 경제적 효율성을 기대하기 어렵다. 가능하지 않은 일이다. 경제의 A B C⋯ 다. 개인도 기업도 같다.

분업의 재구조화가 필요한 문제해결의 유일한 수단이다. 공생으로 서로 살고 함께 성장해 가는 공존의 선순환 경로는 피할 수 없는 세상이치다. 내가 던진 공에 내가 얻어맞는 부메랑이 될 수도, 더불어 상생하는 희망구가 될 수도 있다.

우리 민중은 고난에 익숙하다. 결정적인 위기의 순간에는 참고 단합하는 大同의 전통이 있다. 체질이다. 멀리 갈 것 없이 우리의 현대사가 증명해준다. 조금 불편해도 잘 이겨내며 여기까지 왔다. 국민에게서 위임받은 선출권력은 국민심사를 잘 헤아려야 한다. '기시다 정권'도 더하면 더 했지 달라지는 게 아무것도 없다. 자민당의 태생적 특성에서 집권층 어느 누구도 자유로울 수 없다. 일본 유권자들이 전범극우집단 자민당의 대안 부재론에 포획되어 보내는 지지가 언제까지일지 지켜본다. 남의 얘기가 아니다. 우리의 일이다. 국내정치정세가 일본과 오십 보 백보다.♣

'아베'의 최후, 산토끼 미스터리

2019. 7. 23(화) 부슬비~흐림

오늘 아침 아래 밭 풀매기 작업을 하고 올라오니 우물가에 난데없이 토끼 한 마리가 쓰러져 있다. 얼핏 죽은 줄 알았는데 갑자기 사지를 뒤틀더니 좌로⋯우로 떼굴떼굴 구르며 엎치락뒤치락 고통에 찬 몸부림을 친다. 만져보기라도 하려고 가까이 했다가 놀라 뒤로 넘어질 뻔 했다. 눈알은 금방이라도 튀어나올 듯 충혈 돼 있고 숨은 가쁘게 헐떡이고 있다. 그러다가 늘어지고 또 몸부림치고를 반복했다. 20분쯤 지나니 잠잠해졌다.

그래도 숨이 미세하게 남아 있음이 뱃가죽의 불럭거림으로 알 수 있었다. 그렇게 5분여를 더 기다렸다. 생명이 멈춘 것 같았다. 필자가 할 수 있는 것은 없었다. 조용히 지켜보는 것밖에… 그리고 조용히 녀석의 지상계 마지막을 지켜보았다. 이 아침에 저 어린 녀석이 대체 무엇을 잘못 먹어서 저리 됐을까? 아니면 목구멍에 뭔가 걸린 것이 아닌가? 산짐승은 죽어도 산에서 생을 마감하거늘 어찌 사람 사는 집에 이 모양으로 내려왔을까…?

산에 덫은 있어도 쥐약은 없을 터다. 산방 마당이나 집 주위에도 녀석에게 해가 될 것은 없다. 상념이 부슬비 내리는 아침마당을 어지러이 흘러 다닌다. 그러다 머리가 번쩍였다. '아베의 최후'다. 그의 정치적 말로와 생의 최후다. 삶도 죽음도 인과의 사슬을 벗어나기 어렵다.

어린 토끼가 제 몸으로 산방살이 필자에게 현시해 준 것이다. 이런 아전인수는 정의롭다. 아베를 묻는 심정으로 토끼를 소나무 밑에 묻어줬다. *이 일이 있은 지 3년 후 같은 7월 8일 오전, 아베 신조 일본총리는 동족괴한의 사냥총에 맞아 즉사했다. 기이한 일이었다.

▲산방에서 신음하다 죽은 산토끼

2019. 6. 30 판문점…

남·북·미 정상회동이 남긴 것!

2019년 '6.30 남·북·미 정상 판문점 회동'이 온 세계의 시선을 받으며 성사됐다. 당시 3국정상이 시기와 장소 그리고 예외적인 경로를 통하여 만났다는 점을 고려하면 그 시점에서 각자의 계산서는 만족할 만한 성과를 거둔 것으로 타산했다. 후일 김정은이 문재인 대통령이 끼는 것을 원했던 것은 아니었다고 했다. 그건 이후 남북관계 진도 미흡에 대한 불만표시다.

분단 기생집단이 아니라면 한국전쟁의 상징인 판문점에서 남·북·미 정상이 만난 역사성에 대해 가슴이 뛰는 감회를 느끼는 것이 정상이었다. 김정은이 트럼프에게 제재완화-해제를 요구하지 않은 것도 트럼프가 제재를 유지하며 포괄적 일괄타결을 계속 주장하는 것도 예상된 것이었다. 그게 일각에서는 못마땅하고 또 다른 일부에서는 트럼프가 '김'을 판문점에서 만난 것도 못마땅한데 월경까지 하는 모습을 연출하니 손에 든 성조기를 부르르 떨 만도 했다.

그러나 74년 동안 고착화된 이질적 체제대결을 넘어 근원적인 문제 해결을 한다는 게 지난한 과정임을 생각하면 이제껏 상상조차 못했던 큰 일보였다. 한 번이 어렵다. 38선을 그어놓은 미·소 양국에 더해 1백 만 군병을 보내 한국전쟁에 사활적 이해관계로 개입한 지나가 끼어있는 협상이다. 핵 무력을 해제시키기 위한 이른바 '비핵화' 협상이라는 걸 고려하면 남-북-미 관계는 세계사적인 고난도의 과제다.

'한반도 비핵화' 협상이 군사안보 문제에 국한된 것도 아니다. 정치 경제 등 총체적인 국제 역학관계가 관련되는 다자적 성격을 띠고 있어 당사국들의 복잡한 셈법이 깔려있다. 그러나 트럼프가 재선에 실패하고 한반도 문제는 현재 이전 상태로 되돌아간 듯 보인다.

그런저런 모든 요소를 올려놓고 곰곰이 생각해 본다. 2023년 현재 시점에서 무엇보다 중요한 것은 '안정적인 상황관리'다. 윤석열 정권 출범 이후 불과 1년도 안돼서 북한 지나 러시아 등 관련당사국과의 긴장관계가 더욱 깊어져가고 있다. 그중에도 러시아와 지나를 가상의 적대국 아닌 현실의 적대적 관계로 돌려버리는 패착은 심각하다.

시간을 벌어야 한다. 지금 정부 아래서 실종된 외교력을 복원하고 안보문제에 대한 총체적인 성찰과 재점검이 급해졌다. 그게 난망하다면 국민이 사태악화를 직접 막으러 나서야 하는 처지가 됐다.

현재 미국 바이든 행정부는 우크라이나-러시아 전쟁과 지나에 대한 패권적 대결정책으로 인해 북한은 눈에 들어오지 않고 있다. 4국 대표 간 협상테이블도 멈추어졌다. 언 듯 강대 강 대치국면이다. 이런 사이에 북한의 전술, 전략핵무기 고도화는 진전되고 있다. 그러나 싱가폴, 하노이 북미정상회담과 판문점 남·북·미 정상회동의 의미성은 계속 살아있다. 그 테이블에서 논의되고 다루어진 의제와 내용은 이후 협상의 출발선이다.

사실 북한이 핵무기를 포기한다는 것은 미국이 북한의 제반요구와 안보를 되돌릴 수 없는 불가역적 제도화로 보장해주지 않는 한 현실적으로 어렵다. 그러나 북한의 핵무기보유를 국제사회가 공식적이든 비공식적이든 현실로 받아들인다고 해서 한반도와 동북아 안정이 더욱 심각하게 훼손된다고 보기도 어렵다. 미국 러시아의 대량 핵무기 보유로 인해 세계질서가 그에 비례하여 더욱 헝클어진 것은 아니다.

무기고도화로 위기관리도 상향화 됐다. 핵무기는 협상의 지렛대용이 크다. 북핵이 대 남한용 아닌 미국에 대한 것임은 명백하다. 수구 보수가 상습적으로 국내정치에 이용하는 게 문제다. '북풍'이다.

북한 핵개발의 근본원인과 명분은 남한 때문이 아니다. 북·미 관계다. 미국은 세계 어딘가에 항상 화약고를 유지해야 거대한 군산복합체와 자국 경제가 굴러갈 수 있다. 한반도와 중동 그리고 러시아와지나 3대 화약고다. 북한과의 수교를 통한 안보 보장과 국교정상화는동북아에서 가졌던 미국의 이니셔티브를 약화시킨다. 국익과 대내 파장이 크다. 트럼프는 자국의 이런 전통적인 전략적 시각을 바꾸려고했다.

철저히 자신의 재선과 사업적 관점의 빅딜에 초점을 맞추었다. 남북한 처지에서는 그의 접근론이 차라리 낳았다. 트럼프는 앙숙인 이스라엘과 이집트의 화해와 국교정상화로 중동정세가 안정화되고 미국이 아랍세계에 다시 외교적 주도권을 되찾은 사례를 눈여겨봤다. 이란 사우디도 화해했다. 국제관계는 지도자의 마음속 진실이 중요한게 아니다. 외부로 나타나는 결과다.

외교는 인간적 양심과 진실싸움이 아니다. 국익과 이해관계의 관철이다. 사업으로 성공한 트럼프에게 정치는 사업의 연장이었다. 윤석열 식 정치가 검사의 연장인 것도 같은 맥락이다. 그러나 트럼프는재선국면에서 러시아와의 스캔들에 휘말려 탄핵정국에 결정적 타격을받았다. 그런 과정에 그의 북미협상은 이슈와 여론전에서 묻히고 실종됐다. 하노이결렬선언은 그의 장부책에서 일단 '외상'으로 처리된것이다. 사라진 것이 아니라 일시유보다.

바이든이 정권을 잡은 이후는 지금 보는 바다. 민주당정부는 트럼프정권 이전 오바마-클린턴 정부의 북한방임정책으로 회귀했다. 방임이라기보다 방관 방치다. 북한으로서는 최악의 치욕이다. 남한정부는북한에 대해 실제적인 정책적 접근을 제약당하는 한반도당사자소외론에 몰려있다.

북한과 미국은 한국전쟁직접당사자를 명분으로 서로 직거래를 추구

한다. 대한민국 처지에서는 민족분단 당사자로서의 원천적 당사국인 동시에 남북한을 이른바 패키지로 묶어놔야 끼어들 틈이 있다. 같이 가야만 한다. 그러려면 북한에 정치 경제적으로 자주적인 모습을 보여야 한다. 되는 것도 안 되는 것도 없는 대미종속의 모습으로는 결코 남북관계의 능동적인 돌파구를 내기가 어렵다.

문재인 정부에서 충분히 할 수 있었던 금강산 관광 재개조차 하질 못하고 미국에 끌려 다니는 듯한 무기력에 북한은 개성공단 사무실 건물 폭파로 대응했다. 최소한의 자주성도 보여주지 못하는 남한 정부에 북한 정권은 기대를 접은 것이다. 하물며 현재의 윤석열 정권이랴!

북한이 미국과의 직거래에 목을 매는 이유다. 미국도 자신의 국익에 남한정부가 끼어드는 것이 불편하긴 마찬가지다. 우리나라가 현재 처한 남북관계 위기와 동북아 안정의 당사자 및 이해관계국으로서 이니셔티브를 취하려면 국제위상과 국격을 반영하는 대미관계 전면재검토와 함께 한일관계를 비군사적 부분협력으로 재설정하는 등 종속적 틀에서 과감히 벗어나야 한다. 한·일 군사동맹? 어림반푼도 없다. 그러나 현재는 난망이다. 대통령이란 사람이 국익을 내주기 바쁘다.

이러다 입은 옷마저 다 벗어주고 알몸으로 길거리에 나앉을지도 모를 지경에 처했다. 대체 어느 나라 사람인지, 국민대표가 맞는지 의문이 생긴다는 사람들이 점점 늘어나고 있다. 임기 5년이 난망하다. 주권국가로서의 자주성은 동맹의존으로 될 일이 아님은 자명하다. 오히려 정세를 주도하고 국익영토를 넓혀나가는 천혜의 호기다. 깨인 시민정신과 수준 높은 민주주의가 다시 지혜로운 정부를 만들어내야 한다.

한국은 북미관계를 미국이 어떻게 요량해 나가는지 구경이나 하는 방관자로 머물 수 없는 당사자다. 미국은 결코 한국의 국익과 민족의 분단해소를 위해 대신 애를 써주는 정의의 사도가 아니다. 어느 나라나 이익관철을 위해서는 극한의 냉혹함을 서슴지 않는다. 외교가 전쟁의 연장인 까닭이다. 우리 하기 달렸다.

미국을 우리의 국익에 따라오도록 끌어내고 4대국 간에 조정자 역할을 할 수 있는 위치에 올라섰다고 본다. 언제까지 동맹이라는 이름으로 인질 잡혀 안보를 내맡기고 경제를 읍소하는 종속국가로 머물 일인가? 내 삶은 내가 지키는 것이다.

트럼프가 재선에 다시 도전하려는 의지가 강한 것으로 알려지고 있다. 그럴 만 하다. 필자는 트럼프를 믿지 않는다. 그의 이력에서 나타나는 부적절한 행적은 아주 많다. 그러나 정치는 도덕군자들이 하는 영역이 아닌 것 또한 사실이다. 그런 이들이 한다. 다만 주권대중이 그들과 언론매체에 휘둘리지 말고 잘 가려 뽑아야 하는 문제가 있다.

잘은 모르지만 트럼프에게 인정하는 부분은 그의 사업적 기발함과 냉정한 손익계산에 따른 과단성 있는 접근이다. 그는 워싱턴 정계에 익숙하지도 빚을 진 것도 없는 일종의 낭인적 정치인이다. 결정하면 주저 없이 일을 벌이는 자유로운 영혼인 것 같다.

그가 다시 미국 47대 대통령에 당선돼서 돌아온다면 김정은과 협상을 했던 회담주제가 새로운 차원에서 재개될 것으로 본다. 바이든은 대통령 자체가 성취목표였다. 무슨 업적을 남기고 세계에 기여하겠다는 의지가 없는 현상 유지론자다.

따라서 그에게 이해관계가 걸린 일부 한국 정치인이나 커넥션이 아니라면 우리가 그의 재선에 기대할 만한 것은 없다. 이도저도 아니라면 한반도와 동북아 정세 변화의 긍정적인 물꼬를 트는 데 트럼프의 재선이 보다 긍정적인 신호를 보낼 수 있다고도 본다.

미국이라는 나라가 人治 아닌 시스템으로 돌아가고, 대통령 권력보다 의회 권력이 더 센 점을 고려한다면 누가 된다고 국가노선에 중대한 변화가 일시에 온다고 보긴 어렵다. 그러나 지도자 소신과 접근방식에 따라 같은 사안도 큰 변화를 가져올 수 있음은 분명하다.

설사 바이든이 재선돼도 선거운동과정에서 상호 정책적 수용성이 높아진다면 대한반도 전략과 대만, 동북아관련 지나와 러시아에 대한 기존의 대결적 국면이 전환될 여지가 있다. 그래야 남·북, 북·미 관계도 숨통이 트일 수 있다. 그 시점에 윤석열 정부 존폐도 변수다.

북·미 협상은 실무회담으로 되는 단계는 지나갔다. 트럼프가 그렇게 판을 이미 깔아놓았다. 정상회담이다. 귀납이 아닌 연역적 방식이다. 위에서 아래로다. 중간 브로커를 막는 방법이다. 우여곡절 끝에 재개된다고 해도 북핵에 관한 한 시간이 많지 않다.

본론에 들어가면 김정은의 단계론, 미국의 일괄 타결론과 무관하게 회담 자체는 시간을 압축하여 진행될 것으로 본다. 30년 동안 간을 보았다. 각기 국내적 상황을 감안할 때 타이밍 관리 압박감이 크게 작용할 수밖에 없다. 서로 기다려주기 어렵다.

'로드맵'이다. 본론의 현실적인 핵심이다. 결과는 그 일정에 성실히 따라가면 된다. 트럼프가 그 입구에서 만지작거리다 선거에 떨어져 무산됐다. 트럼프는 김정은과 싱가폴에서 만나기 직전에 기자들 앞에서 말했다.

"속도보다 올바른 방향이 중요하다. 서두르지 않겠다!"

그건 겉으로다. 그의 말과 행동은 반대였다. 협상에서 바람을 잡는 언사였다. 그는 방향이지만 김정은은 속도가 중요하다. 그가 지금까지 줄기차게 '김'을 들먹거리며 폄훼하는 인터뷰와 트위터를 수도 없이 날리면서도 결국 '김'을 두 번씩이나 테이블에 끌어들인 것은 속도에 대한 언질이었다. 실무에서 합의된 것 없는데 정상회담을 하는 자체가 그 보증이었다.

그가 판문점 방문을 두 번 시도하고 거기서 김을 만나려고 한 것이 다 그것이다. 정치적으로 트럼프는 카드놀이지만 김정은에겐 도박이었다. 정치인은 말이 무기라지만 그 행동을 봐야 진짜 행간을 알 수 있다. 트럼프와 김정은이 즉흥적인 듯 깜짝 이벤트로 판문점 3자 회동이 성사된 것처럼 말하지만 '이면계약'이 있어 가능했던 일이다.

범부(凡夫)도 예정 없는 만남이 쉽지 않다. 그들이랴! 트럼프 속을 아는 이는 알았다. 그가 유엔 안보리를 빌어 벌였던 전면적인 대북제재는 기실 그가 노리는 성과를 조속히 이뤄내려는 이른바 '집중전략'이었다. '김'도 그걸 안다. 그게 바이든이 되면서 진짜가 됐다.

2019년 '2.27 하노이회담'을 형식적으로 '결렬'의 모양새를 취한 것도 트럼프 자신의 말대로 거처야 할 과정일 수 있으나 한편으론 그의 계산된 전술적 행동이었다. 문재인은 그 틈바구니를 파고들어 최대한 영향을 끼치려 했다. 당연한 것이다. 구경꾼이 아니다.

'6.30 판문점 3국 정상회동'을 떠올리면서 그 때 노래 한 곡이 떠올랐던 기억이 4년이 지난 지금도 새롭다. '삼팔선의 봄'이다. 노랫말은 분단과 냉전체제에 복무하는 옛날 노래지만 그때 시점에서 음미하면 의미가 꽤나 다른 곡이었다. 같은 노래라도 시대가 달라지면 의미도 다르게 불리는 게 많다.

'대일 항쟁기' 말기에 불린 일제 찬양가요 '복지만리'나 '귀국선'이 해방이후 만주벌판을 달리던 독립군 투쟁 모습이나, 강제징용 징병으로 끌려갔다가 돌아오는 조선인들의 귀국선으로 둔갑해서 대중의 사랑을 받은 사례는 아이러니라기보다 착잡함이었다.

미국 소련이 그어놓은 삼팔선이다. 거기에 다시 그어진 휴전선 한

가운데에서 만난 전쟁당사국 정상들의 만남은 역사적으로 희귀한 사례다. 남북한 온 겨레가 사방 꽉 막힌 벽에 숨구멍이 뚫리는 설렘을 안고 그날 그 광경을 지켜보았을 것이다. '판문점 남·북·미 정상회동'이다. 2019년 6월 30일 11시였다. 이상하지 않은가?

겨레 문제는 남북정상에서 풀 일이다. 왜 미국 대통령이 끼어야 하나? 모를 것도 없는 수십 년 묵은 자문자답을 그때 또 해보았다. 희망과 서글픔이 동시에 밀려든 '판문점 3자 회동'이었다. 자주성을 잃으면 주권은 껍데기다. 주권 잃은 생존권이 얼마나 처참하게 침탈당하는지, 그 공간에서 날뛰었던 매국앞잡이들의 후과가 어떠한 것인지를 해방 78년이 지났어도 현재형으로 겪고 있는 우리다.

"원한 서린 휴전선에 밤은 깊은데 가신 님 눈물인가 비가 내린다~"

1953.7.27. 휴전협정을 맺던 그날, 판문점은 실제로 종일 찌푸린 날씨에 비마저 내렸다. 그 66년이 지난 2019.6월 마지막 날 판문점은 화창했다. 클라크와 남일이 마주했던 그 자리에 이번엔 당사자 3국정상이 직접 섰다. 그리고 분계선상을 함께 오고갔다.

활짝 개인 봄날 삼팔선 휴전선을 밟으면서 사진을 찍는 행락객들의 광경을 그려본다. 그날은 꼭 오고야 만다. 그래야 하기 때문이다. 머잖아 다시 해빙의 날이 올 것이다.♣

북핵, 예방전쟁과 전쟁불가론 사이

한반도 위기의 본질

"**한반도**… 한반도"… "Korea Crisis"… "Korea Argument!"… 한국
전쟁 이래 70년도 더 된 올드 스토리다. 그럼에도 활화산처럼 쉼 없
이 타오른다. '한반도 위기론'이다. 세계사에 이렇게 오래 타오른 활
화산은 없었다.

연전에 일부 인터넷 빅데이터 분석업체에서 뽑아본 미국 메이저언
론매체들의 국제뉴스 중 중요도와 노출빈도 등을 종합한 비중이 가
장 크게 나온 헤드라인이 「한반도 위기사태」였다. 1991년 소련이 붕
괴되고 세계적 냉전체제 해체 후, 유일한 분단-정전체제 지역인 '한반
도 위기사태' 는 상대적으로 더 도드라졌다.

상시적인 세계의 분쟁지역으로 규정되고 그 파급력이 가장 고도인
화약고가 됐다. 따라서 미국뿐 아니라 서방 언론들의 관심의 초점도
모아지기 시작했다. 월남전 이후 외신의 가장 빈번한 단골이 됐다.

미국의 이라크 침공, 9.11 테러, 알카에다, 리비아내전, 아프칸 사
태, IS와 시리아 내전 등은 매우 중대한 국제적 위협사태이면서도 지
속성에서는 한반도의 상시적 위기성에 크게 떨어진다. '한반도 위기
사태'는 길게는 1950년 한국전쟁 발발 후 73년, 월남전 이후로 쳐도
48년째 계속되는 세계적 헤드라인이다.

베트남 전쟁에서 패한 미국이 다음으로 손꼽은 가장 위험하고도
가능성 높은 전장은 바로 한반도였다. 중동의 경우, 미국 내 정치 환
경에 따른 '아메리칸 헤브라이즘'에 기반한 미국의 절대적 지원과 질
적으로 압도하는 이스라엘 군사력으로 인해 전쟁이 제한적이었다.

소련, 지나가 개입할 힘의 관계가 형성되지 못한 것도 있었다. '미

국일방주의' 지역이다. 그러나 한반도는 다르다. 미·중·러·일 주변4국이 직접 맞닥뜨리는 이해 충돌지역이다. 미국이 '사활적 이해관계' 지역으로 전략적인 격상을 하고, 지나 러시아도 그렇게 설정했다. 다른 분쟁 지역이 국지적 제한성을 지닌 것에 비교된다.

한국과 일본은 미국의 핵우산아래 있다. 여차하면 바로 충돌할 수 있다. 그런데 여기에 각기 양측에 인질로 분할 분단된 남·북한이 있다. 일종의 완충지대로 설정되어 그 역할이 수행되고 있다. 동시에 우발성을 깔고 있는 '임계철선'이기도 하다. 말하자면 주변4국 상호간 양보할 수 없는 이해관계 상충이 격화되어 국지적 군사 충돌이 발생하면 남·북한이 동시에 휩쓸리게 되는 구조다.

남북 겨레 간 무력충돌이 격화돼도 외세가 각기 상호조약을 근거로 개입할 수 있다. 따라서 한반도의 개전은 곧장 전면전이 되고 3차 대전으로 전이될 가능성도 있다. 한 번 발발하면 제동을 걸기 난해한 전략적 에스컬레이터다. 동이조선이 반도로 밀려나고 조선쇠멸로 간도 일대가 상실되면서 떠안게 된 지정학적 유리함이 어려움이 됐다.

한반도 위기의 상수와 변수

남·북한 분단의 현상체제가 변경되기를 원하는 나라는 주변4국 중 아무도 없다. 지금 이대로가 좋다. 통일한국이 필연적으로 어느 한쪽에 유착되거나 붙는 것을 예상하기도 어렵고, 그럴 때 어느 나라가 유리한 정세주도권을 가질지 판단하기도 쉽지 않기 때문이다.

미국의 영향력이 절대화 되는 남한주도의 자본주의 통일국가 출현을 지나와 러시아가 수용하려 들지 않는다. 미국 또한 통일한국과 함께 직접 그 두 나라와 국경선을 접하는 대치전선을 구축하는 부담이 적지 않다. 남북한을 지렛대로 한 역학관계 유지가 더 효율적이다.

미국은 북한의 위협을 명분으로 한 정치 외교 경제 군사적 압박과 협상카드로 동북아~동태평양에서의 전략적 우위를 지키고 있다. 동북아의 적당한 정세 긴장은 남한과 일본 뿐 아니라, 남사군도를 중심으로 한 영해와 해저자원을 두고 지나와 분쟁을 벌이고 있는 동남아-국가들에게도 자국의 무기를 더 많이 판매할 수 있는 시장지배력을 더욱 강화시켜 준다.

동북아~동남아~인도·파키스탄과 산유국이 몰린 중동 아랍권으로 이어지는 거대 무기판매벨트다. 세계 무기시장의 80%가 아시아다. 동시에 세계의 화약고 분쟁지역이다. 이 거대한 무기시장에서 거래되는 60%가 미제다. 이는 부품 정비 등 지속적인 군사협력관계의 기반이자 국제정치. 외교, 경제 영향권에 묶어두는 다면적 국익을 창출한다.

지나와 러시아도 그 반대 입장에서 똑같다. 일본 또한 분할된 남·북한 등거리외교가 저비용 고효율이다. 우리의 분단체제로 조성된 항구적 한반도위기가 일본에는 '평화헌법' 폐기와 군사재무장을 추진하는 원동력이다. 통일된 한반도, 강성한 한민족 국가출현은 이들에게 부담스러운 존재라는 것이다.

"우리는 지금 이대로가 좋아!"

누군가 판을 흔들어 지금 질서를 흩어 놓으면 예측하기 곤란한 위기가 생겨난다. 안정적 '상황 관리'가 필요하다. 이게 한반도 주변4국의 '상수'다. 그런데 중대한 변수가 생겼다. '북한 핵'이다.

1989년 독일이 통일되고 1991년 소련이 소멸했다. 동구공산권도 모두 무너졌다. 급변한 세계정세에 김일성은 다급해졌다. 느닷없는 대충격은 세계가 똑같았다. 그렇게 급격히 무너질 줄은 CIA도 몰랐다.

망할 때는 다 그렇게 한 순간에 맥없이 무너진다. 역사책을 뒤적일 것도 없다. 멀리는 로마가… 가까이는 히틀러가 그랬다. 김일성이 느꼈을 공황을 짐작해 보라! 지나는 1970년대 말 등소평 복귀이후 반은 자본주의로, 무역경제는 미, 서구에 편입됐다.

말하자면 김일성의 북한체제는 한 겨울 허허벌판에 속옷 바람으로 나앉은 꼴이 됐다. 이제는 미국과 직접 상대해야 한다. 자신을 지켜줄 담보는 어디에도 없다. 고르바초프의 페레스트로이카, 글라스노트 정책도 위협이었는데 미국과 지난한 생존협상을 벌이게 됐다. 자본주의 실험단계인 지나, 붕괴된 거대제국을 이어받은 혼란스런 러시아는 제 코가 석자였다. 김일성에게 활로는 미국과의 '평화협정'이다!

휴전협정도 미국과 맺었으니 그걸 대체하는 상대방도 미국이다. '핵무기'는 유일무이한 협상카드인 것이 명확해졌다. 협상을 끌어내려면 이 방법뿐이다. '정전협정'은 말 그대로 임시방편이다. 상황이 달라졌다.

외길 외통수다. 판을 세게 흔들어야 한다! 한반도에 중대 변수가 생겼다. 북한 핵… '북핵'이다.

예방전쟁 시 예상되는 개전양상

사실상 북한에 핵우산을 제공하며 체제유지의 백그라운드였던 소련의 해체는 '북핵'의 실질적인 출발점이었다. 누적돼 온 핵 기술이 무기프로그램으로 전환되는 속도는 빨랐다. 이는 1994년 영변핵원자로 선제타격이라는 클린턴의 제1차 한반도 핵 위기를 불렀고, 2006년 1차 핵실험에 따른 2차 위기로 이어졌다.

그러나 위기상황의 재발에도 북의 핵무기 개발속도는 예상을 앞질러 지금에 이르렀다. 대륙간탄도미사일 ICBM 정교화와 함께 SLBM 이동식 해저순항핵미사일 개발도 이루어냈다. 전략핵과 전술핵을 완성하고 액체연료를 고체연로로 바꾸는데도 성공했다는 평가다.

재래식 전쟁이라면 북한 핵무장을 원치 않는 지나와 러시아의 묵계를 받아 영변 풍계리 무수단에 제한적 무력사용으로 타격을 가할 수도 있었다. 물론 그 또한 한반도 전면전 비화를 피하기 어려운 문제다. 그런데 사정이 또 달라진 것이다.

북한이 타격을 받으면 곧바로 남한 전체는 물론이고, 서울-수도권은 집중 초토화 대상이다. 평택 미군기지와 오산 K-55도 동일선상에 놓여있다. 사드는 사실 지나가 주 대상이다. 남한 전력으로 북한을 그러하듯, 북한도 재래식 전력만으로 남한전체를 쑥대밭으로 만들 수 있다.

1천문에 달하는 중거리 160밀리 자주포 말고도 시간당 2만 발씩 쏟아지는 장사정포의 포탄우박을 막을 방법은 실상 전무하다. 그걸 모두 막는 요격미사일망은 없다. 양측 공히 전략 전술이랄 것도 없다.

초토화 작전 개념을 생각하면 된다. 어느 쪽이든 먼저 엄청나게(반절은 이미 궤멸상태) 두들겨 맞고 반격을 하게 돼 있다. 어느 쪽이 먼저일지는 속단불가다. 순전히 전개되는 상황논리에 달렸다. 전쟁개시에 관한한 남한 패싱은 국제법상 틀린 말이 아니다. 정전협정 당사국이 아니므로 선전포고에도, 평화협정에도 빠진다. 한·미 공조협력은 이쪽 내부 문제다. 북에는 무관하다.

북은 이제 핵무기를 확실하게 틀어줬었다. 지하, 지상, 바다 속, 도로 등 곳곳을 이동하면서 핵무기를 발사할 수 있는 역량을 갖춘 것으로 공인되는 수준이다. 전략 핵무기를 만들 수준이면 전술핵도 상당량 보유하고 있다고 봐야 한다.

"내가 망하는데 넌들 성할 소냐?"

최악의 상황이면 '핵무기'다. 칼집에 꽂아둔 칼이 아닐 개연성은 충분하다. 자고로 권력은 백만 천만 목숨보다 상위의 보위개념이다.

'북·미 평화협정'에 체제담보 사활을 건 북한 권력체의 엄포가 엄포만으로 들리지 않는 이유다. 한번 터지면 그렇게 돌아가게 돼 있다.

한반도에 전쟁발발은 국지전이든 제한전이든, 예방전쟁이든 전면전이든 [전멸전쟁]으로 치닫게 된다는 건 명약관화한 사실이다. 그 범위와 폭풍은 한반도로 머물지 않는다.

문재인 정부가 박근혜 때와 달리 사드4기 추가배치를 선 요구하고, 전술핵 재배치를 구걸하려다 미국의 난색에 철회한 것은 당시 야당이었던 현재 국힘당과 본질적으로 외세의존과 남북 간 대결논리에 궤를 같이 한다는 점에서 보수 민낯의 충격이었다.

그때 국힘당(자한당)은 말할 것도 없고 민주당 일부의원들도 미국 조야에 편지를 보낸다 어쩐다… 장마철 물 만난 고기마냥 설치며 '안보불안'을 충동질 했다. 각자 셈법만 쌍생아 행태였다. 민주당 정권의 기득권 보수성과 수구적 행태가 선명히 드러났던 지점이었다.

사드는 중고도 탄도요격미사일이다. 최고도 150km다. ICBM은 250km다. 한참 위에서 나른다. 성층권을 벗어나 정지궤도 근처까지 올라갔다가 대기권으로 재진입한다. 잡을 수 없는 것이다.

설사 150km 상공에서 요격에 성공해도 폭발 방사능 피해는 지상보다 더 크다. 더구나 성주의 사드는 북한의 ICBM과 너무 붙어있어 '찰나'적 초반시각과 거리에 대한 요격 계산산정이 어렵고 오류 가능성도 높다는 문제가 있다. 요격 방향도 마주 하는 것이 아닌 뒤나 옆에서 쫓아가며 격추해야 한다. 혹여 요격사거리 150km 상공에서 격추에 성공해도 대기권 내 폭발낙진 피해는 최소한 지구표면 절반에 발생한다. 상식적인 개산(槪算) 추정이다.

'ABM'이라야 된다. 그걸로 우주공간에서 격추한다. 스타워즈다. 아

직은 불확실하다. 천문학적 비용이 든다. 사드는 패트리엇 개량형이
다.

여전히 진화중인 무기체계다. 사드의 전략핵심은 초광역 전자레이
더다. 지나·러시아의 절반을 커버한다. 우주 정찰위성과 감시시스템이
호환될 수 있다고도 한다. 북한 화성14호가 고각→저각에 따라 사거
리가 5천~6천km 늘어나는 것과 똑같다. 북한을 감시한다는 미국의
감시망을 언제 지나로 돌릴지 모른다. 지나가 극력 반발하는 이유다.

따라서 사드가 북핵 위협에 대한 남한의 답이 될 수도, 사드배치의
미국 본래목표도 아닌 사실을 문재인은 알았을 것임에도 박근혜의
피동적인 사드수용을 한 술 더 떠 완결하려고 한 것은 이해하기 어
려운 일이었다. 성주 김천 주민안위와 지나의 한국기업들이 당하고
있는 수조 원의 피해를 뺀 대한민국의 국민과 국익이 따로 있는 것
이 아니다.

다수를 위해 소수의 희생을 강요받는 사회가 "사람이 먼저다!" 나
라일 수가 있나? 결국은 한국에서 누가 대통령이 되더라도 어쩔 수
없이 구조화 된 한·미 관계의 주소를 문재인 정부는 솔직하게 보여주
었다.

지금 윤석열 정권은 그 연장선에서 보다 더 충실하게 미국의 이해
관계를 대변하고 있는 꼴에 다름 아니다. 한국 대표 아닌 일본, 미국
대표선수라는 시중의 한탄어린 비아냥 속에는 대한민국의 현재와 앞
날에 대한 심각한 우려가 담겨있음을 알아야 한다.

전쟁의 조건

전쟁은 최후의 결단이다. 거는 자도 막는 이도 처지는 상대적이다.
정치와 외교, 내치와 외치 실패의 막다른 골목에서 벌이는 도박이다.

내부적 압력 탈출구다. 그렇다고 승산 없는 게임에 생사를 걸 수는 없다. 치밀하고 용의주도한 시나리오를 기획해야 한다.

한반도 전쟁 시나리오다. 한 치 오차가 있어도 안 된다. 시뮬레이션을 천 번 만 번 돌리고, 돌다리를 또 백번 천 번 두들겨 봐야 한다. 뜻하지 않은 변수는 제외하고도 그렇다. 전쟁에 개입될 군사 외적인 요소가 도처에 널려있다.

국제적으로도 우리가 생각하는 훨씬 그 이상으로 초국적 다국적 글로벌로 이해관계가 얽혀 있다. 지나의 외화자산 80%가 미국의 부동산 국채 회사채 주식 금융기관 등에 투자 예치 등으로 맡겨져 있다. 자기 나라에는 딱히 굴릴 데가 없다. 90%가 달러자산이다. 달러가 이 덕분에 유지된다. 문제는 한국경제다. 돌이킬 수 없을 정도로 지나에 깊숙이 잠겨있다. 그런데 지나가 달러를 모두 회수하면?

미국은 국가부도가 나고 지나 또한 자신들이 움켜쥔 유가증권은 모두 휴지되고 달러는 날아간다. 그렇게 교역이 단절되면 지나는 미국제 중간생산재가 끊겨 기간산업이 마비된다. 미국은 지나 산 저가 소비재 공급이 끊겨 서민대중의 생활물가가 몇 배 폭등하여 가계가 거덜 난다. 우리나라는? 끼어있는 나라… 말 그대로 중국이다.

그리 되면 유럽 아시아 경제도 대공황에 빠질 수 있다. 우리 경제가 세계 10위권임을 생각하면 현실적인 문제다. 서로에게 '입과 입술' 관계다. 남북관계가 그랬으면 벌써 통일이 되고도 남았다. 북한체제의 폐쇄성과 함께 북한으로 하여금 지나 러시아에 붙어살게 몰아간 문제도 크다. 남북한이든 미국이든 계산기를 잘못 두들겨 일을 내면 그렇게 될 가능성이 농후하다.

선제타격이든 예방전쟁이든 북핵 사태가 진짜로 터지면 그렇게 될 수 있다는 얘기다. 담뱃불이 바람을 타고 순식간에 산불로 비화된다. 걷잡을 수 없다. 미국과 지나가 관리 가능한 한반도 상황으로 공유하는 이득을 넘어서는 것은 절대 원치 않는 이유다.

지금 상황이 경제로 비유하자면 '한계효용체감의 법칙' 최대치인 '이익의 극대화 지점'이다. 여기서 미·지나가 패권다툼이라도 벌이거나 한국정부가 어느 한편에 지나치게 유착되면 상황은 또다시 급변할 가능성은 충분하다. 거기에서 한 발 더 나가는 순간 지금까지 누려오던 플러스가 마이너스로 전환된다.

고단수 고강도의 정치공학이 만나는 지점이다. 남·북·미·중 관계만이 다가 아니다. 미·중, 러·중, 미·러, 미·일, 일·중, 러·일이 긴밀히 연계돼 있다. EU 아세안 NAFTA 나토도 끼어들 수 있다. 저 멀리 우크라이나와 러시아 전쟁에 나토가 한국정부에 자꾸 주문장을 보내오고 있는 것을 봐라! 역설적이게도 한반도 위기를 관리해주는 전쟁 억지력은 바로 이런 '글로벌 위기성'이다. 일어나서도 안 되지만, 전쟁이 일어날 수 없다. 양쪽이 꽉 끼어있다.

전쟁의 징후

전쟁의 징후는 미국이 먼저 보여주게 돼 있다. 한국 내 자국민 25만 명을 일본이든 본국이든 먼저 소개시켜야 한다. 북한에 억류된 자국민(그것도 이주시민권자) 한 사람을 데려오려고 전직 대통령이 평양에 가서 고개를 숙인다. 하물며 30만여 명이다. 몰래 소리 없이 소개시킬 수 있는 일이 아니다. '엑소더스'다. 대탈출이다.

미국인뿐이랴, 일본도 유럽도 심지어는 지나 러시아도 한국에 있는 자국민들에게 그렇게 따라하게 돼 있다. 명백한 전쟁 준비인 것이다. 우리사회의 경제 사회 심리적 대공황 사태는 얘기할 것도 없다. 가진 자들은 탈출러시에 동승하고 일반 국민은 죽기 살기로 뭔가 방책을 찾아나서야 한다. 지도자와 정부판단 선택에 더 맡길 수 없는 것이다.

제 나라 국민을 모두 본국으로, 이웃나라로 빼돌린 상황이라면 미국이 과연 전쟁에서 또다시 자기 군대를 죽음으로 내모는 총력전을 기울일까? 미군은 진정으로 자유민주주의 한국의 수호를 위해 자신의 목숨을 바치면서 싸울 의지가 있을까? 역지사지 하면 답이 나온다.

그런데 우리나라 군 장성이나 지휘관들 중에는 "전쟁이 나면 미국이 대신 싸워줄 것이야. 미군이 있는데 무슨 걱정이야…"를 내뱉는다는 말을 전해들은 게 여러 번이다. 미국, 미군이다. 군의 보수성이 이런 것이라면 문제는 심각해진다. 농담 같은 진담이다.

당나라 군대 얘기로 돌린다. 지금은 그런 얼빠진 지휘관이 없을 것으로 믿는다. 그런데 보수를 자처하는 정치인들 중에는 전술핵이니 핵배낭이니 한국재배치를 주장하는 이들이 많다. 핵 반격도 옵션 중의 하나로 든다. 이들이 그러할진대 軍은 어떻겠나싶다. 군인은 단순하다는 속설이 낭설이길 바란다. '전투는 군인이 하고 전쟁은 정치인이 한다'는 말이 있다.

더 큰 문제는 국내(남한)에 있는 '핵발전소'다. 가동 중인 원자로가 유사시 핵폭탄이다. 북한이 굳이 핵미사일을 안 써도 재래식 장거리 미사일로 명중시키면 그대로 남한 천지는 핵불바다가 되고도 남는다. 일본의 후쿠시마 원전을 보시라! 쓰나미에도 그 지경이 됐다.

관서북부 반경 100km의 내륙과 바다가 방사능으로 죽음의 공간이 됐다. 체르노빌, 보팔은 도시가 소멸됐다. 후유증은 이제부터다. 짧아도 백년이다. 원자력발전소에 폭탄에 터지면 후쿠시마 백배다. 상상 초월 전멸이다. 북핵이 문제가 아니다. '탈 원전'은 절멸위기에 대한 선택의 여지없는 필수처방이다.

그런데 '죽음의 재'가 남한 상공에만 얌전히 머물러 있겠나? 남동풍을 타고 북한으로도 가고, 지나에도 간다. 북서풍 편서계절풍을 타고 일본열도로, 괌 하와이를 지나 미국서부, 캐나다까지 퍼져간다. 남북한 겨레민족은 지도에서 사라지고, 한반도는 금단의 땅이 된다. 방사능이 소멸될 때까지 오염된 숲과 흙에 파묻혀 폼페이나 앙코르와트가 발굴되기 이전 지하제국이었을 때를 생각하면 될 것이다. 어쩌면 대서양 심연에 가라앉은 '애틀란티스'가 될지도 모른다.

일본도 '일의대수'다. 핵재앙은 필연적으로 해일-쓰나미를 부른다. 열도로 밀려가고 지진이 일어나 방사능으로 죽고 바닷물과 땅속에서 묻혀 죽기는 매일반이다. 지나, 러시아, 미국 캐나다 본토인도 수백만 명이 암으로 대를 잇는 고통 속에 죽어갈 것이다. 지구재앙이다.

여기서 묻는다! 김정은이 정신병자일까, 멀쩡한 이일까? 미국은 무대뽀일까, 타산에 능한 장사꾼일까? 미국 북한 주변4국이 이런 상황을 알면서도 전쟁판을 벌일까 말까? '도미노 게임'이 한번 시작되면 멈춰질 수 없다는 걸 알까 모를까? '러시안룰렛'도 '치킨게임'도 아니다.

전쟁이다. 하늘의 조화가 아니다. 인간이 만들어 낸 인간의 일이다. 수천만~수억의 목숨과 생존 터전을 판돈삼아 일을 벌일까 말까? 안 벌일까 못 벌일까? 필자는 인간의 고결함과 우매함을 동시에 믿는다.

세상에 핵무기 가진 나라가 한 둘인가? ICBM 가진 나라만도 5개 나라나 있다. 북핵이 있어 좋을 것도 없지만 있다고 해서 미국이 생사를 걸고 세계평화를 수호하기 위해 전쟁판으로 질러 들어가는 게 나을까? 아니면 그걸로 동맹국에 무기 팔아먹고 FTA 뜯어고쳐 이득도 챙기고 제 나라 무기산업과 농·축산업을 지키는 게 이득일까?

평화와 공존으로 가는 길

남한과 북한은 오랜 세월 제살 깎아먹기 싸움을 관두고 1980년대 말 노태우 정권 때 UN에 동시 가입했다. 평화와 공존의 상호인정이

자 국제적인 법적선언이었다. 비록 각자 헌법에는 서로의 주권을 인정하지 않고 있지만 그와 대등한 국제법적 공존을 택했다.

'한 민족 2국 2체제'다. 남은 건 정전협정을 평화협정으로 대체하는 일이다. 1970년대까지 국제적으로 우세한 지형을 장담했던 김일성의 배짱과 적화전략은 1980년대에 남한과 비슷해지고 90년대에는 역전됐다. 소련과 동구공산권에 무역 대부분을 의지했던 북한 경제는 반토막으로 쪼그라들었다.

사회주의 몰락으로 체제마저 위태로워진 김일성은 평화협정을 간절히 원했다. '적화통일'은 구호로만 남고 체제유지가 급해졌다. 그러나 미국은 급할 게 없었다. 국내 수구기득권도 미국과 한 몸으로 움직였다. 이들은 친일적 사고에 미국국익에 봉사하면서 이득을 챙긴다.

2000년, 김정일은 김대중과의 남북정상회담에서, "남북한이 통일돼도 미군은 주둔할 필요가 있다"고 깜짝 놀랄 발언을 내외에 공표했다. 꿈쩍 않는 미국에 보내는 중대한 메시지였다. 미국은 못 들은 체했다. 국내 수구집단도 속임수라며 비난하고 나섰다.

북한 박영수가 1990년대 남북회담장에서 '서울 불바다' 발언 이후 남쪽에서도 '전쟁 불사론'이 공공연해졌다. 김정일의 선택지는 하나였다. '핵무기'다. '고난의 행군'이 채 마무리도 되기 전에 물자와 인력을 쏟아 붓기 시작했다. 2006년 제1차 핵실험이다. 그게 지금 ICBM이 되고 SLBM이 됐다. 미국이 자신의 이익을 위해 문제를 키워 간 측면이 아주 크다. 얼마 전 국내 보수 일간지가 기획기사에서 주장했다.

"…북미 간 평화협정이 맺어지면 주한미군은 철수해야 한다… 북한은 적화전략에 따라 남침을 하고… 북한이 핵무장을 하면 동북아와 세계에 핵무장 도미노가 일어나고… 포기해도 핵무장은 경쟁적으로 일어난다…."

그 신문의 요지와 주의주장이 헛갈린다. 북한이 핵무장을 하나 안

하나 상황은 같으니 하란 말인지 말란 말인지, 남한도 핵을 하라는 건지 뭔지 아리송한 아무 말 대잔치다. 끝도 역시 하나마나 한 말로 끝냈다.

"…한·미 간 긴밀한 공조로 해결해야 한다!"

미국 손에 달린 예방전쟁, 남북한 손에 달린 통일!

결자해지다. 1944년 5월 히틀러가 죽어 패망하고 세계대전의 주전장은 태평양 일본으로 집중됐다. 소련군이 오고 지나는 장개석과 모택동이 2차 국공 합작으로 대항했다. 스탈린 군대의 일본 본토진입을 막기 위해 한반도에 금을 그어놓은 미국이 풀어야 풀려진다.

전시작전권을 움켜쥔 미군사령관이 반대하면 한국군이 움직일 수 없듯이, 한국 대통령이 반대하면 역시 주한미군도 사실상 전쟁을 수행하기 어렵다. 병력과 무기로만 싸울 수 있는 게 아니다. 한국정부의 군수 병참 물류 이동 지원이 없으면 어렵다.

최악의 경우 미국이 고집해도 핵 재앙을 막을 수만 있다면 미군전쟁물자의 공항과 항만 진입을 봉쇄할 수도 있다. 그 지경까지야 아니겠으나 한국이 반대하는 미국의 예방전쟁은 현실의 대안이 못 된다는 것이다. 그러나 남북한 간의 자주적인 평화통일은 어느 나라도 막을 재간이 없다. 당연하다. 본원적으로 외세간섭의 여지가 없는 것이다.

민족내부 문제이고 따라서 민족의 몫이다. 우리가 잘 풀어나가야한다. 남북한 양 정부당국과 지도자들이 온 겨레 민중의 처지에 서서 진정성 있게 임해야 한다. 자기를 버리는 '멸사봉민'의 참 지도자를 뽑아야 할 책무가 주권국민에게 있다. 지역 취향 감정 따위로 붓두껍을 누린 대가는 가혹하다. 진정한 지도자는 겨레민족의 바람과 소망이 무엇인지 바로 본다. 서민대중의 어려움을 깊이 이해하고 눈물을 함께 닦는다.

외세에 기대는 구경꾼이 되면 그들이 하라는 대로 따라야 하고 당하면 당해야 하는 신세가 되고 만다. 타의로 생긴 분단과 그로 인해 벌어진 동족상잔의 참혹함은 제2의 '국치(國恥)' 다. 겨레의 생존과 자주권을 지켜내고 동북아와 세계평화에 기여해야 할 권리와 책무가 우리겨레에게 주어져 있다.

어느 누구도 함부로 할 수 없게 국권을 확실히 지키면서 혼탁한 주변정세에 적극적으로 임하는 각오를 다져야 할 때다. 북한 세습지배체제도 불인할 대상이고, 남한 내 친일매국세력도 청산해야 할 적폐로 여전히 남아있다. 겨레민중이 두 눈 부릅떠야 한다. 필자 소견으로 한반도 평화 그 중에서도 북핵 문제 해결 방도에는 원론적으로 대략 4가지 정도의 선택지가 있을 것 같다.

첫째 안은, 이란과 리비아가 모델이다. 두 나라는 핵을 포기하고 대신 제재를 풀어 경제를 받았다. 이란은 그런대로 잘 굴러간다. 리비아 카다피는 선택을 후회하며 죽었다.

둘째 안은, 북한과 '평화협정'을 맺고 핵 포기를 달성하는 안이다. 둘 다 현실적으로 쉽지 않은 방책이다. 이미 너무 멀리 와버렸다.

셋째 안은, 핵무기를 인정하고 현 상태로 동결하는 대신 북한을 'NPT'에 복귀시켜 엄격한 통제 하에 두는 것이다. 인도, 파키스탄이다. 현실 인정, 힘의 논리다. 평화협정 여하는 미국 마음이다. 현재 국면에서 위기상태 해소는 지난하다. 신뢰가 많이 훼손됐다. 북핵 국면에서 한반도 긴장은 장기간 지속될 것이다. 이 지점에서 남·북한이 중요하다. 넷째는 전쟁이다. 미국이다. 선제공격을 하지 아니한 북한이 핵보유국이라는 이유로 미국이 전쟁을 벌이는 것은 다른 핵보유국들과의 형평과 명분에 맞지 않다. 승산 또한 불투명하다.

그대가 북한과 미국 역지사지로 한 번 선택해 보시라!♣

'2018평창올림픽' 너머!

2018년 2월, 겨울하늘은 쾌청했다. 그리고 '평창동계올림픽' 폐회식이 아름답게 펼쳐졌다. 어떤 행사든지 개회식은 화려하다. 올림픽, 월드컵 등 세계단위의 큰 행사는 더 그렇다. 눈요기다. 반면에 폐회식은 진한 여운이다. 아쉬움이 진할수록 아름답게 느껴지기 마련이다. 솟는 태양보다 지는 태양이 더 장엄하다.

"한겨울 밤의 꿈!"

미래는 꿈을 꾸는 자의 것이라는 말이 있다. '2018 평창올림픽'은 그렇게 우리나라와 동북아를 넘어 세계 인류평화를 꿈꾸는 제전으로 장엄하게 막을 내렸다. 또 다른 꿈의 시작이어서 장엄이다. 꿈은 소망의 다른 이름이다. 꿈은 이루어진다. 소망이 있기 때문이다.

우리에게 그 꿈은 무엇일까? 분단의 해원상생이다. '2018 평창올림픽'은 평화의 비원을 담은 비나리 잔치였다. 그 소망과 비원의 꿈은 반절쯤 이루어졌다. 진정한 평화와 공존, 통일로 가는 큰 디딤돌을 세계인들과 함께 놓았다. 정성어린 땀과 진정성이 빚어낸 보름간의 드라마가 남기고 새겨 넣은 평화의 비문이다.

개·폐회식에서 보여준 뛰어난 기획력과 우리 예술인들의 창조적 예술성, 첨단의 융합세계를 체험케 해 준 과학역량도 한민족의 문화적 저력과 창조성을 세계만방에 드높인 감동의 물결이었다. 서울올림픽 30년 후의 남북단일팀 출전은 더 큰 감동이었다. 다시없는 평화와 번영의 불씨를 지키고 살려 더 큰 평화의 세계로 나아가야 한다.

인류 대잔치에 다른 나라도 아닌 제 나라가 어렵사리 만들어낸 평화와 화합의 마당에 찬물을 끼얹고 재를 뿌려대는 이들이 있었다는 것은 참으로 개탄스런 일이었다.

세상 웃음거리 만들려고 작정한 것은 아닐 텐데 정략과 당리당략에만 몰입하여 제 나라 정부와 국민이 오랜 기간 힘들게 노력해서 벌여놓은 세계인의 축제마당을 폄하하고 잘못되기를 기원이나 하듯 벌이던 정파적 갈등선동도 말이 아니었다. 그 후도 보는 바다.

그 추운 한겨울에 나라 안 사방천지를 돌아치며 시가지를 누비면서 온갖 악담억설로 제 눈을 찔러대는 막무가내 행태가 온 국민의 눈살을 찌푸리게 했다. 지나가는 단발성 해프닝으로 끝나길 바라는 사람들은 그래도 참고 봐주었다. 그런데 그게 아니다.

요즘은 3.1절 아침에 대놓고 일장기를 내거는 일도 생기고 그걸 옹호하는 사람들로 인해 SNS에서도 다툼이 일어난다. 대통령이라는 사람이 일본에 제 발로 걸어 들어가서 굽신거리며 죄인이 용서를 빌듯 했다. 거꾸로 가는 것도 유만부동이다. 대체 무엇 때문에 갔는지 모르겠다는 사람들이 대부분이다. 그를 찍었다는 이들도 그랬다.

호랑이를 잡으러 호랑이소굴로 들어간다는 말은 있다. 이건 "날 잡아 잡슈~" 하고 제 머리통뿐 아니라 온 국민을 같이 끌고 들어가니 문제는 참 심각한 것이다. 이쯤 되면 이완용에 손색없을 수준이다.

오무라이스나 얻어먹고 그 좋아하는 술잔 부딪치면서 자신이 무슨 말을 하는지도 모를 지경으로 보였다. 다녀왔으면 무슨 보고라도 제대로 했어야 하는데 감추고 싶은 게 많은 것 같다. 전임 정부가 망쳐놓은 것 자신이 해결하고 돌아오겠다던 호언이 어디로 갔나!

이러니 극우 친일이 앞으로도 더하면 더할 태세다. 이제 탁류의 세월을 흘려보내고 청류의 정치문화가 자리 잡도록 주권대중이 좀 더 관심어린 분발심을 낼 때다. 정치는 정치인이 한다지만 그 정치인을 움직이는 것은 결국 주권자다.

최소한의 부끄러움도 망신살 개념도 없는 이들이 말하는 '국익'이 대체 누구를 위한 어떤 국익인지 헷갈려하는 이들이 많다. 이 땅의 소위 메이저 언론들은 이들을 대상으로 스무고개 넘어 오리무중으로 오래전에 컨설팅 해놓았다. 말하자면 PC 제어판이다.

박근혜가 탄핵정국에서 자신에 대한 폭력적 구명활동을 벌이던 극렬 태극기노인들을 두고 "애국활동을 하는 애국단체"라고 했다. 유무죄의 진실을 떠나 사익과 공익 국익 구분개념 없이 혼란스러운 그녀의 정신세계나, 시국인식의 몰역사성에 지도자 부재의 한국정치 현실을 통탄하는 이들이 많았다. 그들의 정치학 개론은 지금도 여의도 슈퍼리그 베스트셀러다.

그 판도라 마당판에 돈 한 푼 받아먹은 일 없다는 '공익의 화신' 이재명이 들어왔으니 판 깨질까, 잠을 자던 호랑이 민심이 깨날까 삼삼오오 맥주집 뒷방에서 갖가지 시나리오를 만들고 지우고 반복이다. 그런데 어디서 본 듯한 느낌은 무엇일까? 태국에서 탁신 총리가 왕실 폐지를 주장질 하다 왕과 군부가 결탁한 쿠데타에 몰려 쫓겨난 일이 기억에 떠오른다.

그를 수천 억 바트 부정부패 죄로 날려버린 그 명분에 지금 그 나라 권력자와 군부세력이 스스로 빠져들었다. 자기함정이다. 방법 없다. 갈 데까지 간다.

틈만 나면 부르대는 "안보~" 장사로 평창올림픽을 '평양올림픽'이라며 김영남·김여정·김영철의 북한 팀 동행방문을 '빨갱이올림픽'으로 둔갑시켰던 '자유한국당'의 정치적 엽색행각은 작금 개명한 '국민의 힘' 당에서도 여전하다. 국권상실 자책론-식민지근대화론에 이어 '식민지 콤플렉스론'까지 들고 나오면서 국민을 열심히 두들겨 팬다.

평창올림픽도 끝나고, 김여정·김영철도 돌아갔다. 문재인도 자신이 임명한 검찰총장에게 뒤통수 맞고 정권을 내주었다. 남북한은 다시 대결 국면으로 삽시간에 돌아 북극 한랭전선이 한반도를 뒤덮고 있다. 세월은 빨리도 흘러간다. 속도에 비례해 세상도 요동친다.

국회의원 총선이 1년도 채 남지 않았다. 정치판은 임기 절반이 지나면 선거 국면으로 접어들기 마련이다. 이들 달력으론 총선이 코앞인 셈이다. 심판과 수성의 날은 점점 다가오는데 또 무슨 꼼수꺼리를 찾아 나서야 할지, 선거구는 어떻게 짜 맞춰야 유리할지 궁리에 궁리다.

코미디 대본도 기승전결이 잘 맞게 짜여야 웃음을 주고 풍자의 짜릿함도 준다. 난다 긴다 세상의 잔머리 협잡객들이 바글거리는 한국 정치판이다. 저마다 제 살 궁리만 고아대는 오합지졸에 웃음을 기댈 국민들이 누가 있겠나! 하물며 감동이랴….

'2018 평창올림픽'이 놓은 다리는 지금도 많은 이들이 오고가도 끄떡없다. 미국 눈치에 절절 매는 윤석열도 바이든이 임기 말 어느 날에 불쑥허니 김정은이를 백악관으로 불러올리든 싱가폴에서 만나든 일을 벌이면 따라 하게 돼 있다. 평창이 밑돌을 깔아놓고 그 다리위에서 문재인-김정은이 이미 세 번씩이나 만났다. 한 번이 어렵지 그 다음은 어려운 일 아니다.

문제는 이쪽이 미국 허락을 받아야 만날 길이 열리는 데 반해 미국은 자신의 국익계산에 따라 한시라도 늘 북한을 테이블에 부를 수 있다는 것이다. 윤석열이 백악관에 머리를 조아리는 형국으로나 그 자신의 정신세계로 보나, 남북한의 그 어떤 대화나 긴장완화를 위한 한반도 문제해결의 주도적 역할은커녕 최소한의 역할조차 어렵다는 점은 우리에게 위협이다.

머잖아 북·미가 다시 우리들 머리 위로 오고 가며 악수도 하고 비싼 호텔에 함께 가서 밥도 같이 먹으면서 만날 일이 생기게 돼 있다. 문재인이 청와대에서 김여정과 밥을 먹은 일은 일도 아니게 돼 있다. 트럼프가 벌여놓은 일이 있다. 다음 만남은 더 진전이다.

이때 윤석열이 어떻게 대처하고 대응할는지 몹시 근심이 드는 대목이다. 지금 당장, 내일 새벽에 무슨 사태가 날는지 어떤 속보가 잠을 깨울지 모른다. 술 취해 잠들어 제때 일어나긴 할 건지 그게 화급한 염려다. 대북프로그램이 있는지 조차 의문스럽긴 하다.

이명박 '북한인민 3천불'… 박근혜 '대담한 프로세스 베를린 선언' 같은 앞뒤 없는 자기정책 모순성을 뜬금없는 언론플레이로 관행 삼았던 그런 것마저 이 정부는 아직 없다.

"평창은 평화다!" 이 불씨를 잘 지켜나가는데 이 겨레의 미래가 달렸다. 여야 정파 어느 정권이든 똑같다. 무기를 팔아야 먹고 사는 미국의 '평창'은 불편했다. 북한을 제후국쯤의 방패막이로 삼는 지나 중국의 이중플레이도, 남의 나라 안보를 자기 정권의 지렛대로 삼고 배 놔라 감 놔라 호가호위하는 섬나라의 재외국민 탈출도상연습도 정말 목불인견이었다.

'평창올림픽' 뒤뜰에서 벌이는 그들의 자작 외풍에 '평창'은 흔들렸다. 이때 다시 등장한 말은 그 의의와 함의가 신선하고 비장했다. '민족자결', '자주 자강'이다. '한반도 운전자론'은 누가 붙인 이름인지는 몰라도 지극히 당연하고 적절한 표현이었다. 내 땅을 사지 멀쩡한 내가 내 차로 운전해 가겠다는 것이다. 내가 운전도 못할 장애인도 아닌데 남이 내 땅 내 차를 자기가 운전해서 데려다주겠다는 말이 제대로 된 생각인가?

"그래, 어디 잘하나 두고 보자!"

제 땅에서 어렵사리 막을 올리는 '동계올림픽 평창'을 두고 악의를 가득 담아 남의 말을 하듯, 강 건너 불 보듯 식으로 이죽거리는 이들이 전국 방방곡곡을 돌며 재를 뿌려대는 형상은 같은 동족으로 보기 어려웠다. 흔들리는 '평창'을 잡아준 것은 북한이었다.

김정은이 2018년 신년사에서 올림픽 참가를 시사하고 며칠 후부터 전격적으로 구체적인 제안과 행동으로 나왔다. 그리고 20여일 사이에 일사천리로 확정됐다. 남북한이 합의를 해버리니 IOC도 바로 수용했다. 평창올림픽은 비로소 '평화올림픽'이라는 상징성을 확실하게 확보했다. 상황진전은 급기야 미국 대통령 트럼프와 김정은이 사상 최초의 북·미 정상회담을 하노이 싱가폴 판문점에서 세 번이나 벌이는 역사성을 창출했다. '하노이 결렬'이라고 하지만 현재진행형이다.

다음 번 북·미 정상회담 진전을 위한 의제로 살아있는 것이다. 북한의 존재감은 국내보다 해외에서 더 크게 보인다. 특히나 우리나라가 주최하는 세계단위의 행사에 북한의 참가여부는 대단히 큰 상황변수로 작용한다. 성패가 왔다 갔다 하고, 대회 의미가 달라진다.

'88서울올림픽'도 그러했지만 '평창올림픽'이 대표적 사례다. 북한이 참여하고 아니 하고는 결국 평창올림픽의 성공여부를 재는 결정력이었다. 북한이 비단 선수만 보낸 것이 아니라 여자 아이스하키 단일팀 구성 협력, 대규모 응원단과 연주단을 보내 '평화올림픽'과 '세계평화에 기여하는 평창올림픽'이라는 주제가 진정으로 빛을 발하고 현실화됐던 사실이 그 의미성을 체득하게 해주었다.

이런 것이 하루아침에 이뤄지는 것이 아님은 분명하다. 1991년 일본 지바세계탁구선수권대회에서 남북한 여자단일복식 팀 우승을 비롯해 이후 많은 단일팀 출전경험과 농구 축구 서울-평양 친선경기, 남북한 대중예술인들의 교류 공연 등이 거름되어 가능했다.

오랜 시간이 걸리고 그 세월동안 차곡차곡 신뢰가 쌓여서 비로소 이루어지는 일이다. 무슨 기념일마다 연례행사로 떠드는 '불쑥 제안'은 자기정치에 불과하다. 상대에게 진정성이 보일 리 없다.

그 총체적 기초를 깔아놓은 것이 김대중, 노무현의 남북 정상교류와 정주영 소떼 방북, 금강산관광, 개성공단이었다. 핵심은 안보와 평화였다. 이를 통한 지속가능한 남북협력과 긴장완화-평화공존의 구조 설계였다. 이것이 이후 한국정부 의사와 상관없이 국익과 현상유지를 내세우는 외세 개입으로 깨지고 무산되는 내외정세에 좌절도 크다.

개인도 국가도 부침은 있기 마련이다. 지금 멈춘 듯 정지화면으로 보여도 도약의 에너지를 내부에 차곡차곡 충전시켜가는 과정으로 보면 된다. 그 시점까지 관리가 중요하다.

'평창올림픽'은 '한반도 운전자론'의 실체적 정당성과 정치적 효용성 그리고 민족적 자긍심을 확인해 주는 중대한 기회였다.

"세상에 정치 아닌 정치는 없다… 살아가는 모든 것이 정치의 대상이다…."

마키아벨리, 막스·베버의 정치 교과서 첫 머리에 나오는 격언이다.

올림픽은 밀당과 협상, 담판과 타협이 교차하는 고단위 국제정치의 場이다. 나라대 나라 관계가 운동선수끼리만 모여 시합을 붙는다고 화합과 평화가 만들어지는 게 아니다. 운동장에서 벌어지는 시합은 경쟁이고 싸움이다. 일종의 전쟁이다. 그런데 왜 '화합과 평화'일까?

거기에는 권력자들이 모이고 정치지도자들이 모여든다. 세상의 내노라 하는 기업들도 몰려온다. 정치판이 벌어지고 대규모 비즈니스 시장이 열리는 것이다. 거기서 화해도, 긴장 완화도, 휴전도 성사된다.

통상 문제도, 글로벌 초국적기업들의 합종연횡도, 마찰도 실타래 풀리듯 풀릴 수 있는 것이다. '평창'이 엄중한 한반도의 상황에서 그런 호기를 만들어내는 평화의 마중물 노릇을 한 것이다.

정부와 국가지도자의 한반도 평화에 대한 강한 소명의식과 북한의 참여를 이끌어낸 정치적 의지와 역량도 중요한 분기점이었다. 이것이

결단과 행동으로 실행된 결과다. 동시에 촛불혁명의 주역인 민중들의 평화올림픽을 바라는 간절함의 반영이기도 했다.

민주정부의 강한 실행력 요체는 국민적 지지다. 전쟁도 평화도 상대는 적장이다. 곱고 미움의 문제가 아니다. 원수와 복수의 문제도 아니다. 그 너머의 문제다. 생존 공존이다. 그런 점에서 젊디젊은 북한 지도자를 두고 벌써부터 '포스트 김정은(북한권력체)'을 대외적으로 논하거나 운위하는 것은 전략적으로 바람직한 것이 아니다.

병으로 죽을 일도 아니라면 자칫 외부 개입으로 비칠 요인을 스스로 노출하는 것이다. 그건 명백한 주권 침탈에 내정간섭이다. 상황전개에 따라 지나의 대 한반도 전략 본색이 본격적으로 드러날 수도 있는 위험성이 있다. 남북한 사이 갈등이 최악의 상황으로 치닫거나, 미·일동맹 군사대국화가 북한과 지나에 압박강도를 높일수록 한반도 위기가 높아지고 분쟁도 피하기 어렵다.

'호가호위' 철없는 병역미필정권의 냉전구호가 인계철선이다. 미국, 지나의 분쟁개입으로 북한 땅 반절이 지나에 병합되는 '동북공정'의 종착점이 현실화되는 계기로 작용할 수도 있다는 엄중함을 모른다.

어느 쪽이든 우리 민족에게는 회복하기 힘든 불가역적 치명상을 입는다. 행동심리학적으로 이해가 어려운 이들의 의식구조와 정치타산이 탄탄한 기본세력을 유지하고 있는 것은 머리에 인 폭탄이다.

남과 북이 통일을 논하기 전에 협력이 절체절명의 화급한 사안인 연유가 여기에 있다. 믿을 건 우리의 힘이다. 공멸이냐, 통일이냐?

어떤 경우의 수도 국민과 잘 뽑은 지도자에 달렸다. 우리민족의 역량과 저력은 '평창올림픽'에서 또 한 번 유감없이 발휘되고 세계인이 놀라워했다. 내 가족을 사랑하고 내 나라 내 민족을 사랑하는 겨레다.

외세침탈에 맞서 싸우며 강토를 지켜온 남북한 겨레민중이 앉아서 당할 민족이 아니다. 개인은 가도 민족은 영원하다. 평창올림픽이 끝난 지 5년이 됐다. 밤하늘에 불꽃 휘날리며 타오르던 그날의 성화는 한반도의 운명과 역사를 새롭게 쓰는 거대한 평화의 장이 되어 우리 가슴속에 횃불로 오롯이 담겨있다. 다시 훨훨 타오를 것이다.

'평창'은 새로운 시작이다. 평화는 계속된다. 계속되어야 한다!♣

| 3장 | 어제로부터 이어진 미래

트로트의 恨과 힘

'칠갑산'

'**계면조**(界面調)'라는 선율은 우리민족의 전통음악 가락이다. 말 그대로 노래가 구슬퍼서 '얼굴에 눈물을 흘리는… 영탄조'의 곡조다.

오늘날의 대중음악 '트로트'다. '칠갑산~♪'이다. 칠갑산은 계면조-단조음악-3박자를 모두 갖춘 트로트가요다. 판소리와 남도민요 등 전통음악 계면조가 트로트 계면조로 이어진 전형이라고 할 것이다.

민족정서와 음악적 감수성이 시대변화에 맞추어 변화되면서도 그 알짬은 계승되고 이어지고 있는 것이다. 말과 글 음식과 노래 등 오랜 세월 역사적으로 형성되고 이어진 정체성은 문화적 유전자로 굳어져 외래문화의 창조적 수용력에 뒷심이 되는 동시에 그 알짬은 변화발전의 중핵으로 자신을 지켜간다. 개체의 세포는 생성-소멸-재생돼도 자아정체성은 변함없는 것과 같은 이치다.

'계면조'는 조선조 세조실록에 기록돼 있다. 그의 아들 성종代에 왕실소속인 '장악원'의 연주곡목록을 망라한 집성본으로 편찬한 成俔의 '악학궤범'에도 나오는 정악(正樂)음악의 대표적인 곡조다.

'악학궤범'에 수록된 '처용가'가 무가(巫歌, 무속의 서사시적 노래)로 사용되었기 때문에 그 '계면도르샤'가 무속의 '계면돌기'와 관련이 있음을 알 수 있다. 무당이 새신(賽神:굿)을 위하여 일정한 지역을 돌아다니면서 걸립하는 것을 '계면돌기'라 한다.

또한 동해안 별신굿이나 강릉 단오제 등에 있는 계면굿 절차에서도 무당이 구경꾼에게 나누어 주는 떡을 '계면떡'이라고 한 것으로 보아 무가에 관련이 깊은 것으로 추정된다. 구슬프기 짝이 없는 계면곡조는 생전이나 사후를 막론하고 애달픈 인생사를 넋으로 위로하는 '씻김노래' 곡으로 무가와 관련이 있다고 볼 것이다.

조선 중기 허균(許筠)도 '성소부부고(惺所覆瓿藁)'라는 문집에서 "김운란이 아쟁을 잘 타서 사람의 말처럼 하였다. 그 계조를 들으면 사람들이 모두 눈물을 흘렸다."라고 기록하여 계면이 슬픔을 나타내는 곡이라고 하였다. 임란 이후 이른바 실학의 기풍이 태동하는 초기, 이익(李瀷)은 '성호사설' 속악조(俗樂條)에서 "계면이라는 것은 듣는 자가 눈물을 흘려 그 눈물이 얼굴에 금을 긋기 때문에 붙여진 이름이다."라고 설명하였다.

따라서 '계면조 음악(노래)'은 민초민중의 애환이 서린 삶을 대변하는 우리 민족의 음악적 서사시라고 할 만하다. 조선왕조 이전 아주 오랜 옛날부터 이어지고 계승된 민초의 정서가 음악적으로 오롯이 민족적 정체성으로 자리를 잡은 사례라 할 수 있다.

'**계면조**'가 많이 쓰이는 영역은 판소리다. 판소리 마당의 악기는 북이다. 장고가 더러 보조 역할을 하기도 한다. 그런데 판소리는 조선 정조 이후 중·후기에 본격적인 장르로 시작되고 자리 잡은 민초민중 즉 '백성의 음악'이다. 왕실에서 판소리를 하는 건 상상할 수 없는 일이었다. 조정과 양반들의 폭정 착취 비리를 풍자 조소하는 가사가 그러하다. 그런데도 조정은 정치 전략적으로 묵인해주었다.

일종의 환기통 구실로 놔둔 것이다. 사방을 막아놓으면 폭발한다. 혁명이다. 진주민란 홍경래 민란 동학농민전쟁 등을 겪으며 판소리는 더욱 민초의 음악이 됐다. 물산이 풍부하고 평야와 해안을 낀 전라도와 그에 인접한 경상도 남해안이 수탈착취의 주된 마당이 되면서 역설적으로 발전했다.

지리산을 경계로 여성적인 서편제와 동쪽의 동편제로 나뉘며 기호지방~황해도 등으로 북상했다. 아이러니하게도 조선왕조가 쇠락할수록 판소리는 민초의 사랑을 더욱 받았다. 일제강점기에도 장돌뱅이를 자처하며 함경~평안도에서 제주도까지 방방곡곡 배우는 이들이 퍼져 갔다. 그러나 앞에 언급한 바와 같이 농경민족 특유의 고단한 노동요와 계급 착취의 저항 의식이 체념과 뒤섞여 오래 전부터 면면히 이어져 온 것이 조선 후기에 세계적으로도 독특한… 당시 관점에서 민요와 더불어 대중음악의 주역으로 자리 잡은 것으로 볼 수 있다.

그런 전통의 바탕위에서 민초백성을 위무하는 차원으로 전화하여 왕실에서 '연주곡'으로 발전시켜 온 것이다. 장악원에서 연주하는 계면조 곡의 연주 담당은 악기다. 노래는 판소리로 구슬프고 애달픈 내면을 표현할 수 있지만, 연주로는 현(絃)악기만한 게 없다. 가야금 거문고 아쟁 등이 그렇다. 괄시받는 계급적 하층인 무당의 무가가 왕실 전속악단인 장악원의 정악 연주곡 목록(레퍼토리)에 중요한 곡조로 대접받고 있는 사실은 무엇을 말하는 것일까?

여기서 소위 '무당'에 대한 어원적 역사적인 생각을 아니할 수 없다. '무당(巫堂)'이라는 말은 우리의 사서에 나타나지 않는다. 무·무인·무격·무녀라고 나온다. 서울·경기도에서는 기자·만신·박수, 호남에서는 단골·단골레, 영남에서는 무당·무당각시, 제주도는 심방이라고 했다.

무당은 신령과 단골을 중개하여 인간의 문제를 풀어내는 무속의 종교전문가로 '점바치'라고도 불렸다. 흔히 무당이라 하면 격렬한 엑스터시를 전제로 하여 춤과 노래로서 신령을 불러들이고 놀려서 인간의 여러 문제를 풀어버리는 '선(旋) 굿'의 종교 직능자를 연상한다.

그러나 깊은 산속에서 명상과 참선을 수반하는 수행자로서의 일생이 삶의 본래 모습이었다. 말하자면 원시~고대 국가에서 절대적인 권위를 행사하는 제사장이요 사제자(司祭者)다. 그게 신권(神權)중심에서 왕권 중심체제로 변이되면서 여사제 무녀계급이 일종의 민중적 미륵신앙을 대변하는 민초의 대행자로 내려앉은 것이다. 이게 '대일 항쟁기(일제 강점기)'에 소위 '무당'으로 일반화됐다.

이 용어를 전파시킨 데는 그만한 이유가 있다. 조선의 독립의지를 원천적으로 제어하기 위해 조선의 민족종교와 전래신앙을 모두 '미신(迷信)'이라는 신조어를 만들어 유포시키면서 '무당'이라는 명칭과 연계시킨 것이다. 따라서 영남일부에서 간헐적으로 쓰던 '무당(큰 무녀라는 뜻)'과 신조어 '미신'이 해방 이후에도 계속 쓰이면서 용어와 의미가 왜곡된 채 역사성을 상실해버렸다. 이런 사례는 아주 많이 남아 헤아릴 수가 없다. 이것저것 다 빼면 말과 글을 쓸 수 없을 지경이다. 본고 2부3장에 올린 '이것이 식민지 언어'를 참고하길 바란다.

오늘날 한국가요의 장르가 트롯 팝송 포크송 발라드 힙합 등으로 다양화되긴 했지만 그 기저는 트로트정서다. 대중문화는 말 그대로 대중의 삶이 녹아있는 감성과 정서에 최대한 맞춰야 살아남는다. 유행가든 대중가요든 대중음악은 특히 더 그렇다. 장르는 분화가 돼도 체질화된 민중의 삶의 정서를 벗어나긴 어렵다. 계면조-단조-트로트다.

혹자는 '대일 항쟁기'인 1920년대에 일본의 '엔까'가 들어와 시작된 개화 음악이라고 하는데 뭘 잘 모르고 하는 얘기다. 그 시기 식민조선에는 계층적으로 제한적이긴 해도 이미 유럽 정통리듬인 샹송과 라틴계(중남미 원조) 댄스음악인 칸소네 탱고 룸바 맘보 차차차 보사노바 삼바 등 대부분의 유럽리듬이 들어오기 시작했다. 식민지 개화 조선의 음악가들은 이를 직수용하기 시작한 것이다.

식민치하라는 특수성과 문화적 개화선진지라는 우월감으로 인해(요즘 미국노래를 원어로 부르면 고급적이고 유식한 것으로 보이듯) 엔카를 우리말로 번안해서 부른 노래가 1930년경에 조선에 처음 등장(채규엽)했으나, 그 이전 1920년대 초부터 전래의 '3박자 리듬'을 현대적 트로트멜로디 곡으로 변용시킨 대중가요 '낙화유수' 등 조선 음악인들이 작사 작곡 취입한 노래들이 먼저 등장했다.

단조에 장조를 섞은, 우리의 민요 판소리가락에 폭스트롯 서양 리듬을 혼합한 다소 느린 템포의 현대적 대중가요를 창작 발표하기 시작한 것이다. 그것이 한국(조선)의 '트로트' 음악 효시다. 이 트로트 리듬과 곡조가 일본 엔카라고 알고들 있는데, 일본에서 만들어진 것 아니다. 미국이다. 1910년대 중반 미국에서 '폭스트롯'이란 리듬이 처음 만들어져 대중의 호응을 받으면서 전파 유행되기 시작한 서양리듬이다. 우리나라 트로트가요는 지금 '뉴 트로트'로 대폭 넓혀졌다.

일본 엔카 영향은 1960년대 이후 사라졌고 미국과 라틴계 중남미 리듬을 많이 받아들여 그쪽 영향이 훨씬 크다고도 볼 수 있다. 지금도 국내 사교댄스 계에서 폭스트롯은 블루스와 함께 즐겨 쓰는 리듬이다.

폭스트롯트(트롯)은 일본을 거쳐 들어온 게 아니라 1910년대 후반에 바로 들어왔다. 미국에서 창안된 폭스트롯이 불과 3년여 시차를 두고 들어온 것이다. 우리의 전통가락 리듬에 서구최신 '트로트' 리듬이 결합되어 한국 트로트가요의 새로운 지평이 열렸다. 일본은 전통 '가부키 엔카'를 '폭스트롯' 리듬에 맞춰 개사해 부르기 시작한 것이 1920년대 시작된 오늘날의 일본 '엔카'다.

위에 언급한 1930년경 채규엽의 일제 엔카보다 10여년 앞서 이미 조선의 트로트 가요가 등장했던 것이다. 일본 엔카는 폭스트롯 중에서 느린 리듬을 채용했다. 그만한 이유가 있다. 도꾸가와 막부정권 이래 발전되고 이어온 연극음악(일종의 뮤지컬쯤)인 '가부키' 전통 엔카의 리듬 때문이다. 따라서 일본의 엔까는 양식이나 리듬 템포 등이 고정적이다.

한국트로트는 그때나 지금이나 리듬 템포 음계 등에 있어 특별한 양식이나 정해진 틀이 없다. 빠르게 느리게 슬프게 경쾌하게… 다양하고 임의적이며 자유롭다. 일본인들이 한국트로트에 열광하는 이유다. 따라서 우리의 트로트음악은 엔카와 무관하게 당시 조선 신 음악인들이 개척한 새로운 현대적 영역이었다.

설사 미국원산 폭스트롯 리듬이 혹여 일본을 거쳐 식민조선에 흘러왔다고 해서 '엔카'가 곧 트롯이라거나 한국트로트가요의 원조라는 주장이나 오인은 논리적으로나 실제에 맞지 않는 것이다. '팝송'이 일본을 거쳐 한국에 왔다고 그게 일본가요가 아닌 것이다. 리듬의 공통성을 깔면서도 각각의 문화토양과 대중음악정서에 변용 수용되어 한국트로트가요, 일본 엔카로 발전해 가면서 일정하게 영향을 주고받은 것은 별개의 문제다. 주고받는 게 없는 문화는 없다.

이미자가 부른 '동백아가씨' 등 수많은 히트곡이 1970년대 박정희 유신정권 때 곡조가 "왜색"이라며 방송금지곡으로 묶였다. 위에 언급한대로 우리의 가요발전사를 제대로 알면 서영춘-이주일도 나자빠질 무지막지한 정치코미디였다. 그렇게 하명을 받아 골라내고 낙인찍은 이들이 같은 업종의 작사 작곡가들이다.

이름을 대면 알만 한 업계 유명인들이었다. 공통점은 이들이 일제 말 친일가요를 수도 없이 만들어 가수들을 이끌고 일본군 병영을 돌며 적극적으로 위문공연을 하고, 한국전쟁 당시 전시가요, 진중가요를 대량으로 만들어 납품한 어용전력으로 점철된 종군음악인들이었다는 사실이다. 이들이 유신시대에 또 다시 총대를 맨 것이다.

'칠갑산'은 멜로디 정서 박자에서 우리의 오래된 전통가락을 이어받은 트로트가요이자 우리가요 '곡조'의 고전이다. 특히 옛부터 이어져 온 전통의 '3박자' 노래임은 앞에 말했다. 4박자 못지않게 3박자 트로트도 많다. 장음계 요나누끼 음계 2박자인 엔카와 다른 한국트로트의 특징이다. 1920~30년대 민요풍가요는 모두 전래의 3박자다. 조선트로트가요 낙화유수, 희망가, 강남제비, 사의찬미, 황성옛터, 타향살이 등 대부분이 그렇다.

'황성옛터'나 '타향살이'를 두고 일부에서 요나누끼 음계를 사용한 엔카류라고 하는 이도 있다. 그러나 이 노래는 엔카 2박의 빠른 노래가 아니다. 3박에 우리의 전통민요 가락인 느린 곡에 계면조다. 2박자가 엔카 고유성도 아니다. 전 세계 보편적 리듬이다. 여전히 臣民이다.

1950년대의 청실홍실, 고향초, 나 하나의 사랑, 검은 장갑… 60~70년대 서유석의 홀로(독도)아리랑, 한상일 웨딩드레스, 조용필 한 오백년 등 많다. 동요 곡으로 반달 어머니마음 과수원길이 대표적이다.

트로트가 칠갑산류 뿐이랴! 조용필이 '샤우팅 창법'으로 부른 '한 오백년'은 민요와 트롯가요의 융합곡이다. 계면조민요의 트로트 식 계승곡이다. '샤우팅 창법'은 강한 '뱃심호흡(복식호흡)'으로 나오는 기운을 목으로 끌어올려 입으로 끓여내는 진한 허스키다. 민요가 그렇고 특히 판소리는 그 극한이다. 그래서 힘들다.

예나 지금이나 이런 창법을 구사하기 위해 폭포수 아래서 훈련을 하여 득음을 이루려는 예술인들이 있다. 록발라드를 구사하던 1980년대 혼성듀엣 '도시의 아이들' 남성보컬이 부른 "내일이 찾아와도~♪" 또한 대표적인 그런 창법이다. 이 창법의 원조가 '판소리'다.

주병선의 '칠갑산' 조용필의 '한 오백년' 위일청의 '내일이 찾아와도~♪' 는 계면조 감성창법의 대표적인 현대적 변용트로트다. 조용필

나훈아 등 당대의 대중가요 최고봉 트로트가수들은 미국식 리듬을 접목하는 한편으로 아예 판소리를 배워 자신의 노래를 새로운 영역으로 업그레이드시켰다. 이후 현재에 이르기까지 한국가요계는 뉴 트로트 전성시대다. TV방송에 트로트가 넘쳐나고, 초등생도 가세한다. 최근에는 성악 뮤지컬 가수들도 너나없이 경연에 뛰어들고 있다.

트로트라는 이제 한국 것이 됐다. 트로트=코리아다. 트로트와 우리의 전통음악은 '호환' 관계이자 한국대중음악의 밑돌이다. 글로벌시대 변화무쌍한 취향의 흐름 속에서도 면면히 이어지는 민족적 전통가락과 정서를 민초민중이 여전히 원하고 있기에 가능한 현상이다.

민중의지지 아래 생명력을 유지하는 대중문화, 특히 대중가요가 그 민중의 요구를 모른 체할 수 없는 노릇이다. 살아남기다. 창조적 계승발전은 그런 바탕위에서 생성되고 진화된다. 그런 토대위에서 한국대중가요의 세계화도 이루어진 것이다. BTS다. 아이돌이 중얼거리듯 부르는 긴 노랫말로 가사도 미국음악의 차용이라고 생각하기 쉽다. 작사·작곡자 의도를 아는 바 없으나 그 기저는 판소리에 닿는다.

한국트로트 대중가요계에는 판소리와 민요계 출신 유명가수들이 여럿 있다. 판소리 장원 출신 장사익, 유지나가 있고 민요 출신 김용임이 펄펄 날고 있다. 장사익은 항시적으로 중저음에서, 유지나 김용임은 곡에 따라 고음으로 올라갈 때 샤우팅 창법을 쓴다.

요즘 신진보컬도 고음의 절정지점에서 이 창법을 발산하여 관객들에게 감동어린 전율을 안겨주기도 한다. '불후의 명곡' '나가수' 등 가수들끼리 경연하는 TV프로그램을 봐도 젊은 가수들이 전통트로트를 저본으로 해서 다양한 리듬과 멜로디 변주를 입힌 편곡을 해서 부르는 경우가 많다. 계면조 음악의 대중적 정서가 그만큼 넓어 반응도 크게 오는 것을 아는 것이다.

현미 패티 김 박재란 한명숙 등 60년대 스타 여가수 노래도 위의 경우와 시대는 달라도 같은 맥락이다. 배호를 트로트발라드, 차중락을 록발라드 가객이라면 김정호는 정통국악트로트, 나훈아 조용필 장사익도 정통트로트의 적자다. 이들을 원조 '뉴 트로트'라고 부른다.

요즘은 1970년대를 풍미한 포크송 가수와 이른바 70~80 노래도 이에 질세라 '포크 트로트'라고 이름 붙이더라!

클래식 음악만 '예술'이 아니다. 그런 생각은 시대를 거스르는 계급적 편견이다. 대중문화 대중음악인 또한 그들 못지않은 예술적 혼과 열정을 지닌 예술인이다. 그 중심에 변화무쌍한 유행가요를 넘어선 트로트가요 있다. 장맛은 묵은 맛이라고 했다.

그 질긴 생명력 안에는 오랜 세월 함께 했던 민중의 삶과 애환이 녹아있다. 그 속에 우리의 문화사가 있고 세대를 이어주고 공유해온 음악적 정서가 깔려있다. 칠갑산을 부르면 시원한 눈물이 난다.♣

돌과의 대화… 진화와 진보

중세 기독교 세력이 압도적인 지배 권력으로 서구문명을 주물러 오던 19세기초반까지 고등지능을 지닌 인간의 지구상에 등장배경은 이른바 여호와의 창조론에 근거한 피조물로 처음부터 고등생명체로서 시작되고 이어져 온 것으로 믿어온 진리였다.

우리나라의 고대사서인 [단군세기]를 보면 '여와'다. 여와는 투르키예, 헝가리 등 동이9족의 하나인 돌궐이 민족대이동을 하면서 함께 따라간 동이단군 한울 이름이다. 이게 여호와로 전이된 것이다. 크게 보아 환국시대 8대문명 하나인 수메르문명 일파인 바빌론-유대문화다.

우리의 고대사서는 물론 환국~배달(바타르)국~단군겨레(탱그리구리→코리→카레이)국의 광대한 사백력(시베리아)-바이칼~동아시아~소아시아~지중해의 옛 12연방 연맹에서 구전으로 면면히 전승돼 온 한울(하느님)인 '여와'가 그 중 하나인 바빌론에서도 천자, 천손민족(동아시아 족)설화를 그대로 담아 건국설화가 됐다. 이것이 유대인의 400년 바빌론포수가 끝나고 제 땅으로 가져가 창조신으로 삼은 것이다. 기독세계의 탄생이다.

기독교 세계관에 부딪치는 인간의 지혜와 의문 그리고 과학은 지극히 제한된 영역에서 존재하고 엄격한 검열의 벽이 처졌다. 경전과 신학교리가 교과서와 역사서를 대신했다. 따라서 거기에서 도출된 결론은 사실의 영역에서도 진실이 되고 거역할 수 없는 진리가 됐다.

자유로운 영혼을 지닌 인간의 고등지능은 사회·정치적 존재로서 피할 수 없는 집단화·조직화된 권력의 하위유기체에 머무는 숙명을 지닌 채 기독문명에 휘둘려 왔다.

단군은 차음(遮音)이다. 옛 한자는 모두 소리글자로 읽는 운(韻)이다. 이두다. 뜻으로 새겨 읽는 훈(訓)문이 아니다. 단단 탄탄 타타르로도 불린다. 배달은 바탈-(울란)바토르-영웅이 머무는 신시… 겨레는 구리(*'려'…는 강점기에 개작됐다는 지적도 있다)-코리아로, 중앙아시아의 카레이(스키) 원어. 이병도는 이것을 박달나무+임금 군의 훈(뜻)글자로 읽었다. 그의 해석은 모두 그런 식이다. 지금도 엉터리 그대로 가르친다.

한자古語는 100% 차음이다. 운문으로 읽어야 제대로 보인다. 카자흐 헝가리 사백력 등 언어풍속이 우리말 우리문화인 줄 알게 된다. 환인환국12연방-신시배달겨레국(동이구족:九桓=九夷=퉁구)→단군조선(삼한-72당골레)다./*단군세기, 삼국유사

영원할 것 같았던 神政체제에 처절한 파열구를 낸 것이 찰스다윈의 '진화론'이다. 다윈은 약관 18세에 진화론적 관점을 가지고 생물의 '종(種) 다양성'과 그 진화과정에 대한 가설을 설정하여 연구를 시작했다. 그는 그 몇 년 후 머나먼 전인미답 남태평양 외딴섬 갈라파고스 군도를 여행했다. 그곳에서 그는 자신의 연구과제와 자신이 세운 가설에 대한 구체적인 학문적 가능성을 확인하고 돌아왔다.

다윈은 갈라파고스여행에서 관찰 확인된 다양한 사례연구를 통해 자신의 필생업적인 '종의 기원'을 집필하기 시작했다. 그리고 마침내 1859년 그 논저를 세상에 내놨다. '진화론' 탄생이다. 같은 시기 칼맑스의 '코뮤니즘'이 인문사회과학의 샘물이라면 다윈의 '종의 기원'은 모든 학문적 영역을 뛰어넘는 문명사적 기념비였다. 문명의 기원을 넘어 생명체 種의 기원과 진화메커니즘을 밝혀내는 최초의 시도였다.

수천 년에 걸쳐 돌처럼 굳어진 지배구조 아래서는 상상만 해도 불역죄인 신세를 면치 못할 과학이론과 실증을 그는 목숨 내걸고 세상에 내놓았다. 이게 '진보의 가치'다. 학자적 양심이란 이런 것이다.

'진화론'은 특히 우주와 생명탄생에 대한 근원적인 관점과 철학 경제학에 광범위하고 지대한 영향을 끼쳤고 후에 '인류학'의 모태가 됐다. 헤겔의 변증법, 맑스의 변증법적 유물사관과 영구혁명론 등이 다윈에 영향 받은 대표적인 사례다.

인문 사회학을 공부하는 사람이나 글을 쓰는 사람들은 얼핏 과학의 영역에 이질감을 느끼거나 관심이 없거나 혹은 소홀히 여기는 듯한 思考 경향이 있는 것을 더러 본다. 이는 대단히 문제가 있다. 인간의 가치관이나 관점형성은 사변 사념에서 출발한다고 하나 과학은 그러한 사변 사념의 인식적 상상을 구체적인 현실에서 증명해 보이는 확증이다. 따라서 인문학에 종사하는 이나 글 깨나 한다는 이들은 누구보다도 과학의 실제와 변화 발전과정에 남다른 관심을 가져야 한다.

같은 논지에서 보자면, '종의 기원' 논문에 담긴 내용도 내용이겠으나 '진화론적 사고'가 더 획기적이다. 자신을 둘러싸고 지배하는 총체적인 환경의 제약을 뛰어넘는 인간이성의 빛나는 예지력과 지혜로운 의문이 있었기에 가능한 일이다. 이런 담대한 사고의 전환이 있어서 '진화론'도 탄생한 것이다.

루터가 가톨릭에 대항해 '종교 개혁'을 이뤘다지만 그건 종교권력 내부의 헤게모니 쟁탈 수준이고 부분적인 '권력의 이동'이다. 이에 반해 다윈은 종교의 성벽에 미사일을 쏴서 대파시켜버렸다. 그 거대하고 견고한 감옥 안에 갇혀있던 코페루니쿠스 갈릴레오 뉴턴이 기적같이 해금되어 세상 밖으로 걸어 나왔다.

기독교에서 '창조론'을 빼고 나면 인간과 세상에 대한 '심판'이 없어진다. 이른바 '논리적 불성립'이다. 심판은 '형성권'을 가진 자의 배타적 권리다. 그 심판권한이 부인되는 것이다. 창조이후 발생한 인류의 삶을 설명 해명할 방법을 찾을 재간이 없다. 다윈이 '원쑤'다.

'다윈'이 거저 나온 것은 아니다. 17~8C 자유주의적 계몽주의 사조가 있었기에 가능했다. 그가 중세 염병 창궐하는 암흑시대에 있었다면 어려웠을 것이다. 그런 시대에는 과학과 의료보다 오히려 주술이 더 힘을 쓴다. 호모사피엔스 지혜의 種이라는 인간의 다중성을 보게 된다. 이성과 몰 이성이 공존하는 인간심연의 불확실성이다.

다윈의 패러다임 대전환은 그것이 결과한 현재문명의 공과나 가치의 문제를 떠나 무지 무모한 동물적 맹종 맹동이 판쳐 온 인류사에 결정적 획을 그었다. 그로 인해 지질·지구고생물학이 태동하고, 시-원-고-중-신생대와 생명시원의 탐구가 본격적으로 학문의 영역에 들어왔다. 그리고 지금 우리가 알고 있는 생명의 세계, 신비로운 자연의 세계에 감춰진 비밀의 화원이 굳게 닫힌 문을 열어주었다.

그에 따라 인류학도 힘을 내기 시작했다. 고고학이 생성되고, 원인류-오스트랄로피테쿠스~에렉투스~호모사피엔스라는 진화계보가 비로소 땅위에 올라와 제 이름을 얻었다. 이윽고 우주공간으로 로켓이 쏘아 올려지고 인간은 두려움 없이 구약의 여호와가 창조하지 않은 전혀 새로운 태양계를 찾아 나서며 행성여행을 시작했다.

인간이 어느 날 하늘로부터 고등생명체로 거저 떨어진 것이 아니었다. 수많은 생명체들과 생존을 향한 경쟁과 협력의 정글에서 수천 수백만 년 진화와 퇴행… 도태와 변종이라는 부침을 반복하며 종의 번식을 이어온 것이다.

진화론의 핵심 열쇳말은 '적자생존'이다. 그 기제는 '시행착오'다. 시행착오는 피드백을 불러오고 또 다른 진화의 단계로 나아가는 추동력이 된다. 진화를 확장개념으로 치환하면 '진보'다. 따라서 시행착오는 진화의 절대필요 요소였다.

인간에게 있어 그 가장 강력한 무기는 '돌'이었다. 돌을 도구로 삼기 시작하면서 '노동'이 발생하고 시행착오가 시작되었다. 동시적이었다.

노동은 '손'이다. '손의 노동'이다. 오늘날 고도의 전자문명도 손으로 다루고 조작해서 굴러가며 발전한다. 노동과 시행착오의 반복이 진화의 싹을 틔운다. 따라서 인간의 의식적인 손노동이 돌에서 시작됐다는 점에서 보면 돌은 문명진화의 자궁이다. 여기에 생각이 미치면 돌을 보기가 예사롭지 않게 된다. "황금 보기를 돌같이 하라…"는 말을 필자는 반대로 돌려준다. "돌을 보기를 황금같이 하라!"

돌을 다듬는 인간의 손가락 끝에서 두뇌는 비약적으로 진화되어 갔다. 고등지능이 문명을 만들고 끌어 온 게 아니다. 그 반대다. 진화가 인간을 거듭나게 했다. '돌'이다. '손'이다. 오늘날 증명되고 확인된 보편적인 과학적 역사적인 사실이다. 필자의 유별난 견해가 아니다.

특정인의 지난한 노력과 각고의 연구 실험을 통해 발견된 그 수고로움을 어찌 말로 다 하랴! 그 덕택으로 지식과 상식으로 '일반화'된 험난한 과정을 똑같이 겪지 않고 알게 된 것을 늘 고맙게 받아 안고 세상을 바라보며 산다. 그런 분들에게 무한한 감사의 마음을 가지는 것은 사람을 한층 더 성숙하게 해준다,

결국 인간의 역사는 '노동의 역사'요 손의 역사다. 이게 '불의 역사'로 이어지고 농경-동력-정보·통신을 지나 4차 융합산업이라 불리는 인간대체 형 인공지능 시대에 왔다. 문명의 시원이다.

지난 19대 대선 때 많은 후보들이 "4차 산업혁명"을 말하면서 자신이 최적임자라고 선전했다. 기실 누가 대통령이 돼도 마찬가지다. 반도체융합기술이 발전하면서 세계사적 과학기술 흐름이 그렇게 굴러가고 있다. 대통령은 엔지니어가 아니다. 정책지원의 우선순위와 내용에 달린 것이다. 그때 후보들의 정견을 일별하던 이가 말했다.

"좋은 말씀들인데 거기에 사람이 빠졌더라!" 했다. 사람이 빠졌다.

사람의 노동으로 먹고 사는 그 일자리를 자동화기기와 인공지능을 가진 로봇이 차지하면 남아도는 것은 사람이다. 누구를 위한 4차 혁명이겠는가? 인간과 도구의 기계적인 '융합'을 바라는 것이 아니라면 그 중심에 사람이 놓여 있어야 한다.

돌을 돌로 머물게 하지 않고 다듬고 보듬어 문명을 일으켜 세상을 바꾼 것은 사람이다. 노동이다. 그래서 인류사는 노동의 역사라 할 만한 것이다. 똑똑한 한 사람이 아닌 백 명 노동의 지혜가 모여 문명을 일으켜 세웠다.

색깔 좋아하는 이들이 이 글머리를 보면 무종교진보좌파라고 할지 모르겠다. 스스로의 정파성을 자복하는 셈이다. 덫에 사로잡히면 세상이 적대적인 두 편만 보인다. 근거 없는 낙인찍기 놀이에 빠진다.

'노동' '역사'라는 어휘적 프레임에 갇혀있기 때문이다. 특정한 노선에 잡히길 싫어하는 자유로운 영혼은 설사 그렇다할지라도 인간의 양심과 정의적인 관점에서 보면 소위 보수우익 보다 낫다고 생각한다.

가진 것에 대한 절차적 정당성은 차치하고, 움켜쥔 것 지키는데 급급한 이기심 가득한 부자 편에 서거나 입만 열면 "자유"를 외치는 강자의 논리에 비하면 훨씬 '인간적'이지 않은가… 하는 고뇌가 있다. ♣

◀마제석기시대 손돌도끼
〈필자 소장〉

'변화'는 삶의 법칙

달도 차면 기울고 졸졸 흐르는 물도 차면 봇물이 터진다. 계절의 변화도 그렇고 세상의 변화도 그렇게 돌아간다. 가까이만 봐서는 잘 보이지 않는다. 보일 듯 말듯… 가는 건지 서 있는 건지… 어제가 오늘 같고 오늘이 내일 같아 보인다. 그러다 때 되면 급격히 바뀐다.

사람들은 얼마 안 있어 그 변화에 익숙해진 일상을 산다. 변화를 두려워하면서 또 그 변화에 잘 적응해낸다. 두려웠던 변화에 대한 망각과 함께 일상의 지루함에 다시 변화를 찾기도 한다. '망각의 힘'이다.

봄이 무엇에 놀란 듯 화들짝 쫓기는 모양새다. 한낮 초여름 기세에 봄기운도 잠시, 계절의 여왕 5월은 바람에 실려 하늘 저 편에 실려가고 있다. 시골농군은 바빠지고 할 일이 많아졌다. 5월을 놓치면 가을작물을 때맞춰 거두기 어렵다. 동해를 입기 때문이다.

살다보면 무시로 달라지는 상황에 일희일비하기 마련이다. 시대가 점점 변덕 죽 끓듯 한다. 지금 눈앞에 보이고 벌어지는 당장의 일을 보고 비탄에 빠지거나 희락에 빠질 필요가 없다. 조금 더 생각해보면 그게 다가 아닌 걸 알게 되고 볼 수가 있다.

"변화는 삶의 법칙이다"

J·F·케네디가 한 말이다. 가슴에 와 닿는다. 난봉꾼 대통령이었다는 사후평판도 있지만 인상 깊은 어록도 여럿 남겼다. 뉴 프론티어다.

돼야 할 일은 되게 돼있고, 와야 할 건 오게 돼 있다. '변화'다. '삶의 법칙'이다. 누구나 그런 생각을 하고 듣는다. 같은 말이라도 괜찮은 유명인의 입에서 나오면 공감의 효과가 크다.

변화는 상하지 않고 썩지 않게 해주는 소금이다. 현실에 실망하거나 좌절하고 흔들리는 마음을 잡아주어 새 출발의 계기를 만들어주는 힘이다. 변화가 없는 세상은 그 반대가 된다. '변화가 주는 힘'이다.

'변화'는 현존하는 세상의 현상과 사물을 단순히 쓸어내는 빗자루가 아니다. 새롭고 신선하게 바꿔내는 거듭나기의 생명력이다. '법고창신'의 씨알이다. 숨을 고르고 '흐름'을 내다보면 보인다.

'변화'는 계절의 변화로부터 시작된다. '봄'이 성큼 들어오더니 수목의 양기만 잔뜩 올려주고 달아나려 한다.

"내 역할은 여기까지요~ 이젠 내 없이도 잘들 클 것입니다⋯."

인간사는 꾀가 통해도 농사일은 그리 하면 꼭 탈이 난다. 그걸 배웠다. 차분하게 절기에 맞춰 순서대로 일을 해나가야 한다. 세상이 너무 빨리 변해간다고 탄식하는 노인의 한숨 속에는 세월의 무상함과 변화를 두려워하는 마음이 깔려있다. 메말라가는 인정도 있다.

한국인의 인정은 세계가 알아준다. '인정도 품앗이'라는데 별반 아쉬울 것도 부족할 것도 없는 이들의 '가는 세월'에 대한 진한 허망함은 자식에 대한 서운함으로, 세상에 대한 소외감으로 짙어만 간다. 가없는 인간지정이 안쓰럽다. '인정에 겨워 동네 시아비가 아홉이다'라는 말이 생겨난 연유다. 이제는 시아비 노릇은커녕 동네 할아비 노릇 할 아이들도 사라진 지 오래다. 복고가 변화다.

'변화'는 '궁(窮)'함에서 온다. 사회변화나 변혁의 주된 동인이다. 물질이고 정신이고 궁함이 있어야 변화든 변혁이든 뭔가 생겨난다.

'궁 즉 변'이다. 이게 '궁 즉 통'으로 나아간다. 궁하면 통한다는 말이 아니다. 궁해야 통한다는 뜻이다. 목마른 사람이 우물을 찾는다.

韓易(주역)에 나오는 말이다. '궁즉구(窮卽久) 구즉변 변즉통'이다.

살다보면 무엇이든지 궁핍한 일이 생기게 되고, 그것을 구하게 되면 변하게 된다. 그렇게 해서 사람이 변하게 되면 다른 사람들과도 통하게 된다는 말이다.

누가 '궁'하나? 어렵게 사는 이들이다. 민중이다. 저항이다. 이전투구가 아니다. 비나리를 하려면 제대로 해야 한다. 궁예 미륵은 이들이 비원을 했던 그 세상이었다. 요즘 말로 하면 '정의 평등 평화'다. 민주주의다. 대한민국 헌법이다.

현재가 미래를 만들고, 미래는 현재를 완성한다. 절개를 자랑하는 대나무는 잘난 척 꼿꼿한 듯해도 사실 한 점 바람에도 흔들린다. 부러지지 않는 걸 뻐길 일은 아니다. 차라리 휘는 것보다는 부러지는 게 더 명예스러울 경우도 있다.

"버린 밥이 떡"이다. 울울창창 소나무가 기개를 내세워도 저 혼자만 잘났지 주변을 모두 말려 죽인다. 차라리 등이 굽은 소나무가 백 번 낫다. 씨알 민중이다. 작달막하고 못나고 비실거려 보여도 늘 그 자리에서 풀섶 작은 생명의 그늘이 되어준다. '흥 각각 情 각각'이라 사랑도 미움도, 애련도 증오도 있기 마련이다. 그러나 장맛은 가려가며 새로운 변화 앞에 당당히 서는 담대함이 요구되는 오늘의 한국사회다.

속담 금언에 선악정사나 생사여탈이 종이 한 장이라 했다. 때로는 종이 한 장도 못한 백척간두에서 간절한 궁즉구(窮卽久)가 역사의 진일보를 가져오는 경우가 적지 않다. 필요가 발명의 어머니라면 절박함은 변화의 아버지다. 건곤일척 간발간극에서 담대한 변화가 온다.

변화는 그렇게 온다. 변화는 미래를 여는 힘이다. 지금 한국사회는 총체적으로 그 분기점에 서 있다. 변화를 두려워하면 미래는 없다.

미래가 현재를 묻는다!♣

미래가 현재를 묻다

초판 1쇄 2023년 8월 8일

지은이 | 이준연

펴낸곳 | 한국전자도서출판
발행인 | 고민정
주 소 | 서울특별시 서대문구 연희로37길 77-13 402호
홈페이지 | www.bookjour.com
이메일 | contact@bookjour.com
전 화 | 1600-2591
팩 스 | 0507-517-0001
원고투고 | edit@bookjour.com
출판등록 | 제2021-000020호

ISBN 979-11-86799-54-3 (03300)

문학여행은 출판그룹 한국전자도서출판의 출판브랜드입니다.

이 책은 ⟨춘천문화재단⟩ 2023 전문예술지원사업 지원금으로 출간되었습니다.